우당탕탕
6학년 5반
겨울이야기

코로나시대에 다시 만나고 싶은 교실이야기
우당탕탕 6학년 5반 겨울 이야기

초판 1쇄 발행 2020년 8월 31일

지은이 이도건
펴낸이 장길수
펴낸곳 지식과감성#
출판등록 제2012-000081호

디자인 최지희
편집 최지희
교정 양수진, 김연화
마케팅 고은빛

주소 서울시 금천구 벚꽃로 298 대륭포스트타워 6차 1212호
전화 070-4651-3730~4
팩스 070-4325-7006
이메일 ksbookup@naver.com
홈페이지 www.knsbookup.com

ISBN 979-11-6552-377-0(03810)
값 15,000원

ⓒ 이도건 2020 Printed in Korea

잘못된 책은 구입하신 곳에서 바꾸어 드립니다.
이 책의 전부 또는 일부 내용을 재사용하려면 사전에 저작권자와 펴낸곳의 동의를 받아야 합니다.

이 도서의 국립중앙도서관 출판예정도서목록(CIP)은 서지정보유통지원시스템
홈페이지(http://seoji.nl.go.kr)와 국가자료공동목록시스템(http://www.nl.go.kr/kolisnet)에서
이용하실 수 있습니다. (CIP제어번호 : CIP2020034151)

홈페이지 바로가기

코로나시대에 다시 만나고 싶은 교실이야기

우당탕탕 6학년 5반 겨울이야기

이도건 지음

서문

 2020년 4월 5일. 드디어 2019학년도 학교생활 이야기를 담은 《우당탕탕 6학년 5반 이야기》의 탈고를 마쳤다. 2019년 3월 개학하는 날부터 2020년 2월 졸업하는 날까지 아이들과 함께했던 일상의 시간들을 이야기로 남기고 싶었다. 그렇게 하루하루의 소소한 에피소드가 일기로 쓰여졌다. 그저 흔적을 남기고 싶은 마음에 매일 컴퓨터 앞에 앉았던 것 같다. 하루의 일들을 기억하는 것은 어렵지 않았으나 기록하는 건 역시 쉽지 않았다.

 아이들을 처음 만났을 때 너무나 딱딱하게 굳어 있었다. 이런 그들을 담고 품어 주기엔 내 그릇도 경직되어 있기는 매한가지였다. 봄이 지날 무렵부터 서로에게 어느 정도 길들여진 것 같았다. 난 그저 그들을 담아줄 넉넉한 그릇이 되고 싶었다. 그 그릇 안에는 여러 빛깔과 소리가 담긴다. 하지만 누군가는 빈 채 내버려 둔다. 그리고 또 다른 이는 그릇을 탓하기도 했다. 그런 가르침과 배움의 과정에서 서로 맞춰 가며 어울려 한 해를 보낸 것 같다. 교학상장! 언제 들어도 참 설레는 말이다.

"이상해요! 왜 곰 네 마리는 안 되고 세 마리일까요?"
"오늘은 토트넘이 리버풀에게 진 이유를 글로 쓰면 안 될까요?"
"왜 초등학교에는 수학시간이 체육시간보다 많은지 토론해요."

"그럼 교과서 덮고 얘기해 볼래?"
"네~ 체육도 하고요."
"이왕이면 간식도 먹어요."

 올해는 학교에서 부장 보직을 맡지 않으니 아이들의 작은 말과 행동에 대한 반응이 자연스럽게 나온 것 같다. 여러 가지 일을 동시에 하는 능력이 부족한 나에게 학교업무로부터의 여유는 아이들의 눈빛에 공감할 수 있는 느긋함을 준 듯하다. 물론 돌이켜 보면 아이들의 눈높이에 맞춰 스스럼없이 대했다는 것은 나만의 착각일 수도 있겠다.
 책으로 출판해야겠다는 생각이 강해지자 더 아름답게 쓰고 싶은 마음이 강해지기도 했다. 작년 학교생활 이야기를 글로 쓰고 다시 고치는 과정에서 자연스러움으로 포장된 나의 모습도 보이기도 한다. 과거 천자문을 가르치던 어느 서당 훈장의 모습은 아닐지 두렵기도 하다. 아니 어쩌면 그에 한참 이르지도 못하고 허우적댔던 시간일지도 모르겠다.

 이 글을 쓰는 데 우리 반 아이들이 참 많이 도와주었다. 워드 작업도 함께 하고 틈틈이 사진도 찍어 주어 부족한 내 기억과 기록을 메워 주었다. 2019학년도라는 시간을 함께 만들어준 6학년 5반 아이들 모두에게 고마운 마음을 전한다. 고마워! 우리 소중한 인연 쭉 이어 나가자!

2020년 6월 2일 금북초에서 이 도 건 씀

 **12월 2일 월요일**

아침 출근길에 자전거 타고 핸드폰 보며 등교하는 재작년 제자를 만났다.
"핸드폰 끄고 타라. 내리막인데."
"네. 출근 잘 하세요."
뒷모습을 보니 핸드폰을 보고 있는 모습 그대로이다. 잔소리를 대하는 녀석의 태도는 정말 변한 게 없다.

"선생님. 이제 저 체육 못 하게 되었다고 보입니다."
"금요일에 많이 다친 거야? 괜찮아 보이던데."
"전 단기간에 지속적으로 많이 다쳐요. 약간 평발인데 힘줄이 약하고 발에 뼈 하나 더 있어요."
슬리퍼 신고 온 모습이 그제야 보인다.

공놀이 금지된 지 며칠이 지나자 아이들에게 금단 현상이 일어난 듯하다. 아침에 오자마자 공을 한참 바라보며 만지작거리는 한 녀석. 손이 심심한지 내 눈치를 보며 공을 빙그르 돌리고 있다. 안 떨어뜨리려 연습하는 모습이 안타깝기도 귀엽기도 하다. 눈을 마주치자 뭔가 말할 듯해 보이지만….

은비랑 규현이가 비슷한 재질의 옷을 입고 왔다.
"저는 북극곰이고 얘는 불곰인데요."
"근데 누구 옷이 더 예뻐요?"
"어… 둘 다."
"그런 말하지 말고요. 누가 더 예뻐요?"
"…"
"그럼 누구 털이 더 예뻐요?"

 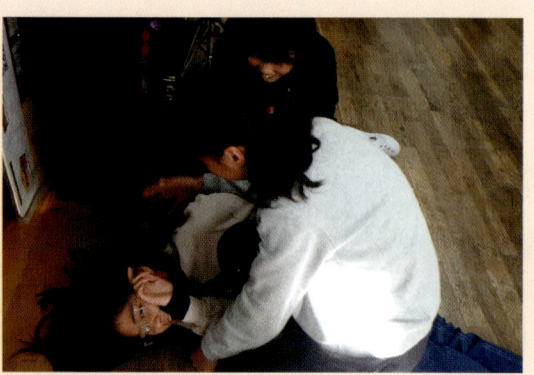

오늘 색깔 과자가 택배로 왔다. 오자마자 4통 기본 취식.
"이거 엄마한테 사 달라 해도 설탕 많다고 안 사 주는 거였는데."
"바나나킥 같아요."
"우리는 과자 깔 맞춰 먹어요. 같은 색으로."
"저 엄마랑 싸웠어요. 폰 얼마 안 했는데 폰 끄라고 해서요."
"저도요. 저도 어제 엄마한테 혼났어요. 친구랑 강아지 산책시켜도 돼요라고 물었는데. 들어가서 숙제나 하래요."

두 녀석이 한동안 실랑이다.
"어제 버스 타는데 주히가 12월 되면…."
"어. 뭐라고 말했는데?"
"아싸! 데이터 들어온다."
"뭐? 데이트. 누구 만난다고? 해서 둘이 엄청 웃었어요."

벌써 짝을 바꾼 지 2주의 시간이 지났다. 짝꿍 바꾼다니 하니 "아이고" 하며 곡소리 내는 녀석이 보인다. 지금 짝이 괜찮았나 보다. 이런 모습은 없었는데. 아침 대이동의 시간이다. 남자아이들을 먼저 뽑기로 자리배치하고 여자아이들을 한 명씩 뽑아 짝을 정한다. 모두가 긴장되는 순간이다.

"나이스."

"나 여기 걸리면 안 돼!"

"또 너야? 우리 네 번째야?"

"우리 근데… 아…."

"그래도 네가 우리 모둠이라서 다행이다."

자리를 옮기는 규현이에게 찐한 인사를 남기는 애증의 관계들.

"넌 괜찮은 짝이었어."

"좀 시끄러웠는데 그래도 뭐 고마웠어."

"빨리 좀 이사해라. 책상에 쓰레기도 좀 가져가."

"우리 다음에도 만나지 말자."

2교시는 내가 만든 (황당한) 스포츠 경기장을 보고 토론하는 시간을 가진다.

내가 만든 황당한 경기장은 공중에 떠 있는 야구 경기장이다. 정말로 공중에 떠 있는 것은 불가능하니 공중에 떠 있는 것처럼 보이는 야구장을 말하는 것이다. 미국 캘리포니아주의 동서쪽 끝에 위치한 산, 우뚝 솟은 봉우리 위에 지은 경기장이다.
(참고로 이것은 내 상상임. 미국 캘리포니아주의 산에 봉우리가 있다는 것도 지어낸 것임.)
봉우리가 정말 높고 뾰족해서 경기장에 관중들은 출입할 수 없다. 관중들이 들어오면 중심이 맞지 않아 무너질 수 있기 때문이다. 무너지면 600m 아래로 추락한다. 그래서 선수들만 경기를 할 수 있다.

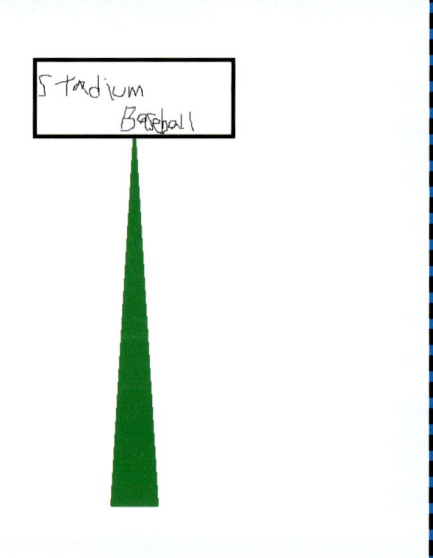

"야구는 보려고 가는 건데 이 경기장은 이상해요. 야구 관중이 못 들어가면 있을 필요가 없잖아요?"

"방송국이나 다른 유튜버들이 하면 돼요."

"장외 홈런을 치면 산에 오르는 사람 머리에 맞고 죽을 수도 있는데요?"

"티볼 해 봤죠? 야구에서도 장외 홈런은 잘 안 나와요."

"티볼은 던지는 공을 치는 게 아니잖아요?"

"그럼 내가 던져 줄게요. 한번 쳐 봐요."
"집사부일체에서 이대호는 자기가 던져 놓고 지가 잘 치던데?"
"선수들만 들어가도 무게 중심을 못 맞춰 떨어질 수 있지 않아요?"
"몇 명이 한쪽으로 몰려서 경기장이 기울 것 같은데요? 이게 뭡니까?"
"감독이랑 코치가 덕아웃에서 균형 잡아 주면 돼요."
"카메라팀이랑 같이 오면요? 이 팀들은 어떻게 해요?"
"그렇게 다 합해도 100명도 안 돼요."
"근데 경기장까지 어떻게 올라가요?"
"비행기 타고 가다가 낙하산으로 내려와요."

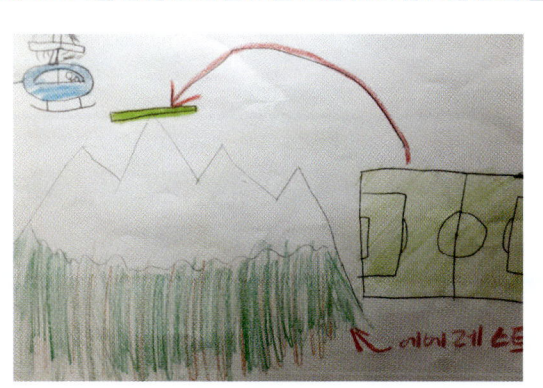

에베레스트다. 헬기를 타고 경기장으로 가야 할 축구장에 골대가 없다. 또 관중석이 없다. 산꼭대기라 영하 5도이다. 잔디가 다 얼어 있다. 공을 차서 밖으로 나가면 못 줍는다. 예비 공이 3개밖에 없다.

"근데 헬기 타고 에베레스트까지 올라갈 수 있어요?"
"갈 수 있어요. 성능 좋은 헬기로 가야 해요. 선수들은 돈 많으니. 그리고 구단에서 지원할 수도 있어요."
"공이 밖으로 나가면 못 줍는데. 공이 달랑 3개밖에 없는데요?"
"그래서 소중히 다뤄야지요. 자원을 아껴야 해요."
"맞아요. 급하면 돼지 오줌보로 하면 돼요. 거기도 돼지는 키우잖아요."
"골대가 없으면 문제가 안 돼요?"
"골대가 없지만 골대 아래에 센서가 있어서 골이 들어가면 누가 신호를 줘요."
"에베레스트 같은 높은 산에 올라가려면 산소통 메고 가는데 축구할 때 산소통 메고 해요?"
"좋은 생각이네요. 산소통 메고 하면 재미있을 것 같아요."
"영하 5도에 잔디가 얼어 있고. 왜 거기서 축구를 해요?"
"여기서 경기하는 선수들은… 근데 우리는 황당한 경기장을 만들기 위해서잖아요."
"이 정도면 스케이트 타고 산소통을 메고 축구해야겠는데요? 스케이트 날로 슈팅 가능?"
"재미있겠다. 어차피 축구화는 뾰족하니까. 얼어도 괜찮아요."

"공이 터지면요? 날씨가 차서."
"아까 말했잖아요. 돼지 오줌보로. 그리고 에베레스트 등정하는 사람도 공짜로 공을 주울 수 있어요."
"그러면 엄홍길 대장님이 잡는 거예요?"

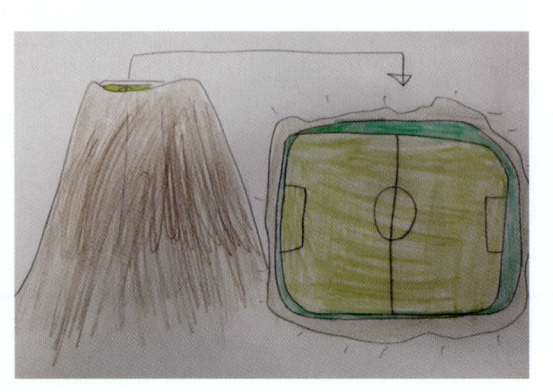

사화산 가운데에 지어진 경기장. 사화산이기 때문에 걱정 없이 축구 가능.

"사화산을 사회산으로 잘못 읽었어요. 사회는 싫은데."
"여기서 축구를 하다가 화산 폭발하면요?"
"사화산은 죽은 화산이잖아요. 3학년 때 배웠잖아요."
"알고 보니 활화산이면요?"
"그러면 안 지으면 돼죠?"
"태클 걸었는데 굴러떨어질 수도 있는데 어떻게 해요?"
"화산이 있으면 온천은 나와요?"
"온천 나오면 좋을 것 같은데요. 경기하고 바로 씻고."
"그럼 경기장 쓰는 구단은 누구에요?"
"FC 에베레스트, FC 사화산."
"조기축구도 하는 거예요? 프로축구만 하는 거예요?"
"심야축구도 있어요."

"책상 물건이 떨어질 때 차가 지나가면요?"
"교실 옆에 레이싱장이 있으면 수업에 집중을 못하잖아요. 지금 저희처럼요."
"레이싱 하다 보면 드리프트 하거나 뒤집어질 텐데. 애들 수업하는데 교실에 차가 들어오면요?"
"그러니까 황당한 경기장이죠."

교실 옆 레이싱 경기장

"교실이 밖에 있어요? 차가 지나다니는 야외에요?"

"끽, 붕 소리 나잖아요. 그때 떠들다 선생님이 나가라 했는데 안 들려 못 나가면 어떻게 돼요?"

"교실 밖에 있다가 사고 나면 어떻게 해요?"

"그것까지 생각은 못 했어요. 제가 119는 불러 줄게요."

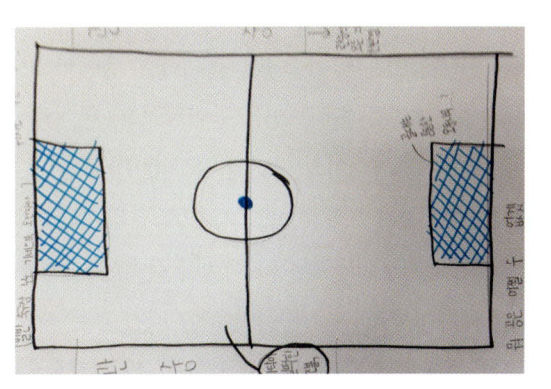

위치는 부산 바닷가, 바닥이 질펀한 진흙. 관중석 모든 의자는 친환경. 골대는 튼튼한 오동나무.

"축구를 하다가 축구공이 질펀한 진흙에 박혀서 안 나오면요?"

"이건 기네스 도전할 때 쓰는 경기장이라 혼자서 해야 돼요."

"갯벌이라고 하셨는데 축구하다가 사람이 빠질 수 있어요?"

"네. 빠질 수 있고요. 아주 좋은 갯벌이에요."

"여기 관중석도 친환경, 골대도 오동나무인데 날강두가 경기할 때 한국 팬이 화나서 불내면요?"

"여기에서 조개도 꽃게도 나오잖아요. 해산물도 캘 수 있어요? 축구하면서 해산물 캐나요?"

"태클하는데 문어가 끌어당기면 웃기겠다."

"공을 찼는데 해산물에 맞고 들어가면 골이에요?"

"해산물은 홈팀이에요. 홈팀이 유리하게 움직여요."

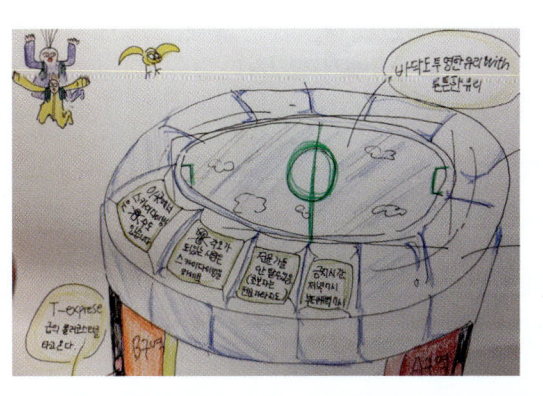

해발 5,000미터 하늘 경기장. T-express급의 롤러코스터를 타고 경기장 입장. 투명색 천장. 바닥도 투명한 유리 with 튼튼한 유리. 단, 이곳에서 스카이다이빙을 하면 죽을 수도 있습니다. 초보자는 전문가와 함께. 운행 금지시간 (저녁 7시 ~ 새벽 7시)

"근데 고소공포증이 있으면요?"

"당연히 못 뛰어요."

"근데 T-익스프레스 못 타는 사람은 못 입장하는 거예요?"

"애기들이랑 할아버지는 케이블카를 타고 올라가요."

"근데 돈 안 내고 스카이다이빙으로 침입하면요?"

"그건 범죄자잖아요."

"유리 천장이 있는데 숨을 쉬려면 구멍이 있어야 하잖아요. 고산병 걸려요."

"괜찮아요. 메리트 손해보험을 들어놨어요. 현대해상이랑 DB다이렉트도요."

"선수들도 스카이다이빙 하면서 입장해야 돼요? 근데 왜 해요?"

"하고 싶으니깐요."

"투명 잔디인데. 어떤 선수가 백태클 걸어서 넘어져 이빨이 부러지면요?"

"그건 모든 축구가 다 그렇잖아요. 여기만 그런 게 아닌데…."

"여기서는 코뼈가 부러질 수도 있어요. 이 경기장 너무 위험해요."

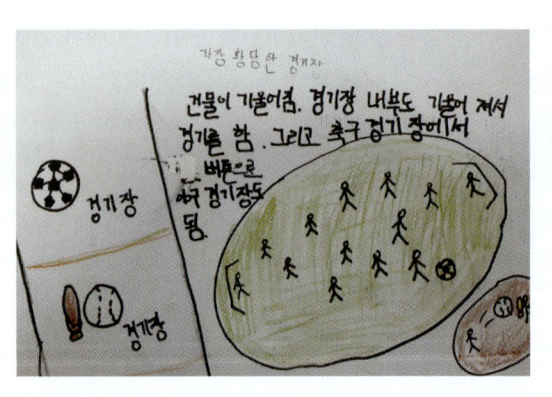

건물이 오래되어서 기울어짐. 기울어진 모양에서 경기를 함. 그리고 경기 중 천장에서 물이 시원하게 나옴.

"이게 물이 나온다고 했는데 겨울이면 물이 얼어요?"

"아니요!!! 겨울이라고 다 얼지는 않아요. 온수시설도 있어요."

"기울어진 운동장에서 경기하면 힘들지 않을까요?"

"공정한 판정을 할 심판이 있어요."

"천장에서 물이 나오면 수중전이 되겠네요. 축구할 때 비 맞으면 기분 엄청 좋은데."

축구장 양쪽에 시냇물이 흐르고 거기에 물고기가 헤엄치고 다닌다면…

"저기 다니다가 물고기 밟으면 어떻게 해요?"
"축구를 하다가 선수들이 장난으로 피라냐를 풀어 놓으면요?"
"선수가 연꽃을 밟고 넘어가면 그냥 인정? 드리블 인정이에요?"
"질 것 같아서 일부러 상대선수들을 물 안에 넣고 해도 돼요?"

"이건 유튜브에 있는 거잖아요."
"축구를 하다가 공이 기차에 맞으면요?"
"기차가 축구장 가운데로 다니면 더 멋있을 것 같아요."

기관차가 다니는 경기장

"물고기 만날 수 있어요?"
"근데 어떻게 들어갔다 나와요?"
"배나 잠수함요. 물 위에 떴다가 가라앉으면 돼요."
"경기장에 갑자기 상어가 들어오면요?"
"천장이 있어요? 쓰나미가 오면 큰일인데."
"우리가 파리기후협정 안 지켜서 물에 잠길 수 있어요. 천장이 튼튼해야 할 것 같은데요."
"그건 제작자가 할 일인데… 제작자는 설계만 하고 돈만 먹고 튀면 돼요!"

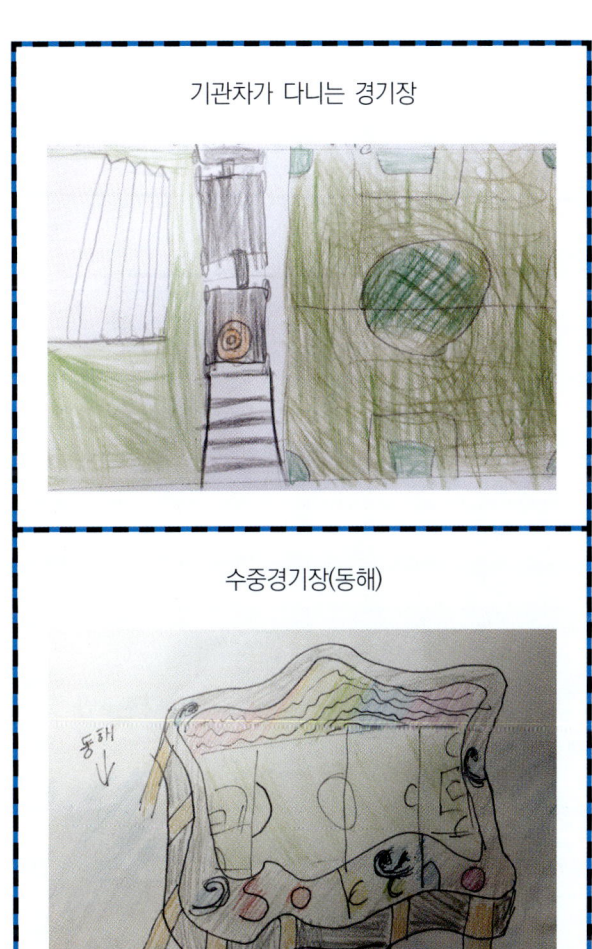

수중경기장(동해)

캡슐 최대 갯수 300개. 수용인원 최대 5만 명. 빗금친 부분은 중계석과 관중석으로 채울 예정. 경기장 회전 시 풀렸다가 회전 후 결합하여 구장이 흔들리지 않게 잡아줌. 티타늄 합금 2미터. 돔형으로 되어 있어 단단한 구조. 구장 내부의 디스플레이로 경기장 외부 해양생물 관람 가능(광고도 가능).
1. 지하 엘리베이터를 타고 내려온 후 수중캡슐을 타고 경기장으로 진입
2. 경기장 전체(보라색 안쪽)가 센터서클 축을 따라 돌 수 있어서 초능력 피구 가능(180도 돌아서 피구장으로 변신).

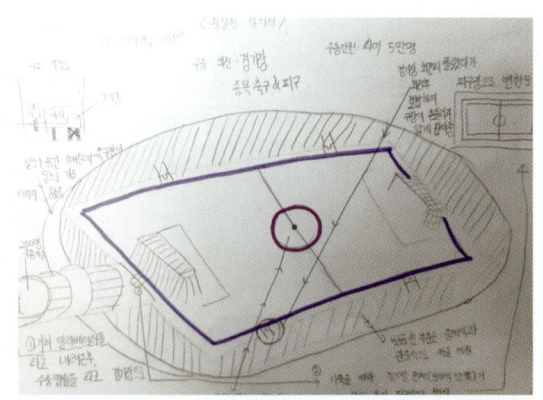

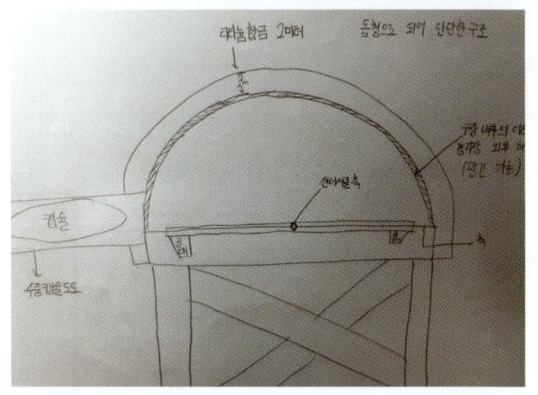

"수중캡슐을 타고 경기장에 가는데 한 캡슐에 몇 명이 타요?"

"최대 200명까지요."

"축구장이랑 피구장이 확연히 다른데요?"

"안에 라인이 그려져 있어요. 20명. 40명. 60명용으로요. 선 색깔이 달라요."

"그래서 경기장이 빙글빙글 돌아요? 사람이 있는데요?"

"없을 때 돌려야겠죠? 사람이 있으면 안전벨트 묶고."

"캡슐 300개 다 쓰면 어떻게 해요?"

"300개 × 200명이면 6만 명. 최대 수용인원 5만 명이니 다 쓸 수 없죠?"

"저거 돌릴 때 버튼이 있어요?"

"관리시설이 저 밑에 있는데요."

"관리자가 햄버거랑 콜라를 먹고 있다가 버튼을 실수로 눌러서 경기장이 기울어지면 어떻게 돼요?"

"관리시설 안에는 음식물 반입 금지예요."

"근데 관리하는 사람이 자다가 쿵쿵 박다가 실수로 버튼 누르면요?"

"충분한 수면 시간 보장할 거예요."

"저기 알바생이 궁금해서 이게 뭐지 누르면요?"

황당한 경기장 영상을 보고 나서 쓴 후기도 있다.

https://youtu.be/I-uF7LYwzpQ

10위) 축구는 가뜩이나 숨이 가쁠 텐데 고산지대에서라.. 뭔 생각으로 지은 걸까?

9위) 나라면 그 아파트에서 살 것 같다. 관람비 안 들고 보는 거 혜자 ㅇㅈ

8위) 옥상 경기장이라… 흠 공이 날아가면 어쩌나?

7위) 유럽에서 가장 높은 구장.. 역사와 전통?이 있다.

6위) 채광석을 깎아 만든 경기장이면 되게 신기할 것 같다. 장수 돌 침대 같은 느낌일 듯.

5위) 친환경 경기장 모든 게 다 파랗고 갈색. 환경 생각하는 거 좋은 듯.

4위) 바다와 산이 어우러진 경기장. 굉장히 특이하고 멋있는 듯. 축구 볼 때 자연 경관도 같이 보는 것.

3위) 기관차가 다니는 경기장
처음에 보고 뭐지 싶었다. 솔직히 이건 아닌 것 같다. ㅋㅋㅋ 사람 죽어야 바꿀 것 같은 경기장.

2위) 암벽으로 둘러싸인 경기장. 오오! 완전 예뻐서 놀랐다. 역시 짓는 데 비용이 많이 드는 이유가 있을 것 같다.

1위) 왕좌의 게임 경기장은 2위만큼 이뻤다.

볼리비아 라파스에 위치한 경기장. 에르난도 실레스이다. 축구장이 산소가 부족한 해발 3000미터 이상인 고산 경기장이다.

암벽으로 둘러싼 축구장 위치는 크로아티아 이모트키에 위치해 있고 경기장 이름은 고스핀 돌락이고 근교 교회이름에서 땄왔다.
1989년에 지어졌지만 경기장을 짓기 시작한 건 1976년부터고 총 13년에 걸쳐 완성이 되었다. 짓는 데 시간이 오래 걸린 이유는 건설비용이 엄청나게 많이 투입되어서. 2017년 BBC가 선정한 가장 아름다운 축구장으로 뽑히기도 했다.

가장 기억에 남은 건 기차가 다니는 경기장이다. 도중에 기차가 지나가면 좀 어리둥절할 것 같고 지고 있는 상황에서 갑자기 기차가 소리 내면서 오면 짜증 날 것 같다.

나는 경기장 옆에 기관차가 지나다니는 경기장이 제일 신기했다. 기관차가 지나갈 때마다 기다려야 하는 것이 조금 짜증 날 것 같다.

"어제 겨울왕국 보러 갔는데 화장실에서 승은이 만났어요. 같은 7관에서 봤어요. 엄청 신기했어요."
"어. 너희도 봤어? 진짜 재미있지?"
겨울왕국 열풍이다.
"내일 눈 오면 좋겠다. 우리도 겨울왕국처럼 왔으면 좋겠다."
"우아! 수요일에 스파게티 나온대. 내일 눈 와서 눈싸움하고 먹으면 맛있는데."
"만세!"
"얘들아. 화요일에는 마카롱 나온대."
"지난번에 우리 투표했던 거네."
"또 투표했으면 좋겠다. 이런 건 핸드폰으로 투표했으면 좋겠다."

여자아이들이 중입배정에 관한 이야기를 하고 있다.
"무학중은 노는 애들이랑 안 노는 애들로 나누어져 있대."
"근데 세상은 원래 노는 애들이랑 안 노는 애들로 나눠져."
"우리 오빠가 말하는데 거기 별로라는데."
"난 동마 가고 싶어."
"신경 쓰지 말자. 이거 내가 원하는 대로 되는 것도 아니고."
"금호여중 가면 화장도 안 하고 머리도 안 감고 온대."
"얘들아. 우리 같은 학교 되면 예비소집 같이 가자."
"너네 바지 교복이랑 치마 교복 중에 뭐 입을 거야?"
"난 체육복만 입을 것 같은데."
"우리 같이 숏컷 하자."

한 녀석이 뜬금없이 본인이 수업에 집중하지 못하는 데는 칠판 탓이 크다면서.
"저는 칠판이 초록색이라 눈에 안 들어와요. 노란색으로 칠해 주세요. 그럼 집중이 잘 될 것 같아요."

과학시간이다. 〈녹색의 꿈〉 '배스, 민물 생태계의 무법자' 편을 보고 이야기를 나눈다. 동영상의 물속에는 배스가 25%나 있단다. 우리나라 민물 생태계의 경우 보통 육식성인 쏘가리나 메기는 5% 정도인데 비해 많다. 배스는 입이 커서 먹이가 쑥 들어간다. 어부가 잡은 배스 입에서 잡아먹은 걸 꺼낸다. 이게 진정한 최종 소비자의 입이라는 아이들! 동영상의 말미에는 배스의 자식 사랑 이야기도 나온다. 우리나라 토종 물고기는 풀이나 돌에 알을 낳고 가 버리지만 배스는 새끼가 어느 정도 성장할 때까지 부모가 돌보아 준단다.

"배스의 자식 사랑은 유별나네요."
"저기 나오는 호수가 네스호예요?"
"처음 호수는 팔당호야. 팔당댐 있는 데."
"배스다! 귀엽다."
"배스 맛있어요?"

대청호에서 배스를 잡는 장면이 나온다.
"근데 배스. 회 떠 먹을 수 있어요?"
"오. 신기해. 배스 진짜 많다."
"해결책은… 학교급식으로 배스 튀김 어때요?"
"우리 현장체험으로 잡으러 가자. 대청호로."
"(배스매운탕을 보니) 저기 수제비 넣어 먹고 싶다."
배스 먹방 이야기다.
"집에 가서 배스 엄마한테 사 달라고 해야겠다. 이마트에 팔 거 같은데."
"배스알 먹을 수 있어요? 날치알처럼요. 김에 싸 먹으면 맛있겠다."
"전쟁 나도 우리나라에는 호주에 회색토끼 있듯이 배스 잡아먹으면 되잖아요. 이것도 괜찮은 것 같은데요."
"샷건이면 한 번에 배스 많이 잡겠다!"

생태계는 결국 안정화되면서 조화로워진다! 언젠간 배스도 우리나라 생태계의 일원이 되지 않을까라는 말로 수업을 마친다. 하지만 배스는 현실의 문제이다. 아이들이 해결책을 내놓는다.

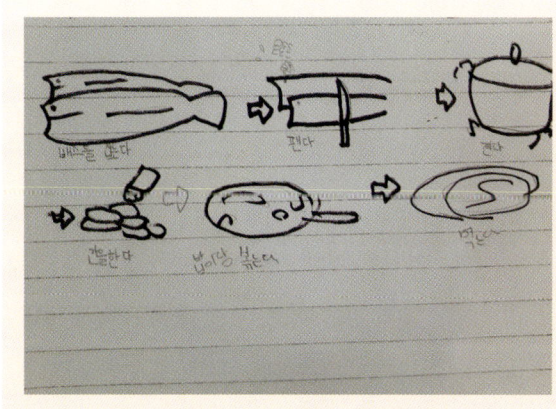
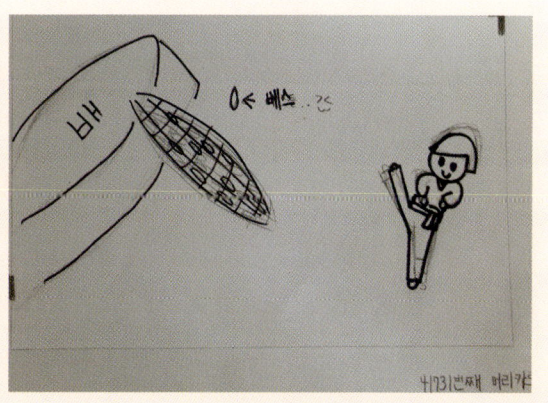

준호: 배스를 일단 우리나라 사람이 먹어야 한다. (배스전, 배스젓갈, 배스초밥, 배스조림, 배스 조림, 배스라면, 배스눈알주, 배스포, 배스매운탕, 배스구이, 배스통조림, 배스삼각김밥, 배스튀김우동, 배스죽, 배스버터구이, 배스피자, 배스가스, 배스탕수육, 배스훈제요리, 배스덮밥, 배스치즈구이, 배스짬뽕, 배스울면, 배스비빔밥, 배스알탕, 배스스파게티, 배스비빔면, 배스우동)

류경: 배스 맛이 궁금하다. 잘 안 사먹는다고 하는데. 꼭 한번 먹어보고 싶다.

효은: 배스는 맛이 괜찮다고 하니 유명 연예인이 광고를 찍거나 홍보를 했으면 좋겠다. 아니면 대통령님이? (배스전, 배스튀김, 배스찜, 배스스테이크, 배스스프, 배스알탕, 배스초밥, 배스조림, 배스매운탕 feat 코다리, 배스라면, 배스알군함, 배스죽, 배스회, 배스포 feat 쥐포, 배스매운탕, 배스구이, 배스통조림, 배스삼각김밥, 배스우동, 배스튀김우동, 배스치즈구이, 배스까스, 배스양념튀김, 배스(?)킨라비스, 배스훈제구이, 배스덮밥, 배스간장덮밥, 배스짬뽕, 배스짜장면, 배스울면, 배스스파게티, 배스냉면, 배스비빔변, 배스쫄면)

태윤: 배스와 조화롭게 살기 위해서는 일단은 우리가 많이 먹어치우고 수출을 해야 한다고 생각한다. 돌아서면 배고픈 자라나는 우리나라의 새 일꾼들의 간식거리로 각 반마다 배스를 간식으로 쉬는 시간에 준다. 배스도 줄이고 우리 아이들의 배도 배스로 채울 수 있다. 위기를 기회로! 배스를 수출로! 생태계교란을 교역으로! 배스를 돈으로! 배스를 고급 물고기로 쳐주는 나라들에 팔아 버리는 것은 어떨까? 아니면 외래종인 고추와 배추처럼 조화롭게 우리나라에 정착할 수 있게 도우면 일석이조가 되지 않을까? 배스도 줄이고 활용하고. 아니면 우리나라 사람들의 인식을 바꾸어 보는 것은 어떨까? 다큐멘터리와 요리프로에 나오고 십대들이 좋아하는 아이돌이 먹는 모습을 보여준다면 인식이 바뀔 것이다. 옷 같은 경우만 보아도 그렇다. 트렌드를 정해주면 소비자들은 그에 따라 소비를 한다. 이와 같이 우리가 새로운 트렌드를 만들면 되는 것이다.

인해: 배스가 자꾸 알 많이 낳고 새끼를 돌봐줘서 다른 물고기들이 못 산다. 가물치를 풀어 놓으면 배스를 다 잡아먹지는 못하겠지만 조금 줄일 수 있겠다.

준우: 배스를 고급 레스토랑에서 팔면 어떨까? 그리고 배스에 맞는 소스를 개발해 뿌리면 해결책이 되겠다.

백하: 배스와 토종물고기가 공생할 수 있는 방법을 찾자. 쉽지 않을 것 같다.

연수: 강에 악어를 10마리 정도 풀어서 배스를 줄인다. 가마우지나 수달 낚시처럼 다른 동물을 이용한다.

주희: 가물치를 먹지 않는 미국과 배스를 먹지 않는 대한민국이 서로 수출 수입해서 서로의 것을 가져간다. 그럼 나도 좋고 너도 좋고 둘에게 모두 이득이지 않는가? 그리고 배스 레시피 개발 필요! (빙어튀김처럼 튀김옷을 입혀서, 배스 백숙)

상진: 배스를 모든 학교에 급식으로 배부하면 배스를 줄일 수 있을 것이다. 배스를 잡아먹는 가물치를 100명(가물치에 대한 국봉인지 명으로 센다)쯤 풀어 놓는다. 그리고 어느 정도 잡히면 가물치를 수거한다!?

> **현민:** 배스회를 떠서 상추 위에 올려 초장을 찍고 마늘을 넣어 한입 먹고 싶다. 배스 한 마리 시키면 서비스로 4마리 정도 더 나오면 잘 팔릴 것 같다.
>
> **영민:** 우리나라 동물인 수달을 복원해 배스를 잡게 한다. 수달도 복원되고 배스도 잡을 수 있다. 배스를 먹방 유튜버에게 협찬해줘서 대중적으로 조금씩 편견을 없앤다.
>
> **준혁:** 배스가 우리나라에 많다는 것을 이번에 처음 알았다. 우리나라에서 비싼 가물치가 미국에서는 이상한 물고기라는 것도 알았다.
>
> **은비:** 먹을 게 없는 빈곤과 기아의 나라에 배스를 선물해준다. 회덮밥 위에 배스를 넣어 먹기. 냉장고를 부탁해나 수미네 반찬 등 배스에 관한 요리를 방송에 내보낸다.
>
> **서준:** 내가 어부라면 배스를 먹는다. (소주가 빠지면 섭섭!) 배스를 무료 급식소 같은 곳에 기부. 토종어류 〈 배스 〈 인간. 배스가 먹어치우는 양 = 인간이 배스를 먹어치우는 양.

지윤이가 가슴 아픈 사연을 들려준다.
"너희들이 내 맘 알아?"
"6년 동안 키 번호 1번인 내 마음."
"근데 너네 엄마 키 크셔서 너 클 거야. 괜찮아."
"그럴까? 정말."

오랜만에 도서관에 왔다. 과제를 내 주었었다. 12월 중에 토론할 거리 책 한 권 찾아 읽으라고 했더니.
"우리 짧은 거 고르자."
"그림 좀 있고."
"선생님. 책 좀 골라 주세요. 영어책 말고요. 뭘 읽어야 할지 모르겠어요."

점심시간이다. 오늘 국이 좀 늦다. 길게 줄서서 국을 기다린다. 마음이 급한 녀석은 국을 안 먹겠다며 먼저 받겠단다.
"기다리자. 이미 기다렸는데. 5분이면 나온대."
실제는 10분 정도 기다려 좀 미안하기도 했다.
"하늘에서 눈이 올 것 같은 날씨예요."
"눈 오고 비 안 왔으면 좋겠어요."
하얗게 변한 세상을 기대하며 기다리지만 오늘은 확실히 아닌 것 같다.

"저 요즘 너무 예쁘죠? 귀엽고 사랑스럽죠?"

대답 못 할 질문만 계속하고 가는 여자아이들! 하루에도 10번은 듣는 것 같다. 어느 유튜브에 나오는 억양이라는데 모르겠다. 그래! 하고 싶은 말 있으면 해라. 유튜브와 드라마에 익숙한 아이들! 모르는 드라마의 대사들을 대화에 섞어서 하는지라 맥락을 놓치는 경우가 많다. 그렇게 아이들이 보고 경험한 건 이미 내가 보는 것과는 좀 달라져 있다.

영어 시간에 잠깐 수업하는 모습을 참관했다. 동사의 현재와 과거형을 활용한 문장 짓기 시간인가 보다.

〈나는 자유의 여신상을 만들었다.〉
"I built 어…… free."
자유의 여신상은 배우지 않은 지라 정답으로 인정하는 영어 선생님!

〈내 여동생은 유명한 작가다.〉
"My little sister is famous writer."
선생님이 제시한 정답에는 'little'이 없다. 아이들이 지나친 선행은 오답이라며 우기는 모습이다.

〈훌륭한 화가야!〉
"Great painter!"
정답은 'What a great painter!'이지만 느낌표를 말로 표현 안 했다며 오답이라고 우긴다.

쉬는 시간이다.
"올리고당 아세요?"
"신사임당은요?"
"간당간당은요?"
"얘들아. 나 바빠~ 미안."

음악시간이다. 재미있는 음악 상식 퀴즈시간을 가졌다.

● '베토벤의 엘리제를 위하여'의 원 제목은 바가텔 25번. 바가텔의 원래 의미는 (   )이라는 뜻.

"바가텔이 무슨 뜻일까요?"
"전 여친 이름? 25번째 여친?"
"자주 가던 호텔 이름요."
"전 여친 집 주소 25번가."
"독일어로 25번 차였다?"
"박씨 성을 부르는 것 25번."
"곡을 쓸 때…마다 비싼 샴페인을 마셨어요. 25번째 먹었을 때 술 이름. (쓸 때라는 말에 준호가 아는 줄 알았다. 하지만….)"
"비싼 독일 초콜릿 이름 같아요."
 - 다른 아이들 답: 비공식, 좋아했던 여자 친구 이름, 몰카, 여왕을 위해, 종이쪼가리, 25번 투자, 바보가텔의 줄임말.

- **생상스 동물의 사육제에는 동물이 아닌 2곡이 있다. 그중 한 곡은 화석이고 나머지 한 곡은 피아니스트이다. 그중 피아니스트는 (   ) 연습곡만 연습하는 피아니스트를 비꼬는 곡이다.**

"무슨 연습곡일까요?"
이건 아이들이 피아노연습곡을 많이 접한지라 '하농'이란 답이 많다. 20명 중 17명이 '하농'이라고 답했다. 역시나 하농의 그 지겨움에 논하는 아이들! 정답은 베토벤의 제자 이름. 바로 체르니.
"아~ 체르니요? 저 30번 치다 그만 쳤는데."
"화석은요? 안 들려줘요?"
"죽음의 무도 편곡한 곡인데. 죽음의 무도는 여러분도 들어봤죠?"
"몰라요."
"김연아가 스케이팅 할 때 나왔던 배경음악인데…."
일단 김연아 스케이팅을 감상한다.
"우~~아."
"오… 우…."
"우. 아."
감탄사 연발이다. 막상 죽음의 무도의 멜로디는 거의 기억하지 못하는 듯.

- **피아니스트 랑랑은 (   )로 피아노를 연주했다.**

랑랑이라고 하니 중국에 살았던 백하 표정이 밝아진다. 이 문제는 힌트를 안 주니 정답자가 없다.
 - 아이들 답: 입술, 혓바닥, 머리카락, 쎗바닥, 발가락, 머리, 코, 온몸, 턱, 두피, 이빨.
"랑랑은 엄청 장난꾸러기 같아요."
"오렌지로 근데 잘 친다. 저게 되나."
"당연히 피아니스트니까."
"각끼가 있는데."
"누구 닮았는데?"
"관절이 없는 것 같다."
"막치는 것 같은데."
"저게 막치는 것으로 보이냐?"

- ( )를 위한 협주곡도 있다.

"근데 협주곡이 뭐예요?"
"다른 악기들끼리 함께 연주하는 건데. 예를 들면 냉장고를 위한 협주곡?"
"일단 소리라도 들려주세요. 이건 몰라요."
"소리 듣고 맞힐게요."
음악을 들려준다. 정답은 타자기다.
"어디서 많이 듣던 소리인데."
— 아이들 답 : 선풍기, 키보드, 꾀돌이 뽑기기계, 젓가락, 휴대폰, 막대기, 가위, 신발, 테이프, 전등스위치, 골프채, 소화기.

"선생님. 내일 눈 오면 눈싸움해요. 내일 온대요."
장갑 챙겨 오라고 알려 주려 일기예보 확인해 보니 60% 확률. 해, 구름, 비 2줄, 눈 1줄이 합쳐진 날씨다. 아이들에게 일기예보 사진을 보여 준다.
"너무 질퍽할 것 같은데요?"
"눈비 와도 장갑 가져올까요?"
"근데 저는 산타가 누가 될지 모르겠지만 현금으로 줬으면 좋겠어요."

나더러 얼른 나와 보시라고 하길래 나갔더니 아리수가 계속 나온다. 넘쳐서 바닥이 흥건하다. 이런. 버튼이 고장났나 보다. 흘러내린 물이 교실로 밀려들어올 것 같아 아무 생각 없이 힘으로 버튼을 꾹 눌렀더니 어느 순간 멈춘다. 뭔가 해결해 준 듯한 뿌듯함.

6교시 마치기 전 10분. 모둠별 게임을 했다. 아이엠그라운드와 눈치게임! 게임 중 태도로 벌점을 받은 모둠 이름 앞에 점을 찍었다. 찍다 보니 점의 크기가 달라진다. 왜 우리 모둠은 큰 벌점 주냐는 녀석들. 어차피 같은 벌점이라고 말해 줬지만 왠지 점이 크면 더 혼나고 질 것 같단다.

마지막에 아이들이 박경란 응원가를 부른다. 신세계 교향곡을 박경란 교향곡으로 아예 이름도 바꿔 부른다. 너무 웃기다. 나의 성스러운 콧물이 주르륵. 부끄럽고 참혹한 현장이다.
"선생님이 제일 많이 웃는 거 아세요?"

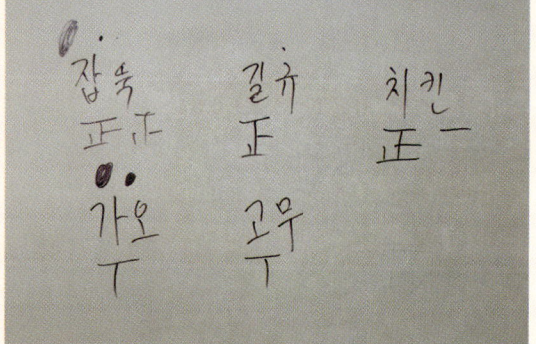

아이들 일기

오늘 풋살에서 감차를 한번 써봤는데. 들어가기는 했지만. 준호의 골이다! 내가 감아차서 골키퍼는 넘겼는데 그 공이 준호의 엉덩이에 맞고 들어갔다. 사실 맞아도 안 맞아도 골이었는데. 친구들의 감아차기는… ○○이 공은 뚝 떨어짐. 준호 공은 많이 휨. □□ 파워가 장난 아니다. 선생님! 감아차기 조언 좀 해주세요.

답을 해 주었다. 맞는지는 모르겠지만.

> 감아차기는 사람마다 궤적이 달라서 누구 것이 좋다고 말할 수는 없지만. 요즘은 황의조가 최고인 듯. 감기는 각도며 속도. 손흥민과 둘이 우리나라에서는 원투를 다툴 듯. 선생님 개인적으로는 황의조 감차가 좀 더 날카로운 것 같아. 조언이라면… 쌤은 엄지발가락으로 공 바깥쪽을 스치듯 때리는 느낌. 그러면 잘 감기고 정확도도 높고. 공 중앙에서 바깥쪽을 향해 엄지발가락으로 쭉 민다는 느낌~

 **12월 3일 화요일**

오늘은 제법 겨울 날씨답다. 아침 출근길에 아파트 경비아저씨께 "정말 춥죠?"라고 여쭈어보았더니 "해가 떠도 더 추워지네요"란다. 오늘 아침 환기는 1분이다.

일기를 며칠 안 낸 녀석이 아침에 일찍 왔다.
"오늘은 일기 썼냐?"
"아니. 그게….”
"너희는 혼 안 내면 안 쓸 거야?"
"그건 아닌데요."
"화를 내야 일기를 쓰지?"
"그것도 아니에요."

한 남자아이가 여자아이를 보더니 말을 건넨다.
"너 아침에 라면 먹었다며?"
"어떻게 알았대?"
"오오오~"
옆에 있던 아이들이 그걸 어떻게 알았는지 물어보며 신나 한다.
"아니야. 아니라고. 얘 동생 만났는데… 걔가 말해 줬어. 축구 같이 하는 애라고."
"오오오~"

남자 아이들이 '쪽팔려 게임'을 하기 위해 가위바위보를 한다. 진 아이가 미션을 수행하지 못하면 '묻고 더블로 가'라는 규칙이 있다는데. 정작 〈타짜〉 영화 이름도 잘 모르는 녀석들.

"타짜가 뭐 하는 사람이에요? 난 그 영화는 안 봤는데."

"우리 못 봐. 그거."

아침에 새 공이 택배로 왔다. 빨간색 공이다. 등교하는 족족 우리 반 아이들 모두 서명하기로 한다. 아이들 서명도 넣고 나니 아침 시간이 꽉 찬다. 예쁜 서명이 들어간 세상에서 하나밖에 없는 공! 그나저나

이 공을 운동장에서 사용하기 아깝다.
"오! 사인하니 간지난다."
"이거 멋있어. 맛있어 보여."
"얼른 피구 하고 싶어요."
"오늘 영하로 떨어졌단다!"
"근데 만져 보니 새 공이라 착착 감기는 맛이 없어요."

우리 반 아이들이 학교에서 몰래 페이스북을 한다는 신고가 들어왔다. 아이들에게 양심적 고백의 시간을 주기로 했다. 하지만 정작 고백하는 녀석은 없다. 학교에서는 절대 안 했고 집에서 페이스북은 한다는데…. 핸드폰 확인하려다 말았다. 믿어야지.

1교시는 국어시간이다. 언젠가 지나가는 말로 바르셀로나 올림픽에서 휠체어를 탄 분이 양궁으로 성화 점화한 이야기를 했나 보다. 그 이야기가 이어져 오늘은 여러 가지 성화점화 방법에 대해 아이들과 의견을 나누었다. 발표할 내용은 사전 과제로 내 주었다. 다른 이들의 질문이 길어져 2교시까지 이어진다.

불꽃놀이 하는 동시에 불꽃을 던져 성화를 한다.

"하늘에 푹죽 터트리기 전에 성화 하나요?"
"하늘에 폭죽 터트리면 멋지겠다."
"앉아 있던 관객이 맞으면요? 이거 너무 위험해요."
"제가 손해보상해요. 보험회사도 있고요."

갑자기 나트륨을 물에 넣으면 폭발하는 이야기가 나온다.
"근데 나트륨 먹을 수 있잖아요? 소금이 몸에 들어가면 터지는 거예요?"
"근데 나트륨 물에 터지는 거 맞아?"

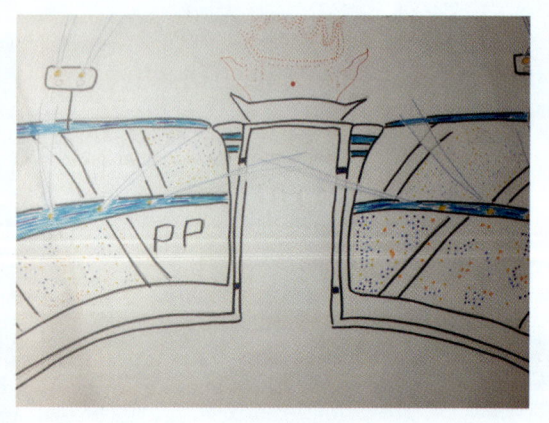

길거리에 버려진 쓰레기에 불 붙여서 성화하기.

"페트병 이런 거 태우면 환경오염 문제가 일어날 것 같은데요."
"다른 사람들에게 공지만 하면 될 거라 생각했는데. 환경 문제는 생각 못했어요."
"이게 말이 안 되는데요. 5년에 한 번 열리는 올림픽에서 이런 성화는 어이가 없어요."
"4년이야."
"나름 아이디어는 멋진데. 우리 긍정적으로 생각하자."
"다른 님들은 살짝 부정적이신 듯. 먼지는 청소기로 가스를 빨아들이면 끝~"

드론이 불을 붙인 성화를 잡고 공중에서 성화를 떨어뜨림.

"만약에 성화를 떨어뜨리려면 근처에 가야 하는데 가다가 드론이 떨어지면요?"
"드론도 같이 태워요. 걸크러쉬~"
"드론 비싸잖아요?"
"근데 드론이 가다가 배터리가 없어서 떨어지면요? 그리고 성화 떨어뜨리고 돌아 가다가 성화 불에 녹으면요?"
"일단 배터리는 완충하고 출발해요."
"올림픽이면 까다로운 절차를 거쳐야 한다고 했는데. 드론이 인형뽑기 하듯이 불씨를 뽑아서 해요? 드론 조종사가 밀땅을 해요?"
"가던 도중에 떨어지면요? 조종사가 실수해서요. 이거 엄청 긴장될 거 같아요."

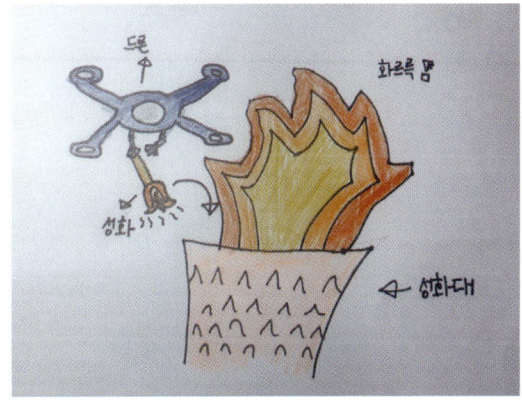

겨울하면 군고구마. 동계 올림픽 때 나누어 먹을 수 있는 거라 귀빈 접대 가능. 올림픽 성화봉송 불에 구운 거라 더 의미가 있는 군고구마. 하지만 탈 수 있으니 적당히 굽고 NEW 고구마를 투입.

"올림픽 보러 온 사람은 고구마 다 먹을 수 있어 좋겠다."
"경기장에 가면 고구마를 팔 텐데. 고구마 판매자의 생존권은요?"
"근데 고구마 어떻게 넣고 빼요?"
"시스템이 있어요. 닭이 알 낳는 것처럼요."
"저 정도 성화면 1초면 고구마 탈 것 같은데요?"
"이런 불이면 밖은 타고 안은 생고구마."
"중간에 것 먹으면 되겠죠~"
"보충하면. 이거 올림픽이잖아요. 고구마를 조금 싼 가격에 사서 기부하는 사람이 나오면 좋을 것 같아요. 간지나는 방법 같아요."
"외국인들이 고구마를 먹다 맛없다고 다시 던져서 넣으면요?"
"직원들이 뛰어가서 말려야죠."
"성화에 고구마 몇 개 정도 들어가요?"
"3,000개 정도요."
"고구마의 원산지는요?"
"국산입니다. 강원도요."
"고구마에 불붙어서 경기장에 떨어지면요?"
"소화기 쓰면 돼요. 고구마 소화기~"

호잇짜. 창던지기 올림픽 선수가 거대한 성냥불을 던진다. 케이크에는 올림픽 출전 국가들의 국기가 그려져 있다. 그리고 개회식때 올림픽을 보기 위해 온 관객과 선수들이 케이크를 나누어 먹는다.

"불이 너무 뜨거워서 케이크가 녹으면요?"
"이거 아이스크림 케이크에요."
"케이크 크기는요?"
"24미터 높이요."
"창던지기 선수가 성냥을 던졌는데 실수로 개최국 국기에 박히면요?"
"케이크 무슨 맛이에요?"
"제가 좋아하는 딸기 케이크!"

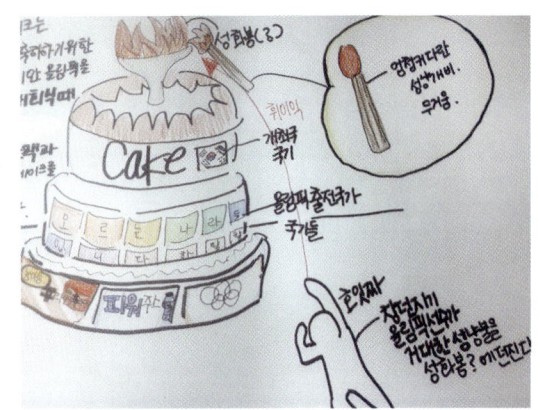

- 성화봉을 같은 박자로 왔다리 갔다리 하며 옮기기.

- 남북이 통일 되었을 때, 핵무기 폐지 기념으로 핵무기 소형 모형을 만들어 성화.

"그러다 핵무기가 터지면요?"
"이건 모형이라고요."
"왔다리 갔다리 성화댄스 춤 웃기지 않아요? 올림픽에 하기에 경박해요."
"이건 근엄하고 진지하게 춰야 해요."
"왔다리 갔다리 동작은 생각해 놨어요?"
"이렇게 이렇게 하면 돼요."
"앞에 가서 보여 줘요."
"남자 대표 5명이 즉석 공연을 한다."
"근데 댄스할 때 잘못 춰서 옷에 불붙으면요?"
"여기 봐요. 봉을 들고 하잖아요."
"바람이 세져서 불이 붙으면요?"
"방화복 입고 하면 돼요."
"하다가 안 맞아서 박자 틀리면요?"
"연습 많이 해야 해요. 올림픽인데."
"근데 실전에서 약한 사람 있잖아요."
"이렇게 이상한 논리로 말하면 저도 이상한 논리로 말할게요. 외계인이 성화를 뺏어서 지구를 불태우면요?"
"초청을 안 해요."
"초청을 안 해도 오면요?"

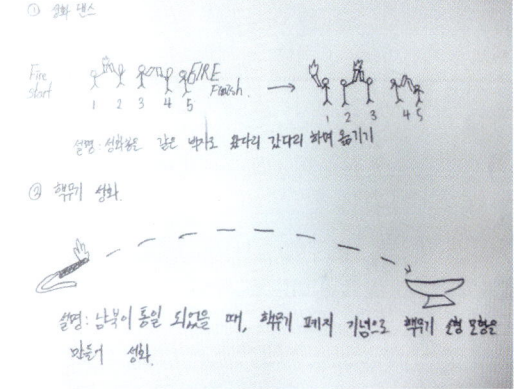

인공지능 자율 주행 자동차가 장애물 코스 통과. 자기부상열차 모형으로 코스 통과. 사이보그 인간이 장애물 코스 통과. 미니로켓이 성화대 들어가서 터지면 마무리.

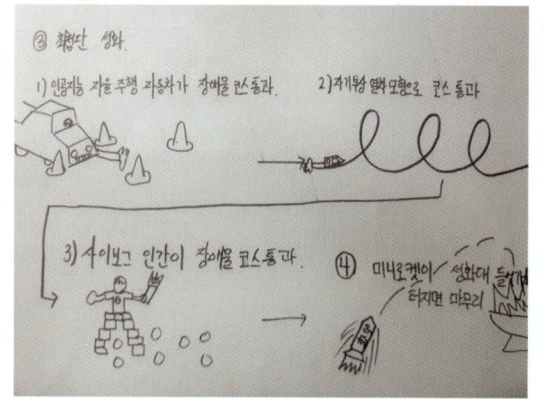

나는 여태까지 없었고 앞으로 없을 만한 엄청 특이한 방법으로 성화를 옮기고 싶다. 그래서 생각해 낸 게 세계에서 가장 빨리 성화 옮기기를 생각했다. 그래서 내가 생각한 방법은 성화를 미사일에 장착시키는 거다. 미사일에 폭발 물질을 없앤다. 날아온 미사일은 땅에 꽂히고 거기서 성화만 빼서. 이게 될 리는 없지만 되면 진짜 신기할 것 같다.

"만약에 잘못 조종해 에임이 안 좋아 관중석에 가면요?"
"좌표가 있어요. 국방부에서 좌표를 불러 줘요."
"질문하는 거 말고 물어보는 건데요. 미사일에서 껍데기만 발사해요?"
"그게 질문이잖아요."

미사일 이야기가 나오니 남자아이들이 정말 손을 많이 든다. 시간 안에 끝내야 하기에 기회는 선택된 몇 사람에게만.

여러 폭죽들과 그리고 마지막 거대 폭죽.

"관중석에 날아가면요?"
"안 될 생각하지 말고 계산을 정확히 합시다."
"근데 왜 성화가 없어요?"
"밑에 사진이 짤려서 찍혔어요. 아래에 불 붙여서 심지로 쭉 올라가 폭발해요."

몇몇 사람들이 폭죽을 던진다. 던져서 안에 들어가면 불이 촤르륵 오르고 폭죽이 터져 하늘로 올라가는 것.

"괜찮아요. 좋아요."
"평균 이상. 근데 너 왜 웃냐?"
"우리 반 외모는 평균 이하가 없습니다."
"저 예쁘다는 말씀이시죠?"
"에잇."
"나 4살 때 사진 봐. 얼마나 귀여운데."
"4살 땐 나도 귀여웠어."

활과 창에 불 붙여 던지기. 심지에 불이 붙어 옮겨가 결국 성화에 불이 붙는다.

"활과 창에 불을 붙인다고 했는데 활과 창을 던지는 위치는요?"
"창과 활로 그대로 써요? 이게 어떻게 날아가요?"
"안 날라가는 생각하지 마요. 긍정적으로 생각해요."
"외계인이 창이나 활을 중간에 잡아가면요?"
또 외계인 논란이다. 휴.

요리사가 불을 붙이면 순식간에 초콜릿이 콰콰콰쾅 내려와서 '초'대형 초코퐁듀 성화를 만든다.

"정말 맛있겠다."
"정말 잘 그렸다."
"초코퐁듀가 나와서 맛있겠다."
"앞에 앉은 사람만 먹는 거예요?"
"다른 사람에게 나눠 줄 수 있게 설계되어 있어요."
"초코가 넘치면 어떻게 돼요?"
"어디 뷔페 가서 초코퐁듀 넘치는 거 봤어요?"
"네~~ 봤어요."
"찍어 먹을 마시멜로도 주나요? 과일은요?"
"저 밑에 딸기 안 보여요?"
"초코퐁듀 하나 만드는 데 초콜릿 몇 개 들어가요?"
"그것까지는 안 세어 봤어요."
"어린애들이 초코퐁듀를 너무 먹고 싶어서 경기장 안에 들어가면 어떻게 해요?"
"설마 올림픽인데 누가 들어가겠어요? (저요! 저요! 남자아이들의 뜨거운 호응)"

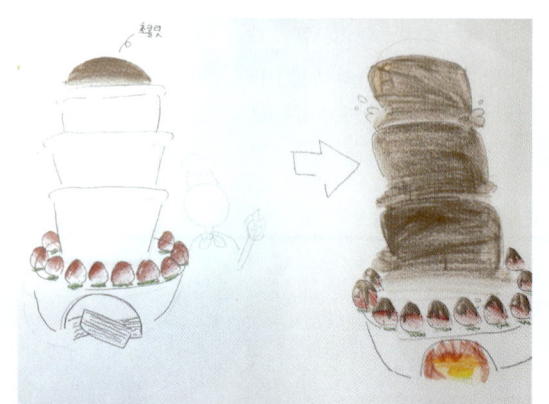

바다 속에서 불꽃 깔때기 같은 게 쭉 올라와 고등어를 익힌 다음에 그걸로 사람들에게 나눠 준다.

"성화를 할 때 바다에 가서 해요?"
"이거 바다 아닌데요. 대동강인데요."
"강에 왜 고등어가 살아요?"
"이 성화에 불을 붙였는데 고등어가 익기 전에 불이 꺼지면요?"
"성화 안 꺼져요. 몰라! 절대 안 꺼져요."
"근데 고등어를 굽잖아요. 목을 따는 시간 가시를 바를 시간도 필요한데요. 가시를 바르는 시간 어떻게 해요?"
"그냥 먹어요."
"가시가 목에 걸려 질식사하면요? 회장님이나 사장님이면 누가 발라서 주겠지만."

올림픽 성화(출처: 백과사전, 평창실록 동계올림픽 20년 스토리, 네이버, 내 머리)
1936년 제11회 베를린 올림픽 대회에서 성화가 실현되었다. 독일의 히틀러가 명을 내려 발칸반도 여러 나라 청년들을 동원하여 베를린까지 릴레이 시킨 것으로, 나치 참모본부의 발칸 작전 모략의 일환이라고 전한다. 1928년~1948년까지는 단순히 올림픽의 불(olympic fire)이라고 하였는데. 50년에는 올림픽 헌장에서 성화(scared olympic fire)라고 규정하였고, 이것은 고대 올림픽 정신의 전통을 지킨다는 의의이다.

1) 성화 불을 붙이는 곳에 종이나 마른 나무 같은 불에 잘 타는 물질을 넣어 놓는다.
2) 그 위에 기름도 붓는다.
3) 가장자리에서부터 불을 지펴 가운데로 불이 왔을 때 기름, 종이 등이 불에 타면서 엄청난 불꽃과 폭발이 이루어지면 멋있을 것 같다.

1) 성화 불을 붙이는 곳 위에서 사격 선수가 신호탄 혹은 불꽃놀이 할 때의 쏘는 총 등을 쏜다.
2) 그런 멋있는 광경이 펼쳐지고 있을 때, 투포환 선수가 꽃 수류탄을 던져 더 아름다운 광경을 만든다.

"꽃 수류탄을 던졌는데 성화에 꽃이 홀라당 타면요?"

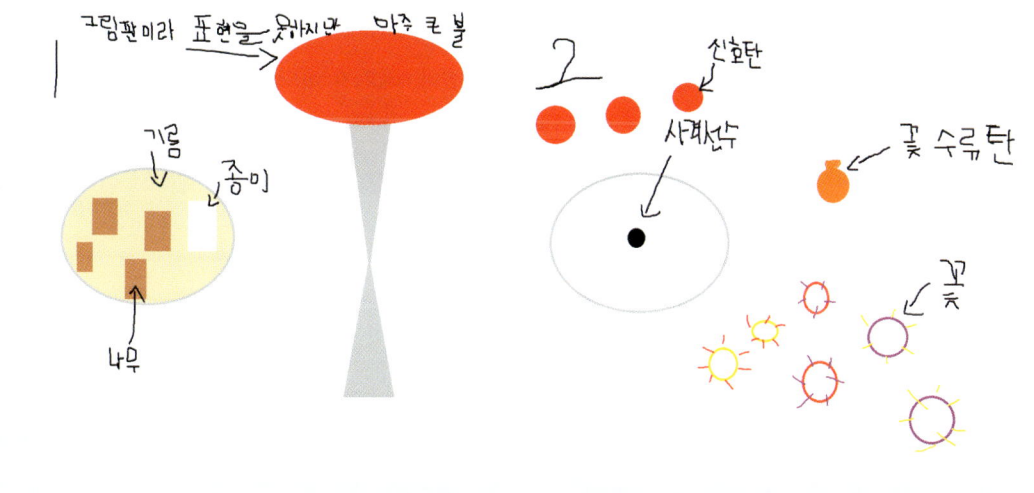

날씨가 영하로 내려가 교실체육을 하기로 한다. 책상 밀다 두 녀석이 말다툼을 한다.
"어쩌라고?"
"저쩌라고?"
이 녀석들 때문에 5분여 지체된다.

오늘은 제기를 활용한 게임을 한다. 던져서 등에 제기를 올리면 1점. 발로 차서 제기를 등에 올리면

2점. 힐킥으로 올리면 5점. 5점이라는 말에 벌써 힐킥 준비하는 몇몇 축구인들. 연습 시간을 10분 정도 가지고 황금마차 대 포장마차의 대결이 시작된다.

새 나는 자세로 멋지게 성공하는 연수. 상진이는 오늘 유일하게 발로 차서 등에 올린다. 아쉽게 천천히 흘러내리는 은비의 제기. 머리에 맞을까 모자를 눌러 쓰고 마찰력이 큰 잠바를 입고 성공한 주희. 성공하고 엄청난 비명을 지르는 륜경. 에이스 침대 승은이. 손으로 던질까? 발로 찰까 망설이다 성공한 후 등을 쓸어내리는 인해. 힐킥을 도전하다 아름답게 실패하는 영민이. 스콜피언 자세를 흉내 내는 준호. 아슬아슬 왔다 갔다 성공한 태윤이.

다음은 팀대항 제기 던져서 받기다. 팀원끼리 원을 만들고 자신 머리 위로 던진 제기를 왼쪽 사람이 움직여 잡는 방법이다. 하나, 둘, 셋 구령에 일제히 도전! 하지만 역시 이건 쉽지 않다. 공으로 하면 쉽지만 제기는 정확히 머리 위로 던지기가 쉽지 않다. 자신의 머리 위로 던져야 하지만 엉뚱한 곳에 던져 실패하는 경우가 다반사다. 팀 내에서 소소한 다툼도 있다.

"네가 잘못 던진 건데 왜 나한테 그래?"
"네가 못 잡고 왜 나한테 뭐라 해?"
"네가 못 던졌잖아."

계속 도전하는 아이들! 몇 차례 지내자 소리만 들어도 알겠다. 제기가 바닥에 부딪히는 둔탁한 소리와 함께 너 때문이라며 남 탓하는 그들. 황금마차팀이 끝날 무렵에 6번이나 성공한다.

마지막은 우리 반 전체가 하나, 둘, 셋 구령에 제기 던져 옆 사람이 받기를 한다. 계속된 실패에도 도전이 계속된다. 거의 종이 칠 무렵 어느 정도 성공의 기미가 보인다. 확실한 동기 유발이 필요하다. 성공하면 떡볶이 쏜다!

준호가 잡기 어려운 제기를 몸을 날려 다이빙 캐치하며 우리 반 전체 대성공!

'오늘 점심에 상추쌈이 나갑니다. 노로바이러스 예방을 위해 손을 깨끗이 씻고 오세요!'

안내문을 적어 주었더니 노로바이러스에 대한 아이들 경험담이 전해진다. 노로바이러스! 3년 전 우리 학교에서 대유행했던 악몽이.

"난 왜 걸린지 모르겠는데 걸렸어."
"난 별로 안 아팠는데 학교 오지 말라고 하던데. 다 나았는데도."

여자아이들이 무슨 노래를 부르고 있는데. 대중가요 같지는 않고 한참 지켜보다 물었다.
"무슨 노래냐?"
"아마존요."
"아이돌?"
"에버랜드 아마존 타면 하는 가사예요."

앞에 있는 안내 근무자의 안내를 받아~
한 자리에 두 분씩 두 분 두 분 두 분!
옷 젖어요. 머리 젖어요. 신발 젖어요. 양말 젖어요.
옷 머리 신발 양말 싹 다 젖어요.
물에 젖고 물만 맞는 여기는 아마존입니다. 아 마 존 존 조로존!

세상에나. 이걸 다 외우다니!
"근데 쌤이 내준 숙제는 다 했냐?"
"우리 엄마는 그거 외울 정신으로 영어단어 외우라고 하던데요."
뻔한 어른의 마음으로 물었나 보다.

점심 먹고 아이들이 교가를 부른다. 갑자기 웬 교가람? 입으로 연주하는 전주, 간주도 있고. 지휘자는 준혁이가 맡는다. 신난다. 재미난다.

"선생님은 다른 것보다 종 치면 수업 끝내는 건 최고예요."

"그지? 아무리 좋은 수업도 땡 하면 끝내야지. 좀 일찍 끝내야 하고."

이건 아이들을 위한 철칙이 되어야 하지 않을지. 쉬는 시간은 무조건 지켜 줘야지~

오늘도 긴급 학급회의를 하게 되었다. 요즘 학년 전체적으로 문제점이 많다. 오늘 회의 주제는 6학년 아이들 간의 이성 교제 문제다. 대다수는 해당이 안 되겠지만 갈수록 대담해지는 애정 표현 문제에 진솔한 토의가 되길 기대하며 시작한다.

"근데 우리 학교에 이성 교제하는 사람 있어요?"

"있어요. 몰라요?"

"근데 님들. 이성 교제는 사실 괜찮은데. 우리 반은 동성 교제가 더 문제예요. (이 말을 듣고 눈이 번쩍 뜨였다.) 수업시간에 여자애들끼리 애정 표현하면서 떠들면 여기저기 불편해요."

"보충인데요. 남자들은 사실 그렇게 안 심한데. 여자님들은 자기야 하면서 어 이거 내 자기야 하면서."

"저도 보충인데요. 여자님들이 뀨뀨거리면서. 수업시간에 그럴 거면 우리한테 피해를 주지 말고 쪽지를 돌리든지요."

"쪽지 돌리는 것도 예의가 아니죠?"

"근데 저희가 이렇게 하는 게 남자님들한테 피해가 가요?"

"무슨 피해를 받냐면요. 너무 역겨워요. 이 님이 꽃받침하고 이 님도 해요. 옆에서 보는 짝꿍은 너무 힘들어요. 수업시간에만 하지 마요. 다른 시간에 하는 건 괜찮은데."

"뀨뀨 하는 거는 남자애들 축구하는 것 같은 거예요."

"여자애들끼리 노는 건 괜찮은데 잠깐 나 좀 빌려줘 이러면서. '내 옆 자리에 놀러와' 이러는 게 너무 심해요."

"저희가 자기, 여보 하는 건 친한 표현인데. 그냥 친한 친구끼리 부르는 호칭이에요. 안 보면 되고 자기들한테 무슨 피해가 되나요?"

"자기야 자기야 하면 정신적 피해가 발생해요. 안 보면 되지만 안구 테러."

"여자님들. 만약에 님들이 자기야! 하듯이 남자들끼리 오빠 형 이러면 어떨 것 같아요."

"우리도 상관없어요. 어떻게 부르든지 그건 표현의 자유예요."

"저는 지금 이 순간에도 여자애들끼리 꽃받침 하는 거 보고 깜짝 놀랐어요."

"님들 솔직히 이런 얘기를 왜 하는 거예요? 이건 주제가 아니에요. 이성 교제로 넘어가요."

"그냥 좋으면 사귀면 되고 지들끼리 끼리끼리 잘하면 되잖아요."
"이성 교제는 하고 싶으면 하면 돼요. 자기 마음대로 하면 되는데 비난만 하지만 마요."
"맞아요. 남 연애사에 관심 두지 마세요."
"연애는. 어른은 되는데 아이들은 왜 안 돼요? 어이가 없네."
"다른 사람 연애이야기 들으면 관심 가는 게 당연한 게 아니에요? 누가 누가 좋아한다 그러면 관심이 가요."

"여러분 조용히 좀 하세요."
"근데 회장들은 떠들면서 제가 말만 하면 조용히 하라 하고. 신경 쓰지 말라 하고 도대체 뭘 잘못했어요?"
"맞아요. 일리 있는 말입니다. 이건 회장이 심했어요."

"저 질문 있는데. 내 삶도 아닌데 남의 삶인데 잘 살든 못 살든 남에게 관심을 가져야 하나요? 왜 사귀는 거 가지고 놀려요?"
"니는?"
"나는 진짜 사귀는 거 가지고 놀리지 않아요."
"저는 상진이 에피소드 알아요."
"상진이 에피소드는 나 말고 모르거든. 거짓말하지 마요."
"결국 뭘 하든 놀리지 말자. 다른 사람이 하는 걸 신경 쓰지 말자 정도로 해요."
"근데 제 생각에는 자신한테 놀리는 건 괜찮은데. 부모님까지는 이야기하지 맙시다. 우리 엄마 알아서 저 진짜 힘들었어요."

"그리고 같이 사귀어도 공공장소에서 애정행각 금지해야 해요."
"맞아요. 사귀는 건 지들끼리 하는데. 스킨십은 안 했으면 좋겠어요."
"빼빼로, 화이트, 초콜릿(?)데이 때 지들끼리만 돌리지 말고 다 돌렸으면 좋겠어요."
"두 사람끼리 스킨십도 괜찮은데 학교에서 카톡하는 건 규칙을 어기는 건데. 이 정도 아니면 상관없어요. 둘이 빼빼로를 주고받든 상관없어요."
"공공장소에서 손잡는 것까지는 괜찮은데. 그것 이상은 안 했으면 좋겠어요."
"둘이 뭘 하든 상관없는데 염장질은 안 했으면 좋겠어요."
"염장질이 뭔데요?"
"입맞춤요."
"커플들끼리 꽁냥꽁냥 하는 거요."
"연장질요? 망치 들고 못 들고."
"근데 애정행각을 하는 6학년이 있어요?"
"있어요."

"이성끼리 하든 동성끼리 하든 서로 좋아할 순 있잖아요. 저는 심하지만 않으면 괜찮다고 봐요."
"맞아요. 좋아하는 것도 존중해 줘야 해요."
"맞아요. 어차피 걔네들 깨질 건데요. 평생 같이 간다는 것도 아니고. 언젠가 죽을 거고."
"같이 갈 수도 있잖아요? 너무 말 함부로 하지 마요."
"근데 스킨십 막는 건 인권 침해 아닌가요?"

"난 여자들끼리 톡해 놓고 캡쳐해서 프사하는 것도 이해 안 돼요? (뜬금없는 한마디에 다시 남녀 대결로 돌아간다.)"
"파리기후협정처럼 님들이 하지 말라고 해도 우리 할 거니. 남자들이 여자애들 자유권을 침해하면 안 되죠?"
"내 눈도 자유권이 있어. 그러니까 저희가 무력으로 제압하는 거잖아요."
"말 좀 끼어들지 마요!"
"사회시간이 ○○씨들끼리 수업시간에 꽃받침 같은 거 하면 안 될 것 같아요. 심해요."
"수업시간에도 우리는 표현할 권리가 있어요."
"우리도 수업 받을 권리가 있어요. 끝!"
"동성끼리 애정 표현하는 건 괜찮은데. 수업시간에는 줄일 수 있잖아요."
"우리는 수업을 받으러 학교에 와요. 여자애들이 애정행각을 하면 수업을 방해하잖아요. 수업 들을 권리를 침해해요."
"솔직히 정신적으로 피해 받는 거 있어요? 정말 정신병 같은 거요?"
"잘 때마다 그 장면이 생각나요."
"저도 이 님이랑 6년 봤는데 올해 들어서 갑자기 꽃받침 같은 거 보고 놀랐어요."

대략 정리하고 10분 정도는 전 교회의 안건 제출할 토의를 한다. 한 학기 동안 전교 임원들의 공약이 잘 지켜졌는지 점검하는 시간이다.

"화장실 체크리스트 만들기는 개선되어 있지 않았어요. 가끔가다 물이 내려가지 않은 모습이 보였어요."
"급식실에 노래 트는 건 전체 급식실에서 노래 트는 거예요? 이것도 안 지켜졌어요."
"근데 본관에 보면 화장실 세면대 옆에 체크리스트 같은 거 붙어 있잖아요. 개선되었어요."
"체크리스트는 임원단들이 좀 더 보고 개선해야 했을 것 같아요."
"근데 체크해 봤자 안 바뀌면 무슨 상관이에요?"
"청소하는 아주머니는 최선을 다하고 계시는데 화장실이 더러운 건 우리 문제 같아요."
"운동장 화단 장벽 세우기는 예산 문제 때문에 어렵대요."
"근데 우리 학교 예산이 어느 정도야?"
"급식 메뉴 개선은 등하교시에 판넬 같은 거 세워서 잘 한 것 같아요. 마카롱 나왔잖아요. 스파게티도 나와요. 구슬 아이스크림도 반영이 되어 나온 거예요."
"급식 메뉴 선정을 더 해 주세요."
"LA갈비, 버블티, 냉면 같은 게 많았지만, 그건 현실적으로 어렵대요."
"버블티가 안 된 이유는 득표수가 부족했어요."
"그 스티커 붙이는 판때기에 버블티 안 보였는데요?"
"버블티 맛있는데."
"지금 버블티 회의 하는 거예요? 버블티 그만 얘기하죠."

청소시간에 아이들이 묻는다.
"선생님이 생각하는 6학년 5반이란?"
"내 심장. 날 뛰게 하는 사람들."
"진짜요? 그러면 작년 아이들이 좋아요? 올해 아이들이 좋아요?"
"올해가 더 좋아. (단, 95~10%의 확률로.)"

아이들 일기

오늘은 6학년 5반 저세상 텐션을 주제로 일기를 쓰겠다. 일단 우리 반은 분위기가 너무 높고 좋다. 그 무엇보다 체육을 많이 시켜주셔서 좋다!(앞으로도 더 시켜주시길…) 그리고 반 자체에 먹을 게 참 많다. 그래서 어떤 반이 뭘 만들어 먹는다고 해도 우리 반엔 먹을 수 있는 간식들이 있기에 얄밉지 않아서 좋다. 그리고 선생님이 최대한 수업을 즐겁게 해 주시려는 모습도 보이기에 멋진 반인 것 같다. 그 무엇보다 공부를 강권하지 않으시는 태도가 엄청 좋다. 거기다 체육도 많이 시켜주시는 감자 선생님… 우리 반 이쁜이들도 많고 그냥 남자애들도 많고 어쩔 때는 시끌벅적하고 감자가 익혀지는 날에는 일동 조용해지는 반. 혼나더라도 난 우리 반 현재 분위기가 너무나도 좋다! 이렇게 초등학교생활이 잘 마무리되기를 바랄 뿐. 영원하면 좋겠지만 말을 잘못 쓰면 오글거리겠지??..

12월 4일 수요일

어제 저녁 카톡으로 한 녀석이 내일 눈 오면 눈싸움하자고 했는데 오늘 하늘은 맑고 깨끗해서 눈이 내릴 기미는 전혀 없다. 오늘 아침 컨디션이 아주 엉망이다. 몸이 무거워 뭘 먹어야겠다 싶어 편의점에 들른다. 그때 편의점에서 나오는 백하를 만났다. 방과후 컴퓨터 시간에 사용할 USB를 사려고 했는데 여기는 안 판단다.

"아~~ 그래? 내거 빌려줄게."
"진짜요?"
"그럼."
"진짜요?"
"속고만 살았니?"

"모닝 떡볶이!"
"모떡이야?"
"달면서도 매콤하기도 하고."
"이 기분 좋은 냄새!"

민준이가 이쑤시개를 가지러 날렵히 준비물실로 달려간다. 현민이는 떡볶이 물이 모자라다며 다시 받아 주고.

"근데 정말 냄새 디기 좋다."
"첫눈 오면 떡볶이 먹기로 했는데. 우리는 눈 예보 나올 때마다 먹는 것 같아요."
"올해는 첫눈이 좀 애매하게 왔어."
"근데 정말 눈이 좀 소복소복 쌓였으면 좋겠어요."

떡볶이는 어느새 익어 가고. 오늘은 개인당 한 컵씩 먹는다. 종이컵에 옮기다 보니 내 손에 국물이 묻는다. 이를 지켜보던 은비가 센스 있게 휴지를 건네준다. 참 쉬워 보이시만 매번 그렇게 실천하는 건 대단한 것 같다. 그 따스함에 은비를 다시 한번 바라본다.

"오늘은 개인당 한 컵이다~"
"이거 팔아도 되겠어요. (이 말은 매년 듣는 말이지만… 언제 들어도 기분 좋다.)"

오늘 아침을 안 먹고 온다고 약속했던 녀석들은 오자마자 흡입한다. 하지만 좀 맵다. 소스를 절반만 넣었는데도. 뜨거운 물을 살짝 붓는다. 한 컵을 벌써 다 먹고 떡볶이 남길 사람과 버릴 사람 찾는 아이들.

"남길 사람! 나 줘~"

"근데 뭔가 많이 먹은 것 같은데 배가 부르지는 않아요."

옆 반에서 우리 반 새 공을 빌리러 왔다. 좋은 냄새가 나서 좀 있다 가면 안 되냐며 한참을 서성인다. 한 입 줄걸 그랬다.

"우리 벌써 졸업이야? 이상한 느낌이야."

"우리 어제 졸업식 얘기했는데 오늘 바로 졸업식 연습한대."

"저희 졸업식 언제예요?"

"12월 13일이에요?"

"설마? 2월 13일이지."

오늘 12시 55분에 강당에 가서 졸업식 대형으로 줄을 서 보기로 했다. 6학년 전체 모이는 시간이다. 예년에 비해 올해 6학년 인원이 많아서 강당이 좁을 줄 알았는데 얼추 들어간다.

12월 18일 수요일 4교시에 교장선생님과 함께 하는 독서시간을 가진다고 안내했다.

"근데 우리 교장선생님이랑 같이 하는 게 있었어?"

"1학기 때 했잖아."

"언제?"

"안 했나?"

"안 했지."

"그런가 보다."

찾아보니 했었다.

"저 어제 아파서 학원 안 가고 하루 종일 잤어요."

"아플 때는 쉬어야 해. 잘 잤나 보네. 오늘 컨디션 정말 좋아 보인다."
"정말 하루 종일 꿈나라에 있었어요."

"선생님. 객관적으로 봤을 때 저랑 륜경이 중에 누가 더 예뻐요?"
"주관적으로 봤을… 어…."

수학시간이다.
"원주율이 없어서 이 문제 못 풀겠어요."
원주와 지름의 길이를 자로 재서 원주율을 구하는 문제인데. 원주율이 없어서 못 구하겠는 녀석. 매번 문제집에 원주율을 주는 문제만 풀어 봐서 그렇단다. 계산기 사용하는 문제를 한 녀석은 그냥 생으로 풀다 나온다.
"여기 계산기 쓰라고 나왔잖수?"
"정말요? 여기 계산기 그림 있네요…."
교과서에 3.14로 계산된 빼곡한 흔적들~

체육시간이다. 난 몸이 너무 무겁다. 머리도 깨질 듯 아프다. 그래도 일단 강당으로 내려간다. 일단 숫자 술래잡기 한 판을 한다. 지난주에 하려고 했지만 시간이 부족해 못했는데. 하지만 오늘 안 하는 게 나았다. 아픈 아이들 때문에 팀별 숫자도 안 맞았고 진행하는 나도 힘들기만 하다. 피구로 급 변경!

주희 얼굴에 정통으로 공을 맞는다. 아이들이 몰려들자 주희가 오케이 신호를 보낸다. 계속하라며 팔을 돌린다. 다리 부상 회복 중인 영민이도 선수로 참여하지만 전성기에 비하면 실력이 좀 녹슬었다. 한 달여의 공백이 느껴진다. 오늘은 재활의 시간으로. 한 녀석은 아웃되고 나서도 경기장 안에 유령처럼 서 있다. 공에 맞고도 슬그머니 상황을 보고 있다. 이름을 부르자 아웃 아닌 줄 알았다는데.

1분 남기고 경기는 끝난다. 딱 맞다.

"한 판 더 해요!"

"오늘은 많이 아파서 올라가서 좀 쉬자!"

부상 중인 인해, 영민, 서준, 현민이가 체육 끝나고 엘리베이터를 타는데. 그 옆에 슬쩍 끼어 부축하며 타려는 남자아이들. 엘리베이터를 기다리다 움직이지 않는 내 그림자를 보더니 하나둘 계단으로 나온다.

"그래! 한 번 다 같이 타라."

사회 교과수업 장소로 이동하는데 필통만 들고 온 녀석이 있다. "교과서는?" 하고 물었더니 바로 교실로 달려간다. 또 다른 녀석은 피구할 때 강속구에 손목이 꺾였다며 손을 꺾어 보여 주는데. 비명이 없는 걸 보니 큰 부상은 아닌 것 같아 보인다. 보건실 가서 파스 한 장 큰 걸로 붙이고 오라고 했다. 화장실이 급하다며 이동 중 사라지는 녀석도 있다. 오늘은 정말 이리저리 머리 아픈 날이다.

2반 여자아이들이 우리 반 여자아이들과 미모 대결을 해 보고 싶다는 제안을 해 왔다. 농담이겠지만 우리 반 아이들에게 전해 준다.

남자아이들은 "우리 반이 져요. 100%요."

여자아이들은 "우리 반이 가볍게 이겨요."
"근데 2반이랑 피구 하면 안 돼요?"
"근데 3반이랑 피구 하면 안 돼요?"

"선생님. 인간 목뼈 9개 맞죠?"
"모르겠는데. (네이버 검색어로 포유류 목뼈 개수를 쳤더니 왜 인간 목뼈로 검색 안하냐며 타박하는데. 찾아보니 7개가 맞다.)"
"근데 애는 왜 이리 목이 길어요?"
"애는 이렇게 긴데 9개 아니에요?"
"포유류가 맞다면 7개인데."
"저 포유류예요~ 포유류가 맞다면이 뭐예요."

오늘 연극 마지막 시간이다.
"우리 연극 선생님께서 오늘 이별 기념으로 스파게티를 준비하셨어요. (원래 점심메뉴가 스파게티였지만…)"
오늘은 사진 속 인물을 보고 연극으로 만들어 보는 시간이다. 나이가 몇 살일지, 직업이 무엇일지, 어떻게 살았으며, 현재의 모습은 어떠할지 추측하며 상황을 구성한다. 인상 좋게 생긴 아저씨!

http://www.robblisscreative.com/homelessveterantransformation

연극을 만들고 이 인물에 대해 알아본다. 이 사람은 실존 인물이라고 한다. 알콜중독자였단다! 다섯 모둠 중 네 모둠이 마약이나 알콜중독자로 상황을 꾸몄다. 나는 전직 배우라고 생각했는데 아이들은 어떻게 보이지 않는 것을 알았을까. 연극 발표 후 이 주인공에 관련된 동영상을 본다. 일정한 거주지도 없었던 주인공이 예쁘게 스타일링을 하고 있다. 스타일링하고 나서 찍은 사진이 연극 시간 시작할 때 제시된 것이었다. 이 주인공은 영상 촬영 이후 스스로의 삶을 통제할 수 있게 되었다는 감동 스토리. 보이는 게 전부가 아니라는 평범하지만 울림이 있는 결론. 우리 반과 관련지어 몇 마디 하려다 수업을 마친다. 역시 우리에게는 보이지 않지만 4층까지 전해지는 스파게티의 진한 향이 기다리고 있기에. 연극 선생님과 짧은 이별의 인사 후 급식실로 출발!

오늘 아픈 아이들이 많다. 조퇴도 한 명 하고. 점심 먹고 책상에 엎드려 있는 아이들이 많다. 5교시 시작할 때까지 계속 쉬라고 했더니.
"막상 자려니 잠이 안 오네요."

"맞아요. 애들이 시끄러워요."

"여자애들 다들 어디 갔어?"
대답이 없다. 교실에는 여자아이라고는 효은이밖에 없다.
"효은아. 여자애들 다 어디 갔어?"
"여자라고 어디 갔는지 다 알지는 않아요."

"선생님. 이 감 지휘봉으로 관통시켜도 돼요?"
"안 돼. 지금 숙성 중인데."
"그럼… 다른 데 써도 되죠?"
한참 있다 보니 이 비싼 지휘봉에 과자를 꽂아서 먹고 있다.
"꼬치구이예요."
이 실용성과 범용성. 이런 꼬치 지휘봉으로 음악을 연주한다면.

과학시간이다. 나트륨 실험 영상과 물을 정화시켜 주는 마법의 가루 영상을 보고 이야기를 나누었다. 유튜버 공돌이용달님의 실험 동영상이다.

이 녀석은 바로 위험등급 1등급? 나트륨! (나트륨이 그렇게 위험해요? 왜요?)

반응성이 큰 나트륨! 나트륨이 칼로 잘린다. 내부는 반짝이는 은색이다. (나트륨 엄청 예뻐요!) 조그맣게 잘라서 물과 반응시키다. (근데 저 칼은 쇠예요?)

폭발성이 있는 실험인지라 소화기도 준비한다. 나트륨 조각이 너무 작아서 1단계 실패. 2단계도 생각보다 작은 폭발. 하지만 4단계까지 이어지자 나트륨이 물을 만났을 때의 폭발 소리가 엄청나다.

- 1단계 가장 작은 나트륨 조각: 그냥 녹음
- 2단계 작은 나트륨 조각: 작은 불이 붙으면서 폭발
- 3단계 큰 나트륨 조각: 불이 나고 큰 폭발
- 4단계 조금 더 큰 나트륨 조각: 바로 불이 나고 더 크게 폭발

매년 지구에는 340만 명의 사람이 물과 관련된 질병으로 죽는다. (저희 라이프 스트로우는 배웠어요!) 마법의 가루. 흙탕물을 정화시키는 물질. 영상은 공돌이님이 가루를 구입하면서 시작한다.

"알래스카는 배송되는데 왜 우리나라는 안 되지?"

미국에 있는 지인이 미국에서 구입 후 우리나라로 해외 배송. 한 팩에 19달러.

더러운 물이나 흙탕물을 깨끗하게 해 준다. 마법의 가루 4그램으로 4리터의 물 정화. 가루를 더러운 물에 넣고 5분간 섞어 준다. 중금속뿐만 아니라 세균이나 바이러스도 99.99% 제거. 과학적 능력을 본인의 성공이 아닌 인류를 위해 사용한 개발자에 대한 이야기도 나온다.

아이들의 글과 생각이다.

- 근데 교과서대로 안 해서 너무 좋아요~ 책보다 이런 수업이 좋아요.
- 마법의 가루를 발명하고도 특허를 내지 않고 몇 백만의 생명을 살린 과학자가 대단하고 존경스럽다. 이거는 실천하기 어려운 일 같다.
- 나트륨이 생기면(물론 장난치면 안 되지만) 친구랑 물놀이 가서 장난쳐 보고 싶다 그리고 그 마법의 가루를 오렌지 주스에 넣어 보고 싶다. 오렌지 주스가 어떻게 될까? 오렌지가 만들어질까?
- 나트륨이 이렇게 잘 폭발하는지 몰랐다. 소금에 있는 건데. 큰 강에 한번 던져 보고 싶다. 하지만 나트륨 좀 조심해야 할 물질 같다. 근데 소금도 폭발할까?
- 나트륨을 우리가 먹는데 우리 몸 안에서는 왜 안 터질까? 짠 거에도 나트륨이 많은데 왜 괜찮을까? 우리는 나트륨을 씹어 먹고 있는데… 그리고 그 마법의 가루를 그냥 먹으면 어떻게 될까? 우리 몸속에 들어가 피를 깨끗하게 해 줄까?
- 이런 마법의 가루를 처음 알았다. 이걸로 돈을 벌 수 있었을 텐데 왜 기부를 했을까? 진심이었을까?
- 역시 과학의 세계란 어렵다.
- 정말 신기하다. 전쟁에서 나트륨을 쓰면 쉽게 이길 수 있을 것 같다. 물론 강이 있는 곳에서. 그리고 매직가루. 몇백 원 하는 가루가 여러 생명을 살릴 수 있다는 게 대단.
- 산성비나 먼지 묻은 눈에 저 가루를 넣어도 깨끗해질까? 하늘에서 내린 눈을 깨끗하게 먹어 보고 싶다.
- 떡볶이 국물도 걸러낼 수 있을지 궁금하다. 그리고 미래에는 미세먼지도 모두 걸러낼 수 있는 뭔가가 나올 것 같다.
- 나트륨을 전쟁에 사용하면 강대국이 될 것 같다. 다른 나라가 배를 타고 올 때 나트륨 10kg을 던지면 엄청 셀 것 같다.
- 피도 정화해 마실 수 있을까?
- 물을 깨끗하게 하는 가루가 진짜 신기했고 이 가루를 만든 과학자분이 정말 존경스럽다. 본인이 돈을 많이 벌 수도 있겠지만 다른 사람들의 목숨을 위해 발명품을 기부한 게 참 대단하다.
- 나트륨의 힘이 이렇게 센지 몰랐다.
- 가루를 만드신 분을 존경한다. 가루를 팔면 엄청난 돈을 버실 수 있으실 텐데 거의 무료로. 대단하다. 가루가 몇 백만 명의 생명을 살릴 수 있다니. 또 나트륨이 폭파하는 것 보고 놀랐다. 그렇게 클 줄 몰랐다. 위험하지만 한강에 나트륨 한 통을 넣어 보고 싶다.
- 정화해 주는 빨대는 본 적이 있는데. 가루로 불순물을 가라앉혀 주는 것은 처음 봐서 신기했다.
- 커피나 라면국물도 정화시켜 줄까? 가능할까?

오늘 퇴근길 편의점 앞에서 아이들을 만났다. 요구르트 주스를 사 먹는 녀석들. 1300원짜리 대용량 요구르트다.

"야~ 이거 비싸네. 물가 많이 올랐네. 맛있겠다."

"용돈기입장에 쓰려고 사 먹었어요."

"그냥 먹고 싶어서 산 게 아니라?"

"용돈기입장에 쓰려고요."

12월 5일 목요일

한 녀석이 말한다. 다른 친구가 유튜브 동영상을 카톡으로 보내줬는데 영상 안에 욕하는 장면이 많이 들어 있었단다. 이렇게 보낸 것도 본인에게 욕을 한 것이라며 영상을 보낸 녀석을 신고하겠다는데. 카톡으로 영상을 보낸 아이에게 물어보니 욕이 그렇게 많이 들어갔는지는 정말 몰랐다는데.

"물론 실수했지만 잘못을 인정했으니. 다시 안 그러겠다고 하고 의도치 않게 보냈다고 하니 이해하고 넘어갑시다." 둘 사이가 요즘 부쩍 안 좋아 보인다. 아슬아슬해 보인다. 뒤끝도 있다.

"욕 들어간 영상 보내서 미안해. 근데 너가 보낸 영상에도 욕 있는데. 나도 찾아서 신고할 거야."

효은이가 본인 머리띠를 나더러 한번 해 보라고 들고 온다.

"싫어."

"선생님이 쓰면 어떤 모습일지 궁금해요. 어떤 모습일까요?"

"그래도 싫어. 난 실험 대상이 아니잖아."

연수랑 민준이가 뛰어다니며 놀고 있다.

"이 녀석들이. 이번 주는 좀 자제하자고 했잖수?"

"선생님. 얘네 벌칙 내려요."

"그럴까?"

"쉬는 시간마다 공놀이하게 시켜요. 그럼 절대 안 뛰어다녀요."

"그럴까?"

미술시간이다. 놀이용 카드 만들기를 했다.

초록색 종이는 포장마차팀, 보라색 종이는 황금마차팀이다. 카드 밑에 첫 번째 동그라미는 체력, 두 번째 지력, 세 번째 마법력. (단, 체력 + 지력 + 마법력의 합이 100을 초과할 수 없다!) 가운데 네모에는 캐릭터 그림을 그린다. 캐릭터 왼쪽에는 별을 그릴 수 있다. (단, 본인이 사용할 수 있는 별의 개수는 총 30개. 30개를 6장에 골고루 배치!) 캐릭터 오른쪽 칸에는 가위, 바위, 보 중 한 가지 표시. 나중에 코팅해서 카드게임 해야겠다.

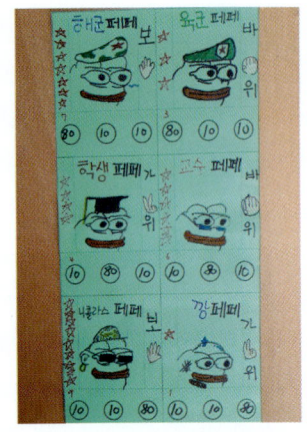

해군페페, 육군페페,
교수페페, 학생페페,
니콜라스 페페, 깡페페

감자즙아가, 쭈꾸미 같은 소시지,
부끄러운 송아, 고래물고기,
쎈돌, 버려진 나뭇가지

빠나닝, 라이언, 스누피,
짱구, 돌, BT21코야

요구르트, 빨간모자, 옥수수씨,
표정, 마루코, 짱구

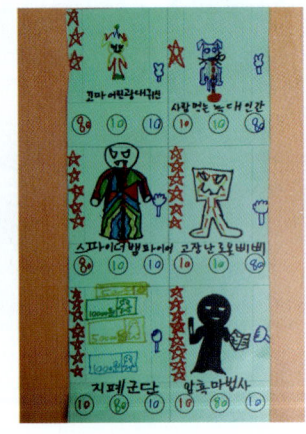

꼬마어린광대귀신, 사람먹는
늑대인간, 스파이더 뱀파이어,
고장 난 로봇삐삐, 지폐군단,
암흑마법사

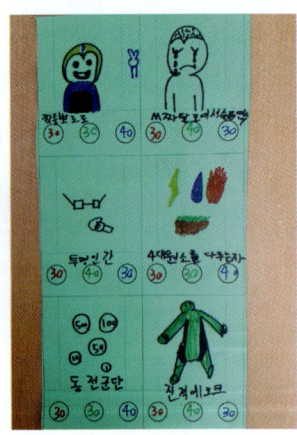

짝퉁뽀로로, M자 탈모여서 슬픔,
투명인간, 4대원소를 다루는 자,
동전군단, 진격의 오크

산호로, 도깨비방망이,
불타는 애벌레, 이티, 물통,
포키포키

자이언트, 프린스, 폭탄병,
고블린, 마법사, 암흑마녀

불지팡이, 번개맨, 양연수,
가미가제, 입냄새맨, 스키점프맨

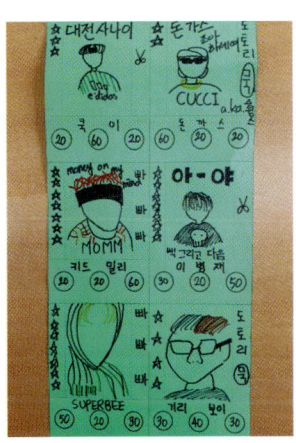

대전사나이, 돈가스,
키드밀리, 아-야,
SUPERBEE, 기리보이

근육맨, 국밥, 가오맨, 버억,
깔깔이병장, 코딱지

꺼억, 김보성, 자살특공대,
국밥맨, 박가온, YEE

태어나는 새, 악어, 상어,
귀여운 사무라이, 눈사람,
팔이 4개 있는 사무라이

돌, 철수, 이쁜 지댕, 아보카도,
진지가지, 콧구녕

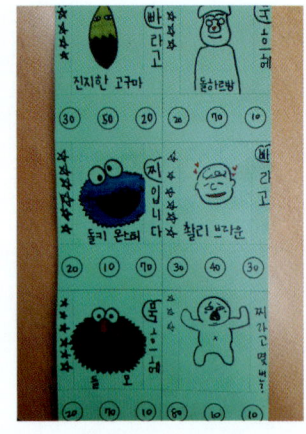

진지한 고구마, 돌하르방,
돌키 몬스터, 촬리 브라운, 돌모

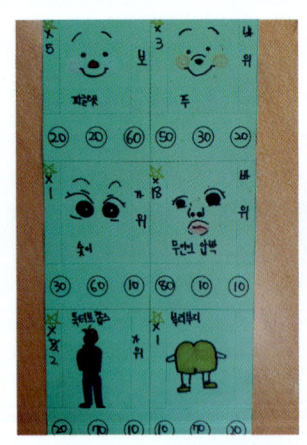

파글렛, 푸, 숯이, 무언의 압박,
뚝티브쫍스, 부리부리

날파리요정, 이상한 보노보노,
브루니, 못생긴 후드, 강숙희,
꼬양

새우초밥, 연어초밥,
문어초밥, 장어초밥,
계란초밥, 날치알

나는야 수험생, 내눈이 어때서, 가끔씩 이상해, 가오범생, 메롱

국어시간 뉴스 만들기 단원이다. 먼저 뉴스의 형식적 구성과 내용의 타당성을 알아본다. 얼추 20분이 그렇게 흐른다. 뉴스 몇 개를 보다 유튜브 옆에 웃긴 뉴스를 발견한 아이들.

- 레펠에서 뛰어내리는 기자. (아악. 아악. 쌤도 레펠 해 봤어요?)
- 박대기 기자. (역시 아이들이 다 안다.)
- 해빙기에 얼음 위를 걷다 물에 빠지는 기자.
- 레몬 다이어트 쓰디 쓴 함정! 레몬만 먹고 2주 버티는 원 푸드 다이어트의 함정. 품!
- 이 차는 이제 제 겁니다!

이런 활동할 때는 역시 시간이 빨리 지나간다. 우리도 뉴스를 만들기로 한다. 일단 오늘은 조편성을 한다. 남녀가 섞일지도 모르는 스릴 넘치는 무작위 뽑기의 시간이다.

- 준혁, 영민 (오케이~ 와.)
- 효은, 준호 (오호호호.)
- 연수, 준우 (그나마 좋다.)
- 인해, 지윤 (서로 얼굴 보며 쓰러진다.)
- 규현, 태윤 (아무 반응이 없다.)
- 주희, 은비 (우아~~ 대만족.)
- 상진, 서준 (우아아~~)
- 경란, 현민 (그냥 박수~~)
- 륜경, 승은, 민준 (우리 망했네.)

수업이 끝나고 쉬는 시간에 아이들이 기자와 아나운서 연습을 하는 모습이 보인다.

"야생의 망둥어를 제가 맨손으로 잡았습니다."

"돌 전문가 김돌 씨를 모셨습니다."

"아. 근데 라면 끓여 먹는 먹방 취재해도 돼요?"

"공 안에 뭐가 있는이 취재하는 것도 돼요? 직접 공 열어 보고 싶은데요."

과학시간이다. 오늘은 분해자에 대한 동영상을 보고 이야기를 나누었다.

'곰팡이 노벨상 받다.'

아! 페니실린. 곰팡이는 저주받은 종족이야. 악마가 만들어 낸 발명품이지. 사람들에게 멸시당하고 푸대접을 받으면서도 살 곳을 찾아 공기를 떠다니던 곰팡이. 어떤 씨앗이 내려앉은 곳은 세균을 연구하는 병원. 한 과학자는 세균 접시에서 자란 곰팡이를 발견한다. 세균을 둘러싼 푸른곰팡이! 곰팡이가 생명을 구한다니 정말 어이없는 일이죠! 태어난 지 5억 년 만에 칭찬받은 푸른곰팡이.

알렉산더 플레밍의 이야기는 아이들에게는 이젠 익숙하다.

'세균이 지구에서 사라진다면.'

우리에겐 세균이 더럽고 쓸모없다는 이미지가 있다. 세균이 사라진다면 땀 냄새가 나지 않는다. 겨땀도 암내도 안 난다. 충치나 위염을 일으키는 세균도 사라진다. 사람 몸속에 있는 세균이 사라지자 몸무게가 1~2kg 빠진다. 하지만 셀룰로오스 분해균이 사라지자 사슴, 기린, 양 되새김 동물들이 먼저 죽는다. 인간 장속 세균이 사라지자 비타민 B와 K 그룹 못 만들어 비타민 결핍증으로 건강에 이상이 생긴다. 식물들이 말라 죽는다. 식물은 질소를 물에 녹은 형태로 식물이 섭취하는데 이는 세균이 없으면 불가능하다. 칼륨, 칼슘, 마그네슘도 마찬가지다.

아이들의 생각들이다.

- 세균이 없어지면 일어날 일을 아니까 좀 무섭다. 부패가 안 되어 세상이 섞지는 않겠지만. 서클오브 라이프가 안 돼서 결국 지구는 망할 것 같다.
- 우리의 삶은 곰팡이 or 세균과 함께. 이 아이들도 우리의 함께 살아가야 할 친구들이다.
- 사람들은 보통 세균이 더럽다라고 생각한다. 나도 그랬었다. 하지만 만약 세균이 없다면? 냄새는 없어지지만 시체와 음식물이 쌓일 것 → 식물 DIE → 깨끗한 산소 공급원 DIE → 이산화탄소 → 지구는 아프고 → 종말(???)
- 곰팡이류나 버섯이 주로 습하고 축축하고 따뜻한 곳에 산다고 알고 있다. 그리고 맛있다는 것도. 난 버섯 좋아하는데.

- 우리에게 필요한 세균이랑 필요 없는 세균이 싸우면 누가 이길까? 둘이 싸우는 모습을 현미경으로 보고 싶다.
- 우리에게 좋은 세균만 따로 섭취할 수는 없을까?
- 세균은 왜 이렇게 조그만 할까? 버섯에도 곰팡이가 생길까? 세균이 없으면 살맛이 안 날 것 같다. 아프지도 않고. 가끔 아파야 건강이 중요한지 안다.
- 우리는 곰팡이는 안 먹으면서 왜 버섯은 잘 먹을까? 독버섯 구분하는 방법을 정확히 알고 싶다.
- 세균은 이 세상에 몇 개나 있을까? 우리 몸도 발효가 될까?
- 세균을 물과 함께 마시면 더 효과가 있을까? 아니면 기름과 함께 먹어야 섭취가 잘 될까?
- 세균이 나쁘기만 한 것은 아니다. 오히려 더 이점이 훨 많으니. 세균을 그렇게 미워하고 싫어하지 말자. 세균 없으면 우리 다 죽는다. 잘 대해줘.
- 근데 분해의 종류가 몇 가지나 있을까? 분해하는 방법이 궁금하다.
- 지금까지는 세균이 안 좋은 것으로만 알았고. 세균이 없어졌으면 좋겠다고 생각했는데 오히려 세균이 사라지면 지구도 안전하지 못하다는 사실에 놀랐다.

점심 먹고 오늘 알까기 대전이 펼쳐진다. 지난 미술시간에 만든 알까기~

졸업앨범 최종본이 나왔다. 전륜경 이름이 잘못 나왔다. 전준경으로.

"나 잘나왔네!"

"난 또 망했다."

"졸업앨범 망하면 어때? 괜찮아. 어차피 잘 안 볼 건데."

"너 센터네? 오?"

"나. 너무 표정이 무섭게 나왔어."

"너 왜 하트를 핫데일처럼 했어?"

"애들 너무 진지하게 찍었어."

"넌 그 자신감은 어디서 오는 거야?"

"내 내면에서."

"선생님 학교에서 사진 찍으면 안 되죠?"

"그럼. 허락도 안 받고 왜 찍었어?"

"저 규현이 얼굴 찍어서 그림 그리려고요. 허락했어요."

"근데?"

"지금 열 장이나 찍었다고 뭐라 하는 거예요!"

    6교시를 10분 정도 일찍 끝내 주었다. 남자아이들이 방망이 빨리 돌리기 경기를 한다. 그만하라고 해도 본인들 어깨는 싱싱하다는데. 옆에서 더 빨리!라며 소리치니 급가속한다. 참 신기한 녀석들. 학원 숙제하는 아이들은 다급하다. 한 녀석 숙제를 도와주고 있는 모습이다. 오늘 3시에 검사가 있단다.

12월 6일 금요일

아침에 일어났는데 몸이 너무 무겁다. 며칠째 계속 감기 기운이다. 근처에 8시에 문을 여는 병원이 있어 진료를 받았다. 중이염, 비염에 장염까지. 먹은 게 별로 없어서 그런지 몸은 가볍기만 하다. 주사까지 한 대 맞고 갔더니 찬바람에 몸이 붕 뜨는 기분이다.

"선생님. 오늘은 왜 이리 늦게 오셨어요?"
"아침에 주사 맞고 왔어. 8시에 여는 병원이 있더라고."
"쉬세요. 선생님의 건강은 우리 반 전체에 영향을 주잖아요."
"근데 6교시 체육하면 안 돼요?"
"6교시에 체육하면 하루가 깔끔하게 끝나서 기분이 좋아서요."
컨디션이 좋지 않아 대답은 못했다. 오늘 무지하게 춥다고 하는데.

어제 배트를 잡고 돌리기 놀이를 하던 아이들이 후유증에 시달리나 보다.
"쌤 저 어깨 아파요. 어제 빠따 돌리기 너무 많이 했나 봐요."
"난 어제 자다가 침대에서 떨어졌어."
"나도 아침에 팔을 돌렸는데 안 돌아가."
"나도 학원에서 아파서. 혼났는데."
"나는 자기 전에 파스 붙여서 안 아팠어."
"그럼 우리 오늘은 왼팔로 빠따 돌릴까?"
좀 늦게 등교한 준호가 교실에 들어오며 말한다.
"야! 너희 어깨 안 아프냐?"

오늘까지 책 읽고 토론거리 찾아오는 과제가 있었다. 나도 잊고 있었고 그들도 그랬나 보다. 어제 자기들끼리 카톡방에서 책 읽고 토론하는 거 선생님이 잊어버린 것 같으니 절대 학교에 가서 말하지 말자는 약속이 있었나 보다. 주희는 그걸 깜빡하고 내게 토론 이야기를 꺼냈는데 그걸 들은 다른 남자아이들이 한소리씩 한 모양이다. 주희는 화장실에 다녀온다고 했는데 몇몇 여자아이들이 따라간다. 주희가 들어온다. 좀 울었나 보다.
"눈물 37방울 흘리셨수?"
"아니에요. 더 많아요. (따라갔던 태윤이가 대신 말해 준다.)"

"57방울?"
"그것보다는 적어요."
"쌤이 할 수 있는 최고의 위로. 포옹으로 격려해 줄까?"
"안 돼요. 제발요. 장난칠 분위기 아니에요."
"그럼 우리 박수 한번 쳐 줍시다. 남자아이들은 얼른 사과하시고."
오늘 토론 과제 이야기를 꺼내기는 틀렸나 보다.

국악시간이다. 동부 민요 칭칭이 소리! '쾌지나 칭칭 나네'와 거의 똑같은지라 내게는 너무나 익숙한 곡이지만 아이들에게는 '쾌지나 칭칭 나네'와 '칭칭이 소리' 둘 다 처음 접하는 민요라서 별 감흥이 없나 보다. 이 민요에는 굿거리와 자진모리 2개 장단이 녹아 있다.
  오늘은 추워진 날씨 탓인지 아이들 컨디션도 좋아 보이지 않는다. 목소리가 거의 나오지 않는다. '장하도다 장하도다' 부분의 가사는 아예 한 옥타브 낮춰서 부른다. 아이들 옆을 지나다니며 목소리 내기를 독려한다. 소리 안 내는 사람 3명 독창이라는 최후의 카드를 꺼내자 간신히 장송곡에서 탈출한다. 하지만 한 녀석은 끝까지 입을 열지 않는다.
  "독창 그냥 하는 말씀이죠? 걸려도 안 나가려고 버티면 되는 거죠?"

'쾌지나 칭칭 나네'를 '태진아 칭칭 나네'로 책에 적어 놓은 녀석이 보인다. 웃지 않을 수 없는 상황. 웃기려 그랬는지는 모르겠다. 일단 태진아 아래에 (쾌지나)를 써 주었더니 태진아의 유래가 쾌지나냐고 작게 묻는다. 이거 산으로 간다. 결국 태진아를 지워 줄 수밖에.

장송곡 같았던 굿거리장단 칭칭이 소리가 끝나고 자진모리로 넘어온다. 자진모리장단을 치니.
"오호! 이게 굿거리보다 더 좋아요."
"오! 역시 좀 속도가 붙으니 신명이 10% 정도는 느는 것 같아요."
  휴. 아무리 그래도 오늘 국악수업이 흥겹지는 않다. 국악 선생님께서 한배에 대해 설명해 주신다. 한배는 화살을 쏴서 떨어지는 시간. 국악에서는 한 장단이 끝나는 시간이란다. 그래서 굿거리보다 자진모리 한배가 더 짧다는 설명이시다. 이 부분은 좀 집중이 되는지. 아이들은 활을 쏘는 시늉을 하며 한배의 개념을 온몸으로 받아들이려 한다.
"굿거리와 자진이 함께 나오는 장단 이름이 뭘까요?"
"…"
"긴자진모리라고 합니다."
"아! 김좌진."

"얘들아. 너희가 기운이 없어서 5교시 체육이 지금 위급해. 삐뽀삐뽀."
"오늘 축구해요? 자진모리 버전 축구요~"
"축구는 다음 주에."
"노래 부르자. 근데 굿거리는 안 하고 자진만 하면 안 돼요?"
"쾌지나 칭칭 나네. 마지막 한 번만 부를게요. 다음 주에는 서도 민요 할게요."
암튼 두 번 정도 칭칭이 소리를 더 부르고 끝난 듯하다.

감상시간이다. 또 다른 동부 민요, 강원도 아리랑을 들려주신다.
"송소희다!"
국악시간에는 송소희가 최고의 아이돌 스타이다.
신뱃놀이도 들려주신다. 바다를 표현한 곡인데 가야금 현을 손바닥으로 문지르는 소리에 레인스틱과 핸드벨 소리가 오버랩되어 조금 무섭게 들린다. 거기에 나각 소리까지 더해진다.
"근데 저 죽도 같은 건 뭐예요?"
"어~ 대금!"

1교시를 힘겹게 마치고 하나둘 교실 뒤편으로 나간다. 오늘 누군가 아프다며 조퇴할 것 같은 예감이 드는 날이다. 하지만 이들의 에너지는 진정 쉬는 시간에만 나오는 건지. 시끌벅적이다. 아침에 병원 갔다 오는 길에 식빵 2봉지를 사왔었다. 교실에 있던 잼이랑 먹으라고 했더니 촉촉하다며 맛있게 먹어 주는 아이들. 오늘은 코코아까지 한 잔씩.

셀프 코너! (식빵 한 조각 골라요. 잼 약간만 발라요. 맛있게 말아요. '위'로 보냅니다.)
"(식빵을 보더니) 선생님~ (감동인지, 눈물인지.)"
"잼 좀 그만 좀 발라. 뒤에 애들도 먹어야지."
규현이는 한 입 컷이다. 식빵 한 개를 입에 꾸역꾸역 밀어 넣는다. 저러다 거꾸로 나오지는 않을지. 역시나 조금….
"쌤 저 워터만 좀 마시고 올게요."
"코코아에서 고깃집 커피 맛이 나요."
코코아가 식빵과 제법 잘 어울린다. 차 한잔 마시며 세상 이야기를 한다. 창을 열고 아침 감성으로 코코아 한잔하는 아이들! 코코아에서 올라오는 향을 맡으며 체육 하는 상상을 하는 중이란다.

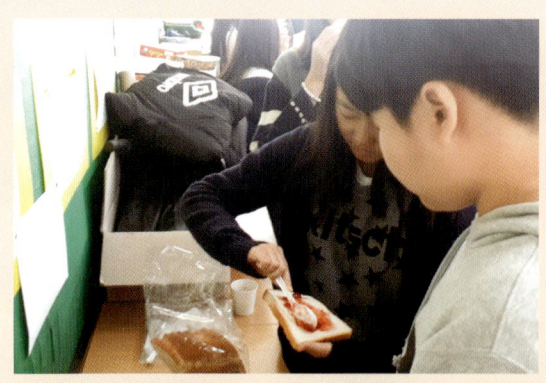 

    과학시간이다. 지난 시간에 이어 유튜버 공돌이용달님의 동영상 내용을 보고 아이들과 이야기를 나누기로 했다.

    소리를 눈으로 볼 수 있다. 과학을 하는 음악가인 클라디니의 실험이다. 나폴레옹이 이 실험을 보고 감동했다는 이야기로 시작한다. 철판 위에 모래를 부어 놓고 바이올린 활로 긁는 실험. 실패다. (처음에 가로 세로 1m 철판을 사서 실험이 제대로 안 되어서 아이들의 관심을 더 끈 듯하다.) 실험 실패 후 작은 판에 참깨를 뿌리고 바이올린 활을 긋는다. 철판 위에는 진동이 만들어 낸 아름다운 참깨 도형들이 그려진다. 나폴레옹이 이 현상의 수학적인 답을 가져온 사람에게 1kg의 금을 준다는데.

"어! 저거 뭐야. 진짜 모양 난다."
"난 이 소리 싫어."
"오! 멋있다."
"우아."
"겁나 멋있는데."
"특이한 문양 같아!"
"근데 왜 바이올린 활이에요? 다른 건요? 다른 걸로 문질러도 될 것 같은데."

"바이올린, 비올라, 첼로, 더블베이스 이런 현악기는 악기가 클수록 활의 길이는 짧거든. 그래서 바이올린으로 한대."
"그러니까 왜 바이올린 활로 했냐고요?"
"그러니까. 활이 더 긴 게 실험이 잘 돼서!"
"정말 맞아요? 장난치는 거죠?"
"상금으로 금 준다고 했는데. 저 정도면 얼마예요?"
"잘 모르겠지만… 1kg이 없어서… 몇백만 원? 아니 몇천만 원?"
"근데 참깨 뿌리면 더 잘 돼요?"
"모래가 무거워요? 참깨가 무거워요?"
"어느 위치를 활로 그을지 어떻게 잡느냐에 따라 문양이 달라져요?"
"이 사람은 과학자이자 수학자이자 음악가예요? 뭐가 이리 많아요."

두 번째 동영상은 '오징어에 간장을 부으면'이라는 주제로 시작한다.
갓 잡은 오징어에 간장을 부으니 오징어가 움직인다. 김연아의 트리플 악셀만큼 세 바퀴나 돈다는데. 오징어는 뇌가 없어져도 세포조직은 외부 자극에 즉각 반응하고, 이는 뜨거운 물에 손을 데면 바로 떼게 되는 그런 것과 비슷한 것이라는 설명이다.

"오징어 같은 생명체만 되고. 사람 같은 고등 생명체는 잘 안 된대요."
"사람이 고등어라고요?"
"아니… 고등 생물일수록."
"그럼 도마뱀이나 오징어는 뇌가 거의 없어요?"
"그렇다네. 그래서 신경이 복잡하다는데."
"문어 삶은 거에 소금 뿌려도 꿈틀대요?"
"그래서 낙지 먹다가 숨 막혀 죽는 거예요?"
"간장 대신에 초장 부으면 반응이 일어날까요?"
"초장은 안 될 것 같아요. 맵잖아요? 그래도 맛있는데."

여러 말들이 오고 가다 내가 낙지 탕탕이 먹을 때도 꼭꼭 씹어 먹어야 한다고 말했던 것 같다.
"근데 낙지 탕탕이가 뭐예요?"
이런 건 수업에서 제대로 다루어 줘야 한다! 빠질 수 없다. 탕탕이 만드는 영상을 본다. 역시 만드는 과정은 역시 잔인하다. 무서운 거 못 보는 사람은 눈 감으라고 했다.
"그냥 탕탕 소리 나서 탕탕이예요?"
오! 발견학습!

"근데 위까지 내려가도 낙지가 발악할까요?"

"낙지 빨판 제거하면 목에 안 걸릴 것 같은데요?"

"빨판 제거하면 맛이 없잖아. 그 쫀득쫀득함."

"근데 난 왜 갑자기 육회가 먹고 싶어지지."

"너 칠레산 육회 먹어 봤어?"

"육회 밥이 피었습니다."

"탕탕이 밥이 피었습니다."

"난 탕탕이 한번 먹어 보고 싶다."

"오늘 집에 가서 엄마한테 탕탕이 해 달라고 해야지."

탕탕이도 못 먹는데 사탕 하나만 먹자고 아이들이 집요하게 말한다. 3명이 연속으로 손을 들고 말하자 못 이기는 척 나도 먹고 하나씩 나눠 준다.

처음 말한 녀석이 "제 소원을 들어주셨군요?"

아이들 의견이다.

- 저 참깨 실험에 사용한 참깨는 몇 개일까? 정확히 세고 싶다. 오징어 실험은 죽은 동물이 살아 있는 것 같아 신기했다. 횟집에 가면 한번 해 보고 싶다.
- 빨판이 짠 간장을 흡수하여 전기적 신호를 받아 근육이 움직인다라고 하는데 무슨 말인지 하나도 모르겠다.?!
- 참깨가 모양을 만드는데 되게 고급지고 간지나고 멋있었다. 낙지, 오징어, 문어 같은 생물들이 더 신기해졌고 새로 알게 되어 좋은데… 낙지 탕탕이 너무 먹고 싶다. 집에 가서 해 달라고 해야겠다.
- 근데 클라드니는 왜 갑자기 철판 위에 모래를 놓고 바이올린 활을 긁었을까? 왜 이걸 알리고 싶었을까? 그냥 혼자 신기해하면 된 일을. 그리고 오징어는 좀 좀비 같았다.

- 모래가 모양을 이룰 때 영화에 나오는 동굴에 들어가는 비밀입구 바닥이 나타나는 것 같다. 집에서 낙지에 간장을 부어서 엄마를 놀래켜 보고 싶다.
- 죽은 오징어에 간장을 뿌릴 때 파닥파닥거리는 것을 보고 너무 징그러웠는데 그 이유를 알게 되니 징그러우면서도 신기했다.
- 철판에서 움직이는 참깨들이 벌레 같았다. 조금 징그러웠다. 많이.
- 클라드니가 어떻게 소리의 파동을 눈으로 볼 생각을 했을지 궁금하고 드럼으로 한번 해 보고 싶다. 오징어 움직이는 게 너무 징그러웠고 친구 놀래킬 때 한번 해 보고 싶다. 그리고 산낙지 먹을 때 조심해야겠다.
- 세포가 살아서 소금 같은 것에 닿으면 움직인다는 게 신기하다.
- 한 철판에 하나의 바이올린 활이 아닌 여러 개의 활로 긁으면 어떻게 될까? 사람 같은 고등 생물은 간장에 반응하지 않는다고 하는데 엄청나게 많은 간장을 부으면 어떻게 될까? 간장게장처럼 많이.
- 클라드니는 물리학자, 과학자, 수학자, 음악가 맞을까? 하나만 골라라.
- 소름 돋는다.
- 참깨 실험할 때 별 모양도 나올까?
- 모래나 참깨 양을 더 늘리면 모양의 변화가 있을까?

쉬는 시간이다.

4교시 국어시간이다. 뉴스 방송을 연극처럼 만들기로 한다. 발표는 다음 주 화요일에 하고 오늘은 대본 구성과 연습의 시간이다. 아이들의 질문이 많다.

"음식 가져와도 돼요?"
"발롱도르 시상식 같은 거 해도 돼요?"
"근데 음식 많이 가져와도 돼요?"
"안 돼. 방송용으로 촬영할 것만."
"근데 저희는 시식단이 나오는 방송인데요."
"살아 있는 오징어 들고 와도 돼요?"
"불닭볶음면 가져와도 돼요?"
"살아있는 개를 섭외해도 돼요? 반려견 뉴스인데."
"그것도… 안 돼~ 사진으로 출연시키자."
"다른 반 애를 섭외해도 돼요?"
"다른 반은 그 시간에 수업이잖니?"
"준호야! 너 메시 역할이야. 메시 옷 ○○이한테 빌려와."
어떤 뉴스가 만들어질지 기대도 되고 걱정도 된다.

점심 먹고 책상을 앞으로 밀고 각자 의자는 뒤로 빼놓는다. 둥글게 원 형태로 만들고 자연스럽게 아이들이 게임을 한다. 아이들 게임하는 모습이 너무나 행복해 보여 그냥 내버려 둔다.
아이엠그라운드 게임. 자기소개부터 웃기다. 동작까지 따라 해야 해서 기본 아이엠그라운드보다 훨씬 어렵다. 나는 탈모, 나는 민머리, 나는 갈비튕겨, 나는 벌컥벌컥, 나는 메롱, 나는 오동나무, 나는 부대찌개, 나는 머리카락휘날리며, 나는 샴푸린스, 나는 고구마, 나는 박경란, 나는 간장, 나는 아베, 나는 일어나라이놈들아, 나는 긴목.
저 많은 이름을 어떻게 다 외우는지. 게다가 동작까지. 잘 훈련된 아이엠그라운드 게임의 선수들 같다. 한참 하더니 눈치게임도 곁들인다. 판만 깔아 줬을 뿐인데 어쩜 이렇게 잘 노는지. 5교시가 시작되는 종소리가 울렸지만 잠시 지켜본다. 눈치게임에 걸린 아이들이 벌칙을 받는다. 무조건 칭찬 벌칙.
"넌 한국어 잘하고."
"넌 한국말 한국 사람만큼 잘하고. (나 한국 사람이잖아!!!)"
"넌 귀엽고."
"친절하고."
"고구마 같고."
"아담하고."

"넌 옆에 애보다 좋아."
"너도 옆에 애보다 좋아."
"넌 피구 할 때 앞다리 들고 던져."
"넌 남의 돈을 잘 사용하고?!"
"넌 귀가 없는 것 같지만 있어. (귀엽다는 말 같다.)"

정말 이럴 때는 조용히 지켜봐 주는 게 그들에게 필요한 시간이 아닐지. 흐름을 그대로 가져가기로 한다. 5교시는 실내 게임을 했다. 마피아가위바위보! 20명 중 한 명이 중앙에서 가위바위보. 19명은 의자에 앉고 술래와 가위바위보. 지거나 비기면 무조건 다른 자리로 옮겨야 하고 의자에 앉지 못한 한 명이 중앙에 와서 전체와 다시 가위바위보. 하지만 우리의 마피아(4명)는 이기거나 비기거나 지거나에 상관없이 무조건 자리를 옮겨야 한다. 다섯 번 가위바위보 후 시민들은 매번 자리를 옮긴 마피아를 찾는다. 본인 가위바위보에 집중하느라 생각보다는 마피아를 잘 찾지 못한다. 그래도 여자아이들의 매 같은 눈에 딱 걸린다. 4명의 마피아 중 2명은 검거한다.

"쟤가 계속 길막하던데. 마피아야!"
"나 뽑지 마. 난 착한 시민이에요. 가위바위보 못했을 뿐이고. 후회하지 마."
"그런 애들이 마피아더라."
"나 여기서 그냥 이리로 옮겼어. 나 마피아 아니야."
"나는 인간입니다. 여러분."
"저는 가위바위보 다 져서 어쩔 수 없이 옮겼어요."

　마피아가위바위보를 몇 판 했다. 다음 게임은 옷을 바꿔 입은 사람을 찾는 게임이다. 나도 처음 진행해 보는지라 어설펐지만 그래도 아이들이 너무 완벽하게 게임을 한다. 술래들은 교실 밖에서 대기. 나머지 아이들 중 4명이 서로 옷을 바꿔 입는다. 겨울옷이라 검정색 계통이 많아 찾기가 만만치 않다.

"우리 못 찾게 그냥 눕자."
"그냥 엎드려 있자. 누우면 누군지 다 알잖아."
"몸을 부풀려~ 최대한."
"바지가 보이잖아. 숨겨."
"안경은 벗어 놔야 하는 거 아냐?"
"넌 손이 너무 얇아. 숨겨."

찾는 아이들은 꼼꼼히 살펴본다.
"브랜드와 체형을 맞춰 봐."
"옷의 촉감!"
"키도 맞춰 보고 맵시도 봐. (맵시라는 말이 이쁘게 들린다.)"

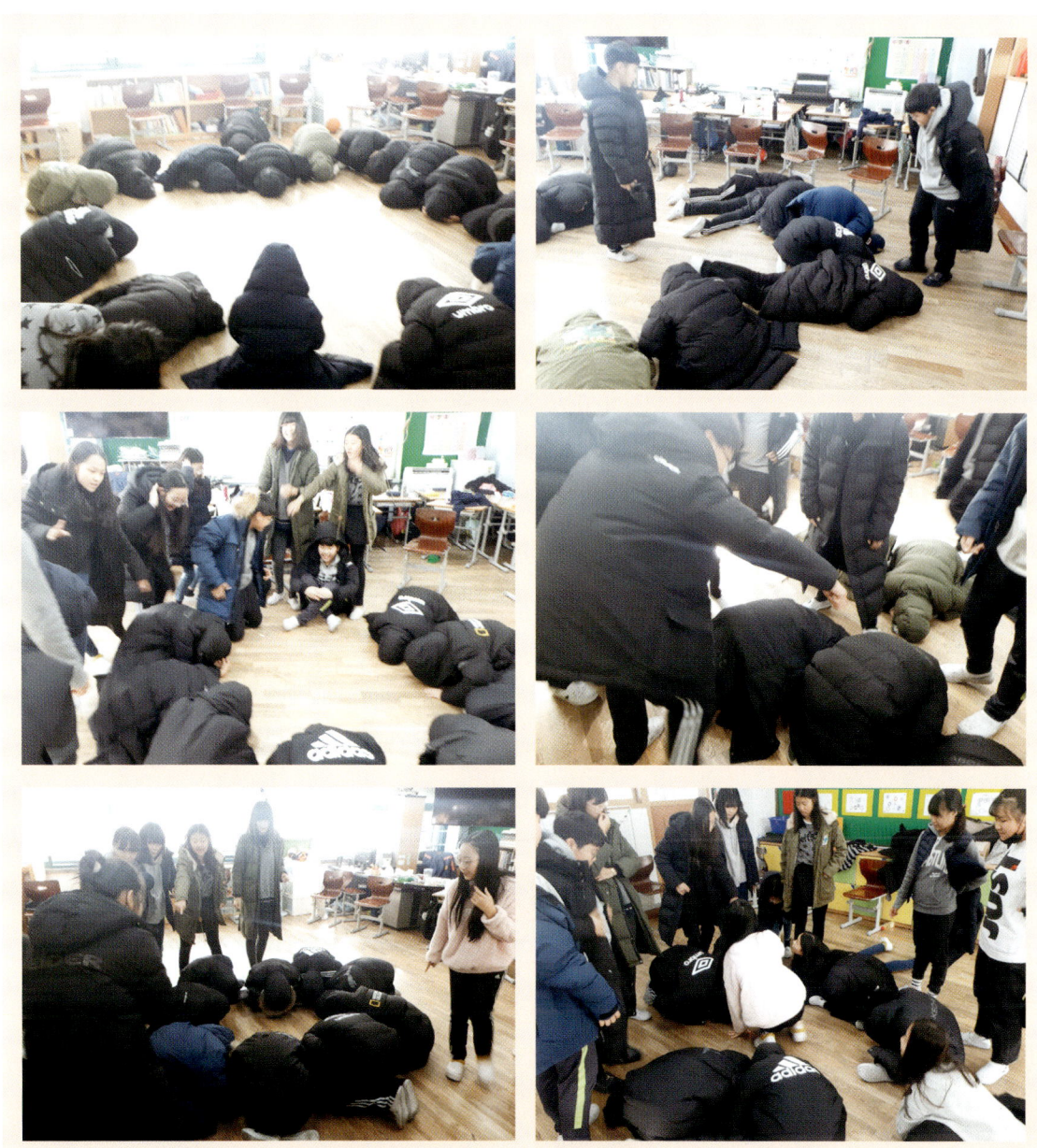

　푹풍 같은 시간이 지나고 드디어 아이들이 원하던 마니또 뽑기를 한다. 다른 반에서 한다며 얼마나 조르던지. 마니또 활동 기간은 12월 9~18일. 남녀 섞어서 무작위(로) 뽑기로 했더니 그러면 하기 싫다는데. 그냥 섞어서 뽑았다. 마니또 정한 후 표정들이 좋지 않다. 이번 마니또는 동성보다는 이성이 많이 걸린 듯. 한 아이가 '내 마니또야~ 나한테는 꼭 물질적 선물 줘야 해!'란다. 마니또 활동은 꼭 물질적으로 돕는 것만이 아니라는 점을 분명히 말했지만…

"그럼 정신적인 면만 하라는 말씀 아니죠?"
"작년에 어떤 애가 하트 보냈다는데요. 이런 건 좀 아니죠?"
"그 애가 안 볼 때 윙크 날리는 것도 되는 거예요?"
"이 사람한테만 잘해 주면 티가 나니까 다른 사람도 잘해 줘도 되죠?"
"얘들아. 난 먹을 거 좋아해. 난 자본주의가 낳은 아이야."
"나 걸린 사람! 알아서 해 줘."
"나 단 거. 짠 거."

6교시는 수학 한 시간 하고 하루가 그렇게 끝난다. 오늘은 아픈 아이가 많아서 그런지 참으로 길게 느껴진다. 10분 남기고 재미있는 동영상을 몇 개를 보여 주었다. 정말 오래전에 다운 받아 둔 영상들이다. 축구 돌아이! 여러 사물에 과녁판을 붙여 놓고 공을 차서 맞히는 영상. 마지막에 자전거 바퀴에 과녁을 붙여서 자전거 타는 사람을 맞히는 장면은 언제 봐도 웃기다. 다음은 '헝가리안 랩소디'를 연주하는 두 명의 피아니스트. 서로 페달을 밟으려 다리를 꼬기. 엉덩이로 피아노 치기. 상대방이 칠 때 건반 뚜껑 닫기. 다른 사람이 칠 때 밀어서 의자 밖으로 보내기. 재미있다.

 **12월 9일 월요일**

"현민아. 다리는 좀 괜찮냐?"
"네. 괜찮아요."
"다행이네."
"근데 3개월은 지나야 한다는데요. 결국 중학생 되어야 체육 할 수 있어요."
자조 섞인 목소리다.

"일 년이 한 달도 안 남았어요."
"그러게 말이다."
"어렸을 때는 일 년이 정말 안 갔는데 이젠 후딱 가요."
"그게 나이 들었다는 증거야."
"이젠 정말 좀 늙었나요?"

"토요일에 영화 찍는데. 백하가 혼신의 힘을 다해서 연기했어요."
"어떤 연기?"
"선생님 같은 무서운 연기요."
"난 토요일에 영화 찍고 머릿속에서 영화가 떠나지 않아."
"난 어젯밤 꿈꿨는데… 네 연기가 떠나지 않아."

영민이가 목발을 한 손에 들고 걸어온다. 이제 거의 다 나았나 보다.
"목발은 패션이냐?"
"아니에요. 장거리 갈 때는 아직 필요해서 들고 왔어요."

"아! 나 숙제 안 했다."
오늘까지 내기로 한 과장광고 과제를 말하나 보다.
"하지만 걱정 없어요. 머릿속에 다 들어 있어요.~"
쓱쓱 다시 해서 낸다. 정말 머릿속에 다 들어 있는지 채 5분이 걸리지 않는다.
"과제 어디다 내요? 이름은요?"
"뒤에다 써."
먼저 낸 녀석이 이 광경을 유심히 지켜보더니.
"전 앞에다 썼는데요?"
"앞에다 써도 되고."

"저 오늘 기분이 너무 핑크핑크예요. 저 예쁘죠?"
언제 봐도 자존감이 높아 보이는 녀석!
"난 블루블루다. 나도 예뻐?"

텔레비전을 켜고 유튜브 검색을 하려고 하자.
"선생님. 손흥민 보여 주려는 거죠?"
"케인 넣는 거 나왔어?"
"저거 저거는 아니야."
"32분쯤으로 가면 돼요~"
우아! 다시 봐도 소름 돋는 장면이다.

오늘은 그동안 이런저런 이유로 하지 못했던 도덕을 연속해서 하기로 했다. 북한 여행이라는 테마로 수업을 하지만 여러 정치적인 소재를 버리고 나니 문화재밖에 남지가 않았다. 김일성, 김정일, 김정은 이름이 들어가는 곳은 아무래도 아직 다루기가 조심스럽다. 유튜브 동영상을 찾아보니 유홍준 선생님이 강의하신 내용이 있어 그 동영상의 일부를 보고 이야기를 나누기로 했다.

1745년의 세계지도로 시작한다. 우리나라를 크게 그린 지도. 아이들도 사회시간에 배웠다며 한눈에 알아본다. 그리고 철도 중단점!이 표시된다. 철마는 달리고 싶다. 통일 무렵이면 우리도 기차를 타고 유럽까지 갈 수 있다는 이야기! 이제 더 이상 아이들에게 감흥을 주지 못할 정도로 일반적인 이야기이다.

10여 분 수업하고 나니 인터넷이 갑자기 안 된다. 빙글빙글 신호를 기다리며 돌고 있는 유튜브 영상. 여러 번 시도해도 뭔가 문제가 있나 보다. 일단 내가 알고 있는 내용을 중심으로 설명하지만 월요일인지라 졸린 눈빛에 마음이 쓰인다. 이럴 때는 동영상이 좋은데….

개성부터 시작이다. 만월대!
"장만월 아니에요? 아이유?"
"대는 구경하는 곳이야."
"전망대에 대처럼요?"
"우리에게 경복궁 같은 곳이지."
"하지만 지금은 주춧돌만 남아 있어. 그리고 몇 년 안에 복원 공사가 시작될 것이고."

"선죽교 알죠? 원래 이름은 선지교." 역사시간에 배운지라 반복 학습하는 느낌이라 이건 빨리 넘어가

자고 한다. 이 작은 다리가 아이들에게 가장 유명한 북한 문화재라는 게 또 아이러니가 아닐 수 없다. 하여간, 단심가 이야기로 선죽교는 쉽게 정리된다. 시조 한 소절 읊조리고.

개성 한옥마을 이야기로 연결된다. 한국전쟁 휴전 회담 장소여서 현재도 원형 그대로 남아 있다는 이야기도 곁들인다. 자연스럽게 전주 한옥마을과 전주비빔밥으로 넘어가려는 흐름. 하지만 방향을 바로 공민왕릉으로 돌린다. 노국대장공주 이야기는 처음 듣는지 좀 관심 있어 한다. 대장공주라는 이름에서 한 점 먹어 주나 보다.
"근데 자기가 살았을 때 자기 무덤을 만드는 게 이상하지 않아요?"
"근데 왜 만들어요? 정말 이상한 사람이네."

이어서 평양으로 넘어간다.
세계 5대 문명권 이야기. 나도 5대 문명권을 처음 들었을 때 귀를 의심케 했던 소재이다. 대동강 문명권이 세계 5대 문명권에 들어간다는 북한의 주장에 일단 어이없는 반응이다. 아이들도 엄청난 인지 갈등을 느꼈는지 흥미로워 한다.
"5대 문명권이라는 증거가 뭘까요?"
사회시간에 배웠던 온갖 소재들이 등장한다.
주먹도끼요. 슴베찌르개요. 빗살무늬토기요. 민무늬토기요. 고인돌요. 갈돌요.
"아니야. 곰이랑 호랑이 화석이 발견되었죠?"
"아니야. 쑥이랑 마늘 화석이 발견되었어요."
"단군이 쓴 글자가 나온 거예요?"
"단군이 먹은 음식이 나온 벽화?"
단군의 뼈가 발견되었다는 북한 측 주장을 알린다. 벌써 반박하려는 녀석들이 여러 명이다. 약간의 지적 흥분 상태! 아 좋다!
"근데 단군도 사람처럼 생겼어요?"
"근데 그게 단군 뼈가 아니라 공룡 뼈 아니에요?"
"오스트랄로피테쿠스 뼈."

이어서 한국전쟁 때 폭격된 후 복원한 대동문과 북한 영상에서 많이 봤던 5·1경기장 그리고 우리 반 아이들의 최애 음식 냉면까지. 아이들은 옥류관까지 정확히 거명한다.

교실에서 장갑을 끼고 다니는 아이에게 한 녀석이 말한다.
"네가 엘사야?"

아! 정말. 듣는 순간 얼마나 웃기던지.

쉬는 시간이다. 복도에서 담요 하나에 둘이 들어가 걸어 다니는 여자 아이들. 오늘 추위는 대단하긴 하다. 뭐라 하려다 그냥 지나친다.

2교시도 도덕 통일 이야기가 이어진다. 인터넷이 여전히 되지 않는다. 뭔가 보여 주고 싶은 마음에 핸드폰으로 영상을 재생시키고 실물화상기로 보여 준다. 하지만 마음만 앞서고 화질은 정말 흐리다. 게다가 형광등 불빛까지 겹쳐지니 아이들은 눈도 조금 아팠으리라.
"선생님. 이렇게까지 무리 안 하셔도 돼요."

"백두산 천지에서 용 같은 거 나와요?"
"김정은이 며칠 전에 갔다 왔다던데."
"백두산 폭발하는 영화 좀 있으면 나온다는데."
"하정우 나온대. 재미있을 것 같아."

황초령 진흥왕 순수비 이야기로 넘어간다. 국어시간에 배웠던 추사 김정희도 등장한다. 한 녀석이 황초령을 황초롱이라고 해서 나름 운치 있는 개그를 선보인다.
"어디서 그 비석 찾은 거예요? 우리나라도 있잖아요?"
"우리나라 북한산에도 있고 북한에도 있대."

북관대첩비로 이어진다. 일제시대에 일본에 갔다가 우리나라가 찾아 북한에 보내 준 이야기. 북한에 보낼 때 그 비석을 트럭에 실었는데 비석은 북한에 보내고 그 트럭을 못 돌려받은 이야기. 유홍준 선생님처럼 맛깔나게 전달은 못했지만 그 트럭의 현재 소재를 아이들이 궁금해한다.
"트럭을 왜 안 돌려줬을까요?"
"람보르기니 트럭인가요?"

백두산과 장백산 이야기. 내가 알고 있던 천지 이야기를 들려주었다. 천지에는 높은 봉우리가 7개가 있는데 그중 4개가 북한 것. 3개가 중국 것이라고 했다. 이게 아이들에게는 비율적 점유로 다가왔나 보다. 뭔가 의미 전달이 잘못되었고 아이들에게 4:3이라는 수학적 비율로만 진하게 남아 있다.

북한 쪽에서 본 천지는 중국 쪽에서 본 것보다 예쁘다고 했더니. 바로 남중고도가 나온다! 과학과 사회의 입체적인 만남. 나름 뿌듯했다.

마지막은 압록강으로 운반하는 뗏목 모습.
"우리나라도 있었어요?"
"마포나루 같은데. 한강 따라 뗏목 싣고 왔다는데."
"마포는 갈비! 생등심!"

한참 활동을 하고 한 녀석이 묻는다. 도로아미타불인지.
"근데 선생님. 개성이 뭐예요?"
"동네 이름이야."
"우리 동네요?"
"지역 이름이야."
"북관도 지명이에요?"
"근데 북한에 고려은단이 있어요?"
어이쿠야!

쉬는 시간에 한 녀석이 뻥과자를 공중에 던져 받아먹는다. 과자를 바닥에 떨어뜨리자 한 녀석이 지적을 한다.
"지금 경제가 얼마나 안 좋은데 이렇게 버리면 어떻게 하냐? 경제 생각 좀 하자!"

여자아이 몇몇은 쉬는 시간에 그렇게 놀다 수업 종 칠 무렵에 화장실을 간다. 이게 몇 번째인지. 휴. 이번엔 진짜 혼내려고 폼 잡았는데.
"애들 교실 들어오면 몰카 해요."
"아니야. 이번엔 정극이다."
와서 혼냈더니. 이 세 녀석은 실실 웃고 있다. 처음에 몰카인 줄 알았단다. 오늘은 정색하고 혼낸다.
좀 있다 한 녀석이 와서 말한다.
"넓은 아량을 베풀어 주십시오."
이 말에 후회된다. 괜히 혼냈는지….

아이들이 몰려다니며 '너 우리한테 감사해 안 해?'라며 묻고 다닌다. 무슨 유튜브에 나오는 영상이라는데. 감사하다는 말이 나올 때까지 헤딩을 마구 한다. 참 뜬금없이 웃기다.

주희 손가락 인대가 살짝 늘어났단다. 좀 아파 보인다. 사연인즉.

"기어가고 있었는데 남자애들이 치고 갔어요."

"너는 왜 기어갔는데?"

"그게 중요한 게 아니라 남자애들이 치고 갔다고요. 살짝 삔 것 같아요."

"보건실에 갔더니 염좌래요."

한 녀석이 염장이라며 상황 파악 못 하며 말을 한다.

두 녀석의 대화가 재미있다.

"군대 가면 좋아."

"왜?"

"월급 받잖아."

"월급 받으면 좋은 거야?"

"어차피 가야 하는 거 받으면 좋지."

아이들이 호빵진빵 게임을 하고 있다. 규칙은 모르겠지만 뭔가 007빵과 비슷해 보인다. 이 와중에도 중학교 수학 문제집을 풀고 있는 경란이와 그 주위에 모여 있는 아이들. 그리고 영어학원 숙제를 하고 있는 상진이. 뭐 딱히 해 줄 말이 없어서 열심히 하라고만 했다.

2시간에 걸쳐 공부하려던 북한 문화재 수업이 길어진다. 3교시에는 활동 결과물 정리하기를 하기로 한다.

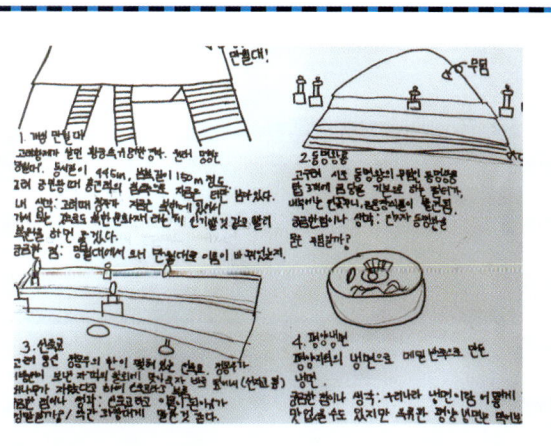

고려 때의 궁궐을 가서 보는 것만으로도 신기할 것 같다. 빨리 복원하면 좋겠다. 근데 왜 망월대에서 만월대로 이름이 바뀌었는지 궁금하다.
- 선죽교라는 이름이 된 이유가 정말일까? 약간 과장되게 말한 것 같다.
- 진짜 동명왕 무덤은 맞을까?
- 우리나라 냉면이랑 어떻게 다를까? 더 맛없을 수도 있지만 옥류관 평양냉면은 먹어 보고 싶다.

석천산 고인돌은 길이가 6미터 무게는 50톤. 우리가 아는 고인돌이랑 비슷하게 생겼다. 동명왕릉을 보니 왕릉은 거의 다 똑같은 것 같다.

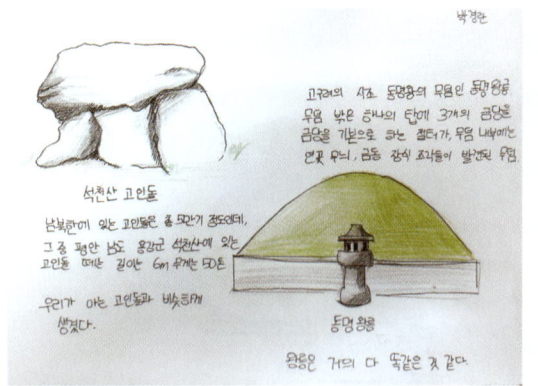

맵지도 짜지도 않은 냉면. 6·25전쟁 이후 월남민에 의해 전국으로 퍼졌다. 평양냉면은 간이 좀 안 맞아서 먹기 싫다. 하지만 우리나라 냉면은 맛있어서 몇 번이고 먹기 가능.
공민왕릉에 가보고 싶다. 영혼이 지나갈 수 있게 만든 통로가 있다는 게 놀라웠고 사랑이 대단하다. 나도 이런 남편 만들고 싶다. (사심이지만 도준혁 + 손동표)

- 철마는 달리고 싶다: 좀 의미가 있는 것 같고 멋지다.
- 평양냉면: 할 말 없음. 맛있다. 먹고 싶다.
- 천지의 봉우리 4개는 북한 쪽. 3개는 중국 쪽. 쿨한 중국

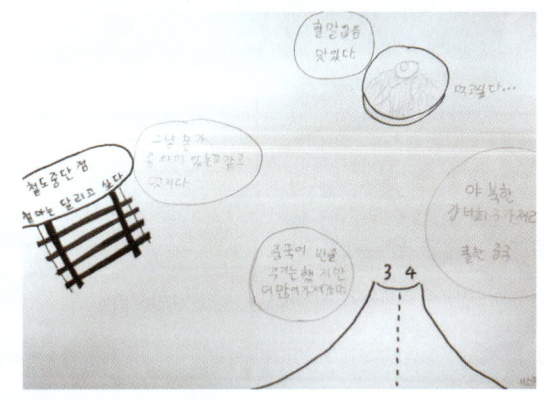

나는 싱거운 음식을 별로 좋아하지 않기 때문에 평양냉면은 별로 맛있지는 않을 것 같다.

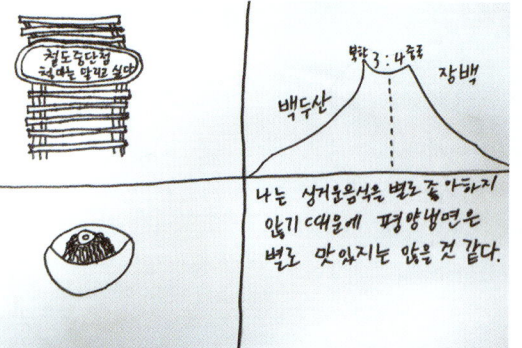

백두산이 우리나라의 자존심이란 소리는 들었어도 중국에서도 백두산을 중요하게 생각하는지는 몰랐다.
평양냉면은 엄청 기대하고 있진 않지만 그래도 먹어 보고 싶고. 고추장을 추가해서.

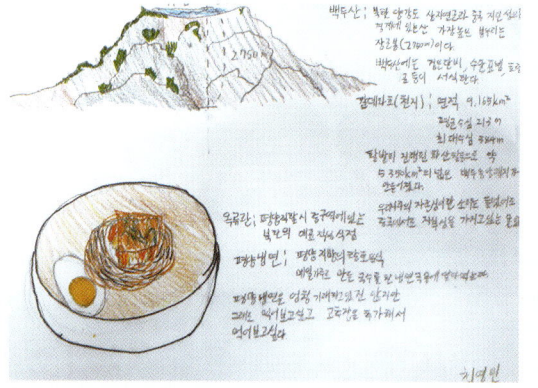

- 백두산을 반으로 나누어 가졌다는 사실.
- 공민왕릉은 묘가 1개만 있는 줄 알았는데 2개였다.

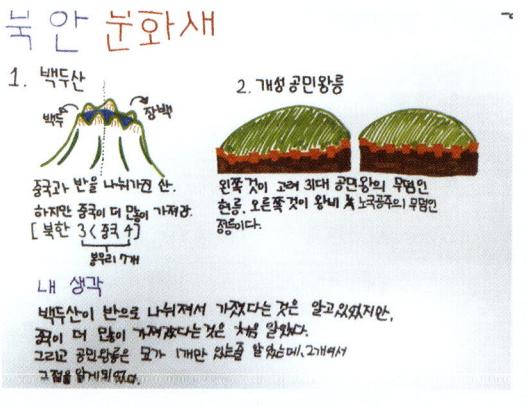

황초령신라진흥왕순수비는 같은 시기에 만든 마운령비와 비슷하다고 한다. 내용을 비슷하게 적을 거면 뭣하러 이렇게 많이. 헛수고만 하는 셈! 괜한 노동력과 자원 낭비. 이해가 가지 않지만 사람의 의견들은 다 다르니까.

모두들 세계 4대 문명은 들어봤을 거다. 하지만 북한의 각별한 자기 나라 사랑으로 사람들에게 5대 문명이라고 가르친다. 뜻밖의 나라 사랑에 말도 안 나온다.

천지에서 수영해 보고 싶다.
옥류관 냉면이 무슨 맛인지 궁금하다.
5·1경기장에서 축구 한번 해 보고 싶다.
함흥냉면도 맛있어 보인다.
옛날 사람들은 이렇게 큰 만월대를 어떻게 지었는지 상상이 안 간다.
선죽교를 건너면 기분이 오싹할 것 같다.

선죽교에 가면 무서울 것 같다. 사람이 죽은 곳이라니… 그리고 그 옆에 대나무가 자란 게 좀 이상하다. 사람이 죽었는데 대나무?!
금강산 보덕암: 벼랑에 있어 나무가 많을 텐데 가을이 되면 이쁠 것 같다. 하지만 너무 높아 복원이 잘 안 되면 큰 사고가…

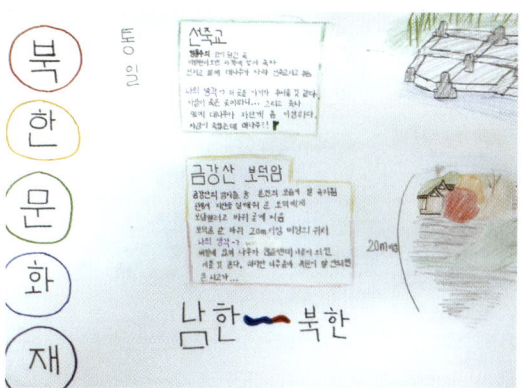

만월대를 사진으로 보니까 벽돌만 있고 그냥 더 넓게 보여서 왜 복원을 안 하나는 생각이 든다. 공민왕이 살아 있을 때 자기 무덤을 만들었다고 했는데 그 이유가 무엇일까? 공민왕은 노국대장공주가 죽은 후에 왜 정치를 잘 하지 못했을까? 북한이 대동강이 세계 5대 문명이라고 하는데 그 이유가 단군왕검 뼈가 나왔다고 해서 문명이라고 하나 보다. 단군왕검이 압록강까지 와 봤는지 궁금하다.
선죽교에서 대나무가 나왔다고 굳이 이름까지 바꿀 필요가 있을지.

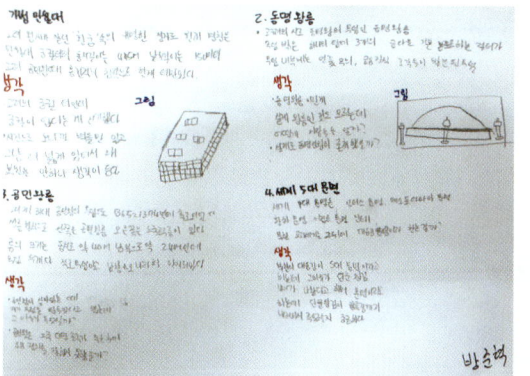

백두산은 진짜 TV로만 보는 그런 환상의 산이라고 생각한다. 보기도 힘들고. 북한의 김정은 위원장이 백마를 타고 다닌다는 그곳! 백두산의 거의 절반 정도가 중국 거라니. 뭔가 아쉽다. 죽기 전에는 가고 싶은 곳!
만월대는 아직 터밖에 안 남아 있어서 아쉽다. 예전에는 복원도 안 하고 기와조각도 막 가져갔다는데. 그대로 냅둔 것까지는 괜찮은데 기와조각을 가져가는 건 아니라고 생각한다. 복원 중이라는데 끝나면 왠지 교과서에 실릴 것 같은 만월대!

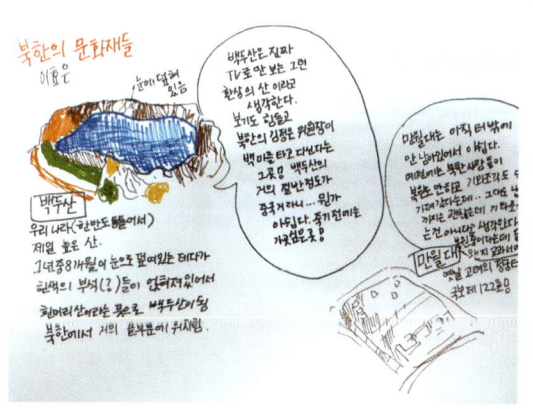

천지에 가보고 싶다. 백두산을 올라가려면 얼마나 힘들까?
진흥왕 순수비: 옛날의 물건들을 하나씩 해독하면 뿌듯할 것 같다. 나도 해독해 보고 싶고 말로만 듣던 순수비를 보러 가고 싶다.
공민왕릉: 자기가 살아 있는데도 자신의 무덤을 만들었다. 왜 자신의 무덤을 이리 만들었을까? 이건 진실일까? 거짓일까?
세계 5대 문명: 북한의 역사에 나오는 부분. 북한 말로는 단군의 뼈를 발견했다고 한다. 나는 이게 좀 기가 찼다. 어떻게 단군의 뼈를 발견할 수 있을까?

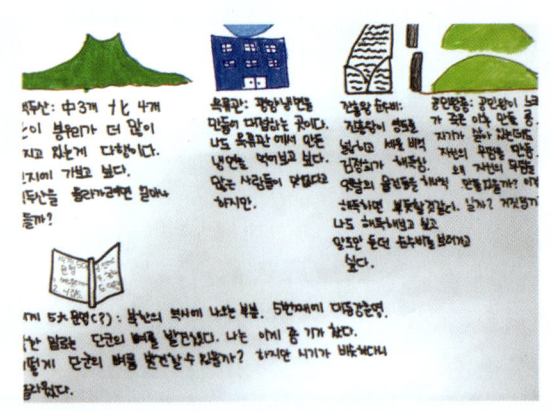

나는 북한이 백두산을 중국에 팔았다고 알았다. 그래서 북한이 나쁜 줄만 알았다. 풍경은 북한 쪽에서 본 남쪽이 훨씬 좋다고 한다.
압록강 뗏목: 뗏목으로 나무를 나르는 것은 위험하다. 물살에 사람이 죽을 수 있고 식량이 부족하고 원하는 방향으로 갈 수 없기 때문이다. 거의 불가능하다고 생각한다.

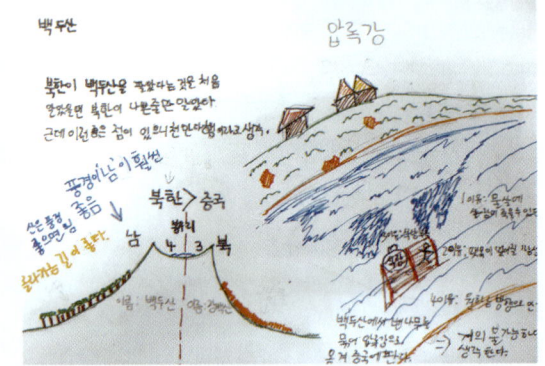

천지 물은 마실 수 있을까? 백두산이 평지 같은 줄 몰랐다.
압록강 뗏목: 나무가 물에 젖으면 안 좋지 않아? 이 사람들 고생하는 것보다 나무 던져 놓고 밑에 사람이 먼저 가서 받아서 파는 게 나을 듯.
공민왕릉: 안타까운 인생이여. 얼마나 사랑했으면. 자기가 자기의 무덤을.
평양냉면: 조리법이 궁금. 왜 맛이 슴슴할까? 면색이 서울보다 연할까?

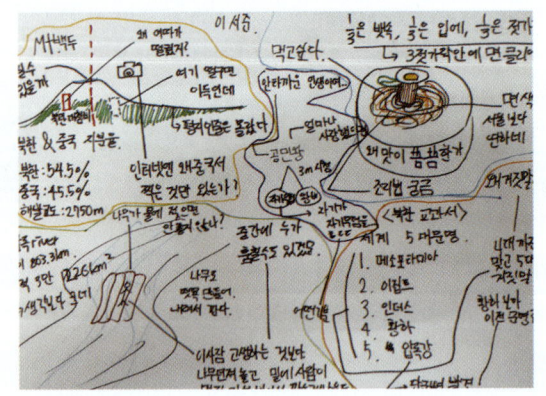

통일이 되면 동명왕릉에 꼭 한번 가보고 싶다.
만월대가 복원되면 대게 신기할 것 같다.

아이들이 밖에 나가자고 한다. 오전에 학교 방송으로 절대 실외 활동 금지라고 했는데, 이걸 가볍게 어기려고 한다. 살짝 마음이 흔들렸지만 오늘은 미세먼지 매우 나쁨인지라 도저히 안 되겠다.

〈더 피아니스트〉 영화를 보여 준다. 몇 시간에 걸쳐 보게 되겠지만 전쟁과 음악이라는 소재에 아이들이 어떻게 반응하는지 궁금하다.
"쇼팽 살아 있어요? 이 사람이 쇼팽이에요?"
"아니 이분은 스필만. 실존 인물이고 지금은 돌아가셨어."
"폴란드가 독일에 뚜까 맞았네요. 폴란드하면 레반도프스키인데."
"게토가 뭐예요? 동네 이름인 것 같은데. 게토가 한 나라예요?"
"바이올린에 돈 넣는 장면이 제일 인상 깊어요."
"공원에도 유대인 못 다니게 한 건 좀 심하네요."
"피아노가 2000즈와티면 어느 정도 가격에 판다는 건지. 20만 원? 200만 원?"
"유대인들이 인도로 못 걷는 장면에서 슬펐어요."
"유대인 화장실에는 독일인이 오지 않았어요? 진짜요? 유대인 화장실인지 어떻게 알아요?"
"개구멍으로 게토에 들어오는 아이가 끼었을 때 너무 무서워요."
"돈 많은 유대인들이 식당에서 밥 먹는 장면은 어이없어요."
"독일군이 갑자기 들이닥쳐서 유대인들 일어나라고 하고, 장애인에게 일어나라고 하고, 못 일어나 밖으로 던지는 장면이 무서워요."

 ## 12월 10일 화요일

　아침 출근길. 촉촉이 땅이 젖어 있다. 비가 살짝 내린 모양이다. 하지만 안개인지 미세먼지인지 모를 이 희뿌연 분위기. 옛날엔 겨울 공기를 맡으면 참 기분 좋았는데. 편의점에서 뭔가를 사서 먹으며 나오는 한 녀석이 보인다. 어제 미세먼지에는 마스크 끼는 것도 중요하지만 아침밥 잘 챙겨 먹어야 면역력이 길러진다고 말했었다. 그 녀석은 삼각김밥을 보여 주며 면역력 길러 주는 음식이라는데. 뭐라고 할까 하다 맛있게 먹으라고 했다.

　오늘 현민이가 까나리액젓을 정말 사왔다. 국어시간 뉴스 발표할 때 진짜 액젓 먹는 연기를 하겠단다. 당연히 연기에 대한 몰입감은 높겠지만 걱정이 되지 않을 수 없었다.
　"초창기 버전 1박 2일에 익숙하신 아빠가 학교에서 복불복 하냐고 물어보셨어요!"
　현민이가 정말 까나리를 뜯는다. 향을 맡는다. 아!
　"하지 말까요? 이거 안 될 것 같은데요."
　"아니 가져왔는데 한번 하지 뭐."
　"한번 맡아 보실래요?"
　영민이는 냄새 맡더니 새우깡이 썩은 것 같다는데.
　"난 이거 근데 나쁘지는 않아."
　"근데 까나리 어디에 써?"
　"김장 같은 거 할 때. 그리고 오늘 뉴스 발표할 때."

서준이는 휴대폰 보호필름이 깨진 것을 보여 준다. 어떤 세기로 내리쳐서 이렇게 깨졌는지 설명하고 보호필름의 뛰어난 성능을 자랑하는데. 남다른 유튜브급의 실험 정신이 아닐 수 없다.

오늘 나의 일인일역 활동 되돌아보기를 했다. 매일 열심히 봉사한 우유·칠판 당번들에게는 보상을 했다. 다른 일인일역들을 역할별로 자기 점검을 한다.

"창틀은 음… 저번 달에 한 것 같아요. (어제가 아니라?)"
"교실 뒤편은? 온몸으로 뒹굴며 닦았어요. (그럼 넌 교실 전체를 청소했잖아.)"
"지하 강당은? 8번 이상 간 것 같아요. (횟수로 말해 헷갈리게 한다.)"
"전 일인일역이 뭔지 모르는데."
"청소함은 잘 정리되는데. 빗자루가 알아서 마법처럼 나와요."
"책장은 생각보다 깨끗해요. (애들이 책을 안 봐서 그래요. 만화책은 이미 다 봤고 글이 많은 책은 안 봐요.)"
"폐휴지는… 잘 모르겠어요."
"쌤이 보기엔 버퍼링이 좀 심하던데? 가득 차면 며칠 숙성시켰다가 비우고. (그래도 지금 비어 있는데요?)"

뉴스 발표를 한다. 타고난 연기력 덕분인지 별다른 준비물 없이도 잘한다. 다만 전체적으로 교과서에 제시된 뉴스의 타당성 측면에서는 문제가 좀 있었다.

〈인해, 지윤〉

"안녕하세요. 8시 감자뉴스 앵커 강인해입니다. 현재 한국에서 전쟁 발발로 인해 국내 상황이 좋지 않은데요. 지금 전쟁터에 나가 있는 뚝배기 기자와 연결해 보도록 하겠습니다. 뚝배기 기자!"
"감자뉴스의 비주얼 센터 귀엽고 이쁜 뚝배기 기자입니다."
"현재 상황은 어떤가요?"
"어… 매우 안 좋습니다. 총알이 곳곳에서 날아옵니다. (피하고) 총알이 또 날아옵니다. 사태가 (총알 피하고) 매우 심각합니다. 지금 북한군과 인터뷰를 해보겠습니다. 인명피해도 큽니다. 지금 인터뷰를 시도해 보겠습니다."
"(북한군과 함께) 감자뉴스의 뚝배기 기자입니다. 지금 상황은 어떻습니까?"
"지금 남한하고 전쟁 중이니 빨리 꺼져!"
(물총을 쏜다.)
"이상으로 밀착 취재를 마치겠습니다."

〈주희, 은비〉

신: 아직까지도 돼지열병 또는 돼지에 관한 일로 인해 고생하는 일이 많이 일어나고 있는데요. 이 사태를 현명하게 이겨 내고 있는 시민 분들의 의견을 여쭈어 보러 김돌 기자가 홍대 한복판 ○○음식점으로 취재를 나갔습니다. 김돌 기자!
돌: (콧소리 흥얼흥얼~) 아~ 아~
신: 김돌…기… 김돌 기자~
돌: 아. 네. 현장에 나와 있는 김돌 기자입니다. 지금부터 지나가는 몇몇 시민분들에게 돼지에 대한 것을 여쭈어 보겠습니다. (지나가는 사람을 잡아) 저기 돼지에 대해 어떻게 생각하십니까?
1번 시민: 아! 저 바쁘거든요?! 아 진짜 뭐야. 재수 없네. 아아 정말. (그냥 간다.)
돌: 네 분위기가 뜨겁네요.
신: 다른 분들의 의견도 들어주세요.
돌: 네. 저기요. 돼지열병에 대해 어떻게 생각해요?
2번 시민: 여기 와 봐요. 거울 있죠? 누구 같아요? (짝다리를 짚고 팔짱 끼며 머리부터 발끝 스캔한 후) 님도 돼지 같아요.
신: 희망을 가지고 마지막으로 한 분만 더 조사해 주시죠. 김돌 기자.
돌: 돼지에 관해 어떻게 생각하시나요?
3번 시민: (흑흑 울면서 등장한다.) 돼지는 아름다운 존재예요. 우리가 돼지를 죽이고 먹어도 돼지는 우리에 대해 욕하지는 않아요. 따흑. (간다.)

(갑자기 내게도 마이크를 들이대는데)
돌: 여기 아름다운 여자분이 계십니다.
나: 돼지 열병에도 우리는 돼지를 맛있게 먹어야 합니다. 삼겹살 화이팅!
돌: 네. 이상 김돌 기자였습니다.
신: 네. 시민분들의 의견을 들어봤습니다. 단무지 0교시 뉴스. 이상입니다.

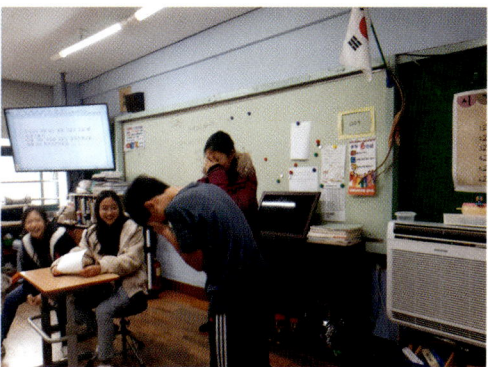

〈경란, 현민〉 The 신비한 news

앵커: 안녕하세요. 요즘 한 연구에 따르면 하루에 종이컵 1/3 양의 까나리액젓을 정기적으로 먹는 것이 피부와 건강에 좋다고 합니다. 박경란 기자!

기자: 네. 저는 지금 까나리액젓 전문가 임 박사님을 만났습니다. 박사님. 정말 까나리액젓이 의학적으로 도움이 되나요?

전문가: 네. (정말 마신다. 까나리 0.1%에 물 99.9%를 탄 액젓) 이게 고소하고 달달하고 피부에도 최고의 보약! 까나리액젓에는 식이섬유가 많아 피부를 촉촉하게 하고 헬리코박터균을 없애는 능력이 있어 인체에 이롭습니다.

기자: 그렇군요! 그럼 실제로 실행한 시민을 만나보겠습니다. 안녕하세요!

시민: 안녕하세요! 제가 정말 실행했더니 이젠 에센스, 크림 다 필요가 없어요! 다들 먹지 말고 피부에 양보하세요! (먹으라고 준 거 아니야? 왜 양보해?)

앵커: 정말 신기하군요. 저희가 준비한 내용은 여기까지입니다. 다음엔 더 신기한 내용으로 찾아뵙겠습니다.

〈륜경, 승은, 민준〉

"안녕하세요. 스포츠 뉴스입니다. 오늘은 서울 아하! CF팀 농구팀 김민준 감독을 만나 보겠습니다. 지금 황승은 기자가 현장에 나가 있는데요. 황승은 기자!"
"안녕하세요. 저는 현장에 나와 있는 황승은 기자입니다. 지금 제 옆엔 김민준 감독님이 있는데요. 인터뷰를 해 보겠습니다. 안녕하세요."
"네. 안녕하세요. 저는 서울 CF팀 감독 김민준입니다."
"네. 오늘 경기에서 승리하셨는데. 기분이 어떠신가요?"
"라이벌 팀에 완승해서 기분이 짜릿하고 꿈같습니다."
"그럼 오늘 경기의 포인트는 무엇이었나요?"
"영민 선수가 큰 활약을 한 것이 아닐까 합니다."
"네. 감사합니다. 이상 인터뷰를 마치겠습니다."
"네. 지금까지 황승은 기자가 만나 보았고요. (아! 진짜 좀 비켜 봐요! 옆에 들리는 대형 참사~) 최영민 선수의 활약 소식을 김민준 감독의 인터뷰로 잘 들었습니다. 서울 CF팀 농구 이기신 거 축하드리고요. 이상으로 스포츠 뉴스 마치겠습니다. 시청해 주셔서 감사합니다."

〈상진, 서준〉

"안녕하세요. GBS 9시 뉴스입니다."
"먼저 스포츠 뉴스부터 만나 보시죠."
"오늘 두산 대 롯데. 김재환 선수가 몸에 맞는 공. 일명 데드볼로 인해 발목 부상을 당했습니다. 오늘은 데드볼의 무서움을 알아보기 위해 ○○ 기자가 전문가를 만나 보았습니다. ○○ 기자."
○○ 기자: 안녕하세요. GBS 뉴스의 ○○ 기자입니다. 저는 지금 잠실야구장 트레이닝룸에 있습니다. 데드블의 위험성을 13년 동안 연구하신 △△ 박사님을 모시겠습니다.
△△ 박사: 안녕하세요. △△ 박사입니다.
○○ 기자: 투수가 던지는 시속 약 150km의 직구의 피해량은 얼마나 위험합니까?
△△ 박사: 그 정도 공이라면 3층에서 벽돌이 자신의 몸을 강타하는 피해량입니다. 약 80톤 정도 됩니다.
○○ 기자: 정말 이해가 쏙쏙 들어오는 군요. 이젠 제가 얼마나 아픈지 류현진 투수에게 직접 맞아 보겠습니다.
"안녕하세요. 류현진 선수. 먼저 연습구 한번 던져 보시죠. (뒤에 분들. 배트 좀 주세요.)"

"네. 류현진입니다. 이 장면을 보시기 전에 제가 아까 찍고 온 광고가 있는데요. 류현진라면~~을 많이 드셔 주시고요. 던집니다."
"아아아악 뜨하쪼~"
아이들이 한 번 더를 외친다.
뉴스가 시트콤이 되어 버린다.
갑자기 공을 맞은 기자가 류현진에게 폭투를 던지며 뉴스가 끝이 난다.

〈준혁, 영민〉

"안녕하세요. 김길규 스포츠 뉴스입니다. 5일 전 한 해 동안 최고의 축구 선수를 뽑는 발롱도르의 수상자가 밝혀졌습니다. 수상자는 리오넬 메시였고 올 시즌 최고의 활약을 펼친 반데이크는 아쉽게 2위를 차지하였습니다. 우리나라의 손흥민 선수도 22위를 기록하여 아시아 최고 기록을 세웠습니다. 방준혁 기자!"
"이번에 리버풀의 버질 반데이크 선수가 칸나바로 이후로 2번째, 수비수로서 발롱도르를 받을 가능성이 있어 큰 관심을 받았는데요. 아쉽게도 이번엔 바르셀로나의 리오넬 메시가 6번째 발롱도르를 수상해 크리스티아누 호날두를 제치고 발롱도르를 세계에서 가장 많이 받은 선수가 되었습니다. 그리고 반데이크가 인터뷰 중 호날두를 조롱하여 큰 웃음을 주었지만 호날두의 친 누나가 반데이크를 비난하는 글을 올리며 논란이 되고 있습니다. 그럼 발롱도르 수상자 리오넬 메시 선수를 인터뷰해 보겠습니다."
발롱도르를 본인이 받을지 예상하셨나요?"
메시가 인터뷰 중 좀 흥분해 있다.
"요! 아엠 메시! 아엠 메시! 발롱도로 여섯 번째. 세계 최고!"
"좀 진정하세요."
"쏘리! 쏘리! 미안해요. 내가 축구를 잘 했다~ 음 날강두 걔는 못해~ 내가 1등 했다~"
"시상식에 참여하지 않은 호날두 선수를 어떻게 생각하시나요?
"걔는 1등만 좋아한다. 1등만 기억하는 이 더러운 세상."

"다시 태어난다면 메시로 태어날 것인가요? 마라도나로 태어날 건가요?"
"저는 메시. 메시~ 노. 마라도나."
"요. 메시. 발롱도르. (엉겁결에) 그럼 이상 프랑스 파리에서 방준혁 기자였습니다."
"그럼 이상 김길규 뉴스였습니다."

〈규현, 태윤〉

"안녕하세요. 9시 뉴스입니다. '어디야 커피' 인기 상품인 모닝빵에서 바퀴벌레가 나왔다는 제보를 의문의 시민으로부터 받았습니다. 피해를 본 시민을 만나 보도록 하겠습니다. 황태윤 기자!"
"네. 안녕하세요. 현장에 나와 있는 황태윤 기자입니다. 피해 시민을 만나 보도록 하겠습니다."
시민: 몰라요. 몰라~ 네 맞아요. 저희가 어디야 커피를 갔는데. 남편이랑요. 빵을 먹으려고 빵을 툭 잘랐는데 바퀴벌레가 후루루룰루 돌아다니는 거예요. 그래서 충격을 못 이겨 지금 정신과를 다니고 있어요. 여보야!
"한편 이것으로 고소가 늘고 있는 가운데. 이에 대한 처벌은 변호사님께서 알려 드리겠습니다."
"법률 31조 8항에 의하면 이와 같은 문제는 인간의 생명을 위협한 것으로, 벌금 500만 원 이하 아니면 징역 1~3년을 선고받을 수 있습니다."
"이제, 제가 그 문제의 빵을 아나운서와 함께 먹어 보겠습니다."
"하지만 지금은 바퀴벌레가 보이지 않습니다."
음음. 맛있다! 먹방이다. (쟤네 먹으려고 하는 거 아니야?)
"오 마이 갓 김치! 이게 뭔가요? 뭐가 보이는데요."
"바퀴벌레 다리인 것 같은데요. 이처럼 아직도 문제가 계속 발생하고 있군요. 하루 빨리 피해를 줄여야 하겠습니다. (빵은 계속 먹는다!)"
"네. 시청해 주셔서 감사합니다."
(먹을 사람 나와!)

〈효은, 준호〉

MBC 뉴스 오프닝 음악을 준호가 직접 생목으로 재생.

아나운서: 북조선 니우스! 안녕하십니까? 통보자 류준호입네다. 요즈음 남조선에서 불닭꼬부랑국수가 유행이라 합네다. 지금 남조선에 있는 리효은 기자를 불러보겠습니다. 리효은 기자? (말하는 중 실수로 마이크 버튼을 눌러 스펀지 공이 튀어 나온다.)

기자: 네. 리효은 기자입니다. 저는 남조선에 있는 불닭꼬부랑국수전문가 류불닭씨가 있는 불닭연구소에 왔습니다. 안녕하십니까? 류불닭씨.

류불닭: 네 불닭 전문가 류불닭입니다. 저는 13년 동안 불닭을 안 먹었는데. 엄마가 먼저 먹어서 저도 따라 먹었어요. 그리하여 20살부터는 삼시세끼를 불닭만 먹으며 살았습니다. 그리하여….

기자: 아 됐고 용건만 말씀하시어 주시지요?

류불닭: 암튼 제가 불닭을 한번 먹어 보겠습니다.

기자: 저도 한번 불닭꼬부랑국수를 먹어보겠습니다.

(정말 맛있게 먹는다. 맵겠다! 뉴스 중 그렇게 먹는다.)

류불닭: 역시 이 맛이군요.

기자: um~~ yeah~~ 이 맛은??? 빨리 북쪽 동포 여러분께 전달해야겠습니다.

아나운서: 리효은 기자? 지금 통신이 안 되는 것 같습니다. 지금까지 북조선 니우스였습니데이.

기자: 아크! 매워크!

(끝나고 태윤이가 입가심하라며 모닝빵을 하나 전달한다. 그러다 전체 나눔 먹방이 시작된다. 불닭 나눠 주려 시식용 종이 소주컵도 준비했단다.) 컵라면 3개로 대동단결.

기자: 오늘 끝나고 집에 갈 때 또 컵라면 먹어야지! 선생님. 먹방 감사합니다.

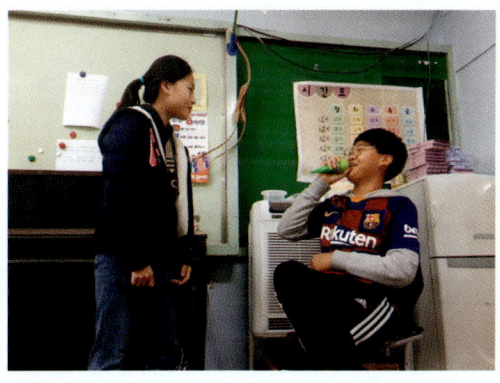 

〈연수, 준우〉

"오늘은 매운 음식이 인간의 신체에 어떤 영향을 주는지 스튜디오에서 직접 실험해 보겠습니다. 여기 매운 음식을 준비했는데요. 한번 드셔 보시죠."

"먼저 불닭볶음면입니다. 기자님. 시식해 보시죠."

"아! 맛있다."

"이어서 청량고추를 넣어 보겠습니다. 드셔 보시죠."

"아. 맛있다."
"정말 맛있어요?"
"(반말로) 맞다고. 빨리 진행해요."
"저도 한번 시식해 보겠습니다."
아~ 앵커의 비명. "진짜 매워요."
(이럴 땐 까나리액젓인데. 한 잔 먹을래?)
근데 얼굴이 진짜 빨개진다.

효은이 얼굴에 이상한 반점 같은 게 생겼다. 히터를 너무 많이 틀어서 그렇다는데. 게다가 히터 바람이 본인에게 직빵으로 날아오기 때문이란다. 자리를 좀 옮겨도 되냐고 물어본다. 당연히 그러라고 했지만…. 가습기도 가져다 놓아야 하는지 걱정도 된다. 좀 지나고 나니 반점은 사라졌지만 여전히 얼굴이 빨갛게 익어 있다.

졸업장에 들어갈 영문 이름을 확인한다. 일단 내가 적어서 보여 주고 아이들이 고쳐 준다. 한참을 고치더니 여권상 이름으로 맞춰야 되냐고 한 녀석이 물어본다.

"그게. 맞추면 좋지만. 지금 유학 가거나 다른 곳에 쓸데가 있을까?"
"그래도요. 내일까지 확인하고 오면 안 돼요?"
"그러자. 그럼 내일까지 확인하고 고치자!"

학기 말인지라 6학년 다른 반에서 이번 주 요리 실습이 많다. 전자레인지가 있는 우리 반에 햇반을 돌리러 아이들이 많이 온다. 우리도 질 수 없다. 목요일 5~6교시 실과 실습. 아니 과학 실험. 아니 원시인의 삶 체험! 목요일 5~6교시 라면파티를 하기로 했다. 냄비는 캠핑용 종이냄비를 사 놓은 게 있어 그걸로 하기로 하고 나머지는 모둠별로 역할을 나누어 준비한다. 재료, 접시, 젓가락 등 10분이면 금방 준비물 확인이 끝난다. 목요일에 혹여 외출증 끊어 준비물 가지러 집에 다녀오겠다는 아이들이 있을까 봐 내일 미리 교실에 가져도 놓아도 된다고 말했다.

"라면은 끓여서 자기가 먹는 거예요?"
"선생님 말 못 들었어? 아니야. 같이 나눠 먹는다는 말이지. 원시인들은 부족들끼리 나눠 먹잖아."
"음료수는 가져와도 돼요? 원시의 향이 나는 걸로 준비할게요."
"종이냄비는 계속 쓸 수 있어요?"
"종이냄비는 원시인 체험이라 준비하는 거예요? 부싯돌은 선생님이 준비해요?"

힘겨운 수학시간! 4교시 끝나기 10분 전이다. 문제 풀이를 더 할까 하다 우리 반 음식 월드컵을 하기로 했다. 32강전부터 시작이다. 속도감을 높이기 위해 바로 바로 거수로 카운트!

〈32강전〉
설렁탕 18명 / 족발 2명 (어디서 족발질이야? 설렁탕이지.)
LA갈비 13명 / 냉면 7명 (냉면 탈락이다.)
라면 20명 / 순대국 0명 (순대국이 상대를 잘못 골랐다!)
피자 16명 / 파전 4명
된장찌개 8명 / 초밥 12명 (초밥 사진이 너무 잘 나왔어!)
등심 19명 / 오리고기 1명 (1명은 끝까지 오리고기에 대한 사랑을 포기하지 않는다.)
꽃게찜 6명 / 후라이드치킨 14명 (치킨의 압승으로 예상했지만 꽃게찜의 의외의 선전!)
회 13명 / 칼국수 7명
새우튀김 3명 / 보쌈 17명
비빔밥 2명 / 떡볶이 18명 (비빔밥이 겨우 2명이라니!)
물만두 8명 / 김치찌개 12명
카레 6명 / 비빔국수 14명
부대찌개 8명 / 양념치킨 12명 (부대찌개팀이 여기엔 라면사리가 들어간다며 끝까지 유혹하지만 치느님 앞에서는.)

삼겹살 10명 / 새우구이 10명 (동점이 되어 나도 투표. 삼겹살 승리!)
계란말이 8명 / 간장게장 12명
감자탕 15명 / 짬뽕 5명

〈16강전〉
양념치킨 3명 / 후라이드치킨 17명
보쌈 14명 / 김치찌개 6명 (원할머니를 외친 열혈 팬들의 성원에!)
감자탕 1명 / 등심 19명 (어쩔 수 없다며 1명도 마지막에 감자탕을 포기!)
라면 17명 / 간장게장 3명
피자 13명 / 회 7명
LA갈비 4명 / 삼겹살 16명
설렁탕 18명 / 비빔국수 2명
초밥 8명 / 떡볶이 12명
이미 점심을 알리는 종이 쳤지만, 아이들이 끝까지 하자고 한다.

〈8강전〉
보쌈 1명 / 등심 19명
라면 4명 / 삼겹살 16명
설렁탕 19명 / 후라이드치킨 1명
피자 7명 / 떡볶이 13명

〈4강전〉
등심 11명 / 떡볶이 9명 (10대 10에서 한 명의 변심으로 등심의 극적인 승리!)
설렁탕 6명 / 삼겹살 14명

〈결승전〉
삼겹살 16명 / 등심 4명 (삼겹살 먹으면 저기 요구르트도 나오잖아. 김치도 구워 먹고. 목소리 큰 아이들이 삼겹살팀에 많다. 경기 외적인 요소가 많이 작용한 것 같다.)

점심 먹고 물뿌리개로 물총놀이를 했나 보다. 뉴스 발표할 때 사용했던 물뿌리개가 물총이 되어 맹활약했나 보다. 영민이랑 준호는 머리카락이 많이 젖어 있다. 점심 먹고 조금 늦게 올라 왔더니 이 난리통이다. 그래도 아이들은 기분이 개운하다는데.

"너희는 샤워하고 왔냐?"
"우리 수영 교육 갔다 오면 이 머리인데. 그치?"
"근데 여자애들은 거의 다 말려서 나오잖아."
"나 아침에 머리 감고 나왔는데 머리 얼었어."
"요즘 축구할 때 머리에 물 묻히고 뛰면 머리가 얼어."

흐뭇한 말들이 오고 가며 히터 바람에 머리를 말리고 있다. 결과가 생각보다 나쁘지는 않기에 수건도 빌려준다.

5교시 영어수업이 끝나고 결국 까나리를 바닥에 쏟고 말았다. 누가 그랬는지는 모르겠지만 책상에 올려놓은 까나리를 바닥에 떨어뜨렸다. 휴! 휴지 한 통이 동원되고. 토 냄새 나고. 어찌 어찌 정리가 되고 환기를 했지만 냄새가 완전히 빠지지 않는다. 나무 바닥 틈새로 샌 건 아닌지 손톱으로 긁어 향을 맡아 보았지만 최악은 아닌 듯하다. 한 녀석이 이 상황에서도 웃겨 준다.
"이렇게 된 거 교실에 페브리즈 사 뿌리죠~"

6교시는 약속했던 대로 풍선배구를 하기로 한다. 운동장에서 배구를 이미 배운지라 똑같은 규칙이라고 했더니 더 설명 안 해도 된다는 오케이 사인이 들어온다. 설명 듣기 귀찮은 표정이긴 했다. 5 대 5 경기. 21점 내기. 25점이라고 말했어야 하는데 옛날 탁구 점수를 말해 버리고 말았다. 아이들도 그냥 21점 내기 그 자체로 받아들였나 보다. 팀별 남자 경기, 여자 경기로 나누었으며 1, 2, 3, 4쿼터로 모양을 갖춘다. 하지만 경기 시간 분배 실패로 실제는 3쿼터에서 경기가 끝난다.

〈1쿼터〉
남자아이들 경기가 먼저 시작된다.
"풍선 헤딩 되죠? 배구에서 되잖아요."
"얘들아. 포메이션 잡아!
"우리 마이 외치자! 칠 때 마이 외쳐."
"2번에 넘겨도 돼요?"
"같은 사람이 두 번 하는 거 안 되죠?"
"마이 하고 쳐야지. 치고 나서 마이 하면 어쩌냐?"
"얘들아. 자리 지켜! 치려고 몰리면 안 돼."
10 대 6 상황에서 여자아이들과 체인지! 포장마차팀의 리드.

여자아이들도 일단 연습 게임을 5분 정도 가진다. 풍선을 치고 비켜주지 않는 여자아이들. 아웃도 멋있게 걸어 올린다. 엘사처럼! 네트 터치도 많다.
"우리 잘하자!"
"무조건 쳐! 넘겨."
여자아이들의 원터치 랠리가 몇 번 이어진다. 랠리 중에 경기 중단을 외치고 머리끈으로 머리 묶는 팽팽한 기싸움이 제법 볼만하다. 8 대 4에서 다시 남자아이들로 체인지! 황금마차팀의 리드.

〈2쿼터〉

1쿼터 '10 대 6'에서 남자 아이들 경기가 재개된다. 좀 살벌한 기운이 돈다.

"우리 이제부터 실수하면 자리 체인지다."

"가슴트래핑도 하고 옆으로 나와."

"공을 아무리 세게 쳐도 안 나가요."

'18 대 14'에서 다시 여자아이들로 체인지! 여전히 포장마차팀이 앞서고 있다.

여자아이들 경기에서는 빗맞은 마구도 많이 나온다. 떨어지다 다시 솟구쳐 오르는…. 풍선 서브에 맞고 그 충격에 넘어지는 아이도 보인다. 여자아이 한 명은 경기 중 긴장되는지 손톱을 물어뜯으며 상대편이 공을 넘기길 기다리고 있다.

"서브하게 풍선 주세요!"

"여기 가져가세요. (발로 찬다.)"

신경전이 계속된다.

한 녀석은 본인 앞으로 날아온 풍선에 반응을 못하고 갑자기 덜컥 잡는다. 피구 느낌 그대로. 웃으면 안 되는데…. 17 대 15에서 다시 체인지! 황금마차팀의 리드가 계속된다. 오늘 역전이 일어나지는 않지만 그래도 팽팽하다.

〈3쿼터〉

이제 마무리 시간이다. 20 대 16. 이젠 좀 어렵겠다 싶었는데. 행운이 몇 차례 섞인 기적이 일어난다. 뒷벽에 달린 농구 골대가 도와준다. 그 행운의 1점이 결국 듀스로 이어진다. 21 대 21에서 계속 듀스 상황.

"자리 지키라고."

"너나 잘하라고."

간신히 듀스를 만들어 놓고 팀 내분이다. 역시 이런 말들은 팀에 도움이 되지 못한다. 화내는 아이들 때문에 자멸한다. 결국 23 대 21로 끝. 암튼 이 풍선과 노끈이 만든 승부가 뭔지 그 격렬한 감정들을 뽑아 낸다.

여자아이들 경기다. 이 경기도 21 대 19로 아슬아슬하게 끝난다. 여자아이들 경기는 아슬한 점수와는 달리 마지막에는 웃으며 끝난다.

"우리 정신 차리자! (맞아!)"

"긴장하지 마! (더 긴장 돼!)"

"회전 회오리! (감자회오리 슛!)"

남자는 포장마차팀 승리, 여자는 황금마차팀 승리. 다행히 결과는 무승부로 끝났다. 경기가 끝나고 자리를 정리한다.

"다음에는 혼성배구 하죠."

"오늘 저 너무 흥분했어요."

"집에 가서 에어컨 틀고 싶다. 엄마한테 한 대 맞겠지만."

"저 배구줄 그냥 놔두면 안 돼요?"

"배구줄에 과자 매달아 먹고 싶어요."

"선생님은 그냥 걸어가도 줄에 안 걸릴 것 같은데. 그냥 두죠?"

정말 안 걸린다. 그래도 자존심이 있는지라 멋지게 헤딩으로 줄을 크게 출렁인다.

아이들 일기

우리 반 여자 아이들
○○: 6학년 때 와서 알게 되었는데 처음에는 조용하고 착한 애라고 생각했는데… 오매!
◇◇: 얘는 조금 4차원적 생각을 한다. (우리 반이 그렇지만.)
●●: 1학년 때 같은 반인 건 기억나는데 진짜 5년간 복도에서도 한 번 안 마주쳤다.
◆◆: 정색할 땐 그냥 무섭..ㄷㄷ

오늘은 토트넘과 번리의 축구 경기가 있는 날이다. 사실 난 토트넘 팬은 아니지만 손흥민이 나오기 때문에 무조건 봐야 한다. 나는 TV보다 아프리카TV에서 보는 걸 더 선호한다. 왜냐면 TV중계는 좀 딱딱한데 아프리카TV로 보면 BJ들이 재밌는 얘기를 많이 해 줘서 좋다. 난 BJ 김진짜라는 분의 중계방송을 본다. 어쨌든 경기가 시작되고 얼마 안 돼서 케인의 선제골!!! 엄청난 중거리 골이었다. 나도 저렇게 찼으면… BJ도 골 파티가 나올 거라고 했다. 또 얼마 안 되다가 모우라의 골이 나왔다. 그 후에도 토트넘의 리드가 이어졌고 상상치도 못했던 손흥민의 슈퍼 드리블 후 깔끔한 마무리! 환상적이었다. 감히 푸스카스상을 예상해 본다. 여기에 박지성도 직관했다는데. 진짜 부럽다. 전반이 끝나고 난 불닭볶음면을 먹었다. 후반전은 딱히 재미는 없었다. 근데 이 경기를 보면서 느낀 점은 번리는 압박이 진짜 느슨해서 강팀에게 딱 좋은 먹잇감이라는 생각이 들었다. 아! 아직도 그 골의 여운이 남는다. 기분 좋게 잘 수 있겠다.

 **12월 11일 수요일**

날씨가 꾸리꾸리하고 어둑어둑한 게 아침부터 처진다. 등교하자마자 책상에 엎드리는 아이들도 보인다.
"근데 우리 학교는 너무 높아. 난 아침마다 운동하는 느낌이야."
"선생님! 마스크가 소용이 없어요. 미세먼지 다 들어오는 것 같아요."

한 녀석을 교우관계에서 부탁할 말이 있어 조용히 교실문 밖으로 불렀더니.
"이상하게 선생님이 부르면 불안해요."
요즘 불안해 보이는 녀석이 있어 안 보이게 조금만 도와주라고 부탁만 했지만. 선생님한테 불려 나가는 그 불안한 심정은 알 것 같다.

여자아이들이 태윤이 머리에서 과일 향, 풀 냄새, 열대우림 냄새가 난다며 맡아 보고 있다. 궁금하기도 하다. 하지만 난 아직도 어제 바닥에 쏟은 까나리 향이 느껴지는데.

아이들이 매달아 놓은 줄에 헤딩을 하느라 소란스럽다. 나도 같이 하고 싶을 정도로 재미있어 보인다. 키 작은 친구에게는 줄을 낮춰 주는 엄청난 배려심이 발휘되는 현장! 이것도 친교 활동이겠거니 좋게 받아들이기로 한다. 단, 아래 교실에 쿵 소리가 안 나게 살짝 뛰라고 했다. 대게 살짝 뛰라는 애매한 허용은 결과가 좋지 않은 듯하다.

한 녀석이 시간표를 보더니 말한다.
"아! 1교시! 수학!"
이 작은 탄식과 한숨 소리가 모든 것을 말해 준다.

오늘 아침에 전교 회의를 하는데 한 녀석이 안 가고 있다.
"왜 안 갔냐?"
"저 늦게 왔어요. 다음에 갈게요."
"12월이잖아. 이번이 마지막 전교 회의인데…."
"네. 그럼 갈게요."

주희가 전교 회의를 마치고 돌아왔다.
"아침 회의 주제가 뭐였어?"
"복도에서 뛰는 게 잘 되고 있다였습니다."
아이들이 자지러진다.
"우리가 잘 뛰긴 하지."

"아! 아니다. 아니다. 잘못 말했다."

아이들이 일기를 요즘 들어 잘 안 낸다. 잔소리하려다 농담으로 넘겼지만 뼈는 심어 놓는다. 일기를 안 쓰고 주기 쓰는 사람도 있고 월기 쓰는 사람도 있고 연대기급으로 가는 위인도 있다는 말에 몇몇의 떨리는 눈빛!

수학시간에 문제 풀이 과정을 설명하는 시간을 가진다. 수행평가다. 한 명씩 내 책상으로 불러 원주와 원의 넓이 단원 이해도를 점검했다. 개념 설명을 하라고 했더니 막상 일대일로 앉은 아이들은 손을 떨고 눈도 못 마주친다. 분명 계산은 정확히 할 줄 아는데 말로 표현하니 버벅대는 느낌이란다. 몇몇 아이들이 이 '공포의 책상'에서 벗어나자 문제를 유출한다. 이런 거 물어보신다며…. 그 가르쳐 주는 자상함이 또한 아름답다. 앞쪽 책상에 앉은 아이들은 나와 평가받는 아이의 말이 들리지만 안 들리는 척하며 해당 페이지를 펼쳐 놓고 긁적긁적 뭔가를 적고 있다.

한 녀석과의 일화. 한참을 설명하더니 연필이 아닌 볼펜으로 문제를 푼 부분이 보인다. 아무 말하지 않았지만 역시 제발이 저린 법인지.
"볼펜으로 쓴 건 연필이 이날 없어서."
별 관심도 없었는데 알아서 이실직고다. 아이들은 '공포의 책상'에 앉으면 조사받는 기분이라는데. 아무튼 일대일 평가는 그렇게 계속된다.
"이건 대충 풀었는데 다시 할까요?"
"저기 앉으면 막상 긴장될 것 같아요."
안경까지 고쳐 쓰고 기다리는 아이도 보인다. 책에 낙서가 되어 있는 녀석은 그게 신경 쓰였는지 책 뒷면을 올려놓는다. 이걸 모를 내가 아니지! 앞면으로 바로 돌린다.
"지울게요."

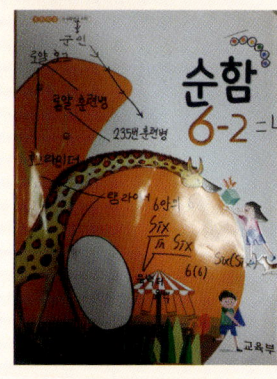

영민이에게 학교안전공제회 청구방법 안내서를 엄마께 전해 드리라고 했다. 한참을 보더니.

"제가 잘못했는데 왜 학교가 돈 내줘요?"

"아니 그게… 학교가 내주는 건 아니고."

"제가 혼자 넘어졌는데요?"

"우리가 교육활동 중에 있었던 일은 학교안전공제회라는 곳에서 도움을 주거든."

"아니. 제가 놀다가 그랬는데요?"

일단 어머님께 전해 드리라고 했지만 뭔가가 계속 아리송한가 보다.

히터를 계속 틀고 있자 오늘도 효은이 얼굴이 빨개진다. 붉은 반점이 다시 보이고. 물을 바닥에 조금 뿌려 주었지만 아무래도 가습기를 사 놓아야 할 것 같다. 정작 본인은 피부 감기는 금방 낫는다며 괜찮다고 한다. 이 상황에 가습기 대신에 물총을 뿌리면 된다며 집에 있는 큰 물총을 들고 오겠다는 녀석! 아이디어는 고맙지만 사양한다. 은비는 책상 싹 밀고 교실에서 겨울 물총놀이 한번 하자고 한다. 미지근한 물로 쏘면 기분도 좋아지고 체육도 할 수 있다는 논리로 말하지만.

"세상에 그런 반이 하나라도 있으면 할게."

"진짜죠?"

"근데 물총으로 선생님 맞히면 안 돼요?"

오랜만에 피구다. 아니 교실을 벗어난 체육활동이다.

여자아이 두 명은 본인들의 자존감을 뽐내고 있다.

"저는 인간문화재급 미모예요."

"저는 미모로 국보 1호죠?"

이럴 땐 시선을 안 마주치는 게 정답이지만. 아 정말. 웃기다. 땀을 많이 흘린다. 하지만 이내 춥단다. 따뜻한 겨울 날씨인지라 괜찮은 줄 알았지만….

"왜 이렇게 발 시리지?"

피구 마지막 경기. 경란이가 유아독존(키가 나보다 큰 사람은 모두 아웃!) 아이템을 쓴다. 상대팀인 상진이와 경란이의 키를 눈대중으로 보니 얼추 비슷하다. 본인들에게 키를 물어보았다. 경란이 156cm. 상진이 155.9cm. 0.1cm 차이로 상진이가 살아남는다. 다른 아이들이 이것은 거짓이라며 문제 제기를 한다. 그래서 공식적으로 두 녀석의 키를 재 보기로 했다. 두 녀석은 무릎과 배 내밀기와 파마머리 스킬로 우열을 가리기 힘들다.

"우리 지금 보건실 가서 키 재고 와요!"

"그냥 살았다고 하고 진행하자!"

교실에 왔을 때 상진이의 고백.

"저 사실 158cm이에요."

"2cm나 숙여지냐?"

국어시간이다. 아이들이 만들어 온 과장광고의 적절성을 함께 찾아보기로 한다.

〈무쇠 배트〉
- 무쇠처럼 단단합니다.
- 절대 부서지지 않아요.
- 나무, 알루미늄, 스펀지가 있습니다.
- 현재 50% 세일 중(단, 일부 종목 제외)
- 색상 주황, 갈색, 검은색(단, 일부 품목 제외)

"근데 무쇠 배트를 들 수 있어요? 누가 이거 들고 쳐요?"
"우리나라 야구선수들은 고등학생까지는 알루미늄 배트 쓰는데. 무쇠 배트는 누가 들 수는 있을까요?"
"절대 부서지지 않아요는 틀렸어요. 뒤에 (단, 누가 사용하느냐에 따라 달라짐)을 넣어야 할 것 같아요. 절대 미녀 ○○이(단, 보는 각도에 따라 달라짐)처럼요."
"광고 사진이 없어서 아쉬워요."
"근데 알루미늄도 잘 안 부서지는데. 무쇠 배트로 공을 쳐서는 100년이 지나도 안 부서지는 거 아니에요?"
"당연한 걸 당연하게 말하는 게 광고지."
"원래 야구 배트에 스펀지가 들어가요?"
"그거. 애들 하는 배트 있잖아요. 3학년보다 어린 애들 휘두르는 거."

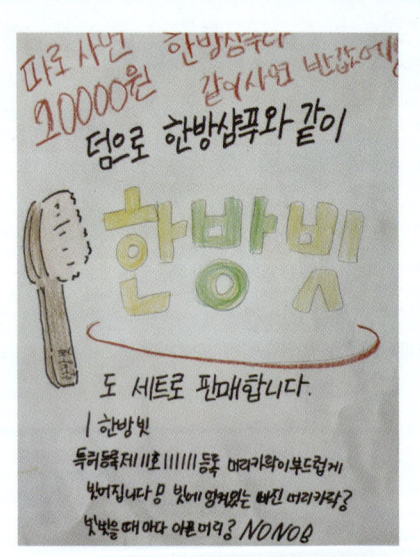

- 매일 매일 빠지는 머리카락. 고민이라면? 한방샴푸.
- 단돈 49900원
- 탈모는 가라! 탈모를 한방에 완치시켜줍니다. 머리카락이 단 1도 안 빠지는 한방 샴푸! 100% 한약 재료들을 사용해 만들었습니다. 머리카락 외에 속눈썹, 눈썹도 완치가능. 자라나라 머리머리!
- 탈모로 인해 고생 중이던 40대 A씨. 한방샴푸를 쓰고 약 2주일 만에 머리가 자랐습니다.

- 덤으로 한방샴푸와 같이 한방빗
- 따로 사면 20000원. 한방샴푸와 같이 사면 반값에!
- 특허등록 제 11호 111111등록. 머리카락이 부드럽게 빗어집니다! 빗에 엉켜 있는 빠진 머리카락? 빗 빚을 때마다 아픈 머리? NO! NO! 오직 한방빗이면 끝. 탈모 없애줍니다. 머리카락 안 빠져요!

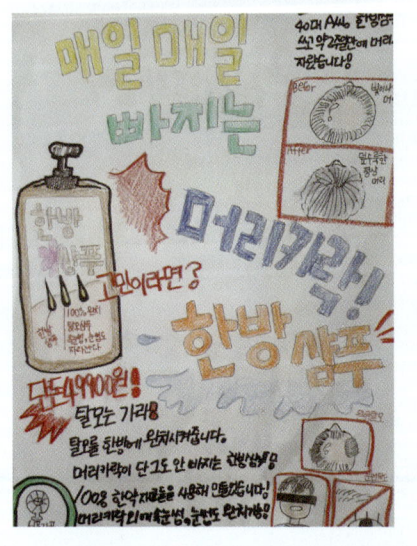

효은이의 대작! 2시간이나 소요되었다고 한다. 웹툰작가로서의 소질이 보여, 비슷한 성향의 준우랑 나중에 같이 호흡을 맞춰 보라고 했더니… 아이들이 '노랑머리와 효삐'라는 프로젝트 팀 이름도 지어 준다.

"대개 잘했고 노력한 게 보여요."

"한방 샴푸와 한방빗. 한방을 테마로 해서 회사 브랜드가 믿음이 가요."

"광고가 임팩트가 있고 비포 애프터가 있어 신내가 가요. (여기서도 신내 논란이. 신뢰로 정정했지만.)"

"속눈썹과 눈썹이 눈에 들어가도 아플 것같이 그렸어요. 정말 잘 그렸어요."

"머리가 없는 사람이 이거 쓰면 자라나는 거예요? 진짜요? 돈 좀 벌겠는데."

"한방빗으로 빗으면 머리가 안 뽑힌다고 하는데 머리가 완전 엉켜 있으면요? 빗이 부러지지 않을까요? 빗이 안 부서진다는 말은 없었어요."

"머리카락이 뿌리까지 뽑힌 것도 이 샴푸 쓰면 자라나나요?"

"이거 근데 발모제예요? 눈썹도 자라고 머리도 자라고. 그러면 등에서 털이 나요? (이때, 전현무 강제 소환.) 이거 딱 허위광고입니다."

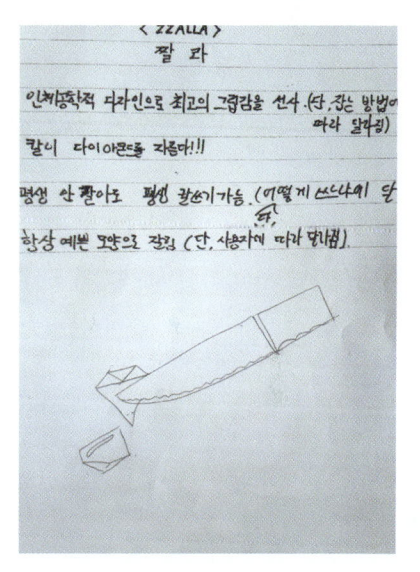

〈짤라(ZZALLA)〉
- 인체공학적 디자인으로 최고의 그립감을 선사. (단, 잡는 방법에 따라 달라짐)
- 칼이 다이아몬드를 자른다!
- 평생 안 갈아도 평생 칼 쓰기 가능 (단, 어떻게 쓰느냐에 달라짐)
- 항상 예쁜 모양으로 잘림 (단, 사용자에 따라 달라짐)

"다이아몬드를 자를 정도면 손이 다칠 것 같은데요. 이 상품 너무 위험해요."

"보충하고 싶은데요. 짤라톱, 짤라칼 같은 거 만들어서 짤라를 최고급 브랜드로 만들면 좋을 것 같아요."

"근데 짤라를 전문가용 브랜드로 만든 게 어떨까요? 나무꾼이나 목수들에게 사용할 수 있게요."

"다이아몬드도 잘릴 정도면 사람은 스치기만 하면 다치잖아요. 이거 팔면 살인의 위험이…."

"제가 이 광고 만들었는데요. 칼이 다이아몬드를 자른다고 했지, 쉽게 자른다고 하지는 않았잖아요. 이건 과장광고예요!"

〈풋살화〉
- 공을 차면 무조건 강력한 무회전 슛
- 깃털처럼 가벼워 신발을 신은지도 모르는 착용감
- 풋살화를 신으면 가벼워 달리기 속도가 빨라집니다.
- 공격수나 수비수 모두가 좋아하고 원하는 풋살화

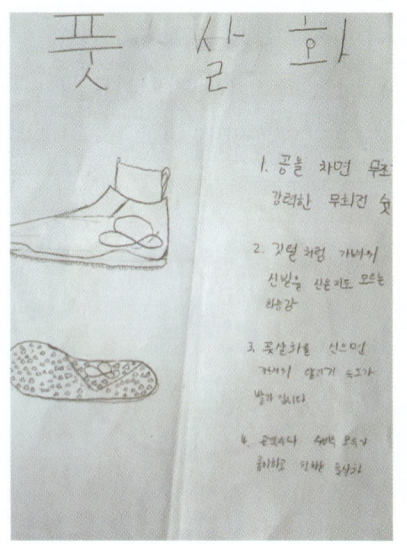

"공을 차면 무조건 무회전되면 망하는 거 아니에요? 감아차기 하려는데 무회전되면 망하는데. 감아차기 하려는데 꼬발로 찬 것 같으면 폭망이에요."

"풋살화가 도대체 무슨 색인지 몰라 고르기가 어려워요. 색이 있었으면 광고 효과가 더 있었을 것 같은데요."

"이거 패스는 잘 되는지 궁금해요. 패스도 무회전으로 날아가요?"

"저기 상표는 회사 브랜드예요? 구찌 축구화 아니에요?"

"공격수나 수비수 모두가 좋아하는 풋살화라는데. 골키퍼나 미드필더는 살 필요가 없잖아요. 이러면 안 팔려요."

"근데 무회전이 뭐예요?"

"어제 풍선 배구할 때 우리 무회전 경험했잖아. 멋대로 날아다니는 공."

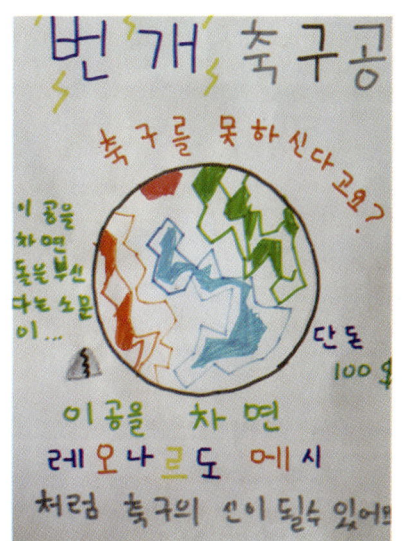

〈번개 축구공〉
- 축구를 못하신다고요?
- 이 공을 차면 돌을 부신다는 소문이. - 단돈 100$
- 이 공을 차면 레오나르도 메시처럼 축구의 신이 될 수 있어요!

"이 공을 차면 돌을 부순다는데 이거 뻥 아니에요?"
"그러니까 광고에 소문이라고 해서라고 쓴 것 같은데요."
"레오나르도 메시처럼 된다고 했는데. 이 공을 사야만 신이 되잖아요. 유벤투스 등등등 아니 토트넘 입단해도 그 리그 공인구가 있어 시합에서 안 쓰면 신이 못 되잖아요?"
"근데 레오나르도 메시 누구에요?"
"리오넬 메시랑 달라요. 제가 만든 낚시용 이름이에요. (모두 속았다. 메시인 줄 알았잖아.)"
"이 축구공으로 하면 잘 된다고 했는데. 공이 정말 좋은 거 아니에요? 그럼 같이 차는 애들 다 잘하는 거잖아요."
"돌을 부술 정도인데. 헤딩할 때 사고가 나면요? 이거 엄청 위험해요."
"그러니까 소문이 있다고 했죠."
"100달러면 너무 비싼 거 아니에요?"
"정식 공인구는 289,000원이거든요. 엄청 비싸지는 않아요."

"선생님. 배가 고파서 이 예쁜 외모가 상해 가고 있어요. 밥 먹으러 가요."
다음 시간에도 과장광고 학습지 할 거라며 잘 챙겨 놓으라고 했더니. 필통 안에 학습지를 접어 넣고 있다.
"이렇게 구겨서 넣으면 돼요. 절대 잃어버리지 않아요."

점심시간이다. 풍선 좀 빌려달란다. 일부는 풍선배구를 하고 또 일부는 물총놀이를 하고 있다. 물에 젖은 아이는 내 수건도 빌려가고 풍선 치다 터트리고는 갑자기 풍선이 사라졌단다.

두 녀석의 다툼이 있었다. 한 아이가 다른 아이 팔목을 세게 잡았는데 잡힌 아이가 아프다며 이건 학교폭력이라고 욕설이 섞인 말을 해서 논쟁이 붙었나 보다. 옆에서 모든 상황을 내가 지켜봤지만 일단 두 녀석의 말을 들어본다. 두 아이 모두 억울해한다. 자칭 맨날 혼나기 전문가인 한 아이가 대신 이 상황을 정리해 준다.

"제가 여러 가지 방법으로 혼나 봤는데요. 이럴 때는 서로 사과시키고 나가서 체육 하는 게."

역시 방점은 '체육 하는 게'에 찍힌다.

사제동행 활동에서 만들었던 도자기컵이 택배로 왔다. 컵을 쌌던 비닐 포장캡을 버렸더니 쓰레기통에서 다시 주워와 집에 가져가겠단다. 그걸 또 하청 받으러 오는 아이들. 학교에서는 뭐든지 귀해진다.

12월 19일에 올해 마지막 사제동행 활동이 있어서 학원 시간과 겹치지 않는 아이를 찾고 있었다. 아이들은 활동이 뭔지 미리 알려 주면 학원 빼고도 참석하겠단다. 이번 활동은 아이들이 너무 좋아하는 장소에서 이루어지는지라 힌트만 알려 준다. VS! 막상 칠판에 써 놓고 보니 이게 영… 어감이.

"봉사! 연탄봉사 하러 가는 거죠?"
"이거 욕 아니에요?"
"방송! 성동방송국에 또 가는 거 같은데…."
"빙수! 빙수 먹으러 가나 보다."
"배스! 배스 잡으러 가요!"
"보스! 버스! 박스! 벅스! 스타벅스?"
빕스에 가서 맛있는 거 먹으며 올 한 해 되돌아보기 활동이라고 말했다.
"밥 먹으면서 발표는 안 시키죠?"
"그럼. 밥 먹으며 살았던 이야기나 하지."
"저 옛날에 빕스에서 생일 축하합니다 노래도 부르고. 고깔도 쓰고 했는데. 이런 거는 안 하죠?"
"아! 그런 거 시킬 것 같은데. 생각만 해도 소름이다."
"저는 다른 사람이 쳐다보는 거 너무 싫어요."

19일에 시간이 된다는 경란, 백하, 민준, 준혁이 도전한다. 가위바위보! 민준이와 경란이가 결승 단판 승부! 경란이가 선정된다. 같은 아파트에 사는 녀석인지라 같이 갔다가 같은 버스 타고 오면 되겠다.

한 녀석이 집에 가며 말한다.
"우리 집에 탁구 네트 있는데 가져와도 돼요? 이 배구줄에 매달면 예쁠 것 같은데요."
"어! 그래. 가져와 봐. 네트 치고 풍선배구 하면 되겠다."
"정말요?"

아이들 일기

오늘 6교시 음악시간에 선생님이 더 피아니스트라는 영화를 보여 주셨다. 선생님이 일기장에 써 주신 거라 더 궁금한? 영화다. 확실히 내가 봤던 책보다 더 처참하고 잔인하다.
아무튼 이 중에서 제일 기억에 남는 건 나치의 반역자?들 중 갑자기 쳐들어와 휠체어 타고 있는 사람을 던지는 게 슬픈데 웃긴 이상함은 뭐지? 크흥. 사람 비명소리가 은근 무서운 듯 웃기다. 웃으면 안 돼.

우리는 먼저 영화를 보기 전에 코노에 갔다. 4곡에 1000원이였다. 처음으로 아빠와 노래방에 가는 것이었다. 아빠가 은근 노래, 랩을 잘했다. 나중엔 둘이 합창도 해보았다. 아저씨가 서비스로 2곡을 줘서 18곡을 불렀다. 그리고 3시쯤 성수 메가박스에 가서 팝콘과 버터오징어를 사서 영화를 보기로 했다. 원래 내가 오징어를 싫어하는데 특이하게 이건 맛있었다.

 ## 12월 12일 목요일

"쌤 한지윤 안 왔죠?"
"왜? 안 왔는데."
"8시까지 오기로 했는데 늦잠 잔 것 같아요."
"근데 왜 그렇게 일찍 모여?"
"아. 그게… 말할 수 없는 비밀이이에요."

효은이가 정말 네트를 가져왔다. 하지만 땅에 펼쳐 놓고 하는 탁구 네트인지라 이 약한 줄에는 걸 수가 없다. 미안하지만 다시 가져가라고 할 수 밖에.

"아. 나 음료수 안 가져왔다."
"난 라면 안 가지고 왔어."
"우리는 불닭이야. 연수네도 불닭이고."
"모차렐라 치즈 가져왔지롱."
"음료수 냉장고에 넣어요?"

"달걀도 넣어요?"

"날이야? 삶이야?"

오늘 여가활동 실습하는데 역시나 준비물을 잊어버린 녀석도 많이 보인다.

"라면 먹는 실습이 아니라 체육 여가활동이야. 우리는 캠핑 실습하는 거고."

영민이가 드디어 발목 고정대를 풀었다.

"저 다리 풀었는데. 발목이 안 움직여요."

"당연하지. 천천히 시간 두고 움직여 봐."

"이 아래 근육이 다 없어진 것 같아요."

국어시간이다. 어제 다 하지 못했던 아이들이 만든 광고를 보고 서로 이야기 나누기를 이어 간다.

〈레그 머신〉
다리에 금이 가거나 부러진 사람이 차면 평소처럼 걸어 다닐 수 있다.
가벼운 무게: 무려 30g밖에 안 되는 무게! (단, 다리 길이에 따라 달라질 수 있음.)
튼튼함: 승용차가 밟고 가도 부셔지지 않는 단단함!! (단, 승용차보다 무거운 사람은 보장 못 함)
착한 가격: 1개에 무려 3200원!! (단, 크기에 따라 가격 차이가 있을 수 있음.)

"30g밖에 안 되는데. 승용차가 밟으면 부서지지 않아요?"

"근데 30g이 어느 정도예요?"

"고기로 이해하는 게. 1인분에 200g이면 몇 점 안되잖아요. 4점 정도?"

"육백더 육백은 1인분에 150g이고요. 근데 4인분 시키면 4인분 더 줘요."

"승용차보다 무거운 사람은 보장 못한다고 했는데. 승용차보다 무거운 사람이 있어요?"

"이 승용차는 우리가 생각하는 자동차가 아니에요. 자전거 브랜드 이름이 승용차라. (잘 갖다 붙인다.)"

"이걸 보니 일단 광고는 일단 의심부터 하고 봐야겠어요."

- 무게만큼은 0.001g이라구~~
- 깃털책 출시!
- 이 깃털책은 600장이 넘는 장수에도 불구하고 0.001g인 정말 보지도 듣지도 못했던 책입니다! (깃털펜 서비스!)

"이렇게 얇은 종이가 있어요? 그램이 아니라 톤 아니야?"
"영어사전이나 원서 종이 엄청 얇아요."
"이 무게면 바로 한 번만 불어도 책이 날아가지 않아요?"
"이 책은 컵라면 먹을 때 올려놓으면 안 될 것 같아요."
"이 펜은 어떤 새의 깃털을 썼어요? 펠리컨? 공작새? 비둘기?"
"나도 공작새 생각했는데. 닭 깃털 아니에요?"
"그걸 닭털이라고 하죠."
"이 책 뜯어서 종이비행기 날리면 잘 날겠다."
"이건 너무 가벼워서 잃어버리면 못 찾을 것 같아요."
"저게 크기가 일반 책이랑 비슷해요? 조그만해요?"
"0.001g이면. 미세먼지 정도인데. 미세먼지로 만든 책이에요?"
"깃털책 내용은 뭐예요?"
"여러 가지 깃털에 대한 내용이에요."

- 자연과 함께 되는 아파트!!
- 노을, 야경 공기 등이 완전히 바뀐다!
- 도시 숲속에서 벗어나 보세요.
- 자하트 GhT (Dan, 각 동마다 차이가 있음.)

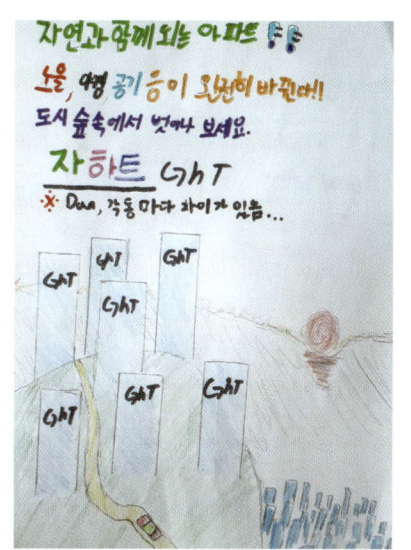

"GhT가 무슨 뜻이에요?"

"자연과 함께 되는 아파트 약자예요."

"자연과 함께하면 산이 그쪽에 있을 텐데. 밤에 산책하러 나갔는데 멧돼지가 나오면요?"

"그러지 않게끔 울타리를 쳐요."

"고라니도 많은데요. 고라니 점프 잘하니 7미터 담벼락 쳐야겠어요."

"울타리 설치하면 동물보호법에 걸리지 않나요? 동물 입장에서는 원래 살던 곳인데."

"그럼 동물들이 안 사는 곳에 지으면 되잖아요."

"그러면 말이 안 되잖아요. 자연과 함께 산다면서요?"

"이 아파트는 산속에 있으니 자연과 함께하는데. 근데 편의시설은요?"

〈복숭아 티백〉
- 누구나 좋아할 만한 달달한 복숭아 맛! 원래 가격은 10만 원이지만 5만 원 추가 시 티세트까지 추가! (이미지와 실물이 다를 수 있음.)
- 마시기만 해도 좋아지는 피부! 잡티가 사라짐! (개인차가 있을 수 있음.)

"이미지와 실물이 다를 수 있음이라는 거 많이 봤는데."
"광고에서 보면 이런 게 많아요. 광고랑 실제랑 너무 달라요. 새우탕도 참깨라면도. 광고에서 보면 햄버거 패티도 엄청 두꺼운데."
"잡티가 사라진다고 했는데 부작용으로 알레르기 생기면요?"
"개인차가 있을 수 있다고 미리 경고했으니 괜찮아요."
"이거 맛이 그냥 복숭아맛이에요?"
"아뇨. 복숭아맛 아이스티예요."
"티백 하나에 10만 원이에요? 너무 비싼 거 아니에요?"
"티세트에는 뭐가 들어 있어요?"
"찻잔, 받침, 스푼 들어 있어요."
"이거 막상 받아 보면 플라스틱일 수도 있을 것 같아요. 도자기라는 말이 없어요. 과장광고 느낌이 나요."

<수면 이불>
혹시? 잠 잘 설치시나요?
악몽 꿔서 잠자기가 싫다고요?
걱정 마세요!
당신에게 필요한 것이
바로 수면 이불입니다!
이 이불은 덮기만 해도
잠이 오고 편안해서
악몽을 꾸지 못합니다.
지금 바로 이 수면 이불을 구매하세요.
수면 이불 산 사람 "아. 제가 원래 악몽을 자주 꿔서 잠을 설쳤는데 이 이불 덮고 자니까 악몽은 안 꾸고 아주 푹 잤습니다."

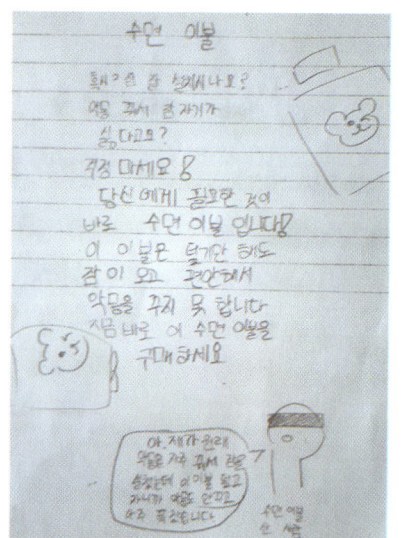

"이 수면 이불이 겨울용인 거예요?"
"둘 다 돼요. 여름용, 겨울용, 겸용요."
"이게 어떻게 겸용이 돼요?"
"앞뒤로 뒤집으면요. 애초에 이불을 2개 붙여서. 한쪽은 장판, 한쪽은 아이스팩으로 채워 놨어요."
"수면 이불을 덮고 자다가 새벽에 이불을 발로 차면 다시 악몽 꾸는 거예요?"
"다시 악몽 꾸는 거지. 이거 사실 허위광고인데. (이실직고)"
"이거 어디서든 이거 덮으면 잠들 수 있어요?"
"그 내용도 허위예요. 여러분. 사과합니다."
"덮고 자다가 악몽을 꾸면 보상해 줘요?"
"그것도 허위광고예요. 그거 사실이 아닌 거예요."
"그럼 이거 이불인 거는 맞아요? 생긴 건 베개인데."

〈초고속 충전기(A, B, C 타입 다 가능)〉
한번 꽂으면 LTE 충전급~!!
바쁠 때 핸드폰 배터리가 1% 얼마나 짜증나니!?
꽂고 10분 ~ 15분 기다리면 오나전 충전 (단, 그 이상일수도) 크기도 작아서 휴대용도 짱짱이라니! 심지어 잘 부러지지도 않는다니?! (단, 부러질 수도) 바쁠 때, 급할 때를 위한 충전기!! (가격 2만 원) 꼭 사렴!! 초고속 충전기.

"오나전이 뭐예요?"

"완전요. 이거 고인물들만 쓰는 말인데."

"만약에 어딜 가야 하는데 1분만 충전하면 어느 정도 충전돼요?"

"1분은 말 그대로 어느 정도 되겠죠."

"아이폰은 충전 안 돼요?"

"갤럭시랑 엘지. 우리나라 것만 돼요."

"요즘 핸드폰이 아무리 빨리 충전해도 2시간 걸리는데. 기술적으로 이렇게 고속충전할 수 없어요."

"그리고 충전할 데 없으면요?"

"그러면 과일전지를 만들어 쓰면 돼요. 마트에 가서 오렌지 2개 사서 충전해요."

"이게 보조 배터리에요? 저건 선이에요?"

"이거 뭘로 만들었어요? 안 부서진다고 했잖아요."

"안 부서진다고 안 했고 잘 안 부서진다고 했잖아요."

<키가 쑥쑥 크는 영양제>
성장기인데 키가 자라지 않는 아이들을 위한 맛있고 간편한 영양제
맛있게 키가 클 수 있는 가장 간단한 방법!
평생 그 키로 살거니? 나중에 후회하지 말고 얼른 먹어! 아직 늦지 않았다고~
최소 5cm ~ 최대 15cm까지 클 수 있어요!
단, 이 약이 효과가 없는 어린이도 있을 수 있음.
건강하게 쉽게 맛있게
키 클 수 있는 영양제! 먹으면 최소 5cm는 큽니다!
성장기 어린이들에게 강력추천! 성장기 때 먹어야 클 수 있어요! 항상 키 번호 1번 하느라 수고했어요. 이젠 키 번호 1번 탈출 가자!
품절임박! 얼른 구매하세요!
귀여운 토끼 젤리

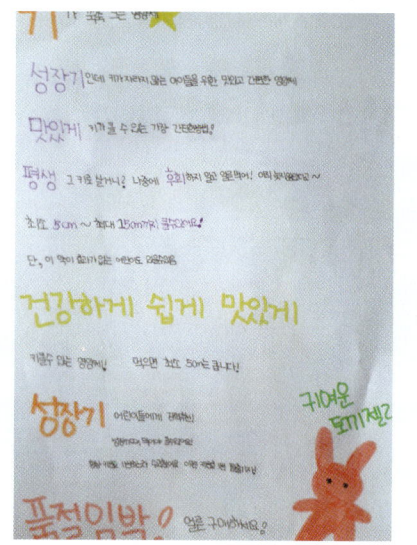

"듣다 듣다 화나서 질문할게요. 제가 1~6학년 싹 다 키 번호 1번이었는데. 저를 빗대었나요?"
"근데 키 작으면 귀엽잖아요. 빗댄 건 아니에요."
"키가 커진다는 건 신체 일부가 길어지는 건데. 다리가 길어지는 거예요? 목이에요?"
"이거 성장이 멈춘 어른들이 먹다 부작용이 생기면 어떻게 돼요?"
"그래서 제가 성장기 어린이가 먹는다고 했잖아요."
"근데 어른이 먹으면 안 된다는 말이 없었잖아요."
"이거 근데 무슨 맛이에요?"
"토끼맛. 아니다. 모양이 토끼젤리."
"토끼 간 맛인가요?"
"복숭아 맛이에요."
"복숭아 알레르기 있는 사람은요?"
"근데 보통 약은 써야 하는데 이렇게 달달하면 약이 되겠어요? 제가 요즘 미꾸라지 한약을 먹고 있는데 정말 맛없어요."

1교시 10분 남기고 졸업가운이 왔다. 입어 보고 사이즈를 맞춘다. 大, 中, 小 3가지 중 하나를 입는다.
"너 엄청 예쁘다."
"우리 진짜 졸업하는 거예요?"
"저는 大도 작은 거 같은데요."

"왜 대중소예요? 이거 어느 나라 사이즈예요?"
체구가 큰 녀석이 小를 입고 있다. 옷은 좀 작게 입어야 한다지만 어깨가 좁아 보여 영 볼품이 없다.

쉬는 시간이다. 미세먼지 때문에 밖에 나가지 못하니 아이들이 답답한가 보다. 풍선배구도 하고 풍선 정전기 실험도 하고 공 주고받기도 한다. 지난달에 사제동행 때 만들었던 도자기 컵이 마저 왔다. 피아니스트 키신의 이름을 넣은 컵을 보더니 키스라며. 하필 손잡이 부분에 in이 있어 그렇게 보이기도 한다.
"선생님. 도자기에 이런 거 새겨도 돼요? 키…."
"에프게니 키신인데? 피아니스트야. 아주 유명한."
"키스인 줄 알고 깜짝 놀랐잖아요."

비판적 광고 읽기 수업이 이어진다.

초경량 핸드폰으로 깃털 같은 가벼움! 엄청난 카메라로 모공까지 나올 법한 사과 이른 폰!

"그림이 깔끔해 보여요. 산만하지 않고 내용만 집중 가능해요. 좋은 광고 같아요."
"요즘 핸드폰 베젤이 아닌데요? 카메라도 안 보이게 하는 시대인데 이 핸드폰은 올드한 느낌. 아이폰에서 웃기려고 어른폰으로 한 거예요?"
"아이폰 하면 뭔가 표절 같아서."
"그러니까 애플 짝퉁이라는 말이잖아요."
"근데 나 애플 회장 하고 싶다."
"저 그림을 보면 핸드폰이랑 옷이랑 붙어 있는데 어떻게 된 거죠?"
"배터리가 옷에 있어서 그래요."

- 이 공만 있으면 메시, 호날두, 손흥민보다 축구를 더 잘할 수 있다.
- 이 공을 차면 무조건 들어간다.
- 가격은 10000원.

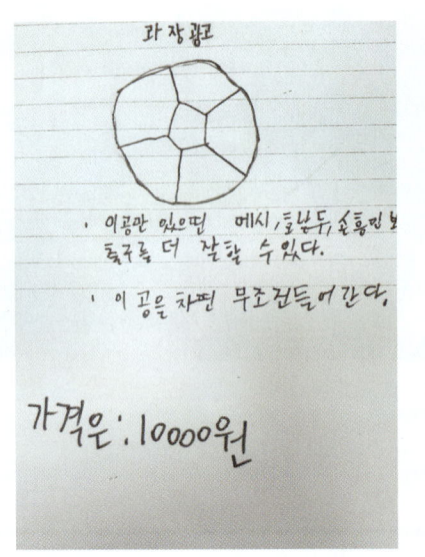

"이 공을 차면 무조건 들어간다는데 골대가 없는 곳에서 차면 어떻게 돼요?"
"차면 무조건 들어가면 수비수가 걷어 냈는데 우리 골대로 들어가면요?"
"신생아도 이 축구공을 차면 골인이에요?"
"바람이 불어도 사람이 찬 걸로 인지해요? 바람 불어 지 혼자 골 들어가면요?"
"바람은 아니고 타격감이 있어야 해요."
"자기 골대 알아보는 스마트 AI 같은 게 있으면 좋을 거 같아요."

다음은 주희 차례다.
"저 사실 이거 아무 생각 없이 했는데. 그냥 이메일로 보냈어요."
다른 녀석이 '생각 없이'라는 말에 격하게 반응한다.
"넌 선생님이 낸 과제를 감히."
"아니 그건 아니고. 그런 말이 아니고."
"근데 진짜 이야기 잘 만들었다."
"'락'이랑 '스톤' 둘 다 돌이면 돌돌 아니에요?"
"락이 바위, 스톤이 돌. 바위돌이지."
"섬유유연제를 바위와 돌로 만든 거예요?"
"돌돌은 어떻게 이름 만든 거예요?"
"회장님의 별명을 따서요. 회장 마음이죠. 마미손!"
"근데 그림이 없으니 답답하다. 글은 재미있는데."

줌마) 어머, 섬유유연제에서 미세 플라스틱이 검출되었다구요?! 양심도 없는 인간들이네.. 으휴 근데 어떤 회사 껀데요?! 어떤 놈들이 양심에 밥 말아서 개줬나!!!!! 세상이 요지경이네 에구머니나 허 참 그 회사 되게 웃기는 회사네. 컴퓨니. 이런 놈들 때문에 내가 쓸데없는 걱정을 하게 되잖아!!! 에이C 짜증ㄴ..(카메라 의식) 큼큼 괜히 감정낭비를 해버렸네요~~ 그럼 다른 좋고 저처럼 우아한 향이 나는 섬유유연제 있나요~~?

제작진) 이번 년도에 새로 생긴 섬유유연제 회사인 돌 컴페니 에서 신상품 'Rock Stone 섬유유연제'입니다!!!
줌마) 뭐..뭐라구? 락..롹수..? 섬유유연제 판다면서 락스 팔려고 온 거시여?????
제작진) 아 어머님 그게 아니에요! 섬유유연제 맞구요 ^^ 'Rock Stone 섬유유연제'입니다! 저 따라해보세요~~ 락!스!톤!
줌마) 락.. 수.. 틴
제작진) 락수틴이요? 크흡 ㅋㅋ 락 수 틴이 아니고 락 스 톤!
줌마) 락…… 스…… 톤…. 락..스..톤 락스톤 락스톤..! 락스톤! 락스톤!!!!!! 이제 됐냐???
제작진) 아 화내지 마세요 어머님 ^^ 지금 다아 찍고 있습니다~~
줌마) 크흠흠 (손으로 가위표시) 이건 좀 짤라 주세요~~~ 컷뜨컷뜨!
다시 갑니다아~~~? 그럼 장점이 무엇인가요?
제작진) (속마음으로) '카메라 의식 속도 보소;;;' 아 얼룩 엄청 깨끗하게 지워져요!! 이거 보시면요, 솰라 머시기거시기고거시그르춰옳구나맞습니다. 어머님향기 봐봐요. 진짜.
줌마) 어머, 진짜 나처럼 고그읍지고 우아~~한 섬유유연제다. 향기 너무 좋아요. 진작 말 좀 하즈… 하셨어야죠. ^^ 이런 치사한 광고주 놈드..ㄹ 미리 알려줘야 제가 쓰죠..!
제작진) 죄송합니다. 지금 알려드리는 점.. 작년에 검증까지 받은 우리 락스톤 섬유유연제를 많이 애용해주세요!!!
줌마) 근데.. 이번 년도에 회사 차렸다고 하지 않았니..?
제작진) 급히 컷뜨!

<판다쿠션>
이 쿠션을 이용하면 아래의 그림과 같이 모든 잡티들이 싹 가려질 수도 있습니다. 피부에 좋은 성분을 넣어 세수하지 않아도 여드름이 없는 피부가 될 수 있고 여드름을 없애 줍니다. (개인에 따라 다릅니다.)
판다는 눈 주위가 검기로 유명한 동물입니다. 이러한 동물도 다시 태어난 듯 아름다운 피부를 만들 수 있듯, 우리도 그럴 수 있습니다. 거뭇거뭇한 눈가에 대면 한 번에 싹! 달라지는 놀라운 결과를 체험해 볼 수 있습니다. 판다에서 북극곰으로! 당신도 변할 수 있습니다.

"이물질 같은 거 나오면 보상해 줘요?"

"아니요? 해 줘야 하나요?"

"님 화장품 사서 알러지가 났는데 가게 가서 환불해 주세요 하면 해 줘요?"

"전 화장품 가게에 안 가봤는데요."

"근데 판다에서 북극곰으로 변하는 거잖아요. 이거 아이디어 좋아요."

"트러블이 날 것 같으면 회사에서 다 계산해서 잘 만들어야 해요. 신경 좀 써야 해요."

"하지만 로션 같은 것 만들면서 모든 문제를 다 계산할 수 없어요."

어떤 총도 뚫지 못한 튼튼함과
누구든지 들 수 있는 가벼움과
등딱지 안의 비상식량까지
이 물품이라면 전쟁이 나도 5년 정도는
거뜬히 버틸 수 있습니다.
* 사람마다 느끼는 게 다를 수 있음.

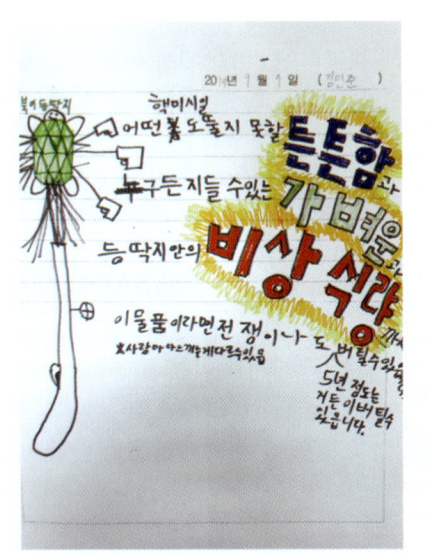

"근데 등껍질인가 등딱지인가. 거기에 뭐든지 다 들어가면 안 터져요?"

"비상식량만 있다니까요."

"5년 동안이면 라면만 해도 5 곱하기 365일 곱하기 5. 이것이 다 들어가는데도. 그래도 안 터져요?"

"네!"

"총을 쏘면 튕겨 나오는 거예요?"

"네!"

"핵미사일이라고 적혀 있는데. 핵에서 나오는 방사능은 어떻게 해요?"

"그거까지 막아 줘요."

"이러면 허위광고예요."

"아니에요. 이건 거짓이에요. 거짓광고요."

"허위랑 거짓은 같아요."

"제가 방금 계산해 봤는데 한 끼에 100g 먹으면, 하루 세끼 5년이면 547.5kg이라는데, 이게 가벼운 거예요? 이거 어떻게 들어요?"

〈슈퍼컴퓨터〉
뭐든지 다 되는 만능컴퓨터
꼭 사세요!
성능 굿!
세일: 10000000 → 9000000!

"그러면 슈퍼컴퓨터라 뭐든지 할 수 있다고 했잖아요. 게임 말고 다른 것도 가능해요?"
"집 컴퓨터에서 잘 안 되는 앱들, 배그, 피파 같은 거 켜는 거 되겠다! 속도가 빨라! 램이 클 것 같아요."
"근데 램이 뭐야?"
"애기 양. ㅋㅋ"
"이거 해킹 컴퓨터로 쓰면 되겠네요."
"초능력피구 할 때 해킹박사(다른 사람의 초능력을 알 수 있는 아이템)예요?"
"똑같은 제품 사서 이 컴퓨터 해킹할 수 있어요?"
"몰라요."
"왼쪽에 1000만 원에서 0하나 빼면 사람들이 모를 것 같은데요. 100만 원에서 900만 원으로 세일. 사기 치면 되겠네요."
"오! 똑똑하다."

〈게임할 수 있는 고성능 컴퓨터〉
이것 사면 게임도 다 할 수 있다.
소리도 좋고 화면이 좋아서 게임을 마음껏 할 수 있다.
그리고 고성능 컴퓨터이고 마우스도 멋져서 게임할 때 최강.
게임 할 수 있는 앱은 오버워치, 배그, 피파 등등이 있다.

"아니 보통 다른 컴퓨터도 이런 게임할 수 있지 않아요?"
"여기에 보면 마우스가 멋지다고 했는데 이거 보통 거랑 똑같은 거 같은데요."
"님들. 이런 노란색 마우스는 없어요."
"저 컴퓨터는 키보드랑 마우스가 일체형이에요? 왜 달랑달랑 그래요?"
"알고 봤더니 2D로 구현한 롤러블 컴퓨터 아니야?"

5교시는 여가생활로 캠핑 가서 음식을 만드는 상황을 설정하였다. 모둠별로 간단히 상황을 구성하고 맛있는 라면을 먹는다.

장소: 두바이 부르즈 칼리파 정상
역할: 최영민(차두리), 김상진(비욘세), 한지윤(머라이어 한뚝), 박경란(드보르작)
여러 분야의 유명 인사들이 어울리며 '예술은 하나다!'라는 의미를 담고 있다.

장소: 와이키키

역할: 방준혁(캘리포니아에서 유학 온 공대생),
전륜경(문과 공대생), 배규현(E과 공대생),
임현민(다리 짧은 공대생)

MT로 하와이 와이키키로 갔다. 다리가 짧은 공대생은 요즘 스트레스를 너무 받는 바람에 화끈한 불닭볶음면을 먹는다고 했다. 그래도 너무 매우면 안 되니 크리미한 까르보나르맛을 먹었다. 하지만 E과 공대생은 그냥 불닭이 먹고 싶다고 했다. 문과 공대생은 국물 있는 라면이 좋아서 오징어 짬뽕을 먹는다. 캘리포니아에서 유학 온 공대생은 한국에 와서 불닭을 처음 먹고 반해서 그 이후 불닭을 계속 먹게 되었다?!

모두 혼자 여행을 이집트에서 다니다가 이러다 저러다 만났다. 피라미드 위에서 한국인의 맵부심을 느끼며 불닭을 먹는다.

장소: 에베레스트

역할: 윤준호(엄길동 대장) 신은비, 이효은, 강인해(대장님의 비둘기)

대장님이 본부에 가발과 무좀제거제를 두고 와 같이 간다. 근데 너무 힘들어서 쉬다 가는 곳을 징해 라면을 먹는다(2인분). 그의 조수 비둘기들은 너무 배고픈 나머지 결국 대장의 라면을 다 먹어 버리고 에베레스트 정상에서 엄길동 대장은 5인분의 라면과 볶음밥을 혼자 볶아 먹는다.

장소: 산 깊은 곳
역할: 연수(먹보), 승은(속 좁은 애 = 많이 못 먹는 애), 백하(2대 먹보), 준우(3대 먹보)
연수가 너무 배가 고파 불닭 3인분을 사왔다. 혼자 먹으려다 친구한테 들켜서 같이 먹는 장면.

"물 어디까지 떠 와요? 이 종이냄비는 잘 모르겠어요."
"가스는 언제 줘요?"
버너 사용과 라면 끓이는 중 이동에 대해 안전교육을 했다. 또 아이들에게 가장 실질적인 주의 사항도 안내한다.
"서로 빨리 먹으려다 라면에 입천장 안 데게 하는 것도 중요!"
종이냄비를 처음 경험하는 아이들은 살짝 탄 냄비를 보고 캠핑장에서 나는 익숙한 냄새란다. 준호는 너구리에서 다시마가 2개 나왔다며 엄청 좋아한다. 이는 분명 기분 좋은 일이다! 종이냄비를 쓴다고 하니 지윤이는 얼마나 불안했는지 아냐며 계속 냄비에 대해 중얼중얼~

라면을 처음 끓여 보는 녀석도 있다. 설마… 오늘 인생의 전환점이 되는 날이라는데.
"원래 우리 집에서 엄마가 끓여 주는데 오늘은 내가 한번 해 봐야지."
"면을 꼬들꼬들하게 하려면 차가운 공기랑 자꾸 해야 하는데. 이게 잘 안되네."
"달걀 껍질 어디다 버려요?"
"별로 안 매운데. 치즈가 한몫했네요."
"우리는 짜파구리다."
동시에 라면을 끓이자 공기청정기에 빨간색 불이 들어온다.

"이번엔 너희가 요리해라."
"나는 너구리 한 번도 안 끓여 봤다고. 못해."
"국물에 왜 기름이 떠다니지?"
"침만 안 떠다니면 되잖아."
"그렇게 생각하면 되는구나."

"쇠 젓가락 있으신 분?"
정말 쇠 젓가락을 건네준다.
"이거 말고 새 젓가락?"

한 시간 만에 우리들의 캠핑은 끝이 난다. 정리의 시간이다. 효은이와 규현이가 쓰레기를 버리러 갔는데 한참이 지나도 오지 않는다. 6교시 시작하고도 한참이다. 두 녀석이 들어오고 혼내려는 참이었는데.
"저희 얼마나 고생했는 줄 아세요. 밑에 큰 쓰레기통이 넘어져 그거 다시 주워 담고 왔어요."
10초 정도 참고 들어주길 잘했다. 상을 주어야 할 아이들에게 혼을 낼 뻔 했다. 갑자기 한 녀석이 준호에게 피구 하다 내가 공 맞은 사건을 꺼낸다.
"우리 아빠한테 선생님 공 얼굴에 맞은 얘기했더니 5분은 웃었어요."
"사실 나 그때 좀 많이 아팠어. 이제는 고백할 수 있어."
"쌤. 우리 엄마도 엄청 웃었어요."

쉬는 시간에 아이들이 렛잇고 놀이를 한단다. 물뿌리개로 한가득 공중에 뿌리고, 노래 부른다. 렛잇고! 꿉꿉한 사우나의 향이 난단다. 쉬는 시간에 오늘 도자기를 쌌던 뽁뽁이도 추첨으로 공정하게 나눠 준다. 서준이와 백하가 당첨되는 행운이. 다른 아이들이 선생님 애장품 경품 좀 하자고 한다. 일단 내 증명사진. 의외로 이게 인기가 많았다. 하지만 증명사진을 뽑은 경란이는 그다지 좋아하는 것 같지는 않다.
"선생님. 여흥철 닮았어요."

다음 추첨은 새콤달콤 2개. 오늘 경란이는 운이 좋다. 레몬 맛 새콤달콤도 차지한다. 포도 맛은 다시마 2개가 나왔던 준호가 가져간다. 아이들은 경란이와 준호 주위에 모여 있다. 둘 다 낱개로 뜯어 아이들에게 나눠 준다. 경란이에게 줄을 섰던 한 녀석.
"경란아. 다시는 널 신세계 교향곡이라 부르지 않을게. 하나만."

오늘 하루도 이렇게 끝이 난다. 백하에게 우리말로 전체 마무리 인사를 시켰더니 망설이고 있다. 아이들 앞에서 큰 소리로 말하는 건 여전히 부담스러운가 보다. 이를 지켜보던 남자 녀석이 얼른 하라며 재촉한다. 좀만 기다려 보자고 했지만 계속 재촉한다.
"너도 중국 가서 몇 달 만에 중국어로 인사시키면, 그 인사가 잘 나올까?"
"아…."

 ## 12월 13일 금요일

4층 복도에서 아이들이 이야기하고 있다.
"이렇게 쩍벌로 우리 교실까지 15번이면 갈 수 있다!"
"해 봐라! 되는지."
한 발 한 발 내딛지만 15발로는 역시 어림도 없다.

현민이가 똥광 손난로를 보여 준다. 이상하게 기분 좋은 똥광!
"손난로 멋지네. 그 그림 뭔지 아냐?"
"똥광요. 좋은 거요."
"어떻게 아냐?"
"할머니랑 민화투 칠 때 500원 걸고 쳤는데. 똥광 먹으면 좋은 거래요."

오늘 사회 숙제가 있단다. 아침부터 아이들이 바쁘다.
"너 했냐?"
"어. 대충."
"이렇게 하는 게 맞아?"
"나 어제 1시까지 했다. 이런 거 왜 하는지. 진짜!"

아침에 아이들이 힘이 없다. 시험과 숙제와 학원에 지쳤다는데.

"나 너무 힘들어. 조용히 좀 해 줘."
"안 자게 옆에서 좀 떠들어 줘."
힘들어하길래 꼬마 약과를 하나씩 나눠 먹는다.
하지만 그것도 아껴 먹는다며 필통에 넣어 두는 녀석이 있다.
"아끼다 정말… 똥광 된다."

"헬로우 하세요! 선생님."
"헬로우!"
좀 충격적이지만 헬로우 하세요. 재미는 있다. 이걸로 두 녀석이 논쟁이 붙었다.
"한글 좀 사랑해라!"
"헬로우 하면 안녕인데 쌤한테 안녕 하면 안 되잖아요. 반말이면."
"헬로우가 왜 반말이냐. 다 쓰는 건데."
"그냥 좀 웃기려고 한 말인데 넘어가자."
"그래. 넘어가자."

"6교시 체육 할래? 5교시 할래?"
"6교시요. 체육하고 딱 집에 가면 기분 좋아요."
"먼저 체육을 해야 좋은 기분으로 6교시에 수학하지."
"체육을 하다 수학을 하면 졸려서 안 돼."
"5교시에 하면 점심시간에 미리 나갈 수 있잖아. 5교시에 해요."
어떻게 할까 물어보니 거의 반반인 듯하다. 괜히 물어봐 분란만 일으켰다.

1교시는 국악시간이다. 아이들이 졸리다고 한다.
"너무 졸려요. 7시에 일어나 8시까지 아무것도 안 하고 학교 왔는데도 너무 졸려요."
오늘 부를 민요는 금다래꿍! 금다래꿍은 서도 민요로 중모리장단. 수심가!
"우리 민요에는 지역 특유의 시김새가 있어요. 바깥으로 밀어 올리며 미묘한 장식음과 창법이 서도 민요의 가장 큰 특징이에요."
"근데 수심가가 뭔 뜻이에요."
"기분이 축 처지는 느낌이에요?"

"여러분. 수심이 뭔지 알아요?"
"수심이 깊다 할 때요. 강물을 보며 슬픈 마음을 표현하는 거요. 그거 아니에요?"
얼추 해석은 비슷하다.

동영상으로 서도 민요 시김새를 연습한다. 영상에는 유지숙 선생님이 나오신다. 먼저 천천히 떨어 본다.
"이~ 이~ 이~ 이~ 이~"
빨리 떤다.
"이~ 이~ 이~ 이~ 이~"
밀어 올린다.
"이~ 이~ 이~ 이~ 이~"
이번엔 굴린다. 아! 시김새 어렵고도 어렵다.

선생님께서 남자 '군'을 초등학교 교과서에 재미있게 표현하려고 '꿍'이라고 부른다는 설명도 곁들인다.
"꾸~ 우우우~ 웅."
손으로 말아 올리며 시김새를 노래하는데. 그래도 시김새 덕분에 수업 초반부보다는 웃음소리가 많아졌다.
"서도 민요는 수심가토리는 애교 섞인 비음이 있어요."
"비염요?"
"아니. 코 비자. 소리 음자. 콧소리~"

유명한 수심가의 한 소절을 들려주신다.
"보통 민요는 서서 발림하며 부르는데 수심가는 앉아서 천천히 불러요."
수심가 소리가 나에게는 애절하게 들리지만 아이들은 좀 지루했단다. 언제 끝나나….

마지막으로 교과서에 나오는 풍구타령을 아카펠라로 편곡한 노래를 듣는다. 솔직히 집중도는 이 곡을 들을 때 제일 높았다. 역시 퓨전은 아이들의 국악 흡입력을 높여 준다.

"남은 5분은 심청가 중 심봉사 눈뜨는 장면을 보여 줄게요?"
"신봉선요? 아니다. 반응이 안 좋네요. 그냥 웃기려고 했어요."
심청가 일부를 들으며 추임새도 넣어 보려나 보다.
"선생님이 이쪽 손 들면 얼씨구! 이쪽 손 들면 어이! 좋다!"

황후가 된 심청이가 등장한다.
"한우가 된 심청이요?"
"심청이가 한우!"
정말 웃긴 두 녀석. 마지막 부분을 어찌어찌 따라하는데.
"누가 날 더러 아버지래?"
"아버지 여태 왜 눈을 못 뜨셨소?"
"아니 청이라니 청이라니."
"내가 눈이 있어야 내 딸을 보지. 아이고 답답하여라."

3교시 컴퓨터실에 가서 포토앨범 마무리 짓고 결제하기로 한다. 음. 이게 금방 끝날 줄 알았는데 쉽지는 않았다. 컴퓨터실에 가서 개별적으로 로그인한다. 장바구니에 가서 장바구니 밑에 있는 '함께 만들기 버튼'을 누르고 아이디 추가 칸에 내 이메일 검색 후 추가! 내 이메일로 로그인을 하니 아이들 것이 들어와 있다. 1개씩 복사해서 편집하고 저장하니 끝! 학교 카드로 결제한다. 하지만 다른 반 아이들 것도 장바구니에 들어와 있어 아이들 프로젝트를 하나하나 보여 주며 찾는다.

완료된 아이들에게 오랜만에 자유시간을 주었다. 뭘 하든 간섭하지 않기로 했더니. 사부작 사부작 게임하는 소리도 들리고 저희들끼리 웃고 있는데. 난 장바구니 정리 못 해서 안달인데. 참.

아이들 프로젝트명

배틀그라운드 이야기 / 0 / 독수리 / 손흥민 / 푸우 / dldlll / 소개 / 패스마스터 / 1 / 스냅스짱구 / 미입력 / 스누피 / 마카롱 / 키드밀리 / 연습 / 게임사진첩 / 슬램덩크

PC로 편집한 아이들은 한 명씩 공유 받아 결제가 되는데 휴대폰으로 편집한 3명이 문제다. 이거 영수증 출력은 어떻게 해야 하는지. 아이들 핸드폰으로 법인카드 결제를 하면 매출전표가 어떻게 나올지. 어찌어찌 시행착오 끝에 하교할 무렵 해냈지만 훗날 이렇게 주문한 나를 보고 뭐라 할까. 그래도 포토앨범이 다음 주에 도착한다고 하니 뿌듯하다.

교실 벽에 있던 못이 떨어졌다. 망치로 못을 박고 있으니 박력 있다며 멋있다는 녀석. 사실 좀 삐딱하게 박았는데.
"저 옛날에 캠핑장 가서 망치로 때려 돌가루 만들었는데. 그거 엄청 재미있어요."
"그러다 손 찍으면…."

4교시에 모둠대항 퀴즈 대결을 했다. 《퀴즈대한민국》 책자에서 몇 문제를 골랐다. 쉬운 문제만 골랐기도 했지만 모둠 4명이서 의기투합하니 정답률이 80%는 넘는 듯하다.

- ● '돌'과 '환갑'은 각각 만으로 몇 살에 치르는 생일일까요?

  "근데 돌이랑 백일은 달라요?"
  "환갑이 그거 했는데. 우리 할아버지 했는데."
  의외로 아이들이 많이 틀렸다. 0살, 59살 콤비가 많다.

- ● 손가락에서 '검지'와 '약지'는 몇 번째 손가락일까요?

  "약지만 내밀면 욕 아니에요?"
  "엄지, 검지, 중지, 약지, 새끼 맞죠?"
  새끼를 소지라고 바꾸자 했더니 이런 건 괜찮단다.

- ● 소와 말의 새끼를 부르는 표준어는 각각 무엇인가요?

  "소새끼, 말새끼?"
  "말의 자식? 소의 자식?"
  "소화기?"

  "내가 너희를 너무 과소평가했구만. 난이도를 높일게. 대신 초성 힌트!"

- ● 미국의 자유의 여신상이 양손에 들고 있는 두 가지는 무엇일까요? ㅎㅂ, ㅅㄱ

  "수건요. 팔에 수건 두르고 있어."
  "자유의 여신상이 샤워 하고 나왔냐?"
  "사과요. 사과 먹고 있는 거 아닌가?"
  "사기요."
  "성경이었구나. 법전이라 쓰면 안 돼요?"

- 암꿩과 수꿩을 부르는 다른 이름은 각각 무엇인가? ㄲㅌㄹ , ㅈㄲ

  초성 힌트 보더니 '이거 진짜예요?'라며 웃는다.
  "설마 욕을 떠올리는 사람은 없겠지?"
  "잎삭과 초록이요."
  비슷하게 쓴 답은 많다. 꼬투리, 제끼

- 양 곱창 구이에서 '양'은 소의 위를 말한다. (○, ×)

  "이거 내가 많이 먹어 봤는데 뭐지?"
  어려운 문제였는데도 잘 찍어 네 개 모둠이나 정답이다.

- 토끼의 이빨은 평생 자란다. (○, ×)

  자란다~ 자란다~ 자란다~ 노래를 부른다.
  모든 모둠 정답!

- 오늘을 기준으로 가까운 날부터 나열하시오. (글피, 모레, 내일)

  "글피가 뭐예요?"
  "그거 가르쳐 주면 다 알지?"
  모든 모둠 정답!

- 1932년 선교사 셔우드 홀에 의해서 국내에서 처음으로 크리스마스실이 발행됐다. 최초의 크리스마스실에는 거북선이 도안되었으나 일본 정부가 반일사상을 이유로 허가하지 않아 이것으로 바뀌었다고 한다. 서울의 4대문 중에 하나인 이것은 무엇일까?

  "그냥 우리 전체. 동서남북 하나씩 찍자."
  "독립문 아닐까?"
  의외로 서대문을 답한 아이들이 많다.

- 17세기 영국에서는 건물의 수에 따라 세금을 내기로 했다고 한다. 그래서 갈수록 건물의 이것 수가 줄어들거나 없어지는 경향이 있었다고 하는데. 이것은 무엇일까? (이건 처음에 초성을 주지 않았다.)

  "화장실 맞지?"
  "방인가?"
  "거실?"
  "층 수?"
  온갖 오답들이 나온다. 초성 힌트를 준다. ㅊㅁ.
  "채무! 내 지식이 역시 풍부했구나."
  "아이고. 님아. 우리 채무관계가 없어졌구나. 이건 답이 철문이야."

- 이 증상은 오랜 시간 깜박거리는 빛에 자극을 받아 생기는 광과민성 간질 발작이다. 주로 어린이들이 게임을 하다가 갑자기 의식을 잃고 쓰러져 발작을 하게 되는 이 증상은 무엇일까? ○○○ 증후군

  "거북목 증후군?"

> 게임을 좋아하는 아이들을 바라보지만 이 문제는 정말 어렵다.
> 역시 초성을 가르쳐 준다. ㄴㅌㄷ
> 민준이가 초성 힌트를 듣더니 바로 맞힌다. 그 말하는 소리를 다른 모둠도 듣고 모두 정답! 닌텐도 증후군!
>
> ● 다음과 관련 있는 인물을 쓰시오. (아방궁, 불로초, 분서갱유) ㅈㅅㅎ
> (불로초를 보더니) 유레카~
> "얘들아. 고종이야! 숙종이야!"
> "죄송해!"
> "조심해!"
> "아방궁에 가면 조심해! 불 날 수 있어."
>
> ● 바다의 인삼으로 불리며 주로 날 것으로 먹는 이 해산물은 무엇일까요?
> "이런 쉬운 문제를 왜 내요?"
> 하지만 달랑 한 모둠만 맞힌다. 사실 다 맞힌 줄 알았다.
> 아이들 대부분은 전복!

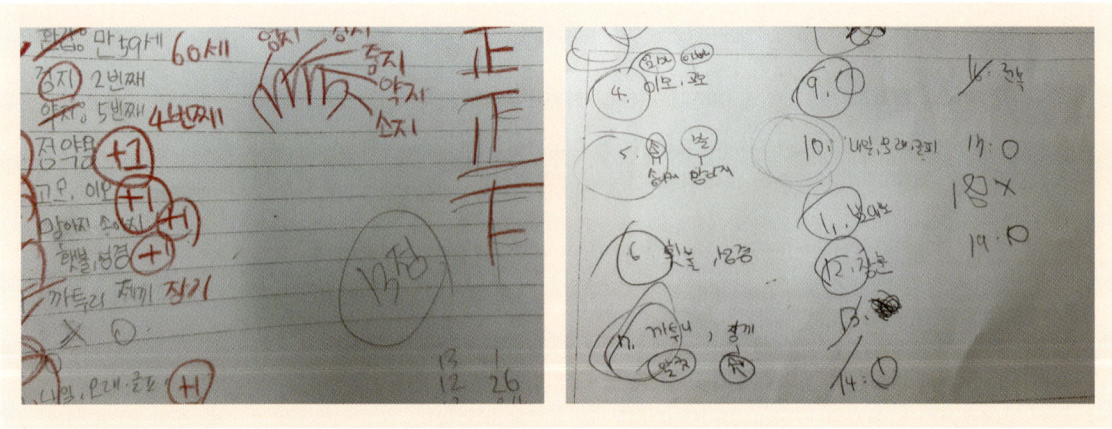

알림장 안내를 한다. 다음 주 월요일 수학 단원평가. 목요일 과학단원평가. 금요일 사회단원평가.

"오! 주여~"

"2학기 마지막 시험이야. 휴~"

다시 한번 더 알리고 싶지는 않지만 정리해서 알려 주지 않으면 분명 다음 주에 날 원망하는 소리가 들릴 것 같았다.

급식시간이다.

"얘들아 오늘 먹을 게 없어."

"그래도 미역국이 우릴 살리네."

점심 먹고 미리 운동장에 나가 있어도 된다고 하니 미역국밥으로 후루룩 마신다. 이럴 때는 정말 깨끗해지는 식판. 조심히 놀라고 했지만 부상자가 발생했다. 공을 차다 맞았다고 하는데. 하지만 오히려 다친 아이에게 비난하는 녀석들이 보인다.

"얘는 엄살이 사람의 것이 아니야!"
"맞아. 지난번에 살짝 밀었는데… 난리도 아니었어."
"정말 아플 수도 있잖아. 책임질 수 있어?"
잔소리가 5분 넘게 이어진 듯하다.

여자아이들이 물뿌리개를 들고 운동장에 나왔나 보다. 피구장 위에 물뿌리개로 글씨를 써 놓았다. 나름 느낌 있는 글씨들. 본인들 예쁘고 아름답다는 내용인지라 딱히 답해 줄 말은 없었다.

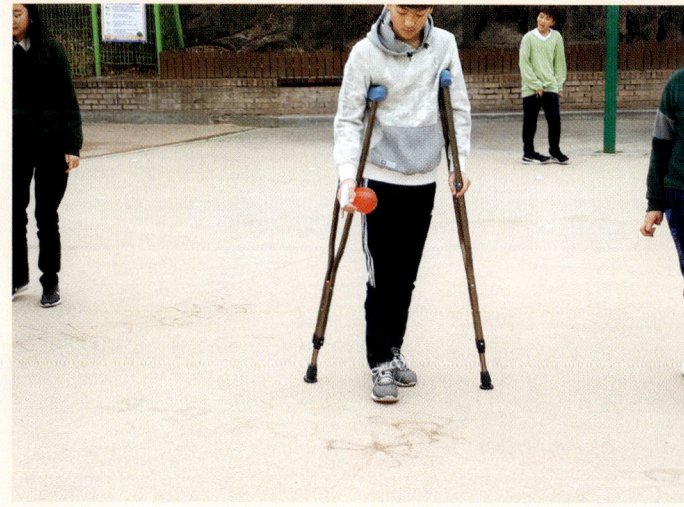

오늘은 오랜만에 운동장이 통으로 비었다. 축구를 하기로 했다. 부상자 4명은 저 멀리서 구경한다. 힐 킥하는 은비. 타조 같은 지윤이. 공에 얼굴 스친 주희. 무의식 중에 축구공을 잡은 경란이.

"내 손이 왜 여기 있지? 동물의 본능인가 봐요."

축구 경기 중 여자아이들은 한 명이 넘어지면 우리 팀 상대 팀 할 것 없이 모여 경기가 중단된다. 심판의 호루라기 소리가 없든 있든 그들 나름의 훈훈한 규칙이다. 일명 '해준이 누나' 효은이가 골을 넣는다. 약간 빗맞아 보였는데 구석으로 그림같이 들어간다. 골은 역시나 좋은가 보다. 세리머니가 자연스럽게 나온다. 문제는 중앙에서 다시 경기를 시작하는데 여자아이들이 센터서클 라인에 따라 둥글게 서 있다. 축구를 잘 아는 남자아이들이 저리 가라고 소리쳐도 본인들이 뭘 잘못했는지 모른단다.

경기는 계속된다. 민준, 준호, 상진, 연수, 준혁. 축구를 잘하는 남자아이들의 돌파가 이어지지만 이 녀석들에게는 골을 넣지 못한다는 핸디캡을 걸어 놓은지라 골이 쉽게 들어가지 않는다. 서준이가 15미터 정도 거리에서 중거리 슛! 골인!

마지막에 나도 선수로 잠깐 뛰었다.

"너 쌤 잡고 있어."

"아니다. 그냥 까라."

"쌤 비켜 봐요."

"나 수비수야. 비키면 어떻게 되냐?"

오늘은 나의 수비 컨디션이 좋다. 무실점. 완벽함! 세월을 살짝 거스른다.

1 대 1 상황에서 승부차기가 시작된다. 오늘은 구석으로 잘 차면 골대를 맞는다. 부상자 아이들도 페널티킥이 시작되자 팀으로 들어온다. 페널티킥은 차고 싶단다. 다리 부상자 영민이는 슬슬 몸을 풀더니 역시 골이다. 감각이 날카롭게 살아 있다. 하지만 에이스급 아이들의 연이은 실축!

우리의 희망 한뚝, 한지윤(한뚝) 선수 등장!

아이들 표현으로 감동적인 골이었다.
"한뚝! 월드컵에서나 볼 수 있는 골이었어."

역시 체육 하고 6교시에 수학을 하려니 부작용이 이만저만이 아니다. 초점 없는 눈빛. 바닥난 체력. 이번 차시만 하면 끝낼 거야~ 빨리하면 15분 만에 끝날 수도~ 일단 유혹의 말을 날리고 최대한 속도를 높여 진행한다. 하지만 실제로는 30분이 넘게 걸렸지만.

원기둥의 밑면, 옆면, 높이 개념에 대해 알아본다. 수학적 개념화에 대해 아이들과 이야기를 나누었다.

"밑면은 밑에 있는 면이 아니죠?"

〈원기둥에서 서로 평행하고 합동인 두 면을 밑면. 두 밑면과 만나는 면을 옆면. 두 밑면에 수직인 선분의 길이를 높이.〉

"원기옥의 동생 원기둥!"

뜬금없이 들어오는데 재미는 있다.

"원기둥은 원 따위로 만든 기둥 맞죠?"

"님들. 근데 따위가 표준어예요."

"맞아. 초등학생은 초등학교 따위에 다니는 학생!"

 **12월 16일 월요일**

주말에 한 녀석에게 카톡이 왔다.
"생산자 5개 써오라는 거 어려워요."
"그냥 먹을 수 있는 식물."
"아하. 식용 식물요?"

주말에 머리를 치고 왔는데 아무도 몰라준다.
"나 머리 쳤다고~"
"잘 치셨네요."
"이거 반응이 왜 이래?"
"쌤은 맨날 그 스타일이에요. 파마 한번 하세요."
태윤이가 그래도 예쁘게 잘 쳤다며 칭찬해 준다.

아이들이 '하니 노래'를 부른다. 처음에는 그러려니 했는데.
"난 있잖아. 넌 없잖아."
남자아이들을 저희들끼리 웃으며 반복해서 부르고 있다.

"완벽 미소. 난 있잖아. 넌 없잖아."
"축구 실력. 난 있잖아. 넌 없잖아."
그러다 한 녀석이 약간 성적인 상황으로 분위기를 몰고 가려 하길래 그만하라고 했다. 그 녀석은 이렇게 작은 소리도 들리냐며 되묻는다.
"왜요? 그냥 서로 비교하는 건데요."
"그래도 하지 마라. 괜히 오해 살 수 있어."

"선생님. 아는 누나 오케스트라 연주회 갔는데. 타자기 치면서 하는 그 음악 연주했어요."
"그거 듣기 힘든 곡인데."
"지휘자가 시작할 때 흡 하며 숨소리도 내더라고요."
"그지? 맞지?"
"근데 그 타자기 소리가 동영상에서 봤던 것처럼 경쾌하지는 않았어요. 실력이 좀 없었어요."

아침시간에 할 일이 많았다. 평소 장난을 잘 받아 주던 은비에게 부탁을 했다.
"아리수 물 떠다 줄 신은비 구합니다!"

금방 말뜻을 알아듣는다. 몇 분 뒤에 은비가 나를 부른다.
"아리수 물 받을 선생님 구합니다!"

여자아이 두 명이 주말에 무슨 일이 있었나 보다.
"넌 왜 이렇게 시간 약속 안 지키냐?"
"내 얼굴이 국보급인데 뭘 어때?"
"쌤. 우리 둘이 노래 불렀는데 77점밖에 안 나왔어요."
"제가 얼마나 율동적으로 불렀는데. 기계가 이상해요."

수학시험을 본다. 이 까불던 아이들도 시험이라는 제도 앞에는 그저 순한 양이다. 우리 반은 가림판을 없앴지만 시험 볼 때만큼은 가림판을 사용하는 게 더 편하다는 아이도 있다. 편할 대로 하라고 했다. 적막하다. 키보드 치는 소리조차 조심스러워 멈춘다. 평소에 그냥 질문하던 아이도 손을 들고 조심스럽게 눈 마주침을 기다리고 있다.

음악시간에 영화 <피아니스트>를 이어서 본다.
"동부로 끌려가는 사람들은 어디로 가는 거예요? 죽으러요? 살았나?"
"기차가 가는 그쪽으로 식량 열차 안 간대."
"한 개에 20즈와티에 파는 캬라멜 맛있겠다. 캬라멜 생긴 게 지금이랑 비슷해요."
"스필만이 시체를 옮기는 장면은 비겁해 보여요."
"독일군들이 기차에서 악기 뺏을 때 참 나빠 보였는데."
"식당 그 무대 밑에 숨어 있는 거 아이디어 굿!"
"게토 바깥에 빵가게랑 꽃가게가 있었어요? 꽃가게는 왜요?"
"갑자기 유대인들을 엎드리라고 하고 총 쏘는 독일군들 잔인해요."

"독일군 채찍질이 찰지네요."

"저 사람들 먹는 감자 맛있어 보여요. 우리 감자랑 다른 거 같아요."

"우리는 싸워야 해라고 하는 부분이 좀 멋있어요."

결핵검진 안내문을 게시판에 붙여 놓았다.

〈총 7점 중에 5점 이상이면 결핵검진을 받아야 합니다. 당신도 결핵환자일 수 있습니다. 기침(2주 이상) 2점, 가래 2점, 체중감소(3개월 동안), 열 또는 야간 식은 땀 1점, 무력감 1점.〉

본인이 5점이라며 결핵검진 받아야 되냐고 묻는 녀석이 있다. 역시 2주 이상 기침과 3개월 동안 체중감소를 정확히 못 보고 단순히 기침과 체중감소로 받아들였나 보다. 좀 표현이 애매하긴 했다.

"난 학원으로부터의 무력감은 있어. 난 피할 수 없어."

'피할 수 없으면 즐겨'라는 말을 해 줄까 하다 너무 상투적이라 내버려 두었다. 초등학교 6학년이 느끼는 무력감이 어떤 느낌일까?

오늘은 미세먼지 없이 날씨가 아주 깨끗하다. 그렇게 춥지도 않고 오랜만에 보는 최고의 날씨다. 오늘도 월요병이 도졌는지 아침부터 아이들이 힘들단다.

"이번 주에 단원평가가 3개나. 거기에 서술형평가까지. 사는 게 힘드네요."

"저 이번에 수학 90점 못 넘기면 엄마한테 죽어요."

"저는 수삼가 노래 부르고 싶어요."

운동장 쪽에서 쿵 소리가 연속으로 들린다. 공사하는 소리치고는 큰 소리이다.

"어디 전쟁 났어요?"

"나가서 확인해 봐요. 대피해야죠."

그래 가자! 역시나 공기가 좋아 머리도 맑아지고 우리의 말소리도 사뿐사뿐 날아다닌다. 운동장에 나가니 아무도 없다. 우리가 운동장 사용할 수 있는 시간이 아닌데 운도 좋다. 준비운동을 하고 순발력 테스트를 한다. 두 명이 같은 거리에 앉아 있다가 호루라기 소리에 동시 출발해 공을 차서 골을 넣는 경기. 골을 넣은 사람이 승리하고 차서 못 넣으면 무승부 처리. 준우와 연수는 거의 동시에 일어나 공을 향해 달려간다. 발이 겹치며 누구의 골인지 눈으로는 잘 구분이 안 된다. 준우가 사실 공이 아닌 연수 발을 찼다고 고백해 연수의 골로 인정. 둘은 요즘 매번 아슬아슬한 승부를 보인다. 신라이벌 구도가 형성된다.
"우리 다음에 둘이 다시 한번 붙자!"

하지만 우리에게 허락된 시간도 거기까지였나 보다. 잠시 후 원래 운동장을 사용하기로 예정되었던 2개 반이 내려온다. 운동장 사용 시간이 아닌 우리는 피구장 한구석으로 밀려난다. 정말 운동장 큰 학교가 이럴 때는 부럽다. 강제 초능력 피구다!

"얘는 패스와 던지는 게 차이 없어요."
"이젠 애들이 웬만한 공은 다 잡아요."
"나 먼저 미안해. 죽을 거 같아."
지윤이는 오랜만에 '석상' 초능력아이템을 맞고 꼼짝 못 한 채로 아웃된다. 거짓 정보전과 심리전이 넘쳐난다. 이것 또한 볼만하다.
'알라딘의 요술램프' 초능력카드에 논란이 붙었다. 너무 많은 소원을 요술램프에 사는 지니에게 부탁해 무적의 카드가 되어 버렸다는 게 논점이다. 그래서 알라딘의 요술램프를 카드에 예시로 적혀 있는 범위로 한정하는 선에서 타협한다.

준우가 영어만 사용해야 하는 영어타임 초능력을 당한다.

"준우야! 지금 가장 하고 싶은 말은?"

"준우야! 어떤 게임 좋아해?"

준우에게 한글이 나오게 계속 유도 질문을 하지만, 준우는 넘어가지 않는다. 하지만 그 말들에 신경이 쓰였는지 반응속도가 느려져 몇 턴 뒤에 아웃된다.

경기 막판. 우리 팀의 패배를 지켜보며 웃고 있던 한 사람! 경란이가 '연장전'을 외친다. 2명이 부활해 연장전을 펼친다. 연장전에 경란이와 서준이가 투입된다.

"나 심장 너무 떨려. 그냥 지고 싶지는 않은데."

승부는 연장전이다. 막판 2 대 2 대결로 압축된다. 피구장 바닥을 본다. 여름철에 비해 길게 늘어난 아이들의 그림자 길이! 그림자 피구를 보는 것도 나름 재미가 있다. 이젠 소리만 듣고도 심판을 볼 수 있을 만큼 그 말소리와 공 날아가는 소리에 익숙해졌나 보다.

"선생님 힘들어요. 김치전 냄새가 너무 강해요. (급식실에서 전을 굽나 보다.)"

"아. 배고파요."

"밖에서 김치전 만들어 먹으면 맛있는데."

"그래도 월요일에 체육 하니 아주 좋네요."
"얘들아. 이제 러블리 수학님 맞이하러 갑시다."
"아! 갑자기 김치전 냄새가 토할 것 같지."

예산 항목이 변경되어 학급운영비 여유분이 생겼다. 뭘 할까 고민하다 아이들과 축구유니폼을 맞추기로 했다. 일단 팀 이름을 정하고, 팀 이름은 유니폼 상의 앞부분에 새기기로 한다. 의견은 많았지만 모두가 마음에 들어 하는 팀 이름이 안 나온다. 뭐가 좋을까. 아무래도 내가 결정을 해야겠다.

"이도껌."
"그건 미관상 안 좋아요!"
"POTATO 어때요?"
"아스날 선수들이 입는 것처럼 'fly emirates' 해요."
"삼성 해요. 첼시 감성으로."
"그냥 올드한 느낌으로 금북!"
"갤럭시 해요."
"MOLBA! 간지나는데요."

의견이 많다. 어느 것으로 해야 할지….

> KSG(Korea Seoul Gumbuk) / SOS / A+ / flex / GAO / GANZI Seoul / SGC(chodeung) / 605.com / 刀 Gun (중국느낌) / GukBab / LDG / D Sports / Egg / JJB / Life Is Egg / JinJi / LTE / 다알 / 양연수.com

오후에 수업 태도가 너무 안 좋아 혼을 냈다. 뒤돌아 수업 받는 녀석, 말대꾸하는 녀석, 잘못을 지적해도 인정하는 않는 녀석, 특정 아이 이름이 나오면 은근 비꼬는 녀석. 게다가 지난주에 사회, 과학 등 교과 선생님들께도 태도 문제로 혼난 적이 있었다. 오랜만에 폭발하고 말았다. 시간은 3~4분 정도로 짧았지만. 이런 기분으로 국어 고쳐 쓰기 수업할 맛이 안 난다. 그들도 마찬가지일 게다. 학기 말에 너무 풀어진 모습에 오전에 체육 시켜 준 것도 후회되고.

영화 〈피아니스트〉 남은 부분을 본다. 서로 감정을 진정시킬 시간도 필요하리라.

점심시간에 내가 밥을 안 먹고 있으니 한 녀석이 조심히 말을 건넨다.
"선생님 밥 안 드세요?"

"이런 기분으로 밥 먹으면 체해. 안 들어갈 것 같아."

"그래도… 국밥으로 드세요."

마음이 이쁘다. 오늘은 육개장이 나왔다. 안 먹을까 하다 한 그릇 비우고 나니 마음이 풀리고 후회가 조금씩 밀려온다.

5교시 시작 전에 축구 유니폼 개인 등번호와 이름을 정한다. 다른 친구들이 함께 의견을 주어 톡톡 튀는 재미있는 이름이 많았다.

이름	등번호	추천 이름	유니폼 확정이름
인해	77	강인해, 强, Strong, 닐 암스트롱, Goal In hae.	Goal In Hae
민준	4	Kim, Min Jun Kim, Changer Jun.	Changer Jun
상진	46	김상진, Jin, Jin Si Hwang(효은이의 재치).	Jin Si Hwang
주희	13	주희, 김돌, Rock Stones(겁나 멋있다!)	Rock Stones
경란	13	경란, 드보르 자크, 드보르 란, 신세계교향곡	Dvorak Ran
준우	3	Yellow Moon, Sun, 세일러문	Yellow Moon
준혁	11	Bang, Big Bang	Big Bang
규현	13	뀨현, 규장각, Kyu Jang Gak, 되치기, 간지나.	Kyu Jang Gak
은비	13	은바페	Nbappe
연수	17	Soo, 바다의 왕자. 피아니스트. 스필만.	Szpilman
준호	7	뽀밥, Jun Girl, Juno, Jonaldo. Joonaldo.	Joonaldo
서준	40	Lee S J, 가오잡이. Gao Catcher	Gao Catcher
효은	14	효개, Duck, Goofy, Hot Dog	Hot Dog
현민	5	Lim, Push Man. Toilet.	Push Man
륜경	41	찐빵, Neck빵, 땜빵, 깜빵, 죽빵	찐빵
영민	10	choi, Young Man.	Young Man
지윤	41	호빵, 한빵. 뚝빵.	호빵
승은	13	뜽은, 호두주인. Win Silver	Win Silver
태윤	2	Potato, Sweet Potato, Fried Potato, Just Potato	Just Potato
백하	24	Undertaker	Undertaker
도건	9	Gun a mool	Gun a mool

옷 사이즈는 반팔임을 감안해 조금 큰 사이즈를 고르도록 했다. 유니폼을 입고 운동하는 우리의 모습을 상상하니 기분이 좋아진다. 3월에 맞췄으면 더 좋았을 텐데 아쉽기만 하다.

남자아이들이 점심 먹고 축구 훈련을 하고 있다. 이들도 기분이 좀 풀렸는지…. 영민이가 던져 주면 발이나 무릎이나 이마로 다시 패스하는 연습이다. 아이들이 정말 축구가 하고 싶은가 보다. 여자아이들은 도리도리 게임을 한다. 나는 전혀 규칙을 모르겠고 또 물어도 알려 주지도 않는다. 머리를 잡고 노는 게임인 것 같은데.

"너희 머리카락 이상해지잖아?"

"그래서 재밌죠. 저 공주님 같죠?"

"선생님. 다른 사람은 탯줄을 자르고 태어나지만 저는 날개를 찢고 태어났어요."

4교시에 제대로 혼냈지만 별무신통이다. 달라진 게 없다. 그래도 기분 좋게 하교시킨다.

 **12월 17일 화요일**

아침에 비가 제법 내린다. 걸어가는 길에 빗물이 흘려내려 신발이 다 젖었다. 하늘도 어둡고 4층 복도에 올라가니 어두침침한 게 저녁이 되어 가는 빛이다.

"저 무진장 갈등이에요. 95냐! 100이냐!"
"아니야. 지금 딱 맞게 입는 게 나아."
"아니야. 내년에도 입어야 해서 난 100으로 고칠래."

축구 유니폼 사이즈에 대해 고민하고 있나 보다.

"선생님도 고민이야. 반팔이라 한 사이즈 더 작게 살지."

"선생님은 성장판이 안 크니 괜찮을 것 같아요."

아침에 일찍 온 남자아이 4명이서 풍선배구를 하고 있다. 1 대 1에서 2 대 1이 된다.

"지금 2 대 1이야."

"아니야. 1 대 2지."

"2 대 1이랑 1 대 2랑 같아."

"다르지. 기준이. 그건 다른 거야. 비례식에서 배웠잖아."

"저 오늘 목발 안 짚고 왔어요."

영민이가 드디어 혼자 힘으로 걸어 다닌다.

"축하한다. 다 나았냐?"

"불편하긴 한데 괜찮아요. 오늘은 비 와서 목발 짚으면 미끄러워서요."

아침에 작은 선물을 준비한다. 채점된 수학시험지. 시험지 맨 뒷면이 백지인지라 아이들 책상 위에 뒤집어 놓았다. 처음에는 이게 뭔지 몰랐나 보다. 한 녀석이 뒤집으며 '시험지 나왔어!'라는 말에 선물을 개봉! 다양한 모습들이 공존한다. 다 맞았다며 소리쳐 따가운 눈총을 받은 아이. 골똘히 시험지를 쳐다보다 가방에 조용히 넣는 아이. 채점이 잘못되었다며 나오는 아이. 금방이라도 울 것 같은 아이. 이 몇 장의 종이에 수많은 감정선을 얽히게 만든다.

"아! 난 쌓기나무 단원은 괜찮은데 비례식 단원에서 망했어."

"난 한 개씩 틀렸다."

"학원 가면 혼나겠다."

"우리 엄마는 시험 점수로 혼내지는 않는데. 화내."

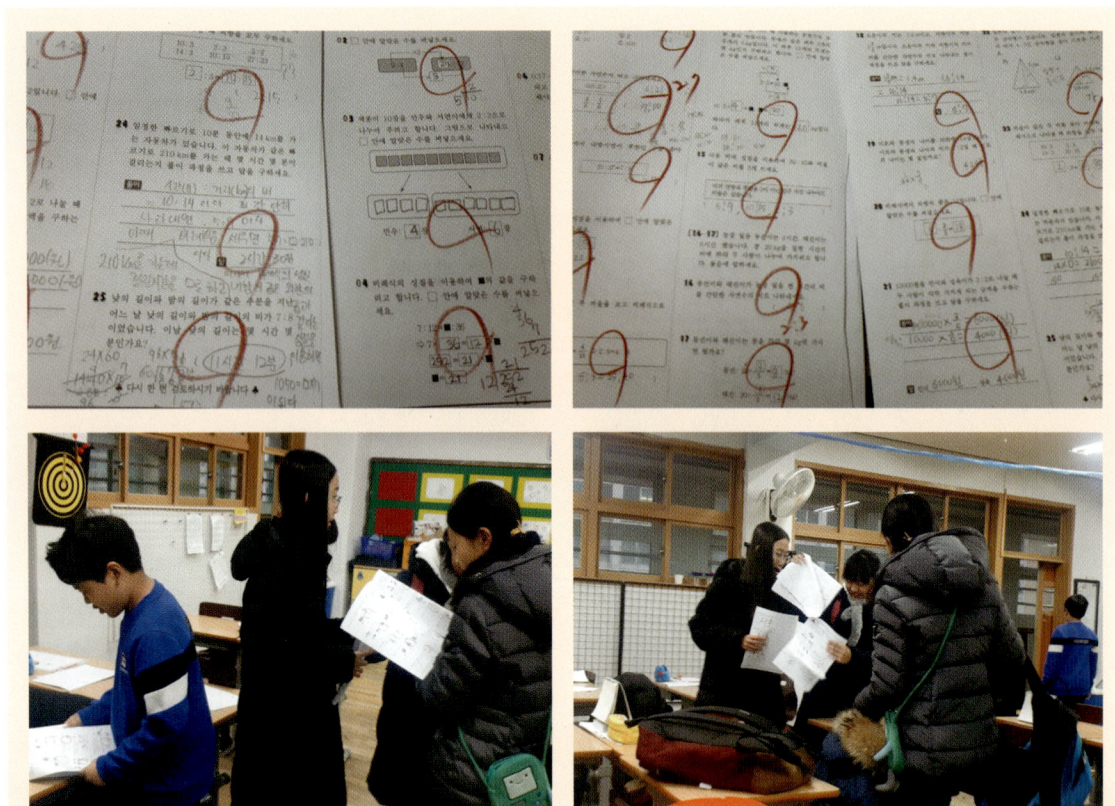

내일 발표하기로 했던 마니또를 오늘 마무리 짓기로 한다. 도우미 역할을 그다지 잘 수행하는 것 같지가 않다는 아이들의 제보가 있었다.

"나 내일 하려고 계획도 세웠는데."
"난 마니또 끝나고 정말 도와주려고 했는데."
"인생은 계획대로 되는 게 아니야."
"내 마니또는 누군지 모르겠지만 정말 아무것도 안 했어."
"나도 아무것도 안 해서 오늘 발표하는 게 나아."

"내일 4교시에 교장선생님과 함께 하는 독서시간 알죠?"
"그냥 원래대로 하는 모습 보여요?"
"그럼 어떤 모습 보이려고?"
"교장선생님이니 음. 그래도. 보여 줘야죠."
"눈치껏 하면 되죠?"

정답을 말해 버려 걱정은 없다.

그래도 잠깐 중청소 시간을 가진다. 1모둠은 교실 창가 쪽, 2모둠은 교실 뒤편, 3모둠은 복도 쪽 창가, 4모둠은 교실 앞쪽, 5모둠 복도. 10분 정도밖에 안 했지만 이렇게 반짝반짝~

준우가 수학 3단원 평가에서 1개만 틀렸다. 한 번도 시험 점수로 특정인을 칭찬해 본 적이 없지만 오늘은 칭찬을 해야겠다. 솔직히 채점하며 틀린 한 문제조차 맞게 해 주고 싶은 마음도 들었다.

"준우는 역시 공간 감각이 좋아. 한 문제도 아깝게 틀렸어."

아이들은 "어느 학원 다녀?"라고 물어본다.

"이럴 땐 우리 선생님이 잘 가르치셨잖아 해야지."

"인정?"

준우는 공간 감각이 뛰어나 건축가의 자질도 보인다. 옆에 있던 아이들도 준우에게 칭찬을 해 준다.

"넌 3D나 VR 쪽으로 일 해!"

히터 열기에 빨간 반점이 생긴 효은이가 '저 인도 사람 같아요'란다. 본인이 그렇게 말하니 정말 웃는 모습이랑 이마 한가운데에 생긴 선명한 빨간 점이 제법 인도 사람과 어울린다.

"근데 이거 피지예요. 헤헤."

우리 학교에서 인플루엔자 확진 학생 2명이 발생했단다. 오늘부터 능동감시 3단계라는데. 아이들에게 말을 해 주면서도 솔직히 어느 정도 단계인지 나도 느낌이 안 온다. 손 씻기 습관화, 기침하는 아이들은 마스크 착용, 교실 환기를 자주 할 것을 강조했다. 그리고 38도 이상 고열이 나는 경우 꼭 병원에 가 볼 것을 알림장에 안내한다. 이 말을 하기 무섭게 아이들이 기침을 한다. 이런 상황을 설명하는 무슨 심리학 용어가 있었던 것 같은데. 예방 차원에서 '아이쿠 손 씻기' 동영상을 함께 봤다.

"아. 저 세균 좀 징그러워."
"근데 이거 엄청 재미있는데."
"손 씻기 제대로 안 하면 엄지손가락에 세균들이 그대로 있대요. 엄지를 더 신경 써서 씻어야 한대요."
"근데 손 씻기 동영상에 거품이 하나도 없는데요? 문제가 있는 동영상이에요."

동영상 마지막 부분에 퀴즈가 있다. 정확한 문구는 기억이 나지 않지만 감기예방에 제일 중요한 것에 대한 질문 같다.
① 손을 씻는다. ② 잠을 잘 잔다. ③ 운동을 열심히 한다.
영상에 제시된 답은 ①번. 하지만 모두가 정답이라는 아이들. 하긴 맞다.

2교시에 아이들이 과학 실험하러 과학실에 갔다. 보내고 잠시 일을 하다 어제 혼도 냈고 화해의 메시지로 어묵 꼬치를 준비하기로 한다. 마법의 장국물을 넣으니 역시… 많이 먹던 이 맛이다. 오늘 과학수업이 길어지나 보다. 쉬는 시간 끝날 무렵에 교실로 온다. 기나긴 기다림에 어묵들이 퍼져 버렸다. 교실에 들어오며 하나씩 뽑아 먹고 국물도 한잔하고. 세상 좋다.
"종이컵에 꼬치 어묵 하나씩 담아 먹으세요."
"어! 묵이다."
"앞문 닫아라. 뒷문 닫아라. 다른 반 애들 본다."
"저 퍼진 것 좋아해요."
"아! MSG의 향기!"

"국물 주의! 뜨거워요. 입천장 조심."

국물 쟁탈전도 펼쳐진다. 국물도 줄 서서 한 잔씩 하고.

"그다음 나야."

"MSG는 해롭지만 너무 맛있어요."

"뜨뜨한 게 들어가니 좋네요."

"근데 어묵 먹고 나니 마이구미 먹고 싶어요. 짠단의 만남!"

창문도 활짝 열고 먹으니 겨울 포장마차 분위기가 난다. 하지만 3교시는 곧바로 수학 단원평가 틀린 문제 다시 풀기의 시간이다.

그때 작은 사고가 났다. 한 아이가 어묵 먹다 교정기 고무줄 같은 걸 삼킨 것 같단다. 결국 부모님께 전화하고 온다. 병원 가면 금방 다시 받는다지만. 휴….

수학 문제를 같이 풀다 나도 의문이 생기는 문제가 있다.

〈간단한 자연수의 비로 나타내시오.〉

0.6 : 2.1 → 6 : 21

가장 간단한 자연수가 아니기에 이것도 정답인지. '2 : 7'이 정답이지만 '6 : 21'도 맞게 처리해야 하는지.

마니또 발표를 한다.

> **지윤:** 준우예요. 전 도와준 일이 없어요. (도와주지는 않고 더 때리고 다녔어요!)
> **준우:** 상진. 딱히 해 준 게 없어요. (맞아요. 받은 게 없어요.)
> **상진:** 현민. (진짜 현민이었어?) 우유 상자 한 번 버려 줬어요. (그건 너 1인1역이잖아!) 현민이게 윙크를 13번 정도 했고요. 그래서 심리적 안정감을 줬어요. (그건 모욕감이야!)
> **현민:** 준호. 같이 옆에서 놀아 주고. 그냥 평소대로. 그냥 그랬어요.
> **준호:** 민준. 귀엽다고 칭찬해 줬고요. 애기 같아라고요. 시험 잘 봤다길래 축하해 줬어요. (너 말하는 게 엄마 같아!) 그리고 없었어요.
> **민준:** 지윤. 얘가 아무것도 하지 말라서 아무것도 안 했어요.
> **효은:** 은비. 미안해~ 하며 윙크해 줬고요. (너가 해리 윙크스냐?) 별로 한 게 없어요. 같이 많이 놀았어요.
> **은비:** 인해. 짝꿍 할 때 모르는 문제 알려 줬고요. 나름 많이 챙겨 줬어요.
> **인해:** 경란. 딱히 없었어요. (신세계 교향곡 박경란 노래는 열심히 불렀어요!)
> **경란:** 영민. (너 내 뒷담화했다며?) 마니또 하기 전에 하긴 했는데. 그렇게 미안하게 됐어요.
> **영민:** 연수. 해 준 게 없어서. 어제 너무 놀려서 오늘 연수에게 웃겨 주고 연필도 빌려줬어요.
> **연수:** 주희. (엥?) 해준 게 하나도 없는데요. 강당에서 피구 할 때 주희님 죽여야 했는데 살려 줬어요. (니 실력이 없어서 못 맞힌 거 아니야?)
> **주희:** 준혁. (ㅋㅋㅋ.) 얘네 집이 이사 가서 못 해 줬어요. (이사랑 마니또가 무슨 상관이야?)
> **준혁:** 륜경. 해 준 게 없는데. (때린 거 있어요. 수학, 영어 학원에서 다리 꼰다고 때렸어요.)
> **륜경:** 효은. 원래 많이 친한데. 그래서 평소에도 잘하지만 더 잘해 줬어요.
> **서준:** 태윤. 어제 시험 칠 때 지우개 한 번 빌려줬고요. 처음에는 안 빌려주려다 마니또 하려고 빌려 줬어요.
> **태윤:** 규현. 금전적 도움을 줬어요. 뉴스 만들기 할 때 이디야 음료 한 잔. 딸기 주스요.
> **규현:** 백하. 새콤달콤을 준 게 있어요. 도움을 주긴 한 것 같아요.
> **백하:** 승은. 몰래 과자를 줬어요.
> **승은:** 백하. 짝이 되었는데. 음. 그냥 가만히 있었어요.

4교시에 교실체육을 한다. 어딘가에서 봤던 게임인데 탁구공 골인. 때마침 계란판까지 있어 스릴 만점이다. 처음에는 바운스를 못 맞춰 바닥에 강하게 탁구공을 내리찍는 아이들. 그렇게 던지면 계란판에 넣기가 쉽지만은 않다. 될 대로 되라며 한 번에 탁구공 5개씩 던지다 혼나는 녀석도 있다. 그 와중에 3개나 들어가는 신공!

"이거 귤같이 생겼어요. 맛있을 것 같아요."

10여 분 연습 후 첫 경기는 개인당 4알씩 들고 많이 넣는 팀이 이기는 경기다.

1차전은 포장마차 10점. 황금마차 9점. 황금마차팀 상진이가 마지막 1발을 들고 신중하다. 역시 스포츠맨답게 승부호흡을 아는 녀석이다. 성공하지는 못했지만 너무너무 쫄깃한 순간이었다. 굳은 표정으로 탁구공을 노려보던 그 눈빛이 남는다.

2차전은 황금마차 8점, 포장마차 6점.
아직 포장마차팀 규현이가 4알이 남았다. 영민이가 긴급 생중계 해설을 한다.
"배규현! 4개 다 넣으면 우리가 이겨요!"
실패다.
"배규현! 3개 다 넣으면 우리가 이겨요!"
실패다.
"배규현! 2개 다 넣으면 비겨요!"
"졌다."

40초 스피드 팀전도 했다. 40초 안에 많이 넣는 팀이 이기는 경기. 몸이 풀렸는지 잘 넣는다. 해설을 하는 아이들은 잔뜩 폼을 잡고 있지만, 너무나 당연한 설명을 당연하게 하고 있다.
"긴장하면 안 되죠!"
"공을 끝까지 봐야 해요."
"클린 샷을 보여 줘야지요."
"한복판을 노려야 해요."

남녀 팀대항전도 했다. 여자아이들은 안정감 있게 13개 성공. 하지만 남자아이들은 승부에 관심이 없다. 삐이익~ 괴성을 지른다. 브롤 모드라며 이야악~ 비명과 함께 던진다. 그냥 웃기기로 작정했다. 달랑 하나 넣었다.

　마지막에는 공 릴레이 경기도 연습을 했다. 5분여 짧은 시간이었지만 나름 명장면을 연출한다. 이건 다음 실내체육시간에 이어서 하기로 한다.

"여기 삐뚤하잖아."

"일자로 잘 맞춰!"

"가다가 필요하면 내려야 해."

원래 오늘 체육시간에 이어달리기 기록 측정을 하려고 했으나 비가 내려 이번 주도 못하나 보다. 6학년 반별 최고 기록을 뽑는 대회 아닌 대회가 있는지라 일단 한 팀을 선정해 목요일 점심 먹고 기록 측정을 하기로 했다. PAPS 측정 때 기록을 찾아 대표 선수를 선정한다. 따로 연습할 시간이 없기에 당일 컨디션 조절 잘 하라고만 했다.

여자 대표: 전륜경, 황태윤, 박경란, 배규현
남자 대표: 양연수, 이서준, 김상진, 방준혁

"응원 점수는 없어요?"
"응원 점수 있으면 우리 반이 최고인데."
"응원곡은 신세계 교향곡 4악장 해요. 박경란~ 박경란~ 달리기 박경란~"

점심시간에 5학년 아이들이 뭔가를 촬영을 하러 왔다. 6학년 아이들 인터뷰를 하겠다며 아는 언니들을 찾는다. 두 녀석이 순순히 인터뷰에 응한다. 복도에 무릎 꿇고 10여 분 이야기하는데. 웃음소리를 보니 NG 장면이 많은 것 같다. 남자아이들은 교실 뒤편에서 놀고 여자아이들은 앞쪽에 자리 잡았다.

6교시에 방학안전생활 교육을 했다. 형제간에 사이좋게 지내야 한다. 이웃 간에 예절을 지켜야 한다는 선언적 명제에 아이들이 반격한다.

"근데 우리 누나는 정말 나빠요."
"맞아. 우리 누나도 세상에 도움이 안 돼요."
"난 우리 형이 좋은데. 근데 한 번씩 빡치게 하지만."
"근데 형제간에 사이좋게 지내든 말든 무슨 상관이에요. 이게 안전이랑 관련이 있어요?"
"우리는 엄마 없을 때만 싸워요. 있을 때는 화목하게~"
"오빠놈이 아이스크림 째벼 먹는데. 오빠가 4가지가 없어요."
"이웃 간 예절 지키기라고 했는데 이웃이랑 우리 집은 안 친한데요?"
"이웃이랑 잘 지내려고 하는데. 7살쯤 되어 보이는 아이를 엘리베이터에 만났는데. 타고 층을 눌렀는데. 왜 눌러? 그래서 무시하고 탔는데 나가! 나가라고! 했어요."
"근데 이웃 간에 아닌 게. 우리 동생이 로션 바르고 나갔는데 볼을 잡으면서 얼굴에 기름기가 꼈네라고 말하고. 제 새 신발에 음식물 쓰레기 떨어뜨리고. 그리고 저한테 차라도 한잔하자고 말했어요."
"우리 아파트에 사는 백수 고등학생 형이 사는데. 학원 끝나고 매일 소리 지르며 노래 불러요."

장난 전화 금지에도 뜨거운 반응이다.
"우리 반에 어떤 사람이 다른 사람인 척하는 것도 장난 전화예요?"
"ㅇㅇ이가 전화 와서 성동구청인데. 제 티머니 해킹당했다고 했어요."
"선생님한테 전화하려고 전번 알려 달라고 했는데. 준우 전번 가르쳐 줬어요. 준우가 선생님 목소리 흉내 내서 속았는데. 아아…"
"발신자 번호 제한하는 애들 어떻게 해요? 그냥 신고해요?"
1시간 안에 끝내려고 했는데 시간이 부족하다. 절반 정도밖에 오지 못했다. 목요일에 이어서 하기로.

주희를 찾는 내선전화가 교무실에서 왔다. 전교 부회장인 주희와 잠시 통화를 하고 싶다길래 바꿔 주었다. 짧지 않은 통화였고 주희의 짧은 대답이 이어진다. 네! 네? 네!
이를 들은 경란이가 말한다.
"주희는 목소리가 두 개예요."

은비가 집에 가다 돌아와 말한다.
"힘드시면 제 얼굴 기억하세요."
"어… 그래. 잘 가!"

아이들 일기

오늘은 LOTTE(이사국) FITIN에 갔다. 일단 그 근처 마라탕 집에서 마라탕을 먹었다. 나는 마라탕을 처음 먹어 보았다. 짬뽕 맛이랑 비슷하다고만 들었다. 실제로 먹으니 상당히 알싸하면서 맛있었다. 맵긴 했지만 얼큰했다. 그리고 FITIN 5층 오락실에 갔다. 스크린 축구도 하고 저격게임도 했다. 밥 먹은 것을 어느 정도 소화하고 나서 스크린 야구도 했다. 3이닝으로 했는데 나는 감이 잡혔는지 계속된 홈런으로 16점을 따냈다. 타율도 0.666이였다. 그리고 집에 가는 길에 노래방도 다녀왔다. 내가 차 타고 어디 놀러 가는 것을 싫어하는데 부모님이 재밌게 놀다 오자고 하셔서 간 것이었는데 너무 재미있었다. 앞으로 이런 데 많이 가봐야겠다. 그리고 부모님한테 감사해야겠다.

곧 있으면 겨울방학이 찾아오고 겨울방학이 지나면 순식간에 졸업가운을 입고 있을 것 같다. 또 중학교 발령 때 친한 애들이랑 떨어지면… 그건 상상하기도 싫다. 음. 중학교 예비소집 때도 실감이 날까. 아직 초등학생 때가 좋다. 친한 아이들과 함께 어울려 노는 이때가 난 너무나도 좋다. 중학교는 잘 어울릴지도 친한 친구들과 같이 갈수 있을지도 모르겠다. 그리고 이렇게 멋지…시고 후하신 선생님과 같은 반인 지금이 100배 1000배는 더 좋다. 분명 졸업할 때 우리 반은 눈물바다가 될 것 같다. 선생님도 울 수도… 아직 멀었지만 벌써 걱정되는 건 나뿐일까? 그래도 중학교 가면 장점과 단점이 나타나 있겠지? 중학교 가서도 금북초는 자주 올 것 같다. 나는 꼭 선생님 제자모임에 가고 싶다. 다 큰 우리 반 애들을 만나면 좋겠다. 그 모습이 너무 궁금하다. 이도건 선생님은 딱 선생님으로 딱이다. 반 아이들 머릿속에 쌤이라는 단어를 듣고 생각나는 건 이도건 선생님이기 때문이다. 걱정은 나중에! 지금은 놀자!

이 일기는 내가 참깨라면이 너무 먹고 싶어 쓰는 일기다. 라면파티(?) 체육이 끝나고 나는 남은 참깨라면을 갖게 되었다. 원래 친구의 추천으로 저세상 맛을 알게 된 후부터 참깨라면을 넘나 좋아했는데 컵라면만을 먹었던지라 봉지라면도 맛이 궁금했다. 그런데 나에게 참깨라면이 생기다니! 이건 대박이다. 지금도 누가 먹을까 봐 내 방에 고이고이 모셔 두고 있다. 내 방에 모셔 두는 게 좋긴 좋지만 이게 그림의 떡이 된다. 꼭 배고플 때 내 오른쪽을 보면 비주얼 죽여주는 참깨라면 조리예가 있다. 지금도 배고파다. 하… 참깨라면 조리과정을 소개하겠다. 츄릅… 아아아아. 너무 배고프다! 곧 있으면 저녁을 먹겠지만 그래도 맛있어 보이는 참깨라면 요기까지. Too Much Information. 봉지라면 feat 참깨라면 said ① 물 500ml(2컵과 1/2컵)를 끓인 후 ② 분말스프와 계란블럭을 넣고 그리고 면을 넣은 후 4분간 더 끓입니다. ③ 조리 후 유성스프를 넣고 잘 저어서 맛있게 드시면 됩니다. 분말스프와 유성스프는 식성에 따라 적당량 넣어 주십시오. 캬~~ 참 맛있어 보이는 오리지날 레시피이다. 역시 레시피는 오리지날이다. 오뚜기 said, 얼큰하고 더 고소해진 참깨라면. 계란이 들어갔어요. 맛있겠다.

오늘 우리 반은 태도가 안 좋아서 크게 혼났다. 솔직히 내가 태도가 좋았는지 안 좋았는지 좀 애매했다. 그래서 일어날까 말까 한참을 망설이다가 혼나기가 무서워서 못 일어났다. 내가 생각해도 정말 비겁했던 것 같다. 지금은 많이 반성하고 후회하고 있다. 다음에는 혼나더라도 꼭 비겁하지 않아야겠다고 다짐했다. 잘못했으면 혼나는 게 당연한 건데 비겁하지 말자. 거짓말해서 죄송합니다. 용서해 주세요. (양심의 가책)

 **12월 18일 수요일**

아침 출근길에 작년 5학년 아이들을 만났다. 작고 동그란 빵을 먹으며 등교한다. 걸어가면서 먹다 몇 개를 바닥에 흘린다.

"버릴 거면 나 줘."

"아! 아니에요. 떨어진 거예요. 여기 있어요."

3개를 나눠 준다.

"근데 아침부터 과자야? 밥 먹고 다녀."
"이게 밥인데. 정~~~말 맛있어요."

"선생님. 우리 아빠가 서리했을 수도 있대요."
"그때는 그게 뭐. 허용되던 분위기였으니."
"저도 서리할까요?"
"아서라!!!"

"선생님. 교실 풍선들이 실종되고 있어요."
"터진 거겠지. 풍선 여기 있다. 초록색, 검은색."
현민이가 풍선을 새로 불더니 감도 테스트를 하고 있다.
"근데 저 지난번에 축구할 때. 평생 감아차기 안 되다가 한 번 감기더라고."
요즘 남자아이들 사이에서 감아차기가 유행이다. 풍선도 감아치기.

현민이가 오랜만에 피아노 연주한다. 준혁이 지휘에 맞추어. 1학기에 참 많이 들었던 고정 레퍼토리들. 아침에 듣는 '성자의 행진곡'은 언제 들어도 기분이 좋다. 서준이는 머리가 지저분하다며 머리카락을 약간 자른단다. 미용실에 가는 줄 알았더니 거울 앞에 가더니 정말 잘랐다.

내가 공부하고 있던 북한 관련 책을 보더니 아이들이 말한다.
"선생님 북한에 올라가세요?"
"그런 날이 오겠지?"
"선생님 올라가면 최고위층이 되는 거예요?"
최고위층이라는 말에 빵 터지고 말았다.
"최고위층이 누군데?"
"교장선생님? 장관요?"
"근데 쌤 북한 가면 우리 어떻게 다시 만나요?"
"내가 서울 놀러 올게."
"아니에요. 우리가 올라갈게요. 차 끌고 우리 데리러 나오셔야 해요. 평양역?"

"한 녀석이 발가락이 아프다며 왔다."
"엄마한테 말씀드렸니?"
"네. 근데 오늘 저 체육을 못 할 것 같아요."
"그래. 옆에서 응원하며 구경해라."
"여기 보세요."
양말까지 벗고 새끼발가락을 보여 준다. 가까이 다가가 안 봐줄 수도 없는 상황이다. 살짝 부은 것 같기도 하고 아닌 것 같기도 하고.

"수시 내요?"
"수시가 뭐냐?"
"수학 시험지요."
"어. 오답노트해서 내셔."

"선생님 은비 머리 묶으니 예쁘죠?"
또 미모 논쟁이 펼쳐진다.
"근데 한 3센티로 짧게 자르는 게 어때? 더 예쁠 것 같은데."
"그럼 선생님처럼 되는 거예요?"
"밤송이처럼요?"

1교시는 국어시간이다. 문장의 호응에 대해 배운다. 결코 ~ 않다. 만약 ~ 라면. 현재·과거·미래 시제 맞추기. 이건 아이들이 쉽게 고친다. 다음 학습 내용이 재미있다.

〈주장하는 글을 쓸 때에는 지나치게 단정적이거나 불확실한 표현을 사용하지 않는 것이 좋아요.〉

"근데 프러포즈할 때는 단정적으로 해야 하잖아요."

"저랑 결혼하면 행복할 수도 있어요? 이러면 이상하잖아요."

"조선시대 사람들은 순대국밥을 먹을 것이다. 이러면 이상해요."

"선생님. 무조건 체육을 하는 것만이 우리가 행복해지는 법입니다. 이건 맞는 문장인데요?"

"근데 만약 소금이 김치에 들어가 있다. 이건 맞는 문장이에요. 소금 브랜드가 만약이라면요."

"빙고!"

우리도 몇 문장씩 만들어 보기로 했다. 오늘은 틀린 문장을 만들고 다음 국어시간에 바르게 고쳐 보기로 한다. 물론 바르게 쓴 문장도 있다.

- 결코 김주희는 고인돌이다.
- 만약 효삐는 개껌을 먹는다.
- 무조건 돈이 행복일 것이다.
- 결코 물고기를 먹을 때 가시가 없으면 좋다.
- 무조건 네온칼라 형광펜을 사는 것만이 형광펜을 사는 올바른 길이다.
- 만약 내가 있어서 이 세상이 돌아갈 수 있는 것이다.
- 무조건 준호는 못생기지 않았다.
- 만약 서준이가 못생기지 않다
- 나는 결코 양연수가 아니다.
- 게임하는 것이 재미있을 수도 있다.
- 요즘에 양연수가 축구를 잘할 것이다.
- 조선시대 사람이 무조건 빨리 죽었다.
- 만약에 소금이 안 짜면 어떨까?
- 만약에 불닭볶음면이 안 매우면 어떨까?
- 지금 영민이는 살아 있었다.
- 만약 서준이는 잘생기지 않다.
- 마치 약이 초콜릿이라면 엄청나게 달지도 모른다.
- 이 길을 지나가면 무조건 납치당했다.
- 게임을 하면 기분이 무조건 좋을 수도 있다.
- 과자를 먹으면 엄청 맛있을 수도 있다.
- 오늘은 절대 체육을 할 것이다.
- 학교에서는 공부를 절대 할 거다.
- 요즘 강아지가 살쪘다.
- 학교나 학원에 가면 무조건 똑똑해졌다.
- 무조건 12월에는 눈이 많이 올 수도 있다.
- 조선시대에는 많은 사람이 한복을 입고 있는 중이다.
- 마치 젤리가 사탕처럼 딱딱해야 한다.

- 결코 우유는 치약이다.
- 만약 약이 과일처럼 달아야 한다.
- 요즘 은비와 주희는 잘 놀았을 것이다.
- 만약 호빵이 열 개 있기 때문에 적어도 여덟 개를 먹었을 것이다.
- 오늘 무조건 지윤이는 승은이를 때릴 것이다.
- 어제 준우가 변비에 걸릴 것이다.
- 치킨 쿠폰 25장을 모으면 치킨 1마리를 공짜로 줄 수도 있다
- 무조건 국밥은 건강하다.
- 만약 공부가 체육처럼 항상 재밌다면 얼마나 좋을까?
- 결코 공부는 체육보다 재밌지 않다.
- 마치 공부가 체육처럼 재밌다.
- 결코 돌을 먹을 수 있다면 얼마나 좋을까?
- 내 심부름 좀 해요. 하면 돈을 줄 수도 있어요. 근데 하는 행동을 보니 100원을 받을 수도 있겠네요.
- 마치 돌이 돌 같지 않다.
- 규현이를 보면 무조건 뒤에 꽃이 웹툰처럼 샤랄랄라 한다.
- 결코 지윤이는 상큼귀염뽀짝이다.
- 심판: 너는 무조건 레드카드일 수도 있고 아닐 수도 있다.
- 너는 확실히 바보일 수도 있다.
- 마치 나는 똥을 싸는 것이 좋다.
- 나는 절대 쓰레기를 먹었다.
- 결코 양연수는 진지할 거다.
- 마치 초콜릿이 김치처럼 달까?
- 결코 밥은 맛있다.
- 똑똑해지기 위해서는 매일 영어를 8시간 이상 공부해야만 한다.
- 튼튼한 사람은 꼭 채소만 많이 먹는다.
- 한지윤은 무조건적으로 귀엽다.
- 전륜경은 가끔 목이 길다.
- 만약 돼지고기는 소고기보다 맛있지 않다.
- 플라스틱 쓰레기를 바다에 버리지 않으면 환경이 나아질 수도 있다.
- 선사시대일 때 사슴고기가 무조건 제일 맛있었다.
- 만약 JJB가 먹고 싶다.
- 결코 갈배사이다가 탱크보이처럼 배 맛이 났다.
- 마치 우리 아빠는 돼지 발톱을 할 때만은 날 놓지 않는다.
- 무조건 전륜경과 짝이 되면 귀가 따갑다.
- 만약 선생님 콧구멍이 커지지 않는다.

1교시 쉬는 시간이다. 아이들에게 지난번에 만든 카드를 나눠 주었다. 체력, 지력, 마법력, 가위바위보, 별 개수로 카드게임을 한다. 한두 명씩 하다가 아이들이 둥글게 모인다. 본인들이 만든 카드 게임인지라 더 관심이 가나 보다.

"이번엔 체력 대결이다. 하나 둘 셋!"

"1등이 2명이니 이건 N분의 1이야."

"아싸! 내가 이겼다. 다 줘. (8장을 한꺼번에 가져가는 민준이.)"

"얘는 체력만 높게 했네. 다 80이야."

"체력이 맨 왼쪽에 있는 거야?"

"야! 이번엔 별 개수로 하자."

남자아이들은 이긴 사람이 진 사람의 카드를 뺏기로 하지만 여자아이들은 카드 뺏기가 아니라 인디언밥을 벌칙으로 한다.

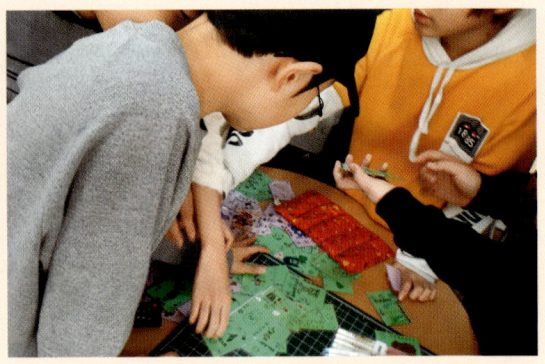

"2교시 시작하자. 자리에 앉으시오."
"예설!"
"마데카솔!"

한 시간 힘겹게 수업을 하고 또 쉬는 시간이다. 여자아이들은 둥글게 모여 무슨 게임을 한다. 시간은 생명! 생명! 레몬~ 줄 서고! 줄 서고! 역시 규칙을 모르니 빤히 쳐다볼 수밖에.
"우리 텐션 있는 게임하자."
앉았던 아이들이 모두 일어난다.

뭐라고 하는지 물어봐도 아무 대답이 없다. 뒤쪽 남자아이들은 산타 모자를 쓰고 다닌다. 벌써 크리스마스인지. 누군가가 가져왔나 보다.

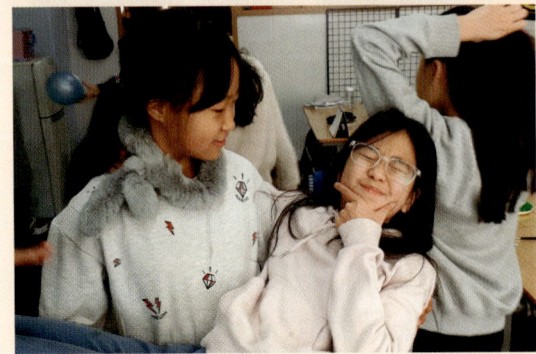

오늘 3교시에 6반이 피구 대전을 제안해 온다. 5월에 있었던 어린이날 기념 체육대회에서 대장공놀이, 긴줄넘기, 피구 세 종목 모두 꼴찌 했던 우리 반. 이제는 다 자신 있어 모드다. 타이틀명은 미남미녀 대전. 인해가 코트 정하기 가위바위보에서 기선을 제압한다. 우리 반 아이들이 모여 파이팅도 한다. 6반은 안 하니 왠지 기분이 좋다. 사기도 정말 높다. 1경기 중에 6반 아이가 던진 공에 인해가 얼굴을 맞았다. 옆에 있던 남자아이들의 분노 게이지가 올라간다.

"감히 우리 소중한 인해를… 인해를 건들다니."

1경기에서 우리 반은 달랑 4명만 아웃이다. 상대팀 20명 아웃될 때까지. 사실 수비라인 텐션을 높이기 위해 일부러 아웃된 아이 2명을 빼면 실제로는 2명 아웃. 너무 압도적이다. 오늘 도저히 질 것 같지 않다.

영민이는 발목 재활 중임에도 노룩샷으로 5명을 아웃시킨다. 6반 아이들은 노룩에 당황을 한다.

"저거 뭐야?"

"영민이만 가능해."

"선생님. 영민이 다 나은 거 같은데요. 이제 핸디캡 줘야겠어요."

우리 반은 전술이 좋다. 남자아이들이 앞선에 서서 1차 저지하고 여자아이들은 흐르는 공을 잡는 작전이다. 이 전술은 남녀 호흡이 중요한데 오늘따라 더 잘 맞는다. 2경기는 더 압도적이다. 3경기는 8명 정도 아웃되었지만 거기서 끝이다. 도저히 피구는 안 될 것 같아 가위바위보 릴레이를 한다. 이것마저 이긴다. 아! 한 판 져 주기도 어려울 정도. 6반 아이들이 끝나고 말한다.

"5반 아이들 눈빛이 굶주린 야생너구리 같아요."

정말 웃기다. 야생너구리라니….

"다음에는 축구로 한번 해요. 피구는 우리가 졌네요. 인정합니다."

5학년 교실 앞 복도에 중앙 분리선이 예쁘게 그어져 있다. 지나가는 아이들이 우리도 하자는데. 이 테이프를 어디에서 구했지. 한번 물어봐야겠다.

나의 다이어트 음식 맥반석 달걀이 택배로 왔다. 2판 60알. 혼자 다 먹기에는 많다며 한 알씩만 달라고 한다.
"소금 필요하신 분?"
"맥반석 달걀은 머리로 깨 먹어야 하는데."
"난 왜 안 깨지지. 계란 머리에 어떻게 박아야 해?"
"이렇게 팍팍!"

4교시는 교장선생님과 함께 하는 시간이다. 하지만 아이들에게 긴장감은 찾아볼 수 없다. 수업 종 치기 1분 전임에도 공 던지고 놀고 있다. 오 마이 갓.
은비랑 태윤이가 많이 아픈가 보다. 4교시에 좀 쉬면 안 되냐고 물어본다. 4교시 끝날 무렵 보건실에

내려가 보니 은비는 자고 있고 태윤이는 이불을 꼭 덮고 있다. 열은 없어 다행이지만.

　5교시 과학시간이다. 생태계 단원을 정리학습 하기로 한다. 지난주에 생산자 5개, 소비자 5개, 분해자 3개 정도 찾아오라고 과제로 내 주었다. 조별로 모여 먹이그물 형태로 나타내 본다.
　"보리하고 밀은 비슷한 거지?"
　"보리맥주랑 밀맥주는 다른 거잖아."
　"너가 사과, 오렌지, 바나나, 잎갈나무, 메타세콰이어, 라임, 강아지풀 먼저 적어."
　"강아지풀 먹을 수 있어요?"
　"산물통이는 뭐냐?"
　"그냥 풀때기. 잘 모르겠어."
　"원숭이 얼굴 꽃 아세요? 여기 봐요. 신기해요. 편집한 거 같아요."
　"파래, 김, 매생이, 미역 넣어. 우리 모둠은 바다가 테마. 잡아먹는 소비자는 멍게, 해삼, 굴 넣을 거예요."
　"왕담배풀은 인간이 먹는 거예요?"
　"이건 생산자지. 너구리에 들어가는 다시마예요."
　"바바리 사자랑 티라노사우루스도 넣어도 돼요? 멸종한 거요?"
　"동물성 플랑크톤은 소비자죠?"
　"이 달팽이 먹는 사람 누구야?"
　"집게 사자? 그게 뭐야?"
　"이건 스펀지밥에 나오는 꽃게요."
　하지만 베어그릴스가 최종 테크이다. 분해자마저 이겨 버리는 우리 형님.

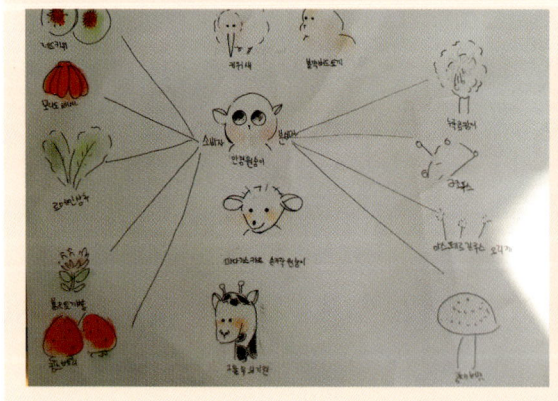

코로나시대에 다시 만나고 싶은 교실이야기

"주희야. 어제 회의실에서 뭐했냐? 교육과정 얘기했지?"

"회의했어요. 교장선생님. 교감선생님. 다른 선생님들이랑."

"어땠어?"

"어…"

"지겨웠지?"

"네. 회의는 지겨워요. 아니에요. 재미도 조금 있었어요. 9 대 1요? 선생님들도 회의 그렇게 해요?"

준우는 어제 수학 3단원 시험지를 집에 가져가고 두둑한 보너스를 받았다고 한다. 자신감 있어 보이는 당당한 녀석.

"선생님은 뭐 없냐? 열심히 가르쳤는데."

웃으며 지나간다.

아이들 일기

오랜만에 제일 친한 친구를 만나러 중계동에 갔다. 유치원 때부터 알고 지내서 엄청나게 친한데 시간이 안 맞아서 만난 지 오래되었다. 오늘 친구 누나가 오케스트라 연주를 한다고 해서 갔다. 누나는 첼로를 연주했다. 인상 깊었던 것은 'Type Writer'라는 곡이다. 선생님께서 타자기로 연주하는 동영상을 보여 준 거랑 똑같았다. 어떤 분이 실제 타자기로 연주했다. 선생님께서 보여 주신 영상만큼 타자기 소리가 경쾌하진 않았는데 그래도 신기했다. 중간에 친구가 똥 마렵다고 해서 화장실에 갔는데 청소부 아주머니께서 변기를 딱으시다가 "똥칠하고 XX이야."라고 하셔서 너무 웃겼다. 친구랑 둘이 웃음 참느라 난리도 아니었다. 솔직히 타자기 빼고 기억이 잘 안 난다. 친구랑 계속 몰래 게임해서 잘 기억이 안 난다. 그래도 누나가 첼로 하는 게 쫌 멋있었다. 드러머도 있었는데 짱 짱 멋있었다. 오랜만에 친구 보니까 정말 좋았다.

(11월 5일) 오늘은 정말 심각한 일이 있었다. 내일은 드디어 기다리던 크로아티아 가는 날이었는데 오늘 타악기 시간에 발목에 금이 간 것이다. 우리 반 애들과 나는 슬라이딩을 하며 놀고 있었다. 그러다 뒤로 넘어졌는데 실수로 다리를 잘못 짚은 채로 넘어져 '빠각!' 소리가 났다.

평소에 다리를 삔 경험이 많이 있었는데 그때와 느낌이 달랐다. 그리고 못 일어날 것 같은 기분이 들었다. 근데 그걸 몰랐던 우리 반 남자애들이 우르르 달려와서 몸끼리 부딪히며 놀았다. 그래서 나는 심각하다고 계속 이야기를 했지만 평소에 장난을 워낙 많이 쳤던지라… 양치기 소년의 기분이 이해되었다. 그때 이제 다시 시작하자는 소리와 함께 애들이 돌아갔다. 나는 너무 아팠던지 계속 웃음이 나왔다. 그리고 보건실에 갔다 와도 심각해서 병원에 갔다. 근데 결과는 절망적이었다. 발목에 금이 갔다는 것이다. 이게 무슨 일인가 하고 생각해 보니까 헛웃음이 나왔다. 계속 생각하다 보니 살짝 울컥했는데 울지는 않았다. 그리고 긍정적으로 생각을 해 봤다.

뭐 오른발을 다쳐 왼발로만 다녀서 왼발 힘이 강해져서 양발잡이가 된다던가… 그래도 기분은 계속 안 좋았다. 그리고 그날 친구들에게 문자를 엄청 받았다. 근데 게임하느라 귀찮아서 거의 무시했다. 그리고 짐을 싸는데 양말도 10켤레가 아니라 5켤레만 챙기고 신발도 1개만 챙겼다. 그리고 다음날 ○○이와 함께 공항으로 향했다. 만나는 사람마다 걱정했지만 막상 나는 괜찮았다. 왜냐하면 나는 한 발로 걸어 다니는 거에 나름 자신이 있었다. 그리고 우리는 비행기를 타러 갔다. 비행기를 무려 13시간이나 타야 했다. 그래도 친구랑 이야기하면서 가니까 무슨… 진짜 오래 걸렸다. 크로아티아는 우리나라보다 8시간 느리니까 낮에서 낮으로 날아갔다. 근데 난 비행기에서 잘 자지 않기 때문에 엄청 졸렸다. 드디어 크로아티아에 도착하고 또 버스를 5시간 타고 숙소로 갔다. 가자마자 다 골아 떨어졌다. 내 다리는 퉁퉁 부어 있었다. 그래도 크로아티아에 왔다는 게 기뻤다.

12월 19일 목요일

"나는 머리 감고 귀찮아서 드라이 1분도 안 해!"
"너 머리 엉켰어."
등교하자마자 뒤편 거울로 빗질하는 지윤이와 승은이. 그들의 빗질 대화는 10여 분 이어진다. 두 녀석은 거울 앞에서 앞머리 자르는 시뮬레이션도 하고 있다.
"나 앞머리 자르면 별로인 것 같아."
"심지어 작년에 잘랐는데도 남자애들이 눈치 못 챘어."
"머리 자르는 시뮬레이션 사진 좀 찍어도 될까?"
"아… 이건 동의 못 하겠어요."

누군가가 말한다. 비슷한 색의 옷을 입고 온 녀석을 보고 말하나 보다.
"저기 세일러문이다!"
다른 녀석이 말한다.
"샐러리문이다!"
"샐러드문이다!"

1~2교시에 모둠별 먹이그물 만드는 활동을 했다. 어제 6교시와 그대로 이어진다.
"상어가 고래 잡아? 고래가 상어 잡아?"
"애기 펭귄 먹는 그 새 이름 아세요? 알바트로스인가?"
"메뚜기가 벼를 먹지?"
"그러니 사람들이 살충제 뿌리는 거잖아."
"미어캣이 메뚜기 먹어?"
"개구리 맛있어. 뱀이 잡아먹던데. 나도 먹었고."
"뱀은 토끼랑 쥐 잘 잡아먹는데."
"참새 잡아먹으면 법에 걸려~"
"베어그릴스가 코모도 도마뱀도 잡아먹어."
"우리 모둠은 민물이랑 바다가 생물이 섞여서 먹이그물이 잘 안 될 것 같아요. 처음부터 다시 하면 안 돼요?"

"토끼를 사자가 잡아먹어요? 난 한 번도 본 적이 없는데."

2교시 끝나고 잠시 호빵 타임! 호빵을 먹었다. 역시 간식이 최고다. 야채와 단팥 중 하나를 고른다. 두 명당 한 개씩 골라 반반 나눠 먹는다. 야채호빵의 선호도가 역시 높다. 단팥은 겨우 다섯 명이다.

"난 그래도 단팥이 더 좋은데."
"야채호빵은 중국 음식 맛나서 좋아."
"맛있었어요. 근데 양이 너무 적었어요."
"호빵이 먹은 지 1년째 되는 날이에요."
"집에서 먹은 호빵이랑 달라요."
"간에 기별이 안 갔어요."
"난 갔는데?"
"갔구나. 그랬구나. (대화가 1학년들 같다.)"

 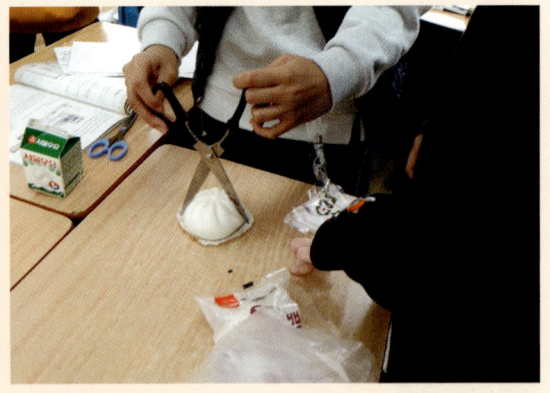

"풍선 터졌어요."
"검은 거 새로 불어요?"
"어."

풍선을 불더니 새 공이라며 감도 체크를 한다. 착착 감기는 게 좋단다. 새 것은 항상 사람에게 좋은 기분을 선물해 준다나 뭐라나. 여자아이들은 끊임없이 새로운 게임을 하고 있다. 앉았다 일어났다 도대체 무슨 게임인지. 여기저기 모였다 흩어지는 아이들!

드디어 포토북 만든 게 도착했다. 먹이그물 만드는 거 다 하고 나눠 줄 예정이었지만 아이들이 구름처럼 몰려온다.

"소프트보다 하드가 더 예쁘다."
"이거 제 거 아닌데요? 왜 이게 제 거예요? 맞구나."
"너 잘 나왔냐?"
"이건 살짝 멋지다."

"표지가 잘 나와서 기분이 좋았어요. 해상도가 낮았는데."
"만들 때는 브롤이 유행했는데. 포토북 받으니 다 지난 추억이네요."
"내가 이걸 했다고! 손흥민 사진이랑 검정 배경이 잘 어울려요."
"사진을 많이 담고 싶었는데. 좋긴 좋은데 사진이 좀 흐리게 나왔네요."
"첫 페이지에 프리미어리그라고 써 있어 좋았는데. 만지다가 표지가 뜯겼어요."
"주제가 너를 본 지 오랜 지였는데. 슬램덩크 포토북 보니 기억이 새록새록 나네요.
"역시 키드밀리 잘 생겼어요."

　4교시에는 먹이그물 만든 것 발표하고 질의응답의 시간도 가진다. 정말 아이들이 잘했다. 물론 어려워하는 부분도 있었지만 네이버, 구글의 도움을 받아 한 고비 두 고비 넘어간다. 그럼에도 수정해야 할 부분이 많다. 하지만 이런 시도를 해 본 것만으로 인식의 폭을 넓혀 볼 기회가 된 것 같다.

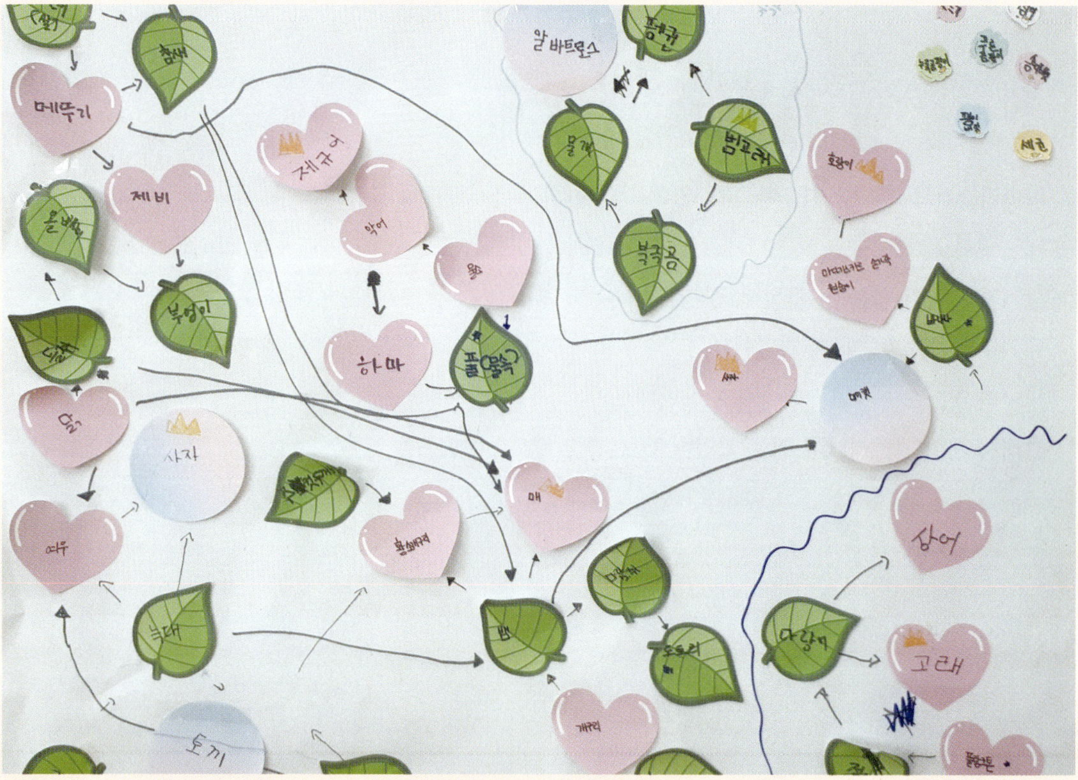

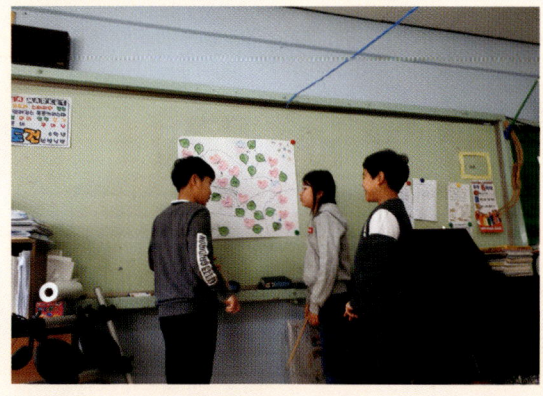

> 플랑크톤 → 정어리 → 고등어 → 다랑어 → 상어, 고래.
> 벼 → 메뚜기 → 참새, 제비 → 부엉이.
> 토끼풀 → 토끼 → 여우 → 사자.
> 분해자는 세균, 팽이버섯, 누룩곰팡이, 진드기, 지렁이.

"저희는 북극이랑 바다랑 육지 쪽을 했는데. 너가 설명해."
"정어리나 고등어를 다랑어가 먹고 고래도 먹어요."

"토끼풀 → 토끼 → 늑대, 여우 → 사자가 잡아먹는데. 사자가 그래서 왕이에요."

"저기 플랑크톤은 식물성이에요? 동물성이에요?"
"둘 다요."
"마다카스카르 손가락 원숭이 진짜 있어요?"
"네~ 믿어요. 제발."
"상어가 다랑어 잡는 거 확실해요."
"네. 네이버에 그렇게 써 있었어요."
"하마와 악어 관계는요? 하마가 초식인데요?"
"그래서 저희도 하려다가 점을 찍었어요. 요건 잘못되었어요."

생산자: 구아바, 멜론, 수박, 땅콩, 망고, 자두, 사탕수수, 진달래, 다시마, 소나무, 코코넛, 사과, 두리안, 브라질 너트나무, 바나나, 포도, 감자, 팜나무, 벼, 일본잎갈나무, 아몬드, 산딸기.
소비자: 긴꼬리원숭이, 장수풍뎅이, 말, 미어캣, 개코원숭이, 대머리원숭이, 오징어, 흑돼지, 꽃게, 캥거루, 버팔로, 재규어, 살쾡이, 부뇨르토끼, 주머니쥐, 마코앵무새.
식물성 플랑크톤 → 동물성 플랑크톤 → 크릴새우 → 가재 → 뱀상어 → 범고래 → 배규현(사람) → 노루궁뎅이버섯.
보리 → 참새 → 방울뱀 → 허니오소리 → 표범 → 하이에나 → 이효은 → 송이버섯.

"새우 → 가재 → 뱀상어 → 범고래 → 사람이 먹는 거예요. 노루궁뎅이버섯이 재밌죠? 서클 오브 라이프예요."

"보리를 참새가 먹고요. 허니 오소리는 다 먹어요."

"그리고 산딸기가 산에서 자라요. 맛있겠죠?"

"분해자는 딱 4개만 했어요?"

"근데 김상진이 어떻게 사자를 먹어요?"

"사람이 사자를 먹어요? 그때 하이에나가 들이닥치지 않을까요?"

"소비자 몇 개 한 거예요?"

"소비자가 너무 많아서 이 생태계가 망한 것 아니에요?"

"생산자는 포스트잇이 모자라서요. 님이 좀 더 사주시면 다음에 쓸게요."

"우리 4명은 사람이라는 개념이고. 핵폭탄 한 방에 다 먹으면 되잖아요."

"핵무기 반대예요. 방사능 노출되잖아요."

"이건 우리 개념이에요."

"그냥 폭탄 쏠게요. 핵폭탄은 취소."

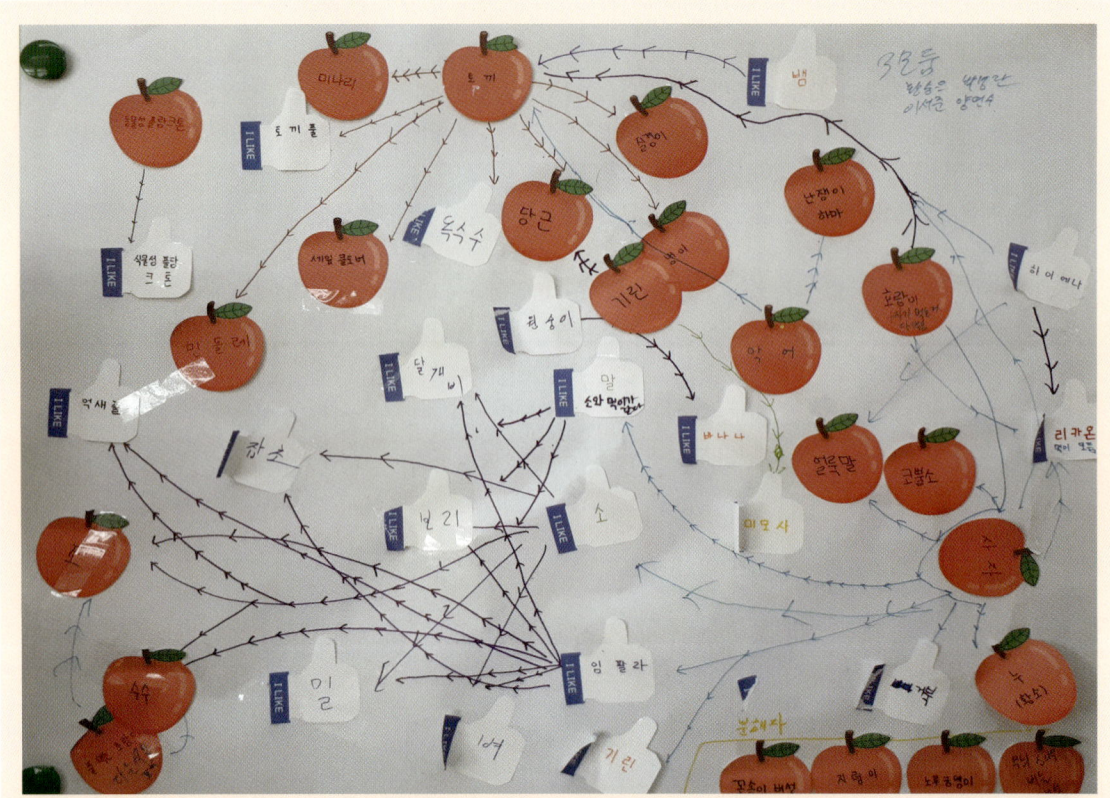

생산자: 조, 수수, 잡초, 밀, 벼, 보리, 달개비, 민들레, 세잎클로버, 미나리, 당근, 냉이, 질경이, 바나나, 미모사, 토끼풀.
소비자: 기린, 누, 토끼, 난쟁이하마, 얼룩말, 코뿔소, 사자, 호랑이, 리카온, 하이에나.
분해자: 꽃송이버섯, 지렁이, 노루궁뎅이버섯, 세균.

"식물성 플랑크톤을 저희는 많이 적었어요. 생산자로요."

"소와 말과 임팔라는 여기 호랑이에게 먹히지 않았답니다. 우리가 한 것은 풀 먹는 호랑이예요. 이 호랑이가 발견되었답니다. 인터넷 검색해서 알았어요."

"리카온은 신기한 동물인데 육식인데 호랑이나 사자한테 잡아먹힌대요. (당연한 거 아니야?)"

"기린이 미모사를 먹고. 아니다? 먹나?"
"사자는 코뿔소를 못 잡아먹는데요?"
"사자가 코뿔소 먹는다고 네이버에 나와 있어요."
"와이책에서 봤는데 코뿔소가 자신의 영역에 사자가 들어오면 뿔로 박아 죽인다고 했는데."
"기린을 왜 2개나 썼어요?"
"눈썰미가 대단하시네요!"

바다 생산자: 해초류, 매생이, 수초, 김, 말미잘, 미역, 다시마, 물미역, 물수세미.
1차 소비자: 해삼, 굴, 따개비, 전복, 개불, 불가사리.
2차 소비자: 농어, 고등어, 다랑어, 꽃게, 정어리, 망둥어, 장어, 개복치, 날치, 복어, 아귀, 바닷가재, 한치.
3차 소비자: 이빨고래. 레몬상어, 그루퍼, 귀상어, 바다코끼리, 악어, 향유고래, 황소상어, 참치, 돌고래, 청새치, 포테이토 그루퍼, 청새치.

> 민물 생산자: 자라풀, 수련, 개구리밥, 부레옥잠, 연근뿌리, 나사말, 검정말, 부들, 가래, 생이가래.
> 1차 소비자: 송어, 모래무지, 산천어, 열목어, 붕어, 빙어.
> 2차 소비자: 수달, 가물치, 메기.
> 인상 깊은 생물: 독사물고기, 덤보문어, 블롭피쉬, 볼록눈 물고기, 심해등각류.

"얘네. 정말 칼라풀하다."
"근데 하트 공포증이 생길 것 같아요."
"저희는 한 생물이 한 생물을 잡아먹는 게 아니라서요. 좀 복잡하게 그렸어요."
"여기 생산자를 보시면 해초류 등이 있고요."
"1차 소비자는…."
"2차 소비자는…."
"또 그것을 먹는데."
"또 그것들이 죽어서 물속에 들어가면 먹는 심해등가류 등이 있습니다."

"제일 밑에는 민물인 거예요?"
"분해자 몇 개 정도 한 거예요?"
"8개요."
"포토이토 구루퍼는 구루퍼랑 어떻게 달라요?"
"얘는 감자처럼 생긴 거에요. 돌이랑 화석암 차이예요."
"구루퍼가 누구예요?"
"바보같이 생긴 수족관에 많이 보던 애요."

> 생산자: 왕딤배풀, 민들레, 사탕수수, 식물성 플랑크톤, 낙지다리꽃, 너구리 라면에 늘어가는 다시마, 꿩바람꽃, 신물통이
> 분해자: 지렁이, 거친껄껄이 그물버섯, 갯어리알버섯, 송이버섯, 김치찌개에 사는 곰팡이, 노루궁뎅이 버섯, 목이버섯

"자리 잘 잡아요. 시청자들이 안 보일 수 있어요. 가리지 말고요."
"혹등고래를 티라노사우루스가 어떻게 잡아먹어요?"
"참새가 사탕수수를 먹어요?"

"분해자는 위쪽인데요."
"개코원숭이 정말 무서워요. 뭉쳐서 가면 무적이에요. 네이버에 나와 있었어요."
"피닉스가 존재하나요?"
"피닉스는 피구할 때 저격수에 죽잖아요. 존재해요. 우리 반에만 있는 카드잖아요."
"표범이 하이에나 먹는 거 맞아요?"
"네이버에서 그러던데요."

"티라노사우루스와 베어그릴스가 최종 테크예요?"

"안경카이만, 피닉스, 바바리사자, 파툴라 달팽이가 인상적이에요."

점심 먹고 이어달리기 기록을 측정한다. 우리 반 대표 8명의 전사들이 몸을 풀고 기다리고 있다. 49초대에 들어온다. 1학기에는 48초대에 들어왔는지라 아쉬움이 남나 보다. 운동장 가운데는 폼볼로 축구하는 남자아이들이 있다. 달리기가 끝나기를 기다렸다 프리킥 연습을 한다. 나에게도 찰 수 있는 기회가 온다. 2번 다 실패다. 한 번 더 차려고 했는데 내 뒤로 프리킥을 찰 아이들이 길게 줄지어 있다. 축구 에이스 준호에게 손흥민 70미터 골 재현해 보라고 했더니 너무 멀어서 힘들다며 사양한다.

새총에 낙하산 걸어 쏘는 장난감이 있다. 하늘을 보며 새총을 쏜다. 이렇게 5교시가 시작된다.
"선생님. 우리 둘이 누가 높이 쐈는지 기록 좀 재 주세요."
"아무래도 저랑 새총은 안 맞아요. 고무줄이 자꾸 손에 맞아요."
"저는 생각보다는 잘 올라가네요."
"바람을 계산해서 쏘고 있어요."
"저는 이거 예전에 했는데. 호수 있는 공원에서 하다가 빠뜨려서 아빠한테 혼났는데."
"저도 아빠랑 했는데. 아빠가 쏘고 맨날 저더러 주워 오라고 해요."
"이거 부러졌는데 글루건으로 안 돼요? (벌써 2개가 부러진다.)"

축구 경기가 이어진다. 악수도 하고. 악수할 때 대화가 너무 웃겼다.

"이 사장님! 반갑습니다."

"아이고. 김 사장님! 잘해 봅시다."

15분 경기가 시작된다. 여자아이들의 잡담도 시작된다.

"나 설렁탕 너무 먹고 싶다."

"나는 다리가 짧아서 축구가 안 돼."

그러다 주희가 멋지게 정말 멋지게 한 골 넣는다. 뒤에서 봤는데 발등에 제대로 얹혔다. 화강암 골이라는 별칭이 이 골에 붙는다.

"상진킴~" 골키퍼를 보는 상진이를 부르는 소리가 요란하다. "상진킴~" 중독성 있는 상진킴~

서준이가 추가 골을 넣는다. 포장마차팀이 2 대 0으로 앞선다. 황금마차팀 은바페 은비가 페널티킥 만회 골. 요것도 정말 잘 찼다!

경기는 막바지로 접어든다. 2 대 1로 앞서고 있던 포장마차팀의 슛이 골라인에 걸쳤다. 멀리서 봤을 때는 골이 들어간 것 같았지만 아슬아슬하다. VR 시스템이 없기에 세상에서 가장 공평한 가위바위보로 결정한다. 하지만 당사자인 골키퍼 영민이나 키커 태윤이가 아닌 서준이와 상진이가 대신 가위바위보를 한다. 서로 자신만만해 하며 오는데. 상진이의 승리로 NO GOAL!

마지막 로스타임. 황금마차팀의 프리킥. 내가 프리킥을 찬다. 잘 올린 듯하다. 상진이 헤더! 공이 머리카락에 스친다. 그대로 경기 끝!

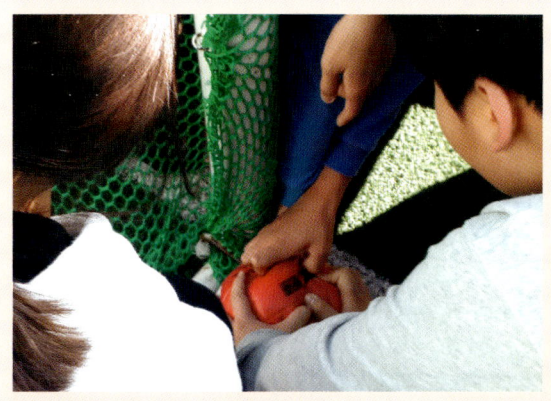 

졸업앨범 구매 가정통신문을 내보낸다.

"52,280원! 오 싸다."

"그게 싼 거냐? 돈 벌기가 얼마나 어려운데."

"이 정도면 요즘 물가에 비하면 싼 거지."

"뭐가 싼 거야. 5만 원이 쉬워 보여?"

"얘들아. 둘이 싸우지 말고 그냥 부모님한테 보여 드리렴."

12월 20일 금요일

아침부터 나무 가지치기하는 소리가 요란하다. 사전에 예고되지 않은 일인지라 이 소리가 학교 안에서 나는지 밖에서 나는지 구분도 잘 안 된다. 잠시 후 교내 방송이 나오고 행정실에서 보낸 메시지가 도착한다.

> 〈가지치기 협조 요청〉
> 금일 성동구청 공원녹지과에서 본교 운동장 주변 및 중앙 공원 수목 가지치기 지원을 나왔습니다. 일정에 차질이 있어 사전 공지가 미흡하여 죄송합니다. 학생 안전지도 등에 협조 부탁드립니다.

오늘은 운동장 근처에 나가지 말랬더니, 한 녀석이 뜬금없는 말을 한다.
"아! 우리 학교에 나무가 있었구나."
"근데 가지치기는 왜 해? 그게 도움 돼?"
"나무 더 잘 크라고 하는 거야. 선생님이 우리 혼내는 것처럼."
"아프지도 말라고 하는구나."
하여간 아침부터 전기톱 소리가 요란하다.

"선생님. 저희 집 이사했는데요."
"어디로?"
"풍림아파트 114동요. 바로 옆 동이에요."
"선생님 출근하는 모습 다 보여요. 오늘도 봤어요."

"근데 제 방이 핑크색이에요."
"전에 살던 애가 여자인가 보네."
"근데 핑크색인데 괜찮아?"
"괜찮아유~"

1교시는 마지막 국악수업이다. 남도 민요로 거문고 뱃노래를 먼저 배운다.
"근데 이상하게 국악선생님 들고 오는 장구는 고급져 보여요. (알고 봤더니 우리 학교 장구다.)"
"시김새 부분 보이죠? 지난번에 배웠던 것 기억나죠? 떠는 소리, 흘러내리는 소리 잘 살려서 불러 봐요."
어야디야~ 어야디야~
"이런 노래 부르는 소리에 배가 가겠냐?"
어기여차~ 어서 가세~
정말 영혼 없는 뱃노래다.
"종이 뱃노래예요!"
"고기 잡을 때 조용히 해야 하는데…."
하긴 뱃노래를 왜 불러야 하는지 아직 안 배웠으니 이해하기로 하자. 증강이든 가상이든 고기 잡는 것을 실연하며 노래를 불러야 제맛인데.
어야디야~ 어야디야~
마지막 '야'에 시김새를 넣는다. 떠는 소리! 아이들에게 알파벳 cm나 센티미터로 불리는 시김새 기호. 떠는 소리를 내랬더니 손으로 목을 흔들며 부르는 녀석도 있다. 이렇게라도 처절하게 불러 주니 고맙기만 하다. 남도 민요는 우리 반 주희가 잘 어울린다. 굵은 목소리로 부르는 '스피치리스'의 섬세함을 살린 거문도 뱃노래.
"일할 때 부르는 노래를 노동요라 하는데. 놀 때 부르는 노래 이름 뭔지 알아요?"
"놀자요."
"놀요."
"유희왕요!"
"비슷했는데 놀이요예요."

"민요 중에 제일 많은 것은 노동요고요. 70%쯤 돼요. 노동요는 왜 불렀을까요?"
"심심하니까요."
"물론 뱃일이 심심하지만 일을 더 힘차게 하기 위해서요. 즐겁게 하려고요. 지금은 고깃배 탈 때 모터로 편하게 부릉부릉 시동 걸고 하는데 옛날에는 모터가 없었죠? (오늘 마침 운동장에는 나무 가지치기하는데 전기톱 소리가 타이밍을 잘 맞춰 준다.) 그래서 노 젓는 게 힘들었어요. 노 저을 때 호흡을 맞추려고 노래 불렀고요. 서로 호흡이 안 맞으면 배가 빙빙 돌겠죠?"

"맞아요. 돌아요. 빙빙. 지금 어지러워요."

노는 없지만 노 젓는 자세를 취하며 노래를 부른다. 장단의 한배에 앞으로 한배에 뒤로 젓는다. 노 젓는다고 하니 모터 당기고 핸들 잡는 아이. 오리배 타는 녀석도 있다. 노 젓는 배는 한 번도 안 타 봤다며 노 젓는 자세를 어떻게 해야 하는지 지레 걱정하는 아이도 보인다.

"남도 민요는 육자배기토리라고 해요. 들어봤어요?"

"육배기라고요?"

어감 때문에 다들 웃는다. 남도 민요 몇 곡을 더 듣는다.

진도아리랑! 역시 신난다. 어깨춤을 추는 한 녀석이 보인다. 요즘 아이들은 (나도 그렇지만) 참 어깨춤이 안 되는데 이 녀석은 덩실덩실 리듬감이 좋다. 그리고 진도아리랑은 가락이 익숙한 노래인지라 다른 아이들도 반응이 좋다.

다음은 강강술래다. 역시 익숙한 멜로디.

"근데 강강술래는 고깃집 이름이야. 가 봤는데 맛있어."

맥락 없이 들어오는 녀석. 눈빛으로 신호를 주니 손으로 입을 막는다.

"진짜 육자배기 한번 들어보며 박자 세어 볼게요. 몇 박일까요? 힌트는 이름이에요."

"설마 육요?"

"네. 들어봐요. 여섯 박 맞죠?"

여섯 박인지 잘 들리지는 않는다. 박을 정확히 세기에 곡이 좀 느리긴 하다. 박자는 내버려 두고 영상을 보기로 한다. 육자배기를 들으며 웃고 있다. 가사가 얼마나 슬픈데 이렇게 깔깔거리는지.

"저 아줌마 이마가 너무 빨개."

마지막 5분을 남기고 김홍도 무동도 동영상을 보여 주신다.

"김홍도 알죠? 무동도 봤죠?"

"김흥국요? 호랑나비요?"

이 녀석에게도 레이저 발사!

여기에 삼현육각이 나온다. 동영상을 재생하자 무동도에 나오는 사람들이 움직인다. 이 동영상 만든 사람 정말 창의적이다. 아이들의 반응이 세 글자로 정리된다. 아! 오! 어!

"영어로 적혀 있어 다른 나라 작품인 줄 알겠어요. moo dong do."

대금 소리 듣고 플루트라는 아이도 있고 해금 소리에 신세계 교향곡 4악장이라는 아이도 있다.

"근데 저 춤추는 사람은 왜 혼자 안 움직여요?"

"춤추기 힘드니 쉬고 있겠지."

"선생님. 아침에 교무실 앞에 오는데 6-5표시된 택배 엄청 많던데요?"

"우리 유니폼 만든 거 왔어요?"

"아니. 공이 왔나 보다."

공을 가져 오겠다는 아이들. 택배 상자에는 3개의 폼볼이 들어 있다. 다행히 우리 반에 있는 빨간색 공은 없고 주황, 파랑, 보라 3개가 들어 있다. 남자아이들이 공에 이름을 붙인다. 빨간색은 우리 사인볼, 주황색은 제주감귤, 파란색은 아쿠아맨(나중에 죠스바로 변경), 보라색은 보라돌이다.

"우리 반에는 사인볼, 죠스바, 김귤, 보라돌이가 살고 있어요."

"선생님. 저희는 공 사 주는 게 제일 좋아요. 물론 먹는 게 더 좋지만요."

"마륀~ ○○"

마륀이라는 신조어 뒤에 친구 이름을 붙이며 남자아이들이 한바탕 공놀이다. 마륀이라 외치고 이름 불리는 아이에게 공을 던지는 놀이인데. 정말 단순하지만 땀이 제법 나는가 보다. 한꺼번에 아리수를 마시러 나가는 뒷모습. 등이 젖어 있다. 우리 반 남자아이들이 개발해 다른 반까지 보급했다는데. 마륀~ 옆 반 아이들에게 공을 보여 주며 자랑도 한다.

"우리 반에 새 공 3개 생겼지롱~"

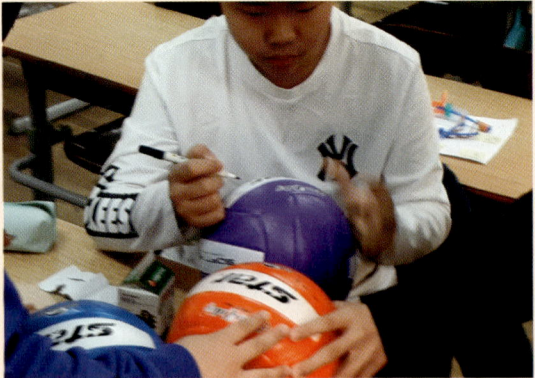
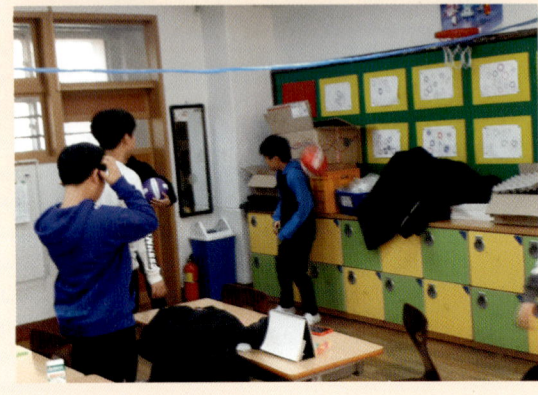

"나 새벽 한 시까지 사회, 과학 공부했는데."
"나도. 지금 엄청 졸려."
"나도."
"근데 체육 하면 안 졸릴 것 같지?"
나 들으라고 하는 말 같은데. 눈빛으로 그만하라고 신호를 줬더니 반짝반짝한 눈으로 날 보고 있다.

중간놀이시간이다. 여자아이들이 내 책상에 놓인 펭수책을 유심히 보고 있다. 나중에 선물로 줄까 했더니 꼭 약속 지켜야 한다며 도장까지 찍고 갔다. 앞뒤 공간에서 노는 아이들. 나에게 뭔가 설명은 하지만 맥락 속에 들어가지 못하니 그저 스칠 뿐이다.

　오늘은 우리 학교 학생 한 명이 노로바이러스에 감염되었단다. 독감 환자도 있고 이래저래 조심해야겠다. 노로바이러스는 구토가 특징적으로 나타난다고 했더니. 오늘 사회, 과학 단원평가 때문에 어제 밤늦게까지 공부해서 어지럽고 속이 안 좋다는 녀석이 있어 신경이 좀 쓰인다. 또 다른 녀석은 아침부터 몸을 비실비실거리고 표정이 좋지 않아 보인다. 보건실 가서 쉬다 오랬더니 일단은 참아 보겠단다. 하지만 2교시 끝나고 결국 보건실에 가서 한 시간 쉬다 오겠단다.

4교시는 운동장 가지치기 때문에 교실에서 풍선배구를 하기로 한다.

"애들아. 대형 잡아. 네트가 높아졌어. 텐션이 강해."

"토스가 너무 낮아!"

"자기장에 올라가지 마!"

"잔발을 많이 움직여!"

신경전도 대단하다.

"네트 터치는 반칙 아니에요? 쟤네 계속 건드려요."

습관적으로 네트를 건드는 아이들이 많아지자 네트터치는 의도성과 출렁임(3cm 정도)을 보고 판정하기로 한다.

"이거 5cm도 넘게 출렁이는데요."

오늘은 팀별 남녀 경기 점수를 따로 계산하지 않고 그대로 연계해 점수를 이어받기로 한다. 그리고 상품은 호빵 선택권을 주기로!

남자 포장마차팀이 7 대 5로 이기고 있는 상황에서 여자들에게 경기를 넘겨준다.

"애들아. 제발 서로 마이 해."

"은비가 올려! 아니다. 은바페가 때려."

"우리 야채 호빵 먹겠다. 이기자!"

원래 없던 작전 타임도 가진다.

"중앙선은 넘어가면 안 돼. 네트 살살 치고."

여자 경기는 황금마차팀의 대역전극이다. 황금마차팀이 10점 얻을 동안 포장마차팀은 겨우 2점. 경기가 기울고 있다. 15 대 9로 황금마차팀이 이기고 있는 상황에서 남자 선수들 입장!

포장마차팀 남자아이들이 들어오면서 이 경기는 의욕이 떨어진단다. 남자아이들은 실력이 엇비슷해 승부가 기울지 않는다. 22 대 15에 여자아이들 마지막 경기.

"우리 그냥 일자 대형으로 바꿔. 작전 변경!"

"우리 말하지 말고 그냥 하자. 얘기하지 마!"

"그냥 포기할까?"

31 대 19까지 벌어진다. 오늘은 황금마차팀의 완승이다. 경기를 계속하기에는 점수 차이가 너무 많이 난다. 그대로 황금마차팀 승리 선언!

남은 시간은 남녀 성별을 섞어 팀을 만들어 경기를 하기로 한다. 포장, 황금마차팀 각각 A, B팀으로 구성한다. A팀은 남자 3명·여자 2명, B팀은 여자 3명·남자 2명이다. 밸런스가 잘 맞길 기대하며.

"정신 어지럽다. 옆에서 말 좀 하지 마!"

준호의 멋진 커브 스파이크!

이번엔 밸런스가 어느 정도 맞다. A팀 경기가 7 대 6으로 포장마차팀이 이기는 중 B팀으로 넘어간다. 경기 중 규현이가 착지하는 서준이에게 밟혔나 보다. 정말 아팠지만 팀을 위해 희생한다며 규현이가 금방 일어난다. 이번 경기는 포장마차팀의 정신력이 대단하다.

"애들아. 넘긴다는 기분으로 쳐!"

"못 칠 거면 수비 열심히 해."

규현이는 풍선을 치다 실수로 옆 벽면에 있는 농구 골대에 넣고 좋아한다. 농구인지 배구인지. 일단 넣어서 기분이 좋단다.

때리는 타이밍을 놓친 연수는 결과적으로 멋진 개인 시간차를 보인다. 이번 경기는 16 대 12로 포장마차팀의 승리.

5분 정도 남았다. 에이스 일대일 대결. 에이스 결정전에 나서는 선수들은 떨려 보이지만 관전하는 우리는 좀 답답한 고구마 상황이다. 랠리가 길어지고 승부가 쉽게 나지 않는다. 에이스로 선정된 상진이와 서준이. 모두 상진이의 승리를 예상했지만. 아주 긴 랠리 끝에 서준이가 2 대 1로 승리한다. 여자 에이스 은비와 주희의 대결. 서로 친한 사이인지라 살살 할 줄 알았는데. 창문을 열어 놓지도 않았는데 찬바람이 쌩쌩 분다.

마지막 경기는 남자 전체 대 여자 진체. 이긴 너무 일방적이다. 5 대 0.

5교시 과학시험, 6교시 사회시험을 앞두고 있다. 오늘 점심시간은 여느 때와 많이 다르다. 교과서나 정리된 학습지를 펼쳐 놓고 외우고 있다.

"세상의 시험이 다 사라졌으면 좋겠어요."

"이제 오늘 2개 보고 나면 우리 단원평가는 다 끝났죠?"

"근데 수행평가는 남아 있는데."

"아~~~"

5교시 과학시험은 쉬웠나 보다. 10분에서 25분 사이에 모든 아이들이 풀었다.

중학교 들어가기 전에 6학년 때 찍은 사진으로 생활기록부 사진을 바꾸려는 찰나. 아이들 1학년 때 사진이 보인다. 본인의 과거 사진 보기를 거부한 아이들도 있지만, 많은 아이들이 보여 달라고 한다. 근데 사실 도서관에 있는 대출증에 붙어 있는 사진이라 많이 봤는데.

"6년의 시간이 이렇게 지났나 봐요."

"쟤는 저 아니에요."

"저는 1학년 때 선생님이 사진을 이상하게 찍었어요."

"이렇게 보니 왜 이리 웃기지."

"우리 4년 같은 반이었는데. 왜 너 얼굴이 기억이 안 나지?"

"규현이도 정말 귀여웠구나."

"내 별명이 왕눈이었어요."

"너 눈이 얼굴의 절반이었어. 기억나."

그 뽀송뽀송하던 녀석에게 시꺼먼 수염이 나기도 하고, 또 다른 6년이 지나고 나면 같은 어른이 될 테고.

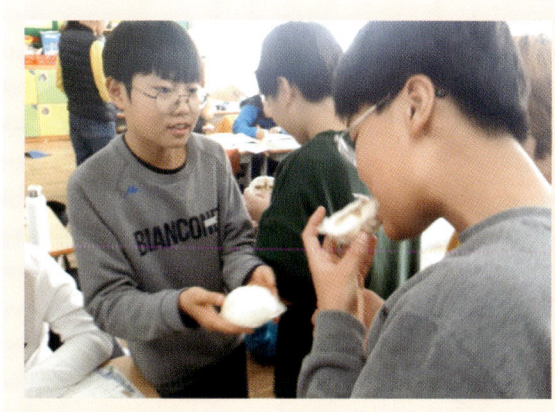 

5교시 쉬는 시간에 내가 비트 주스를 마시고 있으니 피 같다느니 딸기라느니 논란이 많다.
"엄청 맛있는 피 맛이 날 것 같아요."
"딸기보다는 맛없을 것 같은데."
"근데 저거 좀 맛은 없어."
"맞아. 나도 먹어 봤는데."

    6교시 사회시험도 쉬웠단다. 금방 내고 딱지 만들어도 되냐고 물어본다. 모든 아이들이 사회 시험지 내길래 미래 딱지 접기 종이를 접기로 한다. 몇 달 전에 사 놓은 것인데. 금빛 미래 딱지! 아이들은 이 게임을 잘 알고 있다. 다만 상표가 우리가 알던 런닝맨이 아니지만. 런닝맨~ 금세 접더니 한판 게임이 벌어진다. 금빛이라 아름다워 보이긴 하지만 종이가 생각보다 빳빳하지 않아 잘 넘어가지는 않는다.

 ## 12월 21일 토요일

　성적 처리하러 학교에 잠시 갔다. 아침 풋살부 아이들이 영하의 날씨임에도 뜨겁게 게임을 하고 있다. 정말 시원하게 뻥뻥 공을 찬다. 한참을 바라보니 우리 반 연수, 영민, 준혁, 준호가 나를 알아보고 손을 흔든다. 재미있게 하라고 하고는 교실로 올라왔다. 한참 있다 보니 공을 차던 아이들이 교실로 온다. 안 보이던 여자아이들까지 합류해서 올라왔다. 창을 열고 핫초코도 한 잔씩 마신다.

　오늘 영화 촬영 과제 다 못 한 부분을 촬영한단다. 교실 장면을 촬영한다길래 그러라고 했다. 몇 차례 NG를 내더니 금세 찍고 운동장 신을 찍으러 내려간단다.

"너네 밥 먹으러 안 가? 뭐 사 줄까?"

"선생님. 저희 따라가면 돈 너무 많이 들 거 같아요."

"가자! 난 고기 먹고 너네는 공깃밥만 먹어."

"안 돼요. 그 고깃집 옆 CU에 남자애들 몰려 있어서요. 선생님 힘드실 것 같아요."

속마음도 깊다! 진심이 느껴진다. 같이 데려간 6살 아들이 말한다.

"왜 저 형, 누나들이 아빠보다 왜 더 커?"

 **12월 23일 월요일**

눈 오기를 그렇게 바라던 아이들. 올해는 이상 고온으로 소복이 쌓이기는 어렵나 보다. 오늘도 땅만 촉촉이 적셔 주는 눈님!

"어제 우리 집 이사 갔는데 짐 다 옮기고 향을 태웠어요."
"뭔가 냄새가 안 좋았구만."
"이상한 냄새가 많이 났구만."
"근데 부적도 태웠어요."
역시 TMI이다. 일단 들어줄 수밖에.

"부적에 이렇게 적혀 있었어요…."

"주말에 영화 촬영하는데 재미있었어요."
"토요일날 다 찍고 편집까지 했어요."
"우린 영화 1시간 찍었는데 편집하니 4분."
"우린 영화 1분 찍었는데 6분 나왔어."
"그게 말이 되냐?"
"1분은 비유야. 이해 좀 해라."
"영민이의 엽사도 있어요."
"저희는 주말에 배수지공원에서 중학교인가 고등학교인가 다니는 형들이랑 축구 했는데요."
"형들이랑 하는데 게임이 되냐?"
"우리가 다 이겼어요."
"○○이가 달리기로 다 따라 잡았어요."
"그리고 우리도 형들 거의 잡아 버렸어요. 엄청 힘들었는데 그 형들 따라 잡으려고 혓바닥 깨물며 뛰었어요."
이 녀석들 축구에 대한 사랑이나 열정은 프로급이다.

"크리스마스 선물로 맨유 유니폼 14만 원짜리 줬으면 좋겠어요."
"이제 6학년이라 새벽에 엄마가 몰래 들어오는 일은 없겠네요. 그냥 사달라고 어떻게든 졸라야겠어요."
"선생님 집에 애들은 산타 믿죠? 밤에 몰래 주실 거예요?"
"선생님. 동심이라는 게 몇 살 때까지 있을 것 같아요?"

1교시는 체육 여가활동 계획한 것을 발표하고 친구들과 의견을 나누기로 한다.

방탈출: 난 시간이 남을 때 방탈출을 해 보고 싶다.
함께 하고 싶은 친구: 서준, 현민

"어디 방탈출 카페 가실 건가요? 그냥 집에서 하면 안 돼요?"

"딱히 정해진 건 아니고 아무 데나요."

"호러 같이 테마는요? 공포, 재미있는 것?"

"그냥 평범한 방탈출이에요!"

"그림 잘 그리는 데 웹툰 작가로 성공하면 뭐 사 주실 거예요?"

"벤틀리? 호빵 100개?"

"아니다. 그냥 라면 100개 사 주라."

"랍스타도~"

호빵찐빵(Pajama Party)
장점: 즐겁게 새벽까지 놀 수 있음. 더 친해질 수 있다?!?! 둘만의 비밀얘기 가능??
단점: 한 개! 하나 지윤이가 내 방을 어지럽힐 수 있다 〉〈
〈준비물〉
잠옷, TV, 베개, 핸드폰, 이어폰(꼭X), 호빵, 찐빵, 이때까지 맞춘 커플템, 사랑?
〈주의 사항〉
호빵이가 방을 어지럽힘. 호빵이가 욕을 많이 함!!! 호빵이가 일찍 잠들 수 있음. 호빵이가 저녁때가 되면 정신이 이상해짐〈더더더〉 호빵이가 저녁때 아무말대잔치를 할 수 있음.
〈주의 사항2〉
서로에 대한 저녁 때 같이 이상해짐^^ 애정표현이 아주 많은 거??? 호빵 ♡ 찐빵

"TV를 군이 가져가요? 집에 다 있잖아요? 준비물에 왜 TV가 있어요?"

"저기 제가 욕을 많이 한다고 나와 있는데 저는 남의 집 가서 욕 안 해요."

"그리고 저녁때 제가 얼마나 차분한데요."

"너 자다가 돌아다닌다며?"

"나 살짝 있었었는데 지금은 아니야. 애들아. 나 아니야."

게임
게임의 장점: 재미있다. 스트레스가 풀리는 것 같다.
단점: 너무 많이 하면 눈도 나빠지고 목도 아프다. 게임 중독되면 게임세상과 현실세상이 헷갈린다.
함께 하고 싶은 사람: 형아.
주의할 점: 시간을 잘 지킨다.

"게임 어떤 게임이에요?"
"다양한 게임요."
"게임하면 스트레스 풀리나요? 지면 엄청 쌓이잖아요."
"게임 지면 벽에 샤프 누르면서 스트레스 풀면 돼요."
한참 말하던 녀석이 웃으며 아무 대답이 없다. 그래서 소이부답(笑而不答)과 비슷하다고 했다. 한자로 설명도 곁들인다.
"소이부답은 이상해요. 소이노답 아니에요?"

우리 반 친구들과 운동장에서 축구 시합을 하면 좋겠다.
준비물: 축구공, 골키퍼 장갑 2개
장점: 몸이 건강해질 수 있다.
단점: 축구를 싫어하는 학생들이 있을 수 있고 공에 맞다 다칠 수 있다.
같이 하고 싶은 사람: 축구를 좋아하는 우리 반 친구들.

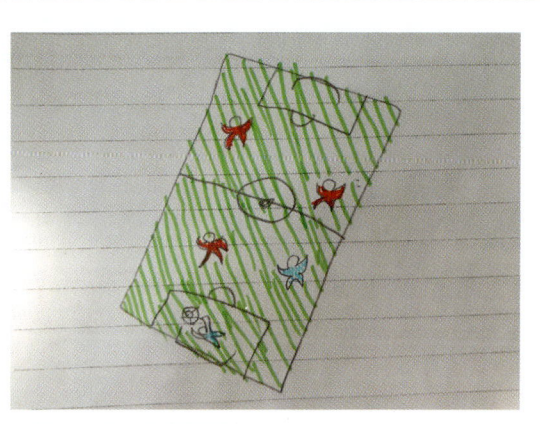

"이 축구 할 때도 남자는 골을 못 넣나요? 여자만 넣을 수 있나요?"
"연수만 골을 못 넣나요?"
"착각과 상상은 자유예요. 저는 못 넣는 게 아니라 안 넣는 거예요."
"동명이인 연수도 안 돼요?"
"참 대단하시네요."
"그랬군요. (살짝 서로 비꼬는 상황이었다.)"

뜨끈한 전기장판 위에서
여가활동: 핸드폰시청
장단점: 언제나 봐도 재미있으나 계속하다가 해가 다시 뜬다.
with who: 우리 반 여자친구들.
준비물: Phone
주의할 점: 핸드폰만 계속 보지 않기. 쉬면서 보기.

"뜨끈한 곳에서는 국밥인데요?"

"같이 할 거면 온라인 게임하면 되잖아요?"

"게임, 핸드폰 시청, 웹툰 본다든지. 다 함께 하면 되잖아요."

"지금 말한 거 다~~예~~요."

"핸드폰 하다가 해가 뜬다고 했잖아요? 그때까지 전기장판 틀어 놓았는데 불타면요?"

"꺼야 되죠. 입에 물 넣고 뿜으면."

"왜 귤 안 먹어요? 귤이 섭섭해하잖아요."

"죄송해요. 귤 생각 못했어요. 근데 저는 원래 고구마를 더 좋아해요."

"충전기나 보조 배터리가 없는데요?"

"귤로 과일전지 만들어요."

"아! 그래서 님이 귤을 준비하라고 했구나."

캠핑: 캠프파이어, 텐트 안, 김민준의 손과 양연수의 발.
내가 원하는 여가활동: 여행
구체적인 설명: 우리 반 친구들과 함께 봄에 캠핑을 가서 낮에는 축구, 피구, 레크리에이션 등 재밌는 게임을 하고 놀다가 노래를 들으며 휴식하고, 저녁이 되면 같이 고기를 구워 먹고 한 밤 자고 돌아오는 여가활동.
준비물: 게임을 할 다양한 준비물, 고기, 고기를 구워 먹을 장비, 텐트들, 침낭, 노래를 들을 스피커.

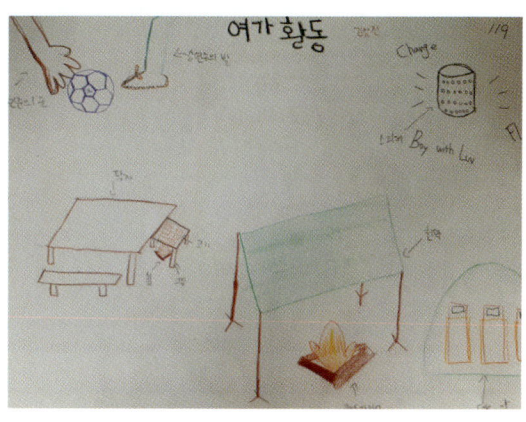

"그림은 잘 그렸는데… 소주 한잔이 빠져 아쉬워요."
"양연수의 발과 김민준의 손은 왜 필요한 거예요?"
"민준이는 피구, 연수는 축구 스타일이라서요."
"손과 발만 그려 놓은 게 좀."
"잔인해요?"
"캠프파이어 하다가 애들이 나뭇가지 막 쑤셔 넣으면요?"
"우리 반이 그렇다고 비하하는 거야? 지금?"
"그건 아니에요."
"텐트 안에 그려져 있는 게 USB예요?"
"아니요. 침낭이에요."

책 보는 척 웹툰 보기!
장점: 책도 볼 수 있고 놀 수 있다. 몰래 하는 스릴을 느낄 수 있다.
단점: 엄마한테 걸리면 죽는다.
준비물: 든든하고 조금 얇고 빳빳한 책과 핸드폰 또는 아이패드.
주의할 점: 엄마보단 동생이나 언니한테 걸리면 안 된다.

"그림에서 아이패드가 좀 이상한데요?"

"저거는 갤럭시 폴더예요."

"몰래 웹툰 보기 많이 해 보셨나 봐요?"

"저는 사실 책 들고 하지 않아요. 그냥 대놓고 해요."

"동생이나 언니한테 걸리면 안 된다고 했는데. 그럼 아빠한테 걸리면요?"

"아빠는 제 방에 절대 안 들어와요."

"제 생각에는 핸드폰을 들며 과제하는 척 하는 게 더 좋아요. 탭을 이용해 화면 전환하면 되잖아요. 처음에는 전자책보는 것처럼 하다가 게임하는 거죠."

"제 아이패드는 그게 안 돼요. 오래된 거라 탭 기능이 없어요."

"이런 걸 위장 전술이라 하나 봐요."

"안 걸리게 하려면 큰 책을 골라야겠죠? 전래동화 같은 거."

"근데 엄마가 너 왜 똑같은 페이지 보고 있냐 하면요?"

"잘 둘러대면 되잖아요. 이해가 안 돼서 앞으로 다시 왔어요라고요."

"시간대가 언제입니까?"

"저녁. 숙제할 때쯤."

"저 사람 오취리. 쌤 오취리 같아요."

"3572라고 말하는 줄 알았어요. ㅋㅋ 그냥 취리히가 더 나을 것 같아요."

"누워서 보다가 큰일 나요. 무거운 책이랑 아이패드가 얼굴 강타하지 않을까요?"
"저는 경험이 있는데. 코에 떨어뜨렸는데 진짜 아팠어요."

강아지와 천천히 산책하기.
장점: 내가 힘들지 않다.
단점: 강아지가 답답하다.
함께 하고 싶은 사람: 친구
준비물: 하네스(가슴줄), 강아지, 비닐봉지.
주의할 점: 강아지 휘두르지 않기.

"강아지를 휘두르는 게 아니라 줄을 휘두르는 게 아니에요. 그럼 강아지를 던져요?"
"알면서? (질문자에게)"
"천천히 산책하다 이 강아지가 달리면요?"
"알면서?"
"이 강아지는 나이가 안 든 것 같은데요."
"우리 강아지인데요. 한 살이에요."
둘이 한참 개에 대해 이야기한다. 평소 대화하듯 의식이 흘러가나 보다.
"님들 둘이 이야기하지 마세요. 개에 대해 논리적으로 말해야죠."
"지금 개논리라 하신 거예요?"

내 여가활동은 게임하기이다. 게임의 장점은 재밌어서 계속하게 된다. 게임의 단점은 중독성이 강하다는 것이다. 엄마랑 게임을 하고 싶다. 그러면 엄마도 내 마음을 이해해 주실 것 같다.

"엄마가 내 마음을 이해하지만 아빠가 몰라주면요?"
"아버지는 이미 이해했고요. 저랑 같은 편이에요. 아빠는 저랑 같이 해요."
"제가 엄마랑 게임 많이 해 본 결과를 얘기하는데. 엄마는 저를 이해하는데 제가 엄마한테 키를 알려줘도 이게 공격이지? 달리는 거지? 끊임없이 물어봐요. 결국 님이 답답해서 같이 못 할 걸요."
"제가 게임하다가 엄마한테 시켜 드렸는데. 엄마가 게임을 왜 안 하려고 하냐면 이런 일에 한번 빠지면 일을 못해서래요."

"너네 엄마가 끝장 보는 성격이시구나."

"작년 우리 선생님도 웹툰 보다 밤새셨대요."

"근데 엄마가 게임할 때는 으악 하며 징그러워하고 그러지 않아요?"

"님이 징그러운 게임 하나 보네요."

음악 들으며 게임하기
5G 와이파이 공유기: 최상의 인터넷 연결 위해.
와이파이 공유기 바로 앞에 침대 설치 후 에어팟으로 핸드폰과 연동하여 노래를 들으며 게임을 한다.
여름엔 에어컨 필수, 겨울엔 이불 필수.
함께 하고 싶은 친구: 박준우 (워낙 친하기도 하고 게임도 잘하고 함께 있으면 즐거워서 또 영화랑 웹툰도 같은 걸 봐서.)
게임을 오래하면 눈, 팔, 다리가 아프니 30~40분마다 체조.
맛있는 주전부리 필수.
한 폰으로만 플레이하면 과열, 방전될 수 있으니 여분의 충전 중인 핸드폰 비치.
간지나게 음악은 에어팟으로.
손에 땀 닦는 수건.
음악을 들으면서 게임을 할 경우 게임 소리와 섞일 수 있다. 따라서 게임 소리는 끄고 해야 함.
중력 때문에 폰이 안면 강타 가능하니 조심.
게임 이외에 영화 보기, 웹툰 보기, 노래 따라 부르기 가능.
모든 물건은 침대에서 움직이지 않고 손을 뻗어 닿을 수 있는 거리에 있어야 함. 침대 사이즈: 슈퍼 킹.

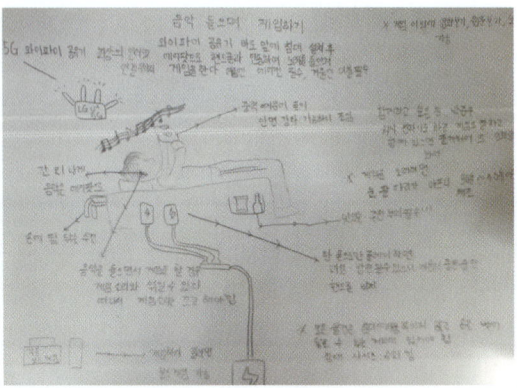

"5G 와이파이 공유기 앞에서 하는데. 핸드폰이 5G 안 되면요?"

"그럼 2G로 해요."

"애니팡 하시나요? 그냥 스도쿠 하세요."

도서관에 가고 싶다.
준비물: 핸드폰, 돈, 이어폰

"도서관에 핸드폰이랑 이어폰 들고 가서 뭐해요?"
"음악 듣지? 공용 와이파이 있잖아요."
"금호도서관 3층 와이파이 정말 잘 터지는데."
"근데 도서관 갈 때 돈이 필요해요?"
"자판기, 버스, 라면이 있잖아요."

나는 친구들과 국내든 해외든 아무 곳에서나 축구 직관을 하고 싶다. 그 이유는 저번에 한 번 축구 직관을 했었는데 진짜 인상 깊고 무엇보다 재미있었기 때문이다.
장점: 힐링이 된다. 응원하는 팀이 골을 넣으면 기분이 환상적이다. 맛있는 음식을 먹을 수 있다. 경기 분위기에 약간 취한다.(?)
단점: 인기 경기는 티케팅이 힘들 수 있다. 겨울이나 여름에 가면 춥거나 덥다.
함께 하고 싶은 사람 : 우리 반 친구들
준비물: 돈, 담요, 유니폼(입으면 좋음)
주의할 점: 겨울이기 때문에 엄청 추울 수 있다.

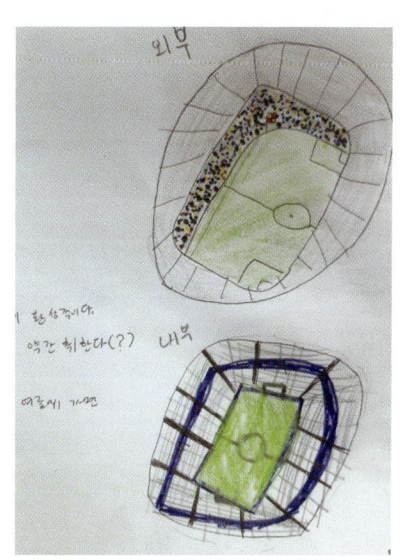

"직관 어느 팀 하고 싶어요?"
"유럽 축구는 3대 리그 경기면 다 좋아요."
"근데 선생님 아는 분 남편이 어제 영국 가서 손흥민 경기 직관했는데."

"어제 퇴장당했잖아요?"
"먼 거리 비행기 타고 갔는데. 최악의 상황이지."
"하필 어제 갔대요?"

축구
함께 하고 싶은 사람은 우리 반 친구들.
장점: 축구를 하면 운동과 기쁨을 느낄 수 있다.
단점: 사람이 많이 필요하다. 다칠 수 있다.
준비물: 축구공

"이 대작을 그리는 데 몇 분 걸렸어?"
"7분 이내."
"혼신의 힘을 다했어?"
"6분은 대충 그리고 1분 열심히."
"근데 이거 그릴 때 제가 도와줬어요. 6분 중에 3분은 빼야 해요."
"님~ 그림을 너무 추상화시키면 안 돼요. 왜 핑크팀은 왜 손을 들고 있어요?"

여기까지 하니 1교시가 끝난다. 새로 설치한 공 던지기 게임 프레임을 들고 다니며 남자아이들이 놀고 있다. 결국 힘들게 조립한 이 장비가 이렇게 쓰이다니. 뭐 놀이라는 본래의 목적은 달성했지만….
"선생님. 저 주말에 아팠어요."
"지금도 아파 보여."
"근데 괜찮아요."
윙크 브이 하고 가는 녀석!

"주말에 저 잠옷 차림으로 영화도 찍었는데. 피도 나고. 그랬는데 다시 찍어야겠어요."
"내일 제출인데?"
이 녀석은 정말 오후에 잠옷을 가져와 학교에서 다시 찍는다. 오늘 학기 말 단축 수업으로 5교시 후 하교라 6교시가 비어 가능했단다.

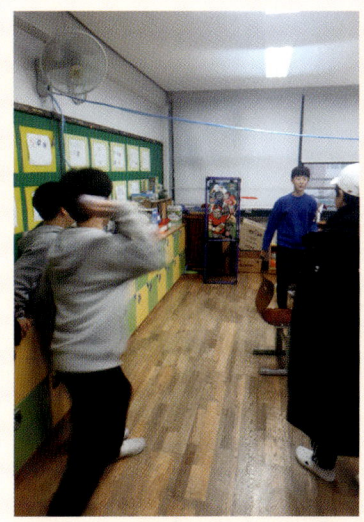
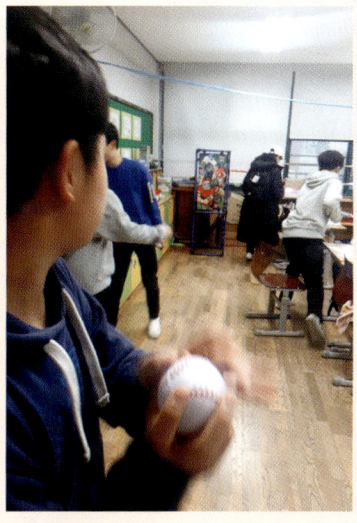

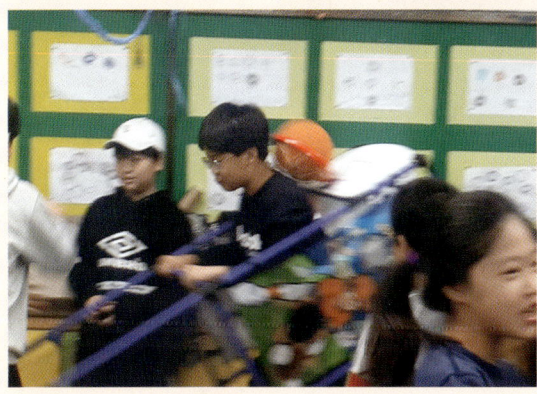

코로나시대에 다시 만나고 싶은 교실이야기

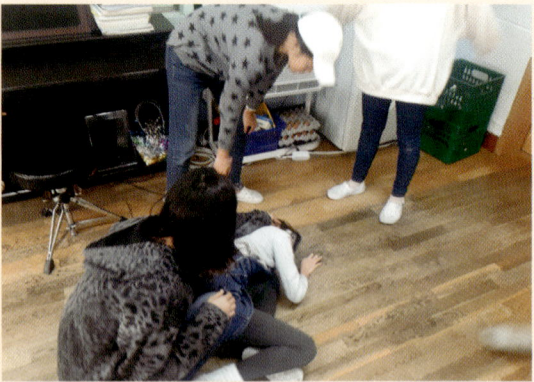

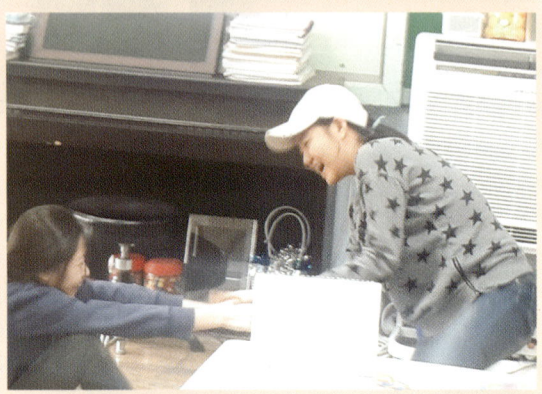

"저는 박지훈 콘서트 갔다 왔어요."
"2시간 공연하고. 앵콜 다섯 곡요. 앵콜만 거의 한 시간 불렀어요."
"프로포즈. 결혼해 줄래? 할 때 모두 소리 지르고. 똑똑 똑똑똑! 겨울왕국 노래도 불렀어요."
"애들이 엄청 좋아했겠다!"
"나오면서 차에서 문 열고 손도 흔들어 줬어요."
사진이랑 동영상을 보여 주는데. 사실 박지훈이 누구인지 잘 모르는데 좀 아는 척했다.
"선생님. 도준혁, 정태은 중에 이름만 들었을 때 누가 더 나아요?"

"(대충 대답하기로) 도준혁!"
"아니에요. 정태은 뽑으셔야죠."
"뭐 하러 물어보냐?"
"우리랑 공감하는지 알아보려고요."

"이 펭수 너무 귀여워요."
"눈이 너무 귀여워요."
"이 펭수 책 뽑기로 나눔할까?"
"네. 꼭 해야 해요. 이거 뽑히면 좋겠다."
여자아이들이 펭수책에 엄청 관심을 보인다. 초집중 모드로 내 펭수책을 보고 있다.

여가활동 발표가 이어진다.

롯데월드 가기
재미있고 실내도 있어 비가 와도 놀 수 있고 놀이기구가 다양하다.
단점: 먹고 싶은 게 많아지고 좀 비싸고 줄이 길다.
함께 하고 싶은 사람: 친한 친구들
주의할 점: 기다리다 지칠 수 있음.

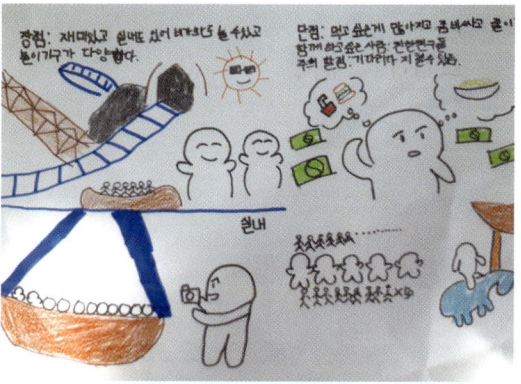

"에버랜드가 더 스케일이 커요."
"쌤 같은 어른이랑 같이 가면 재미없을 수 있어요."
"근데 롯데월드 바이킹 은근 스릴 있어."
"그냥 우리 졸업식 하고 롯데월드 한번 가죠. 다 같이."

논다.
룬겅이랑 파자마 파티.
밤새기!!
엽떡 먹기.
야식 후 산책.
만화카페 가기(연애 혁명).
설빙 먹기.
웹툰 몰아 보기.

"나도 웹툰 보고 싶다!"

"두 사람 머리가 양 갈래 스타일인데. 이렇게 노실 거예요?"

"우리 파자마 파티 때 이런 거 할 거야?"

"같이 할래?"

"그런 개인적인 질문은 따로 해 주세요."

"님들. 공과 사를 구분해 주세요."

두끼 먹으러 가기
장점: 가족이랑, 맛있는 떡볶이를 배불리 먹을 수 있음.
단점: 식곤증이 도짐.

엡랜가기
누구랑: 흠 되는 파티원?
준비물: 돈. 아 그리고 길고 긴 기다림의 준비
장점: 하루 종일 놀 수 있다.
단점: 그 하루 종일 기다려야 한다.

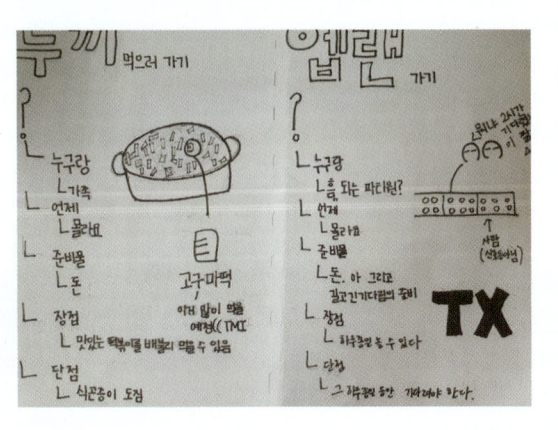

"엡랜이 뭐예요?"

"에버랜드의 줄임말이에요."

"이건 너무 많이 줄었다. 4글자가 길어?"

"두끼도 줄임말이에요?"

"실제 떡볶이집이야. 한양대점도 있어."

영화 보기

장점: 이 영화를 보고 재미를 느끼고 같이 본 사람과 이야기를 할 수 있고 가족과 같이 본다면 가족과 같이 시간을 보낼 수 있다.

단점: 영화가 길어지면 머리가 아프고 어지럽다.

함께 하고 싶은 사람: 부모님.

준비물: TV, 리모콘

주의할 점: 연령대에 맞춰서 보기!!!

"뒤에 폭탄 터지고 있는 영화. 무슨 영화예요?"

"분노의 질주요."

"매달린 사람 여자 아니에요?"

"맞아요."

"근데 왜 빡빡이에요?"

"푸웃."

가족과 함께 게임하기

준비물: 먹을 것 등등.

주의할 점: 시간 가는 줄 모름. 눈이 아픔 등등.

"이렇게 집에 컴퓨터 3개 있어야 되네요. 좋겠다."

"의자가 유리 의자예요?"

"책상도 유리겠네."

"벽도 유리네."

"가족이 4명이면 다툼이 더 심할 것 같은데."

"그림이 좀 짤렸네요."
"아. 알겠다. 오버."

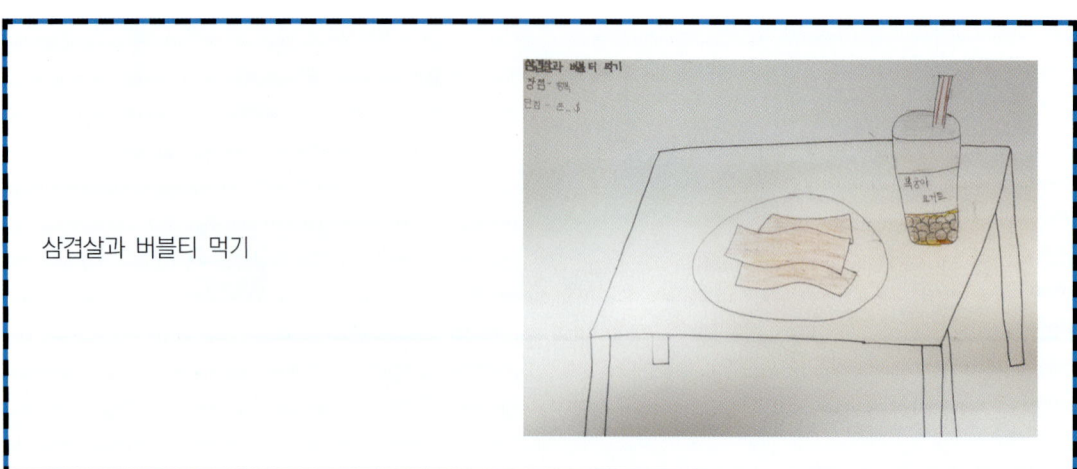

삼겹살과 버블티 먹기

"이거 조합이 맞냐?"
"내 개취야."
"따로 먹으면 좋을 거 같은데."
"님은 따로 먹어요."

반별 이어달리기 기록이 공개되었다. 7반 중에 6위의 기록이다.
3반(47초 39), 2반(47초 49), 6반(48초 03), 1반(49초 05), 7반(49초 59), 우리 반(49초 71), 4반(51초 85).
"그래도 우리 뒤에 한 반이 있네. 에이스가 빠져서 어쩔 수 없지 뭐."
순위표가 공개되었음에도 아무 반응이 없다. 승부에 초연한 건지 다른 곳에 관심이 많은 건지.
"에이스 영민이가 안 뛰어서 몇 초 손해 봤잖아요."
"이어달리기는 이렇게 기록으로 재서 순위 매기는 거 아니에요. 다음에 일곱 반 직접 이어달리기 한번 해요. 직관."

 백하 이중 언어 강사님이 오늘자로 그만두신다. 짧지 않은 10개월여 시간. 같은 공간에서 보낸 시간만큼이나 정도 들었다. 아이들과 편지도 간단히 쓰고 케이크도 하나 준비한다. 10개월의 의미를 담아 10개의 초를 준비했다고 하니 한 녀석이 선생님이 생각보다 섬세하단다.
 원래 계획은 멋지게 케이크에 초를 꽂아 준비하고 노래를 부르려고 했는데. 백하와 도서관에 가셨던 선생님이 너무 일찍 오셨다. 일단 그냥 밀어붙이기. 일단 초 10개를 한꺼번에 붙이고 하나씩 옮기는 전략. 현민이가 성냥을 그어 준다.

"저 이런 거 많이 했어요."

다행히 촛농이 조금도 흐르지 않게 케이크에 꽂는다. 효은이가 생일 축하 노래를 피아노로 반주하고 우리는 축하의 노래를 불러 드렸다. 선생님도 마지막 날임을 알고 과자를 잔뜩 사 오셨다. 우리 백하는 살짝 눈물을 보인다. 이별의 말을 시키려 했으나 말을 잇지 못한다. 공식적으로는 그렇게 끝내야 했다. 짧은 이별의식 후 간식 타임! 이럴 때는 우유를 찾는다.

"내 우유 주세요."

"우유 안 드실 분 저한테 주세요."

선생님도 내게 짧지 않은 편지를 남기셨다. 백하에 대한 당부가 많았다.

> 이제 내일로 금북초에서 6학년 5반과 함께하는 시간을 마무리합니다.
> 일 년 동안 제가 교실에 있어서 불편하셨을 수도 있으셨을 텐데, 따뜻하게 대해 주셔서 감사드려요~ 늘 건강하시길 바라겠습니다. 감사했습니다. ^^

축제 음악 듣고 느낀 점 찾기 수행평가를 했다. 컴퓨터실에 가서 음악을 듣고 평가지에 적는다.

- 음악 되게 신났다. 신나게 노래를 즐기면 신나게 즐겁게 춤을 출 것 같다. 정말 축제 같은 느낌 들 것 같다. 축제할 때 이거 하면 좋을 것 같다. 뭔가 재미있고 스릴 있는 그런 축제 같다.
- 1895년부터 시작된 영국 런던 BBC 프롬스. 7월~9월. 저렴한 티켓 가격과 달리 수준 높은 공연. 영국 최고의 음악인과 최고의 연주자가 모임. 음악이 신박하고 긴장감이 있다.
- 정선 아리랑제. 이 축제에선 소리꾼이나 사물놀이꾼들이 많이 온다. 즐기러 오는 사람들이 대다수. 사물놀이 하는 걸 들어봤는데 축제의 이름에 걸맞게 신나고 흥겨웠다. 올해로 44주년을 맞이한 축제라고 한다.
- 우리나라 부산국제록페스티벌. 부산에서 했던 페스티벌인데 음악이 정말 신났다. 그리고 뭔가 고요하면서 감동적인 음악이 많았다. 그리고 밀양아리랑 대축제. 밀양아리랑 대축제는 불꽃 터지고 번쩍번쩍해서 음악도 멋졌다.
- 치즈롤링. 쿠퍼스 힐(런던). 쿠퍼스힐이란 언덕에 올라가서 달리기를 하는 축제이다. 1등 상품은 4kg 짜리 치즈이다. 긴장감 넘치는 노래!
- BBC프롬스(영국의 대표적인 음악 축제) 축제 음악: Pomp and Circumstances. 영어로 된 음악이라 무슨 말인지 알아듣질 못해서 가사가 이해가 안 되지만 음악이 힘이 있는 느낌이고 '위풍당당 행진곡'에 잘 어울리는 노래인 것 같다.
- HAVANAGILA. 기뻐하자 혹은 우리에게 기쁨을. 되게 신나는 느낌에 노래이고 우리나라 강강술래와 비슷했다.
- 2014년 월드컵 주제곡으로 했다. 2002년, 2014년, 2018년 노래 중에 2014년 Lalala라는 곡을 선택 했다. 그 이유는 이 노래가 중독성이 있고 내가 좋아하는 네이마르가 나오기 때문이다. 그 다음으로 많은 나라의 국기들이 나와서 멋있고 브라질의 쌈바춤이 나와서 따라 추게 됐다.
- 세계인의 축제라 불리는 올림픽 주제가를 찾아봤다. 그중에도 우리의 자랑스러운 역사 88올림픽 주제가를 찾아봤다. 주제가는 '손에 손잡고'라는 노래다. 올림픽 공식 노래가 한글로 만들어졌다니… 영어일 줄 알았는데 한글이라서 엄청 놀랐다. 노래는 웅장한 느낌이고 왠지 모르게 울컥(?)한 느낌이 든다. 계속 귀에서 '손에 손잡고'가 맴돈다.
- BBC 프롬스. 밖 건물에 화려한 빛이 발사된다. 저렴한 가격으로 클래식 공연을 볼 수 있다. 로얄 앨버트 홀에서 열리는데 매년 그 홀이 꽉 찬다고 한다. 산책이라는 주제로 클래식 음악 축제를 하는데, 그 주제에 걸맞게 서거나 앉아서 편안히 관람할 수 있다. 노래가 클래식이라 잔잔할 줄 알았는데 생각보다 신나고 흥이 많은 노래가 많았다. 영국 최고의 음악가들이 모여서 합주와 연주하는 축제이다. 클래식뿐만 아니라 팝 재즈 등 많은 장르의 음악을 연주한다. 생각보다 음악이 빠르고 다른 장르의 음악도 들어 있으니 심심하지 않고 재밌게 들을 수 있을 것 같다.

- 토마토 축제. 스페인. 정식 이름은 라 토마티나. 토마토를 즐기는 축제다. 2013년부터 10유로(1만 5천 원어치) 돈으로 티켓 구매 후 들어갈 수 있고 병뚜껑은 출입금지! 눈에 토마토가 들어갈 수 있으니 물안경은 필수! 1944년 부뇰 사람들이 시의원에게 토마토를 던진 것이 계기라고 한다. 사용된 음악들의 공통점은 신나고 중독성 있는 반주를 주로 사용한다. 빅뱅…의 뱅뱅뱅이나 노라조의 샤워, 사이다 등등 여러 사람들이 즐길 수 있는 노래다. 음악이 일렉트로니컬한 것도 있고 빠른 음악들이다. 숨겨진 댄싱 머신 세포를 발동시키는 노래들…..

- 내가 찾은 세계 축제 음악은 멕시코에서 열리는 '죽은 자들의 날' 멕시코 전통 음악이다. 멕시코 음악 하면 보통 마리아치 밴드니까… 그 노래 제목이 뭔지 모르겠지만 멕시코 마리아치 밴드 노래일 것 같다. '죽은 자들의 날'은 멕시코에서 그들의 망자를 기리고자? 한 전통 축제이고 세계 무형문화제에 등록됐다고 한다. 사람들이 해골 분장을 하고 퍼레이드를 한다니… 죽기 전에 한번 가보고 싶은 축제이다.

- 산천어 축제. 정말 축제 분위기로 라디오 방송을 통해 DJ가 노래를 틀어 준다. 다들 들떠서 시작한다. 누군가 잡았다고 외치면 다 그쪽을 본다. 나는 갔다 와 봤다. 우리 할머니께서 축제 내부에 있는 고깃집에서 일하시는데 완전 시끌시끌하고 정신없었다. 분위기가 클럽 비슷하다. 하지만 그 시기가 딱 있는데 안 잡히면 갑자기 조용해진다. 조용해졌는데 내가 잡아서 '잡았다!'라고 외쳤는데 다 쳐다봐서 엄마가 날 때렸다. 어쨌든 전 세계의 가장 신나는 노래로 빗대도 부족할 만큼 들떠 있다.

- 'HAVA NAGILA' 뜻은 이스라엘어로 "우리에게 기쁨을!"이라는. 이 음악은 결혼식이나 마을 축제 혹은 행사가 있을 때 몇 명의 사람들로 구성돼 밴드와 함께 연주한다.

- 월드컵은 4년마다 하는 국가 간의 축구 시합으로 최근 2010년엔 아프리카, 2014년엔 브라질, 2018년에서 러시아에서 열렸다. 월드컵 한 번 할 때마다 주제가가 있는데 내 개인적인 생각으로 2010년 월드컵 주제가가 가장 좋은 것 같다. 제목은 WaKa WaKa로 Shakira라는 가수가 부른 월드컵 주제가이다. 뭔가 아프리카의 감성이 들어가 있어서 좋았고 뮤비 중간에 유상철, 메시 등등이 나와서 기분이 좋았다.

- 내가 들은 축제 음악은 인디언 축제 음악이다. 이 음악은 잠잠했다가 갑자기 음이 높아지는 음악이다. 그래서 그런지 음이 비장? 그런 느낌이 들었다.

- 멕시코 지역에서 열리는 음악 축제. 'La Cucaracha'라는 노래가 나온다. 결혼식이나 생일날에 주로 트는 노래이기도 하다. (스페인어로 바퀴벌레라는 뜻.) 멕시코 혁명에서 유래되었다.

- 제가 들은 건 미국에서 열린 축제 음악인데, 할로윈인 만큼 음악이 무서운 음악으로 나온다. 그리고 아이들은 분장 후 거리를 다닌다.

아이들의 질문이 이어진다. 몇 곡은 다시 들어본다.
"하바나라는 지명이 있어요?"
"오버워치에도 하바나 있어요."
"프롬스가 7~9월이에요? 7~8월이에요? 애들이 두 개 적은 것 같아요."

"프롬스. 이건 클래식 축제라. 뭔가 멋지긴 한데 지루할 것 같아."
"위풍당당행진곡이 뭐예요?"
"pomp. 어! 플룻이다."
"톰과 제리에 나왔던 음악 같아요."
"맞아. 나온 것 같아요. 톰과 제리가 떠오르네."
"그냥 우리 톰과 제리 봐요."
"오. 하프다."
"샹들리제다."

"하바나길라는 알리딘에 나올 것 같아."
"아랍 노래 같아."
"나 이거 들어봤어."
"손에 손잡고랑 비슷하네요."
"아빠~~굼바떼~~ 중독성 있는 리듬이에요."

"라쿠카라차. 저거 나초 모자 아니에요?"
"총알을 왜 이렇게 감고 있어요?"

라쿠카라차는 여러 가지 버전으로 리메이크되었고 이탈리아, 프랑스, 한국에서는 동요로 알려져 있다는 자막이 나온다. 라쿠카라차! 바퀴벌레! 가난한 농민들의 모습이 나온다. 1910 멕시코 혁명. 토지 97%를 대농장주 소유하고 독재 정권에 대항한 농민들의 처절한 싸움. 보잘것없지만 끈질긴 생명력. 스토리가 있다.

"재미있는 동요가 이런 슬픈 스토리가 있어요?"
"판초 비야가 사람 이름이었네요."
"라 마르세예즈가 뭐예요?"
"프랑스 국가!"
"라리가?"
"마르세유?"
"마르세유 턴. 지단~"

점심 먹고 아이들이 놀고 있다. 90년대 노랫소리도 들린다. 나도 알지!!!

　오늘 5교시에 영화 〈피아니스트〉 남은 부분을 봤다. 독일군 장교 앞에서 피아노를 연주하는 스필만. 장난스럽게 피아노 치는 모습을 따라 하는 녀석도 보인다. 그 옆에는 눈을 감고 가만히 듣고 있는 여자 몇 명. 우리 반 아이들의 모습이 영화보다 더 영화 같았다. 독일군 장교가 스필만에게 빵과 잼을 주는 장면. 특히 빵과 잼을 먹는 장면은 요즘 유행하는 ASMR 같았다는 아이의 말도 들린다. 영화 감상 후 아이들의 평가가 기대된다.

 **12월 24일 화요일**

　어제 우리 반 유니폼이 왔었다. 어제는 시간이 없어 아침에 유니폼을 나눠 주었다. 아이들이 입어 본다. 생각보다 간지 난다며 히트텍까지 벗고 반팔 유니폼을 입는다. 감촉이 너무 좋단다.

"유니폼도 입었는데 오늘 축구하는 거예요?"
"오호호~ 기대하고 있을게요."
반바지까지 입는 녀석도 보인다. 반바지를 입고 배바지를 하고 있는 녀석들!
"근데 우리 야구단 같지 않아?"
"차범근, 크루이프 같아."
여자아이 몇몇은 정말 반바지로 아예 갈아입고 왔다. 이 추운 날에!
"어이~~ 빨리 다시 갔다 와. 갈아입어. 추워."

"선생님. 여름방학과제계획 좀… 그 서식 좀 주세요."
"겨울방학과제계획이 아니고?"
"아… 저 어제 가져가지 못해서 가정학습 못 적었는데. 엄마 말한 거 적어도 돼요?"
"그래."
엄마가 이렇게 말씀하셨습니다라며 방학과제계획을 적는다.

"선생님 안경 바뀌셨네요."
눈썰미가 좋은 녀석들이 알아본다.

"좀 안경이 고급져 보여요."
"근데 뭐하다 깨 먹었어요?"
오늘 종일 안경 바뀌었냐고 띄엄띄엄 물어보는 아이들.
'나 안경 바꿈'이라고 칠판에 적지 않을 수 없었다.

아침 미세먼지 상황이 왔다 갔다 한다. 대략 나쁨 정도로 보이는데.
"선생님. 근데 미세미세 앱은 항상 너무 비관적이에요."
"오늘은 신선한 공기 마시세요가 미세미세에는 안 떠요. 다른 앱으로 봐요."
"학교 측정기는 지금 노란색이에요. 보통이래요."
"측정값이 다른가 보지."
"노란색이면 야외 활동 조금 해도 괜찮아요."
"찾아보니 40분 정도는 해도 괜찮대요. (이건 거짓 정보다.)"

3교시에 체육 하러 나간다. 오늘은 유니폼을 입었으니 축구를 해야 하나 보다. 다행히 미세먼지 상황판은 노란색을 보이고 있다. 쉬는 시간에 남자아이들은 프리킥, 코너킥으로 몸을 풀었다. 공이 4개나 되니 턴이 빨리 돌아서 기다리지 않아도 되니 좋다. 하지만 골을 넣기는 어렵다. 축구공이 아닌지라 비실비실 날아가는 폼볼의 궤적. 나도 3번이나 시도했는데 어림도 없다. 남자아이들 몸이 풀리자 여자아이들을 불렀다. 여자아이들은 페널티킥 연습이다. 몇 번 차자 기적적으로 공이 떠서 날아간다. 그렇게 쉬는 시간이 끝나고 유니폼 촬영을 몇 컷 했다. 축구 좀 본 남자아이들은 금방 자세를 잡는다. 멋있다.

황금마차팀이 2골 먹힌다. 축구할 때면 밸런스가 급격히 무너지는 황금마차팀. 황금마차팀은 수비수가 달랑 1명이다. 황금마차팀은 공격수는 많으나 포장마차팀 영민이가 골키퍼를 너무 잘한다. 게다가 골대를 4번이나 맞히는 불운까지. 내가 급히 선수로 투입된다. 그리고 공도 하나 더 추가. 공 2개로 축구를 하니 뛰는 양이 급격히 많아진다. 공이 2개가 되자 재미있는 장면도 연출된다. 양쪽 코너에서 코너킥이 동시에 올라가고 골키퍼가 공을 던져 상대편 슈팅을 막기도 하고. 골키퍼가 공 주우러 간 사이 골을 넣기도 하고.

현민이는 나를 몸빵으로 막고 있다. 현민이의 단단함에 나는 유연함으로 맞서려고 했으나 몸이 따라주지 않는다. 나도 몸빵으로 최선을 다하지 않을 수 없다. 공을 몰고 가다 강슛을 날렸지만 골대로 날아가지 않고 규현이 얼굴에 맞는다. 이런. 다행히 규현이가 괜찮다는 신호를 준다. 아이들이 내게 태클도 격하게 한다. 앞태클, 옆태클에 또 백태클까지. 몇 번 피하다 보니 뒤에서 태클하려고 기합 넣고 들어오는 소리도 들린다. 나는 헤딩하다가 안경도 맞고 헛발질도 했지만 나의 평점은 오늘 좀 괜찮단다. 하지만 그 모든 건 의미가 없으니. 나의 소속팀 황금마차는 0 대 7로 지고 말았으니.

"선생님. 저는 오늘 만족이에요. 연수 공을 한 번 뺏었어요."

산타가 없는 건 우리 모두가 알고 있지만 크리스마스이브인지라 그래도 산타할아버지께 소원 비는 시간을 잠시 가졌다. 가장 현실적이고 시대를 반영한 아이들의 답이 나온다. 산타를 믿지 않는 만큼 믿을 수 없는 내용으로.

"통장에 1억만 찍어 주시면 알아서 쓰겠습니다."
"로또 1등!!!"
"강남에 대지 5,000평만 주시면. (돼지 5,000마리가 아니고?) 축구장, 호텔 짓고. 주말에는 우리 가서 축구도 해요."
"서울을 사 주세요! (부루마불로?)"
"유치원 때로 가고 싶어요. 그때가 좋았어요."
"산타할아버지를 만나서 산타가 진짜로 있는지 물어볼 거예요."
"루돌프 받고 싶어요. (나도. 근데 루돌프는 너무 커서 집에서 못 키워.)"
"벤틀리 사 주세요."
"사랑하게 해 주세요. 여자애들끼리만요."
"순간 이동할 수 있는 능력 주세요. 요즘 움직이는 게 그냥 귀찮아요."
"저는 순간 이동에 염력 추가요. 방에 혼자 앉아 있는데 가방이 옆에 없으면. 한마디로 가방을 가져다주는 그런 염력요. 요즘 너무 귀찮아요."
"앞에 사람 말한 거 모든 걸 다요. (사랑도? 모자를 쓰면 그녀가 나타나 내 마음이 터진다?)"
"저희 반에 손동표랑 김우석 같은 친구가 전학 왔으면 좋겠어요. (여기 많이 있잖아?) (김치석은 어때? 김치 + 치석. 이빨에 낀 김치와 치석이냐?) (넌 그냥 조용히 스케일링 받아라.)"
"시간을 멈추고 싶어요. 저만 딴짓하고 핸드폰 하고 물건 훔치고. 학원 가기 전에 숙제도 하고."
"저 공부를 안 해도 모든 시험 100점 받게 해 주세요."
"이 세상에 있는 맛있는 것만 주세요. 특히 국밥으로요."
"핸드폰 사 주세요. (간절한 외침!)"
"9,000조만 주세요. (1조만 있어도 평생 쓰잖아?)"
"영국 축구 직관 티켓 5,000장요."
"데이터 무제한요. (데이트 무제한이라고?)"
"저는 산타할아버지를 노예로 부리고 싶어요."
"닥터 스트레인지가 되고 싶어요. (닭털?)"
"버블티 가게에서서 돈 안내고 무제한으로 먹고 싶어요."
"머리카락을 장발로 해 주시고 파마도요. (바흐, 스필만 같겠다!)"
"고양이 키우고 싶어요."
"저는 돈 많은 백수로 만들어 주세요."
"한국어 잘하면 좋겠어요."
"세계 모든 사람들이 착해졌으면. (띵언이다!)"
"프로그래머가 되고 싶어요. 아니 그냥 게이머요."
"하루 종일 엄마의 간섭을 받지 않고 자고 먹고 놀았으면요."
"요즘 잠이 너무 많아서. 하루 종일 잠만 자고 싶어요. 잠자는 침대 속의 김돌이 되고 싶어요."

"쌤. 어제 저희 집에 갔다 학교 다시 왔는데 보안관 아저씨가 잡았어요."
"왜?"
"중학생 같다며 학생증 꺼내 보라고 하셔서요. 여기 학교 다닌다고 계속 말했는데."
"보안관님이 왜 그러셨을까?"
"그래서 6학년 교과서를 꺼내 보여 드렸더니. 확인하더니 들어가라고 했어요."
녀석들이 많이 컸나 보다. 하긴 나보다 크니 오해받을 만도 하다.

점심 먹고 올라오니 아이들이 유튜브를 틀어 놓고 춤추며 놀고 있다. 닌텐도 춤추는 게임 동영상 보고 남자아이들이 합을 맞춰 춤춘다. 자전거 타는 동작도 따라 하고. 오늘 처음 합을 맞춰 보는 거라고 하는데…. 이 아이들의 재능을 어찌하오리까.
"선생님. 방학 숙제로 장기자랑 준비 내 주면 안 돼요? 2월에 한번 공연해요."
"하기 싫어하는 사람도 있잖아."
"그 사람들은 구경하면 되잖아요."
"우리 사랑의 재개발 연습하자."
"유산슬. 합정역 5번 출구로 하자."
"아모르 파티지."
"이거 은근 재미있다."
"내 나이가 어때서요."
"손에 손잡고."
"장기자랑해요. 알았죠?"

　오늘은 5교시로 단축 수업한다. 6교시 1시간 줄어들었지만 그들에겐 40분 이상의 자유시간이 생긴 셈이다. 몇몇 아이들은 5교시 마치고도 집에 안 가고 버티고 있다.

　"티쳐~ 메리 크리스마스!"

　"앤 해피 뉴 이얼~"

　"우리 2020년 될 때까지 카운트다운 하죠. 2020년 얼마 안 남았네요. 또 한 살 먹네요. 중학교 가기 싫다. 근데."

이상하게 2020년이라는 말을 들으면 〈2020 원더키드〉라는 만화영화가 생각난다. 어린 시절 그렇게 멀게만 느껴졌던 시간이 이젠 며칠 남지 않았다. 아이들이 다 가고 부모님과 의논한 아이들의 겨울방학 과제를 펼쳐 본다. 의논을 안 하고 본인들 마음대로 적은 것 같은 흔적도 보이지만….

- 체력 기르기, 뒤떨어진 과목 공부하기, 가족과 함께 체험학습하기.
- 방학 시간에 부족한 공부를 열심히 하기로 했다.
- 체력을 기르려고 아침에 운동을 하되 너무 격하게 하지 않기.
- 중학교 수학 선행.
- 나의 능력에 맞는 한자 익히기(급수).
- 운동, 수학, 영어 보충하기.
- 책 읽기, 영어 수학 공부하기.
- 엄마는 내가 하고 싶은 과제를 하라고 하셨다.
- 체력 기르기, 뒤떨어진 과목 공부하기.
- 공부하는 습관 기르기(숙제가 아닌 스스로 공부하는 시간 가지기).
- 일기 열심히 쓰기.
- 사회 문제집 사서 풀기.
- 지금처럼 공부도 열심히 하고 방학 때도 규칙적인 생활과 운동으로 체력 기르기로 했어요.
- 토지 12편까지 읽기.

아이들을 보내고 교실에 있으니 작년 우리 반 한 녀석이 크리스마스카드를 전해 주러 왔다. 고맙다고 말을 했지만 편지에는 그 이상의 무언가가 전해진다. 내년에 쌤 반 하고 싶다며 집에 간다.

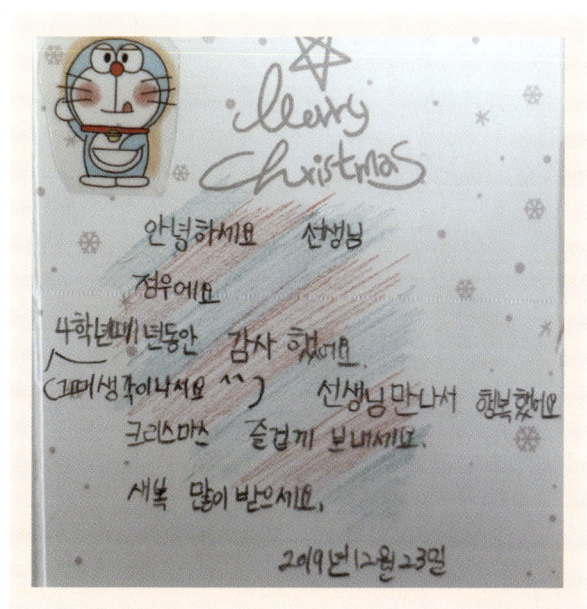

아이들 일기

오늘은 이도건 선생님이 우리가 풋살 하는 것을 구경하셨다. 선생님이 오시기 전에 내가 3번의 찬스를 날려 버렸다. 그래서 죄책감이 들어서 ○○이에게 오늘 슈팅, 드리블, 개인기를 배웠다. 하지만 내가 실전에서 가장 많이 사용할 수 있는 기술은 감차, 바디페인팅밖에 없다.

인간에 욕심은 끝이 없는 거랬다. 엄마한테 스터디플래너를 받았는데 스터디플래너는 중학교 때부터 쓰려고 생각하고 있다. 그럼 지금 쓸 건?? 없다. □는(은) 크리스마스 선물? 선물로 핸드폰 바꿔 주는 것도 좋고 에어팟도 좋고… 중학교 올라가면 선물도 못 받겠지… 그니까 6학년 마지막 크리스마스 선물이니까 엄청 특별한 선물로 받고 싶다. 하지만 내가 □가 가지고 싶다가 아닌 부모님 생각에 이게 내가 좋아할 것 같다고 하시는 걸 가지고 싶다. 이도건 선생님의 크리스마스 선물은 1월 4일날 파자마 파티 하는 게 아닐까? 다른 것도 있으려나. 난 크리스마스 선물로 방학까지 24, 26, 27일은 다 체육을 하면 좋겠다. 완벽한 크리스마스 선물이 아닐까 싶다. ㅋㅋㅋ 곧 있음 방학이다. 아침에 일찍 일어나지 않아도 되고… 그만큼 단점도 있겠지? 갑자기 내일 학교가 기대된다. 너무 많이!!

 **2020년 1월 4일 토요일**

　방학하고 아이들과 만나기로 한 날이다. 4시쯤에 보기로 했는데 3시 20분부터 벨소리가 들린다. 규현, 효은이가 제일 먼저 왔다.

"역시 9층이라 뷰가 좋네요."
"근데 왜 빨리 문 안 열어 주셨어요? 일부러 안 열어 주는 거죠?"
잠시 후 또 벨이 울린다.
"귀여운 지윤이 왔어요!"
"얘~ 변성기 왔네?"
"엄마가 쌤 집에 놀러 간다니 엄청 좋아하던데요?"
"전 엄마가 아무 말 안 하더라고요."

"여긴 이쁜이들만 오는 데야."
"우리는 예쁘니까 괜찮죠?"
엄청 시끄럽다.
"저 로션도 챙겨 왔어요."
"칫솔도 챙겨 왔어요. 치약은 빌려 주는 거죠?"
"저는 아이들이랑 함께 할 게임 준비해 왔어요."
"선생님. 요즘 우리 학교에 커플들이 늘고 있어요. 부럽지는 않은데. 좀 이상해요."

잠시 후 굵은 남자아이들 목소리가 들린다.
"문 좀 열어 주세요."
"벨은 놔두고 웬 소리냐?"
들어오더니 곧바로 와이파이 존에 앉는다.
"남자의 진리는 역시 핸드폰과 텔레비전이죠?"

여자애들이 많아지니 정말 시끄럽다.
"톤 제발 절반으로~ 밑에 집 할머니 아프셔서 너희 떠들면 할아버지 올라오신다!"
여자아이들은 2명 빼고 다 모였나 보다. 오랜만에 듣는 이 엄청난 소울의 소음.
연수는 아침에 축구를 하고 왔단다. 4골이나 넣었다며 자랑하지만 실상은.
"두 골은 자살골이었고요. 2골 넣어서 합이 0골이네요."

"남자 5명은 최소 2인분 먹는 애들이야."
"오늘 온 애들 피지컬이 엄청나요."
"밥 먹으러 가자! 고기 먹으러 가자!"
"진짜요? 진짜?"
회식 분위기라며 아이들이 더 들떠 한다.

식당에 들어가니 옆에 식사하시던 분이 우리 시대의 미래라며 우리를 반겨 주신다. 사실 너무 많이 떠들어서 휴…. 많이 민망했다. 게다가 한 녀석이 나에게 '아빠라고 불러도 돼요?'라며 상황극을 한다. 한 번 웃으며 받아 줬더니… 끝이 없다.

"(뜨겁다며) 입에 들어갔다 나온 고기 다시 먹어도 되냐?"
"너는 그럼 츄파춥스 한 입 먹고 뺐다가 안 먹어?"
우리는 고기 1인분이랑 볶음밥까지 먹고 나온다.
"선생님 감사합니다. 나중에 우리 포차에서 만나요."
"우리는 떠들어도 빠져나갈 수 없는 귀여움 때문에 괜찮죠?"

남자아이들은 그냥 게임을 하고 여자아이들도 미니 게임을 한다. 저마다는 재미있어 보이는데 너무 시끄러워 여간 걱정이 아니다. 신경 쓰지 말고 텔레비전이나 보고 있어야지! 나더러 '흔한 아빠의 테레비 보는 각'이라는데.
"쌤도 게임 같이 해요. 고요 속의 외침이랑 바보바보 게임요."
"나이가 들면 그런 게임이 재미없어져."
"우리 아빠는 피파 좋아하는데요."
"우리 아빠는 게임 요정인데."
한동안 그렇게 남자아이들은 핸드폰 게임. 여자아이들은 몸으로 하는 게임! 여자아이들이 남자아이들에게 같이 하자고 했지만 무반응이다.
"남자애들은 집에서 정말 게임 못 하게 하나 봐요."

한 시간여가 지나고 함께 모여서 몸으로 표현 게임! 지들끼리 잘 논다. 이제는 환경에 적응했는지 시끄럽지도 않고 밸런스도 괜찮다. 노래 맞히기 게임! 요건 좀 재미있어 보인다. 나도 같이 한다. 먼저 한 사람이 시간을 아무렇게나 말한다.
1분 49초!
방장이 1분 49초에서 그 노래를 틀어 1~2초 들려주고 맞히는 게임!
이 게임은 재미있다. 나도 반 문제 맞혔다.
"쿨! 서머?"
"정답은… 쿨의 애상입니다."
할머니 게임이라는 것도 하는데. 입 모양을 할머니처럼 하고 말하면 되는 간단한 게임이다. 다른 사람이 하는 말을 듣고 웃지만 않으면 되나 보다.

"우리 커서 회식해 드릴게요. 너무 걱정 마세요."

"종이컵 아껴 써. 난 내 이름 종이컵에 써 놓았는데."
"종이컵에 이빨 자국 낸 게 내 건데. 그거 쓰지 마."
저녁이 깊어 간다. 집은 초토화다.

아이들이 쓴 약속공책 뭉치! 서류를 정리하던 중 이걸 그냥 폐기하려다 몇 개는 다시 읽어 본다. 당시 기억이 어쩜 이리도 정확히 재생되는지. 고개를 절레절레 흔들게 만드는 약속공책도 있다. 아이들이 그토록 쓰기 싫어하던 약속공책. 이젠 역사 속으로 잠든다. 모두 파쇄기에 넣는다!

영어시간에 ○○이 책상을 떼었고 그랬다가 붙이길래 도로 떼라고 했는데 누군 널 좋아하는 줄 아냐? 쌤한테 죽으니까 그러지. □□이랑도 그랬어라고 했는데 그럼 왜 떼는데라고 내가 짜증을 내니까 시비충이라고 했다. 그래서 사과하라고 짜증을 내니까 벌레 충자가 아니고 충할 충자거든? 찔렸냐? 라고 계속 하길래 책상을 내가 계속 밀었다. 그러니까 ○○이 잡길래 손을 뿌리쳤는데 ○○손이 ○○을 때렸다. 그리고는 가만히 안 울고 계속 시비충이라고 말하고 충할 충자라고 계속 둘이 싸우다가 선생님이 오시니까 갑자기 운다. 내가 생각 했을 때 내 잘못은 책상을 민 것과 짜증내는 말투로 말한 것. 손을 세게 뿌리쳐서 ○○얼굴에 맞았는데도 가만히 있고 사과를 안 한 것이 잘못인 것 같다.

맨 처음에 가만히 영어문제를 풀고 있는데 자기 꺼를 베꼈다고 그리고 나서 막 필통을 건드려 책상을 떼더니 내 지우개를 ○○이한테 가져가고 나서 책상을 계속 밀어 시비충이다라고 내가 □□님한테 말을 했다. 그리고 나서 달력을 넘어뜨리고 책상을 밀쳐 문건을 떨어뜨리는 것을 두세 번 반복했다.

처음에 피구를 하려고 기다리고 있는데 ○○님이 □□님 공을 뺏길래 저 공으로 해야 된다고 생각하고 있다가 □□님이 공을 뺏어서 있었는데 □□님이 화가 나서. 제가 너무 성급하게 공을 뺏어서 문제가 생긴 것 같습니다. 저는 어차피 같이 하니까 괜찮겠다 생각해서 뺏었습니다.

처음에 ○○님 앞에 앉아 있었는데 누군가 밀어서 안경을 긁혀서 화가 났습니다. 그리고 일어났는데 □□님을 △△님 밀었다고 했습니다. 그래서 제가 △△님한테 너무 화를 냈습니다. 그때 △△님이 자기는 교실 앞에 있었고 잘못이 없다고 했는데 일어났을 때 분명히 제 앞에 있어서 더 화를 냈습니다. 제가 잘못한 점은 수업 시작을 해야 하는데 선생님 앞에서 크게 소란을 피우고 다른 친구 수업시간에 피해를 줬습니다. 그리고 △△님한테 물어보지도 않고 다짜고짜 성급하게 화를 냈습니다. 저는 아팠는데 △△님이 거짓말을 해서 속상했습니다.

맨 처음에 식판을 들고 나서 ○○이가 밥 받고 다음 거를 받으러 가서 나도 앞으로 가고 있는데 △△가 계속 밀쳐서 밀리고 있다가 밥을 받고 있는데 또 밀치고 밀다 보니.

○○이가 밥을 받고 앞으로 안 가고 내가 빨리 가라고 말을 했는데 안 갔다. 그래서 살짝 밀쳤는데 ○○이가 날 못 오게 밀쳤다. 나는 ○○이가 날 왜 밀었는지 솔직히 이해가 안 갔다. 근데 ○○이가 앞으로 안 가면 뒤에 애들이 날 밀치니까 나도 앞으로 가야 했다. 그래서 나도 밀쳤다. 근데 ○○이가 이해가 안 되는 게 밥을 받고 계속 덜어 달라 하니까 앞으로 안 가니 밀 수밖에 없었다. 밥을 받고 다 먹고 남기면 되는데.

허공에다 발차기 하고 있었는데 갑자기 ○○가 아니 왜 차려고 하는데라고 말해서 나는 할 말이 없었다. 그렇게 생각한다면 사과해야겠다.

내가 먼저 ○○를 때린 건 맞다. 이 싸움의 대부분은 내가 잘못한 것 같다. 내가 ○○를 먼저 톡 쳤다. 난 그리고는 그냥 뒤쪽으로 끌어가는데 뒤에서 ○○가 다시 공을 들고 내 뒤통수를 쳤다. ○○ 입장에선 비웃었는데 그냥 맞은 것이라 생각될 것이다. ○○도 화가 나니 내 머리를 치는 건 나도 당연하다고 생각한다. 하지만 내가 ○○를 친 거에 비해 ○○는 나를 너무 세게 쳤다. 나는 ○○가 아프지도 않을 정도로 진짜 살짝 쳤는데 ○○는 나를 너무 세게 때렸다. 그래서 나도 치고 ○○이도 치고 치다가 그냥 멈췄다. ○○이가 많이 억울해하는 것 같다.

○○ – 커터칼로 장난치기. 중간 중간 딴짓을 하기도 했지만 평소에 비해 조용했음.
△△, □□ – 싸운 건지는 모르겠지만 작은 다툼이 있어 보임.

급식 줄 순서가 있는데 장난을 치면서 앞으로 갔다 뒤로 갔다를 반복하다 마지막에 ○○님을 제쳤는데 그때 선생님이랑 부딪힌 것이다.

청소기구나 당구채로 칼싸움을 등등을 하였다. 그때 나와 ○○이가 칼싸움을 하고 끝났다. 좀 뒤에 갑자기 ○○님이 내가 쓰던 청소기구가 망가진 것이 나 때문이라고 하였다. 분명 멀쩡히 제자리로 놓고 왔는데. 망가져 있었다. 근데 그게 내가 망가트린 것이라고 하여 이게 무슨 상관인지.

○○님 사인펜을 막 꽂아 놓고 노랑머리라고 놀린 거. 짝을 하면서 좋은 친구인 걸 알아가서 후회됩니다.

○○님에게 문어라고 놀렸다. 그래서 기분이 상한 것 같아 사과를 했다.

중간놀이 시간에 ○○님 등과 함께 농구를 하다가 공을 못 잡던 ○○님이 공을 잡자 자신이 하겠다고 공을 지키려 공을 깔고 누워 계속 버티자 화가 나서 공을 가지고 있던 ○○님의 자세를 따라하며 놀렸다. 기분이 좋지 않았던 것 같아서 미안하다.

나는 ○○님 사과 태도가 기분 나빴다. 분명 말은 '어 그래 미안해'였지만 오히려 날 무시하는 기분이 들었다. 진심이 담긴 사과를 받고 싶다.

나는 요즘 친구들에게 언행이 조금 난폭했던 것 같다. 물론 나는 장난이었고 만약 어떤 친구가 상처를 받았다면 나는 사과를 하고 싶다.

친구 머리카락을 당겼다. 너무 내 생각만 했다. 한 친구를 너무 싫어해서 선을 넘은 것 같다. 친구와 이야기할 때 비속어를 넣어 이용했다. 친구 욕을 했다. 친구와 싸웠을 때 미쳤냐고 했다.

○○님이 자꾸 제 앞에서 제 강아지 이름과 관련된 말을 계속한다. 그만해 주시면 좋겠어요.

급식실에서 ○○한테 "너 밥 왜 이렇게 조금 받냐?"라고 하고 다른 애들이 "왜 이렇게 조금 먹냐?"라고 궁금해서 물어봤을 때 내가 "얘 인생이니까 얘 어떻게 되든 자기 마음대로 하라고 하자"라고 했을 때 ○○한테 진짜 미안하고 급식 받는 건 자유인데. 참견해서 미안하다. 그게 계속 마음에 걸려서. 그날은 진짜 미안했다. 하면 안 되는 말인데. 엄마께 말씀드렸더니 엄마는 그런 말 앞으로 다시 하지 말라고 해서 진짜 반성하고 되새기고 미안하고. 기억에 남고. 내가 왜 그랬을까?라는 생각도 들고. 반성하고 마음 깊이 사과한다.

○○님이 자꾸 "얼미니 존재감이 없있으면"이라는 말을 그만했으면 좋겠다.

저는 우리 반 친구들 대부분에게 비속어를 쓴 것을 잘못했다고 생각합니다. 또 남자아이들에게 이름을 부르며 놀리는 것을 한 행동을 뉘우치고 있습니다.

○○이가 나한테 계속 참견을 했다. 그래서 내가 ○○이한테 그만 좀 해!라고 소리 질렀다. ○○이가 내 쪽으로 공을 계속 맞으라는 듯이 던져서 나도 ○○이쪽으로 공을 세게 던졌다.

자리 잡아서 농구하기 하다가 ○○님이 자리를 먼저 다 차지해서 자리가 없어서 앞으로 가라고 하다가 말을 안 들어서 몸싸움을 했다. ○○님이 밀어서 미안하고 앞으로는 말로 조금만 더 해 봐야겠다. 다시 한번 미안하고 몸을 쓰지 않도록 노력하고 농구도 과격하지 않게 하겠다. 앞으로 과격한 몸싸움은 진짜로 하지 않겠습니다.

내가 우는 이유는 동정 받고 싶어서가 아니라 모두 내가 관종새끼라고 떠들고 속상해서 울었더니 우는 척 연기하는 거라고 해서 모두 나를 못 믿는 것 같아서였다.

교실에서 농구공을 발로 찼다. 농구를 축구하듯 했다.

○○님한테 끔찍한 얼굴이라고 해서 미안합니다.

안전교육을 할 때 옆에 앉아 있는 ○○님 하고 같이 떠들고 장난을 쳤습니다. 앞으로 수업 시간에는 친구와 떠들지 않고 수업에만 집중을 하겠습니다. 다시는 그런 일이 없도록 하고 친구와 장난치는 것을 줄이고 선생님한테 주의 받지 않도록 최대한 노력을 하겠습니다.

죄송합니다. 떠들지 않기로 했는데 떠들어서 죄송합니다. 앞으로는 계단이나 복도에서 떠들지 않고 조용히 다니겠습니다. 제가 친구들과 대화하는 걸 좋아해서 떠들었나 봅니다. 떠들어서 죄송합니다. 다시는 복도나 계단에서 떠들지 않겠습니다. 다시 떠들 경우는 벌을 받겠습니다.

수업시간에 웹툰을 보았습니다. 연재 구독 중인 웹툰이 알람 설정으로 오길래 눌러서 봤습니다. 호기심에 그랬고 이번 편이 기대되어 그랬습니다. 앞으로는 그러지 않도록 하겠습니다. 웹툰이 재미있는 것은 알지만 그래도 해서는 안 될 행동이었습니다. 앞으로 다시 한번 이런 일 없도록 하고 수업시간 인터넷 허용되어도 중요한 자료만 보겠습니다.

앞으로 다른 친구들이 제 자리에 앉아 있거나 제 자리에서 이상한 짓을 해도 지랄이라는 말을 사용하지 않겠습니다. 다른 친구들이 제 자리에 앉아 있으면 비켜 달라고 말하고 그냥 기다리겠습니다. 앞으로는 이런 일이 없을 것입니다.

제가 ○○ 핸드폰을 뺏어서 반 단톡방에 마음대로 메시지를 보내서 죄송합니다. 그때는 아무 생각 없이 재미있겠다!라는 가벼운 마음으로 보냈던 것 같은데. 제가 보냈던 메시지가 반 단톡방의 분위기를 흐려서정말 죄송하다고 생각하고 있습니다. 다음부터는 생각하고 행동하도록 하겠으며 생각 없이 행동해 신성한 단체 카톡방의 분위기를 흐려서 다시 한번 정말 죄송합니다. ○○이에게 죄송하고 감사합니다.

수업시간 종이 울릴 때까지 만화책을 읽고 있었습니다. 선생님의 말씀에 귀 기울이지 않아 선생님의 말씀을 듣지 못하고 만화책을 읽었습니다. 그리고 수업시간 1분 전에는 만화책을 정리하고 수업 준비를 열심히 하도록 하겠습니다. 그리고 수업시간 전에는 꼭 교과서를 미리 준비해 놓고 만화책이나 수업시간에 필요 없는 소품들은 책상 속에나 사물함 속에 꼭 넣어 놓도록 하겠습니다. 앞으로는 절대로 그러지 않도록 노력하겠습니다. 죄송합니다.

저는 1교시에 수업시간에 자리에서 슬라임을 만졌습니다. 액체괴물을 만지면 안 되는 걸 알지만 ○○님 액체괴물이 만지고 싶어서 조금 떼서 만졌습니다. 원래 액체괴물을 수업시간에 만지만 안 되는 걸 알긴

하지만 너무나도 만지고 싶어서 만졌습니다. 그것도 수업시간에. 정말 죄송합니다. 앞으로 다시는 수업시간에 슬라임이나 액체괴물을 만지지 않도록 하겠습니다. 다시는 그러지 않을게요. 한 번만 용서해 주세요. 다시는 진짜 이런 일이 없도록 하겠습니다. 죄송합니다.

선생님이 며칠 다시 내준 수학 숙제를 안 해 와서 죄송합니다. 다음부터는 이런 일 없게 하루 전날 미리 미리 해 놓고 다음 날 꼭 제출하겠습니다. 그리고 오늘 못 해온 수학 단원은 내일까지 꼭 해오겠습니다. 다음부터 이런 일 없게 조심하겠습니다.

수업이 시작할 때 만화책을 보고 있었다. 평소엔 그러지 않았는데 방심한 것 같았다. 한순간에 혼날 수 있다는 것을 알았고 앞으로는 수업시작 2분 전에 준비하도록 해야겠다. 진심으로 느꼈고 앞으로는 꼭 만화책을 쉬는 시간 끝나기 3분 전에 다시 놓아야겠다. 수업시간을 지키지 않는 건 선생님에 대한 예의가 아니다. 정신을 팔고 있었다. 앞으로 꼭 준비를 일찍 하고 교과서를 펴 놓고 있겠다. 수업시간을 지키지 않아 선생님께 죄송하고 꼭 지키겠다.

수학 숙제를 끝까지 하지 못했다. 앞으로는 이런 일이 다시는 벌어지지 않게 숙제를 꼼꼼히 확인하고 수업시간에 집중하겠습니다. 발표도 열심히 하겠습니다. 선생님 말씀 귀담아 듣겠습니다. 친구들과 수업시간과 쉬는 시간을 가려가면서 떠들겠습니다. 숙제를 대충하지 않고 정성스럽게 열심히 하겠습니다. 글씨를 더 예쁘게 쓸 수 있도록 노력하겠습니다. 저의 잘못을 깨달았고 고치려고 열심히 노력해 보겠습니다.

내가 너무 진지하지 않아서 그 점을 매우 반성하고 있고 앞으로 100년 동안 벌을 받는 동안에 진지하게 반성을 하고 처음부터 뒤로 나가지 않게 노력하겠습니다. 혼날 때는 반성하는 것에만 집중하고 진심으로 반성하도록 하겠습니다. 앞으로 예의을 지키고 꼭 반성하겠다고 약속하겠습니다. 그 버릇도 꼭 고치도록 노력하겠습니다. 죄송합니다.

다짐합니다. 앞으로는 앞사람이 뭐라 하든 신경을 안 쓰고 무시하겠습니다. 그리도 대답도 안 하겠습니다. 위의 내용을 잘 지키고 다른 친구들의 말에 귀 기울여 경청하겠습니다. 앞으로는 앞 사람이 말을 해도 뒤를 바라보지 않고 끝나는 시간 물어보지 않고 수업시간 때는 무시하고 듣는 것에만 집중하겠습니다. 약속합니다.

친구들이 발표할 때 경청을 하지 않고 뒤에 있는 친구와 옆에 있는 친구와 떠들었습니다. 다음부터는 친구들이 발표를 할 때 뒤에 있는 친구 옆에 있는 친구와 떠드질 않고 발표하는 친구의 말을 경청하겠습니다.

저는 음악시간에 친구들이 발표할 때 짝꿍과 떠들었습니다. 다른 친구들이 발표에 경청하지 않았으니 매우 무례했다고 생각합니다. 죄송합니다. 다음부터 친구들의 발표를 경청하도록 노력하고 또 노력하겠습니다. 그러므로 다음과 같이 약속하겠습니다.
1. 친구들이 발표할 때는 조용히 경청만 하겠습니다.
2. 옆이나 주변 친구들이 말을 걸어도 대화하지 않겠습니다.
3. 정말 급한 일 이외에는 아예 말하지 않겠습니다.

 **1월 28일 화요일**

"저희 7시 30분에 왔어요."
승은, 지윤이가 엄청 일찍 왔나 보다. 7시 30분에 와서 1시간여를 둘이 놀았단다.
"너 무서워."
"너도 무서워. 가까이 오지 마."
등교하는 아이들도 모두 마스크를 하고 있다. 신종 코로나바이러스 출현에 모두 긴장되는 개학일이다.

지윤이는 1월 9일에 상하이에 갔다 왔다고 한다. 순간 머리가 찌릿.
"언제 왔어?"
"2박 3일요. 14일 전에 들어와서 괜찮다던데요."
"아. 다행이다. 열은 없지?"
"네. 열 1도 없어요."

거울 앞에 두 녀석. 머리 이야기로 한창이다.
"머리 이렇게 자른다고 생각해 봐."
"날라리 같아."
"나 4학년 때 처음 자르고 5학년 때 또 기르고 했는데 이제 또 자를까?"
"이상할 것 같은데?"

"너 손톱 물어뜯는 버릇이나 고쳐~ 감염돼."
"중국에서 기침하면 사람들이 다 째려본대."
"나 쫄보 기질이 있어 기가 죽는데."
"이제 짜장면도 못 먹을 것 같아요."
"그건 먹어도 돼."
"안전 불감증이시네요."
"중국인들 박쥐도 먹어요. 그게 때문이라는데요. 제일 센 바이러스래요."
"야~ 우한바이러스보다 더 센 게 얼마나 많은데."
"코로나바이러스 같은 거."
"그게 그거야."
"왜 코로나바이러스인 줄 알아?"
"피가 코로 나와서."
"재미없다. 그런 거."
"근데 코로나바이러스 젊은 사람이 더 잘 죽는대."
"우리는?"

"우리는 어린 거지."

"저 방학 때 며칠 아빠 회사 가서 일했는데."
"최저 시급 맞춰서 줘서 6만 넘게 벌었어요."
"오랜만에 학교 오니 너무 힘드네요. 이 언덕!"

"방학 하루만 더 했으면 좋겠어요. 낮밤 바뀌어서 힘드네요."
"확실히 졸업, 입학하니 좋네요. 선물이랑 돈이 많이 들어와요."
"나 설날에 100만 원. 외가 친척해서. 우리 누나는 189만 원."
"난 세뱃돈으로 안경 바꾸고 아이패드 샀는데."
"역시 우리는 럭키 세븐 07년생이잖아."
"용돈 많으니 정말 좋다."

안전 안내 문자도 폰으로 전송된다. '신종 코로나바이러스 대응 경계 단계로 격상(1.27).' 아이들 핸드폰과 내 폰이 일제히 울린다.
"이거 무슨 소리야?"

개학식을 방송으로 시작한다.
교장선생님 말씀하시는데 마이크에 하울링이 너무 심하다.
"이거 노래방 마이크 같다."
"근데 되게 똑똑하게 들려."
"노래방에 많이 다녀서 그런가 봐."

역시나 코로나바이러스 예방법 안내를 먼저 한다. 보건 선생님이 예방수칙을 말씀해 주신다.

"신종 코로나바이러스는 공기를 통해 전염이 되기 때문에 기침 예절을 지키는 게 정말 중요해요. 기침 증상으로 병원에 갈 때 꼭 마스크를 쓰고 가셔야 하고요. 방학 중 해외여행 다녀왔을 때는 꼭 병원에 가서 말해야 해요. 특히 중국, 그중에 우한시에 여행 다녀왔을 때요. 몇 가지 지켜야 할 것 안내할게요. 마스크 쓰기, 기침 예절 지키기. 이것만큼 중요한 또 다른 것은 면역력을 기르는 거예요."

면역력 길러 주는 방법: 잠을 많이 자기. (즉석 식품보다는) 균형 잡힌 식사. 물을 많이 마시기(하루 7~8잔). 스트레스 조절.

내일 중입배정을 앞두고 아이들이 많은 이야기를 나누고 있다.

"난 동마보다 무학이 좋아."

"동마에 가 봤는데 뭔가 폐허 같더라고."

"나는 동마 가고 싶은데. 거기가 더 가까워."

"넌 근데 왜 무학 가고 싶어?"

"점심이 맛있으니까."

"거기 무학여고 담벼락 넘어가도 된대!"

"아니야. 담 넘어가면 벌점 받는대."

"얘들아. 무학중학교 축구부 만들었대?"

"진짜. 나 무학중 가고 싶다."

"그 무학중 축구부 주장 우리 누나 친구야."

"너 무학중 가면 인맥 축구 되겠다."

"근데 진짜 떨린다. 빨리 발표 났으면 좋겠다."

"내일 몇 교시에 나눠 주실 거예요?"

"나오는 대로 바로. 대신 배정 결과 나오고 울기 없기다. 절대."

"알겠어요. 왜 울어요."

방학 과제도 낸다. 당연히 오늘 못 가지고 온 아이들이 많다. 일단 내일까지 가져오라고 한다.

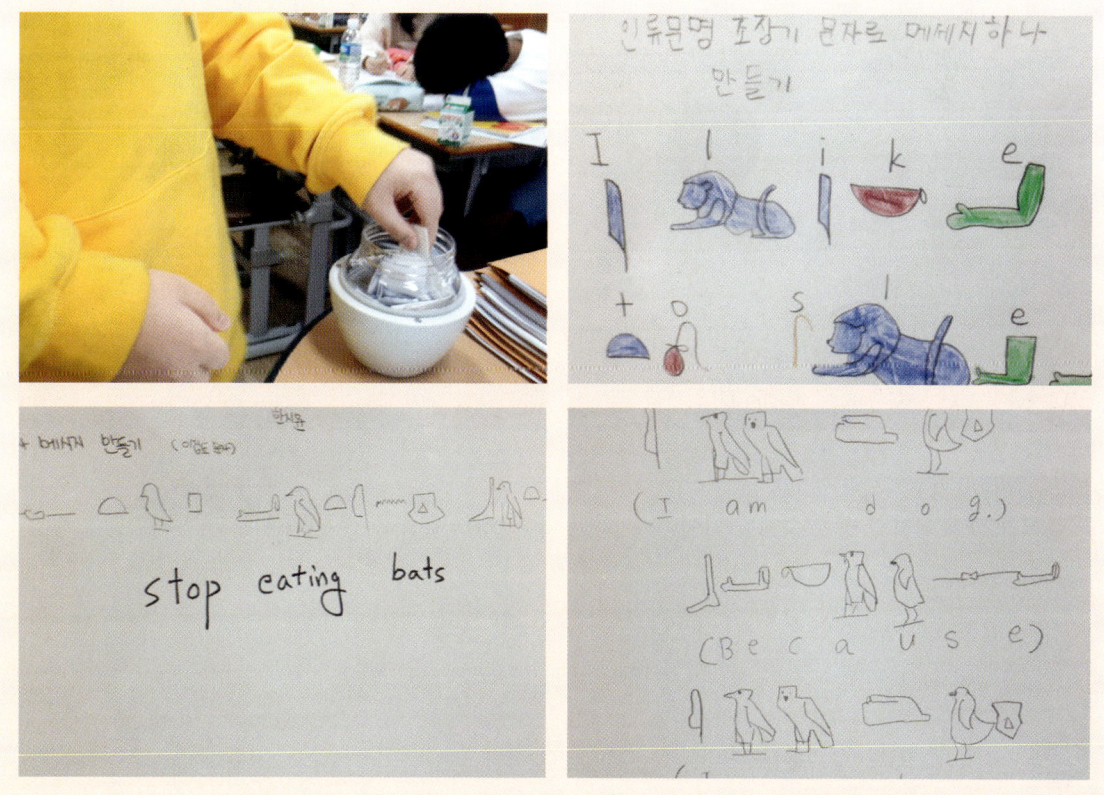

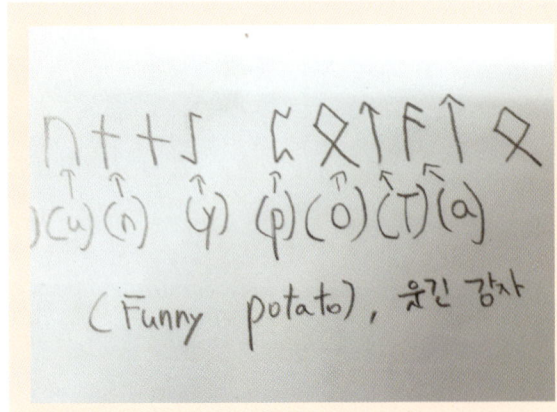 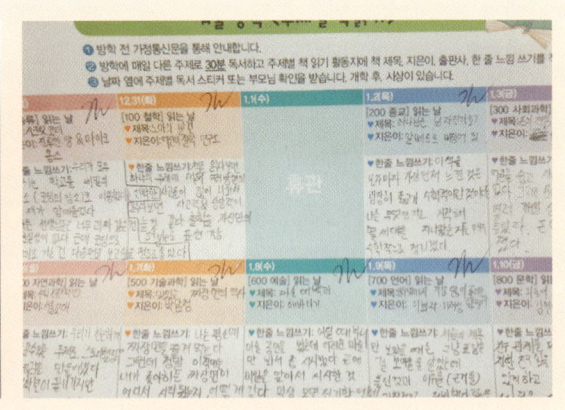

보건실에서 체온계가 올라왔다. 5, 6반 함께 매일 체온을 측정하란다. 〈0~3, 3~36, 36+〉 개월 수 표시 버튼을 36개월 이상으로 맞추라고 했더니 나이인 줄 알고 3~36을 선택한 녀석도 있다.

"저 37.3도에요."

"정상이야."

"괜찮겠죠?"

"저 37.5도예요?"

"저 아픈 거예요?"

"아니 있다 다시 재 보자."

"저… 37.9다. 아니다. 36.9다."

 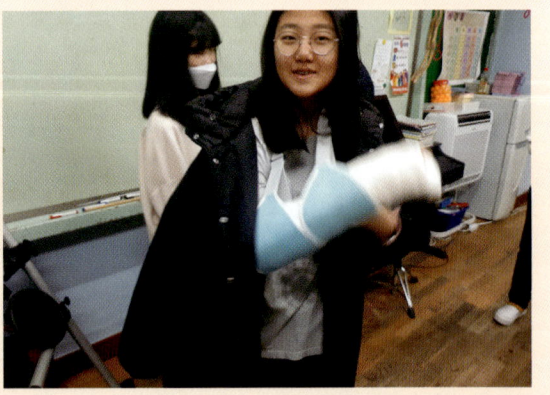

주희가 팔이 아파서 방학 숙제를 거의 못 했다고 한다. 하긴 깁스를 한 녀석에게 뭐라 하기도 그렇다. 하지만 옆에 있던 남자 아이들이 깐죽.

"입에 연필 물고라도 해야지."

"아니야. 왼손으로 써도 잘 쓴다고. 우뇌 개발도 하고."
"발가락으로라도 일기 썼어야지!"

아이들과 방학 이야기를 나눈다. 발표지에 자신이 한 일이 아닌 것도 적당히 넣어 가짜인 일정을 찾아내는 게임 형식으로 진행했다. 1년여 함께 생활해 왔지만 아직은 서로 모르는 부분이 너무나 많다.

- 설날에 할아버지네 집에 갔다 옴. 가서 떡국을 2그릇 먹었다(아침, 점심). 맛은 있었지만 많이 먹으니 조금 질렸다. 용돈을 10만 원 받아서 기분은 좋았다.
- 하루 동안 밖에 안 나가고 집에 일어나서 먹고 폰 하다가 자고를 계속 반복했다. 날씨가 추워서 전기장판과 한 몸이 되었다.
- 남양주에 치즈를 데려갔는데 계속 베란다에 얼굴을 박아 얼굴이 까매졌다. 그리고 계속 돌아다니다가 결국 에어컨기기 뒤에서 잤다.
- 친구들과 놀 때 다 왕십리를 간 것 같다. 겨울방학에 친구와 많이 놀고 싶었는데 자주 놀아서 기분이 좋다.
- 하루 동안 EXO에 빠져 열심히 덕질했다. 진짜 다 잘생겨서 최애를 정하기 힘들었다.

〈겨울방학에 한 일이 아닌 것 2개 찾기〉
"친구들이 아니라 친구죠?"
"맞아요. 한 명이랑만 놀았어요."
"용돈 10만 원이 거짓말이죠?"
"그건 맞는데. 틀린 건 설날에 할아버지 댁에 간 게 아니라 설 전에 미리 갔어요."

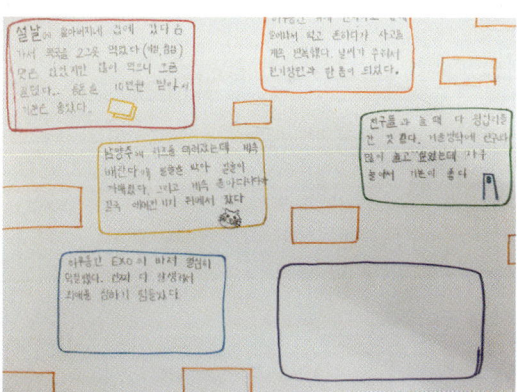

- 임실 가서 임실치즈피자 먹기.
- 배수지에서 축구하기.
- 이상화랑 스케이트 타기.
- 아빠랑 연수랑 PC방 가기.
- 연수와 노래방 가기.

〈겨울방학에 한 일이 아닌 것 3개 찾기〉
"일단 이상화요?"
"확실히 맞아요."
"임실피자요."
"피자 먹은 건 맞는데 임실에는 안 갔어요. 다른 곳에 가서 임실치즈 만들었어요."
"연수랑 노래방 가기요."
"갔는데 연수랑만 간 게 아니에요."

내 동족(개)을 만나러 갔다. 한복을 고옵게 입었다. 스키를 타러 갔다. 롯데월드에 갔다. 쌤집에 갔다. 닭을 먹었다. 하루에 3시간 잤다. 백수생활. 벼락치기를 했다. 학원만 다니고 학원만 다녔다. 배규현과 놀았다. 뉴우스 페이펄ㄹㄹ로 코로나바이러스가 위험하다는 속보를 봄. 한국에 사망자가 중국과 맞먹었다.

〈겨울방학에 한 일이 아닌 것 2개 찾기〉
"한복을 입었는데 곱게 안 입었을 것 같아요. 더럽게 입었어요?"
"아니야. 나 곱게 입었어."
"한국에 사망자가 있다는 거 거짓말이에요."
"중국은 80명."
"말만 80명이라고 하지? 사실 더 많대."
"또 한 가지는 내 동족 개를 안 만났다입니다."

준호 아버지랑 나랑 준호랑 PC방에 가서 준호가 핫도그를 추천해 줘서 맛있게 먹었다.
풋살에서 패스를 많이 했다.
할머니께서 바다한테 5000원을 줬다.
떡국을 먹었다.

〈겨울방학에 한 일이 아닌 것 1개 찾기〉
"풋살에서 패스를 많이 했다가 거짓이에요."
"아니에요. 진짜 많이 했어요."
"떡국 안 먹었죠?"
"어. 근데 만둣국인가였는데, 사골국물만 먹었어."

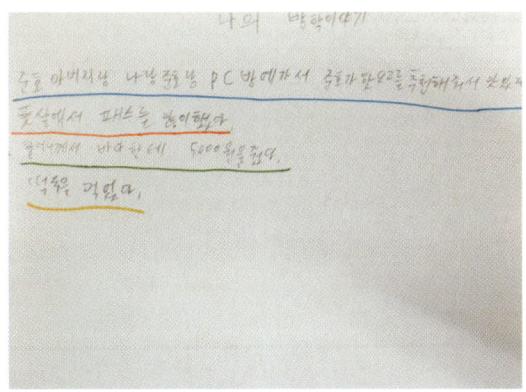

차례 음식(튀김)을 만들기 위해 내가 직접 밀가루를 묻혔다. #오징어 #고구마 #새우 #감자 #쥐포
이사 간 큰 이모 댁에 갔다(연제구 → 해운대구). #사촌누나와 검불유 시청(반강제) 이 누나랑 심부름(술) #회 먹기 #매운탕 먹기 #라면 먹기 #블랙 알리오 푸다닭 치킨
탁구 배우기 #아빠와 경기 19:0으로 시작해서 19:21로 패배, 24:26으로 패배. #모든 경기 패배
Andong에 가서 놀았다(친가 친척과 함께). #안동찜닭 #간고등어 #안동식혜 #JMT #공기놀이 #낙동강 #바베큐파티 #치킨 #트랙터 #물수제비 10번 이상 #복층 펜션
핸섬 타이거즈 시청 #서중훈 #완벽한 예측샷 #쇼리부상 #프로젝트 볼 #떰 브리 #주먹
고속버스터미널 #잠옷삼 #옷 5벌 #모자삼 #바지 #티셔츠
내 노래 플레이리스트 부산 가면서 3번 반복 #아무노래 #눈 #BAND #연중무휴 #Change #야무두 #대충 입고 나와 #인기

〈겨울방학에 한 일이 아닌 것 5개 찾기〉
"오징어? 쥐포? 감자? 틀렸죠?"
"어떻게 알았어요? 감자는 가짜예요."
"너 물수제비 10개 할 수 있어?"
"맞아요. 이건 거짓말. 10개 못 해요."
"안동식혜가 거짓말 같은데요?"
"안동식혜는 먹었어요. 고춧가루 들어가서 엄청 매웠어요."

"치킨 아니죠?"
"아니에요. 치킨 먹었어요."
"매운탕이죠?"
"매운탕은 끓이긴 끓였는데 전 안 먹었어요."
"왜요?"
"이름이 별로예요."

"4번째 거짓말은 모든 경기 패배가 아니에요. 엄마랑은 16 대 0에서 시작해 한 경기 이겼어요. 21 대 19로!"
"마지막 거짓말은 고속버스터미널에서 모자 안 샀어요."
"근데 이걸 어떻게 맞혀? 어려워."

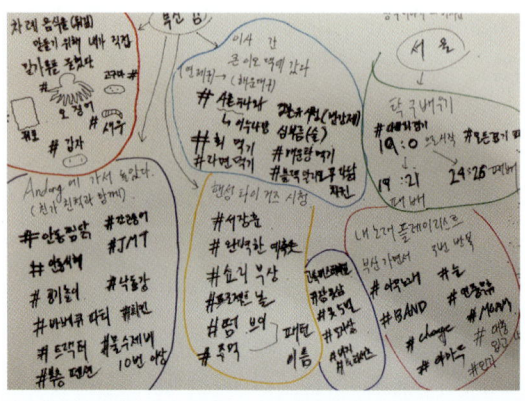

"새벽에 응급실에 갔다 왔어요. 독감 걸려서요. 그리고 다음 날 바로 장염."
"할머니랑 민화투 쳐서 75점 났어요."
"삼촌, 외숙모, 나, 할아버지 윷놀이해서 50000원 땄어요."
"가족들과 만두 300개 빚었어요."

〈겨울방학에 한 일이 아닌 것 2개 찾기〉
"만두 300개 아니죠?"
"맞아요. 저 도착하기 전에 만두 300개를 빚었어요."
"민화투가 민머리 화투에요?"
"그냥 고스톱이랑 비슷해요."
"50,000원 딴 것도 아니죠?"
"실제로는 50,000원을 잃었어요. 꼴았어요."

1월 5일: 백하랑 지윤이랑 왕십리 간 날. 아마스빈 가서 버블티를 먹고 노래방에 가서 노래를 불렀고 미소공원에 갔다가 헤어졌다.

새벽까지 책 읽은 날: 갑자기 책이 읽고 싶어져서 책을 읽었다. 책을 읽다 보니 재밌어져서 새벽까지 책을 끝까지 다 읽었다.

친구들과 많이 놀기: 친구들과 많이 놀았고 우리 집에 와서 떡볶이도 만들어 먹었다.

엄마랑 익선동, 광화문 가기

스터디 카페 가기

가족들이랑 윷놀이

TV 시청

<겨울방학에 한 일이 아닌 것 2개 찾기>
"스터디 카페 안 갔죠?"
"네. 간다고 했는데 계단으로 14층 올라갔다 와서 못 갔어요."
"새벽까지 책 읽었어요? 만화책?"
"정말 줄로 된 책 읽었어요."
"지윤이랑 안 놀고 백하랑만 놀았죠?"
"그것도 아니에요."
"친구들과 많이 놀지 않았어요? 조금만 놀았죠?"
"맞아요. 이건 주관적인 느낌이에요."

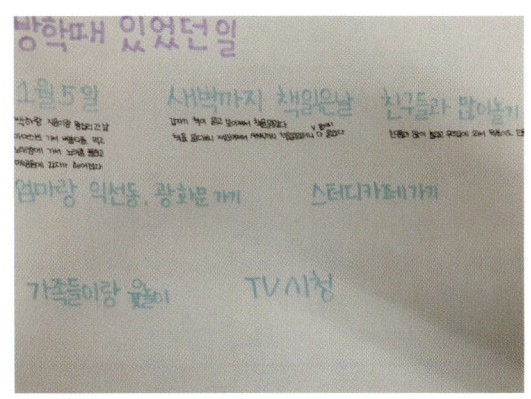

매일 수업으로 농구를 하였다. 페페로니 피자를 먹었다. 방학 때 친구와 놀았다. TV 보면서 안 자고 밤새기. 친가 댁과 외가 댁에서 총 21만 원을 받았다. 레이저 사격 수업을 하였다. 방학숙제하기. 집에서 웹툰 보기.

<겨울방학에 한 일이 아닌 것 3개 찾기>
"님. 농구 매일 안 했어요. 화목에 해요."
"어떻게 알았어요? 맞아요."
"페페로니 피자 말고 다른 것 먹었죠?"
"맞아요. 페페로니 피자 안 먹었어요."
"진가에서만 21만 받았어요."
"아니에요. 합쳐서 21만 원요."
"TV 보면서 밤 안 샜어요?"
"맞아요. 저 밤 못 새요."

교회 수련회에 갔다. 롯데월드에 갔다. 롯데월드에 가서 실내에서만 놀았다. 나는 집에 있을 때 게임만 했다. 방학 때 피시방을 갔다. 썰매장에 갔다. 설날 때 할머니 집에 가서 37만 원을 받았다. 2만 원은 휴게소에 먹었다. 5만 원은 영화비를 냈는데 가족들과 남산의 부장들 영화를 보러 왔는데 아빠가 보지 말라고. 남산의 부장들 영화는 욕이 나와서 안 보기로 했다. 내일 영화 해치지 않아를 보기로 했다. 설날에 떡국을 먹었다. 피자를 먹었다.

〈겨울방학에 한 일이 아닌 것 4개 찾기〉
"휴게소에 먹었다? ㅋㅋ"
"휴게소에서 음식을 사 먹었어요."
"집에 있을 때 잠도 안 자고 게임만 했다? 이건 거짓말이에요."
"오토 돌리고 자면 돼."
"영화비 5만 원이 아니라 4만 원은 간식이죠."
"아니야. 우리 가족 다 같이 갔는데."
"사실 해치지 않아 안 봤죠?"
"네."
"롯데월드 실외에서도 놀았죠?"
"네."
"떡국 먹었다가 아닌 거 같은데."
"맞아요. 설날에 진짜 떡볶이 먹었어요."

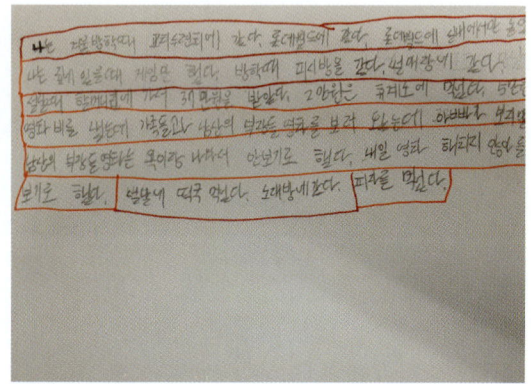

호주에 갔다. 시드니 오페라 하우스에 갔다. 사랑의 불시착을 봤다. 떡국을 먹었다. 잠수하러 갔다. 대보초를 봤다. 핸드폰을 했다. 치킨을 먹었다. 도서관을 갔다. 볼링장을 갔다. 공부를 했다. 친구랑 같이 노래방에 갔다. 학원에 갔다. 롯데월드에 갔다.

〈겨울방학에 한 일이 아닌 것 3개 찾기〉
"잠수하러 안 갔죠? 그건 아무나 하는 게 아니에요."
"어. 어떻게 알았어요?"
"님. 떡국 안 드셨잖아요?"
"맞아요!"
"너 어떻게 아냐? 다 따라 다녔냐?"
"대보초가 뭐야? 대마초?"
"치킨도 사실 안 먹었어요."

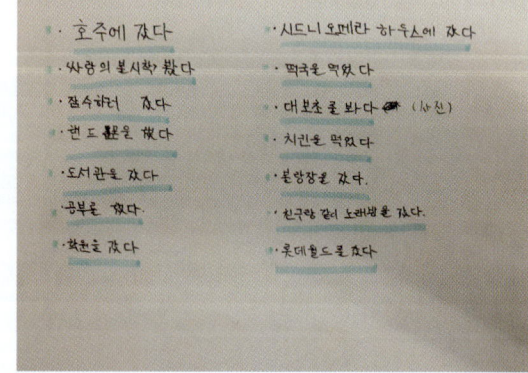

영화 보기, 2020아육대, 눈 째기, 수영장 가기,
제주도 가기, 연예대상 시청, 할머니네 가기.

〈겨울방학에 한 일이 아닌 것 3개 찾기〉
"눈 째기가 뭐예요?"
"그러니까 눈을 쨌다고."
"그게 무슨 말이에요?"
"다래끼가 안 녹아서 살을 살짝 쨌어요?"
"성형수술이에요?"
"그렇다면 쌍꺼풀이 생겼겠죠?"

"수영장 안 가고 화영장 갔죠?"
"아닌데요. 화영장이 뭐예요?"
"제주도 안 갔죠?"
"맞어. 잘 찾네."
"할머니에 안 갔죠?"
"그리고 영화 안 봤어요."

PC방에 갔다.
축구를 다시 시작한 날 3골 4어시를 했다.
파스타를 3주 연속 먹었다.
닌텐도 스위치를 샀다.
겨울왕국을 봤다.
○○가 수요 축구 선생님 옆구리를 공으로 겁나 세게 맞춰서 20분 동안 벌을 받고 엄마 이름과 전화번호를 알려 줬다.

〈겨울방학에 한 일이 아닌 것 1개 찾기〉
"사실 피시방은 방학 전에 갔어요."

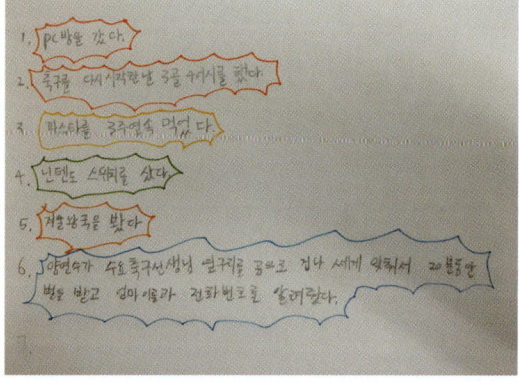

학원, 차례, 독감, 친구 만남, 외증조할머니 돌아가심, 찜질방, 백두산 시청, 수학 방학 특강, 쇼핑, 쌤 집, 열이 남, 도서관, 잠, 신라면, 스포츠몬스터, 세뱃돈 13만 원 + 50만 원 + 20만 원, 보강, 옛날통닭

<겨울방학에 한 일이 아닌 것 2개 찾기>
"백두산 안 봤죠?"
"맞아요."
"잠 안 잤죠?"
"네? 어떻게 안 자요? 잤어요."
"신라면 말고 다른 라면?"
"맞아요."
"옛날통닭이 아니라 다른 치킨 먹었죠?"
"옛날통닭 먹었어요."
"독감에 걸렸는데 열이 안 났죠?"
"엉? 무슨 말?"
"도서관 안 갔죠?"
"맞아요. 드디어 다 맞혔네요."

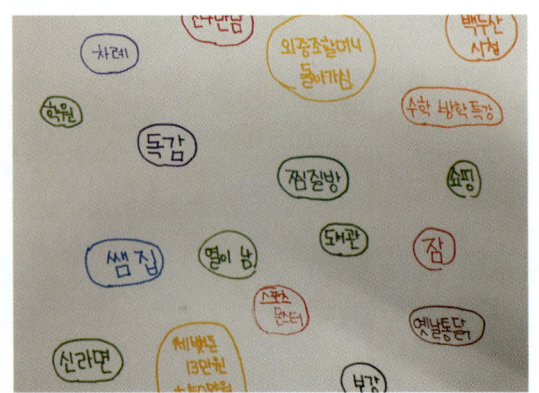

영화를 보러 갔는데 배우분들이 무대인사 오셔서 실제로 보았다.
롯데월드로 놀러갔다.
학원에 2번 빠진 적이 있다.
강아지가 닭뼈를 먹어서 크게 아팠다.
12시간 넘게 자본 적이 있다.

<겨울방학에 한 일이 아닌 것 2개 찾기>
"학원에 10번 이상 빠졌죠?"
"틀린 건 맞아요. 근데 한 번도 안 빠졌어요."
"개근상이네요."
"강아지가 닭뼈가 아니라 호랑이 뼈를 먹었어요?"
"강아지가 닭뼈를 먹었는데 하나도 안 아팠어요."

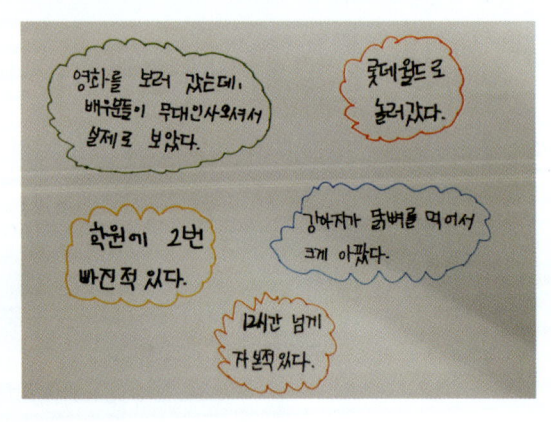

쌤 집에 감. 도서관을 감. 차례 지냄. 친구를 만남. 잠을 잠. 독감 걸림. 학원 감. 밥을 먹었다. 늦게 잠. 일찍 일어남. 벼락치기를 하지 않았다. 놀이터에서 놈. 편의점에 감.

<겨울방학에 한 일이 아닌 것 2개 찾기>
"너 독감 안 걸렸지? 그런 얘기 없었잖아."
"맞아."
"늦게 안 잤지?"
"맞아. 난 늦게 못 자."
"벼락치기를 하지 않았다지?"
"그것도 맞는데. 사실 그렇게 벼락은 아니었어."

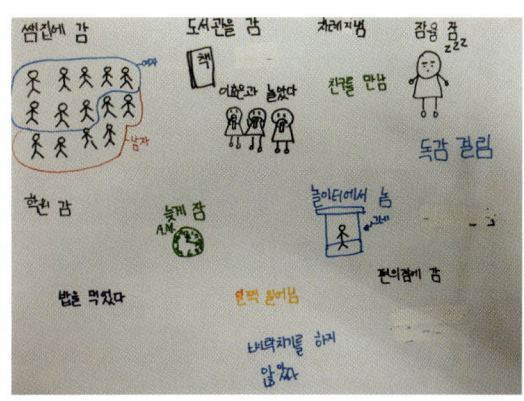

나는 방학 중에 병원에서 수액을 안 맞았다.
륜경, 백하랑 아마스빈에 갔는데 아마스빈에서 잤다.
나는 게임실? 같은 데서 손으로 두더지 게임을 하다가 두더지를 부수었다.
나는 홍대에서 이종사촌 언니가 나오는 연극을 봤다.
설날에 외가 쪽과 호텔에 갔는데 강아지들을 몰래 데려갔다.
방학에 탕후루 만들기를 성공했다.

<겨울방학에 한 일이 아닌 것 1개 찾기>
"수액 맞았어도 아니지?"
"아닌데. 나 독감 걸려서. (잠깐만 하며 마스크를 쓰는 아이들!)"
"탕후루 만들기 성공했다 아니죠?"
"어떻게 알았어?"
"탕후루가 뭐냐?"

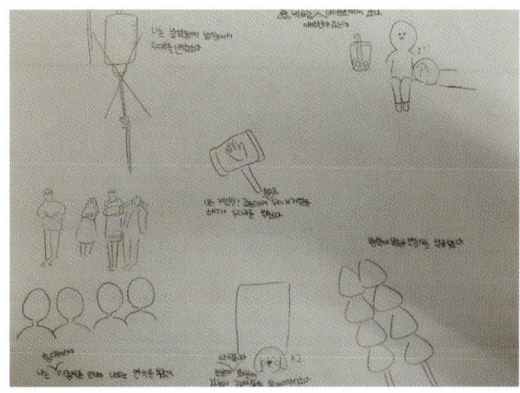

방학 동안 학원만 다녔다. 설날에 숙제 안 하고 놀기만 했다. 방학 숙제는 벼락치기. 설날에 떡국을 2그릇 이상 먹었다. 나는 방학 중에 학교를 3번 이상 갔다. 나는 방학 중에 한 번도 이마트를 간 적이 없다. 익산 미륵사지 갔다. 방학 중에 굴렁쇠 굴렸다. 성묘를 갔다.

〈겨울방학에 한 일이 아닌 것 3개 찾기〉
"이마트를 갔죠. 본 것 같아."
"맞어."
"벼락치기 하지 않았어. 조금이라도 했을걸."
"아니야. 정말 벼락치기 했어."
"학교에 3번 이상 안 갔어요?"
"맞어. 안 갔어요."
"성묘를 안 가고 왔어요?"
"이게 무슨 말이에요? 뭐라고 말해야 하지."

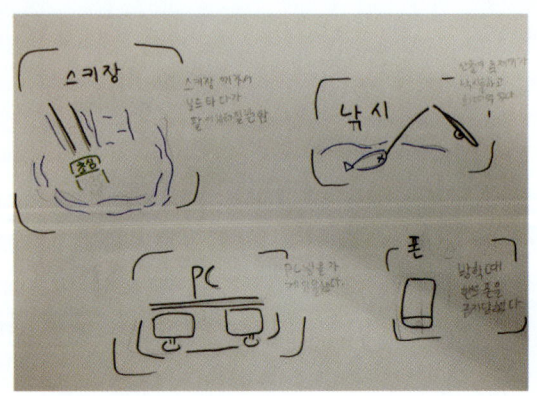

- 스키장: 스키장에 가서 보드 타다가 팔이 부러질 뻔함.
- 낚시: 산천어 축제에 가서 낚시를 하고 회 떠 먹었다.
- PC: PC방에 가 게임을 했다.
- 폰: 방학 때 핸드폰을 금지 당했다.

〈겨울방학에 한 일이 아닌 것 1개 찾기〉
"방학 때 금지 안 당했죠? 지난번에 나랑 했잖아요."
"금지 당했어요. 맞아요."
"어제 했잖아."
"어제는 설 연휴잖아요. 방학 때는 금지 당했어요."
"PC방 안 갔죠?"
"맞아요. 집에 컴퓨터 있어요. 그걸로 게임 많이 했어요."

독감에 걸렸다(과거형). 집에서만 있었다(학원 빼고). 중국집에 갔다. 치킨을 먹었다. 스키장에 갔다. 핸드폰을 했다. 축구를 했다. 피자를 먹었다. 설날에 친가에서 할머니 말고 세뱃돈을 안 주었다. 친구들과 놀았다.

〈겨울방학에 한 일이 아닌 것 5개 찾기〉
"독감에 걸렸다가 아니라 지금도 걸렸다가 아니에요?"
"나 지금은 괜찮은데."
"집에서만 있었다가 틀림."
"맞아요. 당연히 돌아다녔죠."
"중국집에 안 갔죠?"
"난 중국에 집이 없거든. 맞아요. 중국 집에 안 갔어요."
"축구를 했다가 거짓말! 넌 풋살 했잖아."
"둘 다 같은 거예요. 그게 그거지."
"스키장에 안 갔죠?"
"가려고 했는데 엄마가 안 데리고 가요. 엄마 나빠요."
"피자를 안 먹었죠?"
"네. 맞아요. 전 피자 못 먹었어요."
"친구들과 못 놀았죠?"
"네?!"

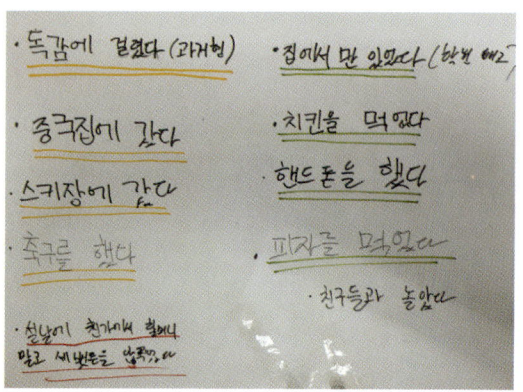

깁스한 손으로 쓴다. 쓰지 말고 말로 하라고 했더니.
롯데월드 다녀옴. 겨울왕국2 봄. 쌤 집 감. 잠. 팔 부러짐. 할머니 댁 감. 청바지 삼. 에버랜드 갔다 옴. 웹툰 봄. 슈가맨3-양준일 편 봄.

〈겨울방학에 한 일이 아닌 것 3개 찾기〉
"팔이 안 부러졌죠? 살짝 다친 거예요."
"맞아요. 사실 금 갔어요."
"에버랜드에 안 갔어요. 네버랜드 갔죠?"
"맞아요. 네버랜드는 아닌데 사실 안 갔어요."
"청바지를 안 샀어요."
"맞아요. 방학 전에 샀어요."

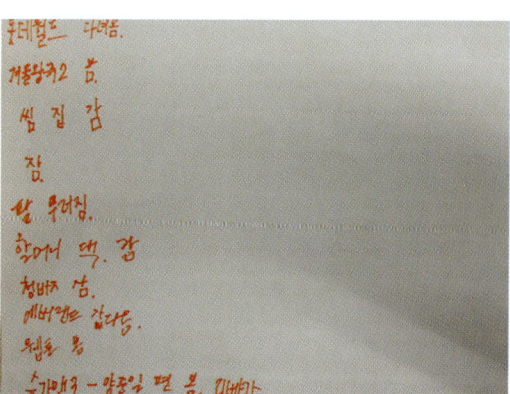

4교시에 청사초롱 만드는 시간을 가진다. 체육을 하자는 아이들이 많았지만 운동장이 살짝 젖어 있어 오늘은 쉬기로 한다. 게다가 미열이 있는 아이들이 많아서.

"나무에 메이드 인 차이나가 너무 깊게 박혀 있어요. 이거 우한에서 만든 거 아니에요?"

"왜 나무 판 겉이 꺼메요? 곰팡이 핀 거 아니에요?"

"레이저로 지져서 그런 거야."

"너 노란색 셀로판지 내거 빨강이랑 바꾸자."

"안 돼. 나 노란색 할래. 우리 엄마가 노란색 좋아한다고."

"선생님. 제 옆에서 자꾸 노랫소리 들려요? 좀 조용히 했으면 좋겠어요."

"선생님. 디즈니 공주 아세요? 백설공주. 신데렐라. 라푼젤. 그리고 저예요."

"이젠 그런 거 안 신선하거든."

"저 근데 채소 아니거든요."

"닭다리가 9개면?"

"구닭다리."

"선생님. 얘 때문에 웃겨서 못하겠어요."

한 녀석은 셀로판지로 보는 세상이라며. 파랗게. 노랗게. 빨갛게 세상을 물들인다.

"근데 자꾸 셀로판지 보니 어지러워요. 너무."

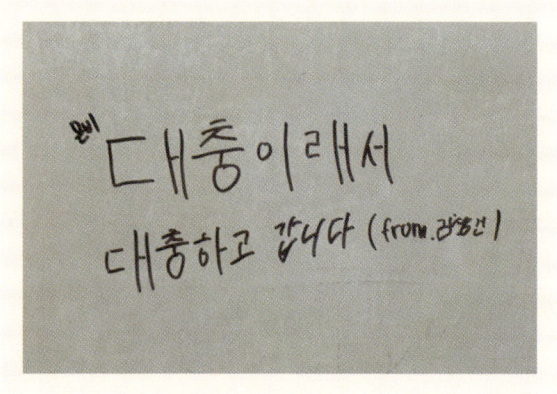

오늘 한 시간에 다 못 만들어서 내일 1교시와 연결 짓기로 했다. 지금 상태에서 안 날리게 안전하게 고정시키라 하고 급식 먹으러 가기로 한다. 오랜만의 급식이다. 오늘 떡국이다.
"설날 지났는데 또 떡국이야. 난 다섯 그릇은 먹는 것 같아."

오늘 개학식 날이라 4교시 후 하교한다. 청소 당번 아이들이 오늘 청소하는지 묻는다. 오늘 별로 어질러 놓은 것도 없으니 대충 간단히 하고 가라고 했더니 칠판에 메시지를 이렇게 남겨 놓고 갔나 보다.

방학 일기

곧 있으면 내 생일이다. 그래서 그냥 생일선물을 먼저 받고 싶어서 닌텐도 스위치를 내가 돈을 보태서 사기로 했다. 드디어 오늘 주문해 놨던 게임기가 도착했다. 기분이 오지게 좋았다. 엄청 흥분돼서 빨리 뜯고 싶었지만 칼에 손을 벤 경험이 있어서 조심히 뜯었다. 그리고 바로 같이 주문한 CD를 넣어 게임을 시작했다. 피파20이라는 축구 게임이었다. 나는 원래 손가락이 빠른 편은 아니라서 게임을 잘하진 않았다. 그래도 여전히 기분은 좋았다.
그리고 나서 마리오 카트라는 레이싱 게임을 했는데 이건 저번에도 해봐서 익숙했다. 그래서 계속 1등을 했다. 역시 기분은 좋았다. 평소에도 가지고 싶어서 만족감이 높았고 친구들이 생일선물로 각종 엑세사리 등을 더 사줘서 기분도 더 좋았다. 지금 빨리 일기를 다 쓰고 가서 게임이나 해야겠다. 오늘은 여기까지……

내일은 개학이다. 숙제를 하나도 안했다. 방학에 한 거는 게임, 놀기, 여행, 뒹굴기… 지금 밤 11시. 12시에 자야 하는데 1시간 만에 숙제를 어떻게 다 하지. 그냥 하지 말까? 해야 할까? 아아아아아아. 숙제가 뭐 있는지도 모르겠다. 일기밖에 생각이 안 난다. 아. 망했다. 숙제 언제 다 하지? 일단 일기라도 써야겠다. 다 할 수 있을지 모르겠지만.

오늘 선생님 집에서 파자마 파티를 했다. 원래 내가 1빠로 도착하려 했는데 효비네가 먼저 도착해 있었다. 간식 챙겼는데 먹을 게 많아서 현타… 임으로 시작하는 사람이 아이스크림 케이크를 사와서 열광하기도 했다. (숟가락 열 개를 누구 코에 갖다 붙여^^) 도착하자마자 애들하고 사진 찍고 난리가 났는데 생각해 둔 계획은 무산되었다. 남자애들은 게임만 하고 뭐만 해도 시끄럽다 승질내서 좀 빡쳤지만 참았다. (그러면 방에 들어가 하든가…) 그 후에 다른 애들이 도착했는데 승은이가 안 와서 좀 시무룩했다. 백하는 온다는 말이 없어서 안 올 줄 알았는데 와서 솔직히 놀랐다. 예상대로 남자애들은 뭉탱이로 뭉쳐서 게임을 했다. 어차피 상관은 없었다. 남자애들은 없어도 상관없으니까… 그리고 륜경이 닮은 기린을 발견했다! 기린을 타고 놀다가 륜경이가 야단을 쳐서 관뒀다. 그리고 한 5시쯤에 고기를 먹었는데 효삐랑 경란이랑 가면서 미친 짓을 하면서 놀았다. 고기 먹다가 화장실에 갔는데 냄새가… 구렸다. 그래서 안 가고 걍 나왔는데 애들이 김으로 시작하는 사람 몰카 작전을 짜고 있었닼ㅋㅋㅋ. 김어쩌구씨가 오고 애들은 웃음을 꽈꽈 참으며 나갔다가 몰카를 끝내고 여자애들은 먼저 집에 갔다. 잠옷으로 갈아입고 소리 없는 아우성을 했다.

우아… 벌써 방학이 끝나간다. 솔직히 방학이나 학교 가는 거나 뭐 거기서 거기인 거 같다. 요즘 학원을 계속 다녀서인가. 쩝. 사실 내가 진짜로 하고 싶었던 말은 바로 중학교이다. 부정해야 될 것 같은데 벌서 중학생이라는 게 인정이 될 것 같다.(?) 인정해야 한다. 나는 지금껏 13년 살아왔으니. 나는 여중 남중도 아닌 모두 남녀공학인 학교로 배정된다. 그럴 가능성 99.9% 왜냐하면 우리 아파트에서 여중 남중 가는 사람을 못 봤기 때문이다! 빠밤! 후 인정해야 된다. 나는 솔직히 무학중학교 가고 싶다. 사람들이 많이 알고 동마중학교보단 개방적이니 (지리상) 동마중학교는 사람이 적어서 내가 전교 1등할 가능성이 높아지고 다른 곳보단 싱한 놀놔뤼가 없을(?) 거일 것이다.

 **1월 29일 수요일**

두 녀석의 대화가 재미있다. 너무 친한 사이인지라.
"나 코에 피어싱 하고 싶어."
"너가 소냐? 그런 거 하게?"
"그거 사람도 하거든."
"나는 할머니 귀 막힌 거 뚫어 드렸는데. 그냥 쉽게 뚫리던데."
"너는 그냥 입술에도 해라. 그게 어울린다."
"나 그냥 입술에 뚫고 연예인 할까?"

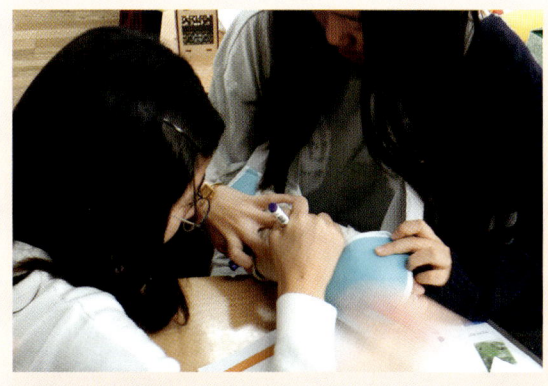 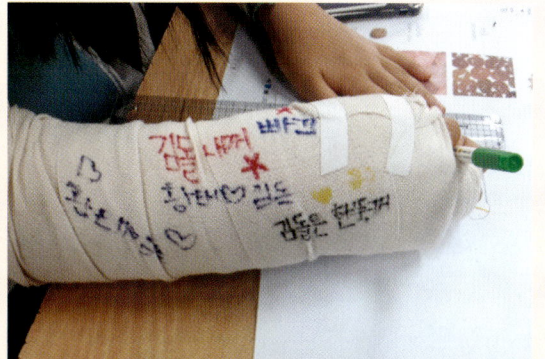

　1교시에 어제 마무리 짓지 못한 청사초롱 만들기를 이어서 한다. 5분 만에 다 만든 녀석도 있고 아직 한참 남았는데도 대화 중인 녀석들도 보인다. 중입배정에 대한 기대와 설렘과 불안이 공존한다.

"중입배정 빨리 나왔으면 좋겠다."
"근데 오늘 바로 등록해야 해요?"
"아니 수요일까지."
"수요일이 오늘까지잖아요."
"미안. 미안. 금요일까지."
"그죠?"
"근데 무학 나오면 별로. 무학 급식하는 분 바뀌었대."
"그래서 맛이 엄청 없대."
"아. 어느 중학교 갈지 정말 궁금하다."
"금호여중 가는 애도 있대."
"저기 자이에 사는 애들 그리로 가."
"어차피 가고 싶어도 나는 금호여중 못 가. (남자다.)"
"ㅇㅇ이는 광희 가려고 이사 갔잖아."

"그런 거 위장전입이라고 해."
"아니야. 진짜 이사 가면 괜찮아."
"나 교복 입기 싫은데. 아~"

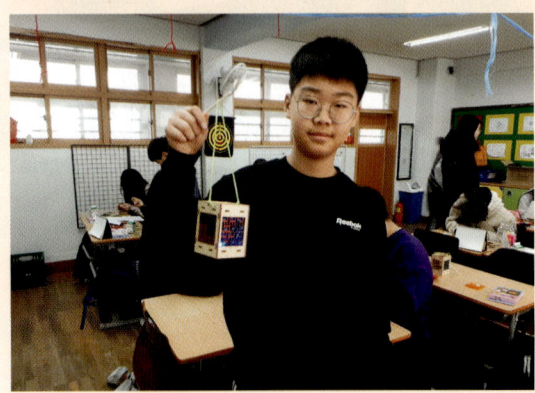

청사초롱으로 밝히고 싶은 것

인해: 나의 보물을 찾아 주는 불빛.
민준: 나의 미래를 밝혀 줄 청사초롱.
상진: 나의 인생과 미래를 밝혀 줄 등불이 되기를….
경란: 나의 행복한 인생을 밝혀 주는….
준우: 나의 어마어마한 돈을 찾아 줄.
준혁: 나의 중학교 인생을 밝힐 거다.
은비: 내 중학교 생활을 빛내 줄 불빛.
연수: 지단의 이마.
준수: 지단의 정수리.
서준: 나의 미래를 밝힐 청사초롱.
효은: 나의 시험을 밝혀 줄 등(?)
현민: 아틀란티스.
영민: 중학교 배정 망한 기분 밝혀 주라고.
지윤: 앞으로 중학교 생활을 밝게 만들어 주라고.
승은: 내 중학교 생활을 행복하게 해 줄 등!

아침에 지각한 아이가 들어온다. 그 아이를 기다렸다가 드디어 두둥! 중입배정 원서를 나누어 준다. 무학파 / 동마파 / 금호여중파. 3개 정파가 존재한다. 두 손을 꼭 잡고 기도하는 녀석. 아예 수령을 거부하는 녀석. 벌써 이별의 대화도 들린다.

"연락해."
"괜찮아. 아직 헤어지는 것도 아닌데."
"쉬는 시간에 복도가 난리 날 것 같아요."
"복도에서 우는 아이들 많을 것 같아요."

정말 1교시 쉬는 시간 복도는 난리통이다. 6학년 아이들이 한꺼번에 복도에 몰려 나와 배정된 중학교를 서로 확인한다. 별의별 대화 소리가 들린다.

"우리 오늘 교복 치마 사러 갈래?"
"그거 엄마랑 좀 얘기하고 사야지."
"엄마가 예쁜 거 알아보고 사라던데."
"무학은 반배치고사 본다는데."
"난 그냥 빵점 맞을 거야. 빵점 맞아도 아무 반에나 들어간다던데."
"근데 동마는 매점 없대. 애들아."
"진짜. 아."
"근데 동마는 담배 피는 사람 없내."
"무학은 담배 피는 사람도 많다는데."
"아니야. 어디나 담배 피는 형들 있대."

매 6학년 담임 할 때마다 보는 풍경이다. 나도 6학년 때 그랬는지···.
"너 어디냐?"
"너는?"
"아~"
"무학은 좋은 점이 많아요."
"없을 무 배울 학. 공부 안 해서 좋아요."
"저희들만 동마 났네요."
"가서 축구부 하면 되잖아?"
"중학교는 3학년이 돼야 공 좀 찰 수 있다는데요."

우리 반 두 녀석은 같은 아파트 같은 라인인데. 겨우 4개 층 차이인데 학교가 갈렸다. 나도 이해하기 어려운 상황이지만 좋은 말로 달래 준다. 때마침 체온계가 온다. 아마도 한동안 아니 졸업식 하는 날까지 체온 측정을 할 것 같다.

"근데 매일매일 측정하는 거예요? 저 열 없는데."

오늘 자리를 바꾸었다. 졸업 때까지 이어질 인연이라고 했더니. 그런 말하니 더 바꾸기 싫어진단다. 그냥 안 바뀌는 게 낫다는 아이들. 방학 보내고 왔더니 이사하는 것도 귀찮단다. 그래도 체육팀은 바꾸자고 한다. 변수가 생겼다. 영민이의 부상 복귀! 주희가 팔 깁스로 한 달짜리 부상자 명단에 오른다. 두 팀으로 나눈다.

예비중학생팀: 영민, 연수, 서준, 인해, 준우, 효은, 은비, 백하, 경란 + 주희
예비청소년팀: 상진, 민준, 준호, 준혁, 현민, 륜경, 지윤, 규현, 태윤, 승은

오랜만의 초능력 피구다. 활기차다. 밝다. 은비랑 효은이는 같은 팀 되었다며 그저 좋아하는데. 아직 방학 분위기에 젖었는지 아이들 표현으로 흥분샷이 많이 보인다. 승부욕에 다이빙캐치도 많고. 뒤로 스텝 밟으며 물러섰다가 잡고 바로 던지는 몇 녀석들. 방학 지나고 나더니 근육의 탄력이 달라졌다.
"역시 강당은 덥네요."
결국 마지막엔 반팔이 많다.

15분 정도 남기도 피구는 끝내고 실내 승부차기! 팔 깁스 중인 주희가 이건 하겠단다. 기둥과 기둥 사이를 골대로. 주황색 안전펜스 아래로만 골을 인정한다. 주희는 아픈 와중에도 골을 넣는다. 연수의 추가 골. 예비중학생팀이 2골을 앞선다. 강하게 차 천장을 맞힌 준혁이와 지윤이. 공기청정기 때린 경란이는 악 소리를 지르고. 륜경이는 골키퍼에 그대로 안기는 정말 예쁘고 정직한 슛. 강하게 주황색 안전펜스를 때린 상진이. 마지막에 준호가 한 골을 만회했지만 예비중학생팀이 예비청소년팀을 2 대 1로 이긴다.

다음 반이 올 시간이 지났는데도 강당에 오지 않는다. 그대로 올 때까지 축구를 하기로 한다. 기둥을 골대 삼아 기둥 맞히면 골! 여자 5분, 남자 5분 경기다. 은바페 은비의 골, 준호의 추가 골, 다른 기둥 때린 후 골이라며 외친 연수의 세리머니. 현민이의 추가 골. 이번엔 3 대 1로 예비청소년팀이 이긴다.

아직도 다음 반이 내려오지 않는다. 기둥 맞히기 일대일 대결이다! 준호와 연수의 라이벌 전. 몸빵 대 개인기의 대결. 서로를 잘 알고 있기에 0 대 0. 은비와 륜경의 대결! 은바페의 기둥 스치기 골로 승리. 영민이와 민준이는 최고 공격수와 수비수의 대결이다. 개인기로 영민이가 골을 넣고 오늘 최장거리 슛으로 민준이가 만회 골. 준우와 현민이의 라이벌전이 제일 재미있었다. 둘은 붙어 다닌다. 스피드, 체격, 기술, 체력 등 거의 모든 면에서 비슷하다.

쉬는 시간 10분에 수학 시간 20분까지 잡아먹고 올라간다. 쉬는 시간 5분까지 보장하고. 수학은 겨우 15분이다. 40분 같은 느낌으로 15분 수학수업 열심히 하기로 약속한다.

미술시간이다. 보석 꾸미기 시간을 가졌다. 개인당 2개의 보석을 가진다. 안내지를 보고 보석의 이름을 먼저 찾는다. 사진과 실물이 달라 좀 헤맸지만 보석 특유의 섬세한 무늬 패턴으로 끝까지 추적하는 녀석도 보인다.

"이거 진짜 보석이에요?"

"보석이 석기시대 같아요."

"젤리빈 같아요."

"다 만들고 보석은 가져도 돼요~"

친한 친구들과 같은 학교에 배정받지 못해 시무룩해하던 한 녀석이 말한다.

"선생님 기분이 좀 괜찮아졌어요."

"무학은 흙 운동장이고 동마는 인조 잔디예요."

"동마 우리 학교에서 25명 배정됐어요. 우리가 7반까지 다 돌아다니며 세어 봤어요."

다행이다. 하지만 어디에선가 욕 하는 소리가 들린다.

"너! 욕한 거 맞지?"

"아니에요. 서울 FC의 슈발이라는 선수가 있어요."

긴가민가한 상황이다.

보석 AMAZONITE(아마조나이트)
바다에서 볼 수 있는 에메랄드 빛깔을 띠고 있다.

바다의 빛(light of sea) - 에메랄드 빛깔 보석이 박혀 있다. 공격, 수비, 체력이 각각 20%, 10%, 5% 증가

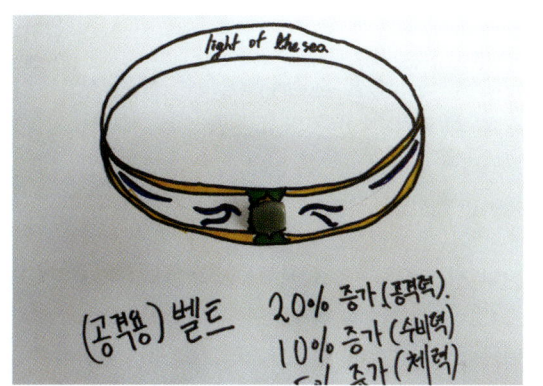

돌맹이 안경: 절대 휘지 않음. 편안한 콧대 덕분에 안경을 썼다는 느낌 X

방소다석: 알루미늄, 나트륨 및 소량의 염소, 황을 포함하는 방소다석족에 속하는 광물을 말함. 나트륨이 풍부한 화성암 또는 이 화성암에 접촉 변성된 석회암 중에서 산출된다(네이버 지식백과).

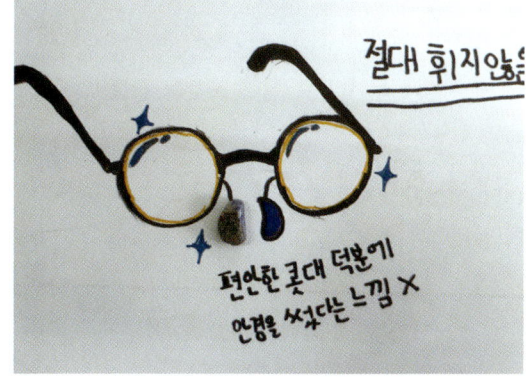

옛날 옛날에 산속에 돌댕이라는 대장간이 있었다. 대장간의 주인은 방소다였다. 그는 최고의 안경을 만들기 위해 노력 중이었다. 어느 날 길을 걷다가 반짝이는 것을 발견했다. 손에 쥐고 있었지만 들고 있는 느낌은 전혀 들지 않았다. 그는 재빨리 대장간으로 가서 작업을 시작했다. 결국 느낌이 나지 않는 '돌맹이 안경'이 완성된다. 그 후 이 안경을 쓰는 사람은 잘 생겨진다나 어쩐다나…

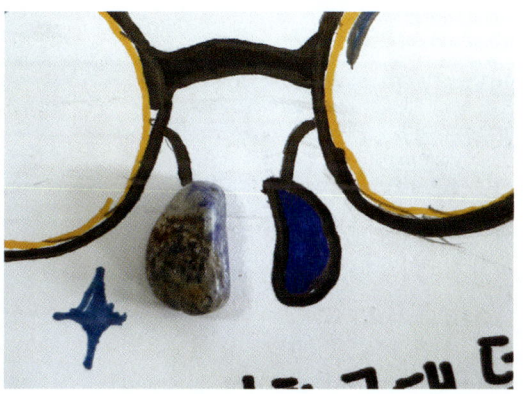

카라멜

방해석은 탄산칼슘 광물의 일종으로 천연탄산칼슘 중 가장 흔한 것이 그것입니다. 해석을 두드리면 네모난 조각을 많이 얻을 수 있어 이름이 방해석입니다.

사실 저는 카라멜을 좋아해서. 그래서 이름은 카라멜이다. 카라멜이랑 방해석 색깔도 비슷하네요.

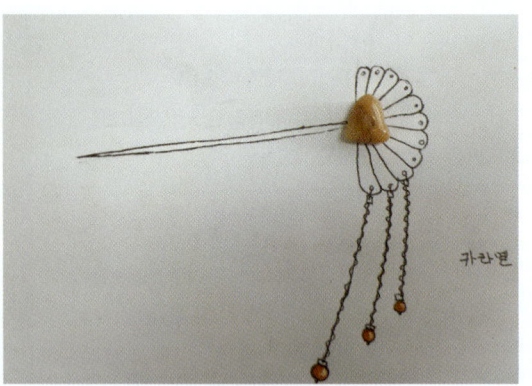

돌플란트

석영은 기본적으로 산소와 규소 원자로 구성된 광물. 지각에 두 번째로 많이 포함된 광물(네이버 지식백과).

어느 날 할아버지가 할머니가 계속 똑같은 반찬만 주니까 화가 나서 할머니 손등을 깨물었다. 하늘의 벌을 받아 할아버지는 이빨이 빠져버렸다. 할아버지는 병원으로 갔다. 할아버지는 잘 깨지지 않는 딱딱한 이가 필요해서 일명 석영 돌플란트를 하였다.

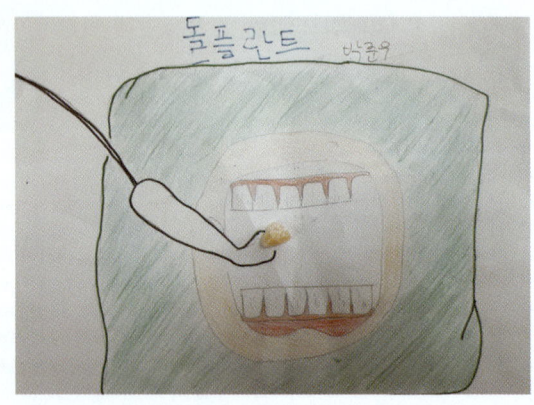

석영

나의 콘셉은 강아지가 귀족인 콘셉이다. 내 별명이 효비이기 때문에 강아지를 선택했고 효비는 왕족의 강아지이기 때문에 치장도 시켜 주었다. 왕관이 메인이기 때문에 호화로운 석영을 박았다. 보석 이름은 '승리의 환호'이다.

RING - Dia aven ring
RING - Eme mook ring
Aventurine과 Mookaite라는 사람이 있었다. 그 사람들은 다이아몬드를 찾으러 갔다. 하지만 이상한 광석들만 있어서 그냥 버리고 갔다. 하지만 그 보석은 사실 엄청 귀했다. 그리고 다음에 보석을 찾으러 온 사람들이 그 광석을 발견했다. 그리고 처음 발견한 사람들의 이름을 따서 보석의 이름을 지었다.

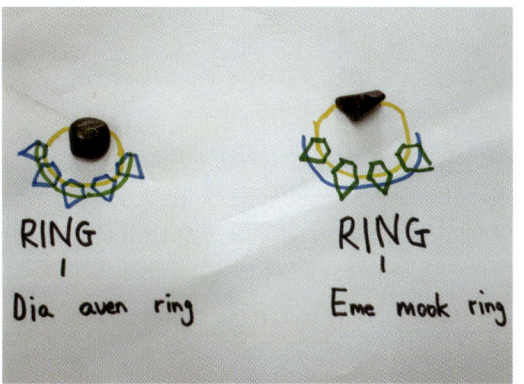

길을 가다가 멋진 스포츠카를 발견했다. 나는 이 스포츠카를 가지고 싶었다. 그런데 이 슈퍼 스포츠카의 이름이 궁금했다. 커다란 보석이 달린 스포츠카!

장미수정 귀걸이
어느 날 남매가 살았는데. 오빠와 여동생 둘만 집에 있게 되었다. 오빠는 여동생을 위해 귀걸이를 사다 주었다. 그런데 갑자기 호랑이가 쳐들어와서 너희를 잡아먹겠다! 하고 아이들을 잡아먹었다. 그 귀걸이는 거실에 덩그러니 남아 있었다!

자수정 귀걸이
지윤이의 생일선물로 귀걸이를 주려고 찾아보았다. 그중 예쁜 귀걸이를 발견! 근데 지윤이가 사실은 귀를 뚫지 않아 머쓱했다. 이 귀걸이로 직접 뚫어 주어야지!

스니커즈 스케이트
한 스케이트 선수가 스케이트를 타고 있었다. 그러다가 스케이트 때문에 발이 아파서 운동화로 된 스케이트를 타고 싶어서 탄생한 스니커즈 스케이트!

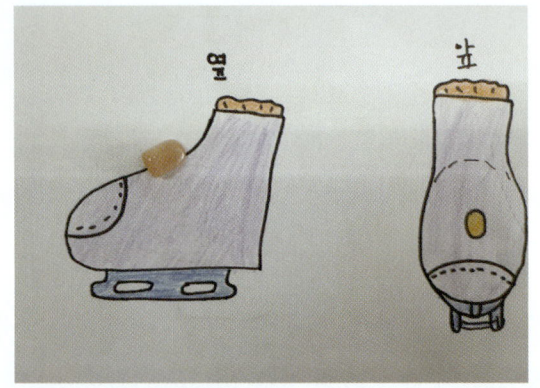

에어팟 키링
장미수정: 분홍색, 복숭아 색을 띄는 수정. 일반적으로 잘 깨지고 흐릿하다.

어떤 귀여운 지윤이라는 아이가 우한폐렴 때문에 아프리카로 대피했는데 장미수정이라는 이름 모를 돌을 발견했다. 돌을 캐서 에어팟 키링을 만들어 팔았고 대박이 나서 부자가 되었다. 그래서 그 돈을 백신개발에 전액 기부했고 지윤이는 세계를 구한 영웅이 되었다.

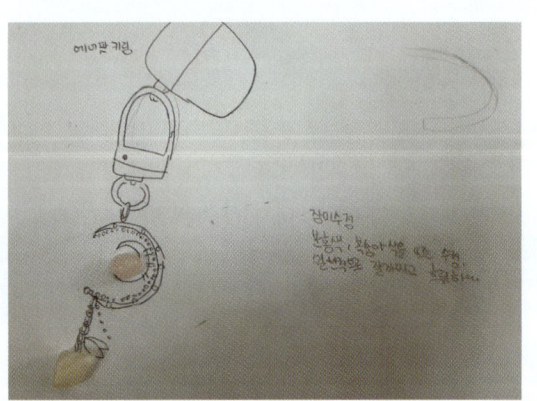

한 소년이 버블티를 먹다가 버블티를 하수구에다 떨어뜨렸다. 아! 하지만 그 소년은 배가 고파서 마시멜로를 구워 먹었다.

돌의 특징: 내포물이 뚜렷하게 보인다. 금같이 생긴 짝퉁 금이 있다.

한 할아버지는 조기축구에서 욕을 한바가지 드시고 주장 자리를 뺏기셔서 할머니한테 화풀이 하다 쫓겨나셨다. 하지만 주장 완장에는 선생님이 주신 호안석이 박혀 있었다.

터키석(HOWLITE)
겨울왕국 세트에 들어있는 장난감 왕관 장난감 요술봉이다. 요술봉 하늘색 부분엔 원래 보석이 없는데 그냥 보석을 넣었다. 갑자기 네임펜 중 하늘색이 눈에 띠어서 하늘 → 겨울왕국 → 겨울왕국 장난감으로 연상되어 요술봉을 그렸다. 터키석은 정말 하늘을 닮았다.

석영은 기본적으로 산소와 규소원자로 구성된 광물이다.

이 그림은 시골에 가 용돈을 받고 난 후의 지갑의 모습~ 석영이 포인트인 지갑이다.

행운의 보석. 신의부터 받은 신성한 보석이라 불리는 터키석은 성공과 승리를 약속하는 12월의 탄생석이다.

이상한 터키 아저씨는 도둑인데 터키 국기에 박혀 있는 터키석이 보여 그 돌을 훔친 다음 터키석을 팔찌에 박아서 팔려고 했는데 터키 국왕한테 걸려서 빼앗겼다. 터키의 눈물.

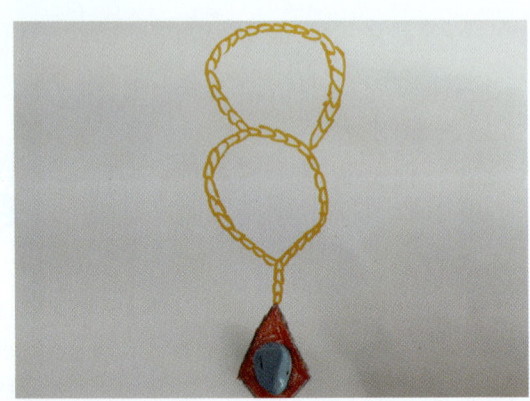

매화팔찌
매화석의 특징: 초록색과 갈색이 섞여 보기 좋았다.
매화팔찌가 나온 이유는 친구들한테 다구리 맞아 복수하려고 뾰족한 보석들이 박혀 있다. 가운데에 강한 매화석이 있다.

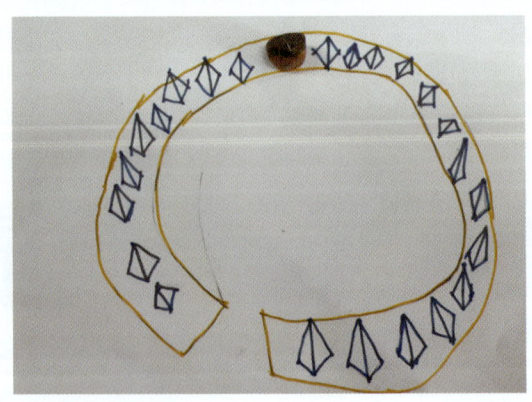

알루미늄, 나트륨 및 소량의 염소, 황을 포함하는 방소다석족에 속하는 광물.

한 유명한 황제가 자신의 비석에 글씨를 빨간색으로 써 달라고 하고 죽었다. 눈에 잘 들어오는 빨간색 돌맹이를 찾다가 방준혁이 소다를 마시고 있는 것을 발견했다. 방준혁은 갑자기 소다를 마시다 몸이 굳어 돌이 된다. 그래서 그 돌을 방소다석이라 했고 신하들은 방소다석을 비석으로 썼다.

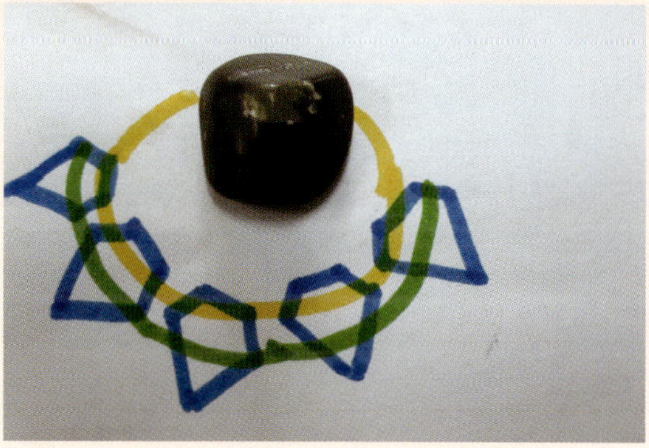

1월 30일 목요일

어제 많은 아이들이 중학교에 중입배정통지서를 내고 왔단다. 절반 이상은 낸 것 같다.

"어제 내고 교복 맞추러 갔는데 2시간 기다려서 결국 했어요."
"교복 싸던데요. 15만 원도 안 하던데요. 다 해서요."
"쌤 때보다 싸구만."
"저는 형 것 일단 입으려 했는데. 커서 사기로 했어요."
"저는 10반 뽑았어요. 우리 반에 아무도 10반 없어요."
"저는 8반요."
"그거 임시반이잖아?"
"거의 그대로 된대. 반 이름만 바뀌고 거의 그대로래."

"우리 학교 애들 다 모여서 동마중 갈 때 한꺼번에 버스 타고 갈래?"
"25명 전체 한 버스에 타고. 성동 3번 타고 가면 웃기겠다."
"너네 근데. 수학 문○○ 선생님 만나면 큰일 난대. 잘해도 찍히고 못해도 찍힌대."
"평타만 쳐야 한다던데."
"너 어떻게 알아?"
"누나가 그랬어. 잘하면 잘한다고 계속 시키고 준비물 안 가지고 오면 계속 망신당한대."
"저는 불길하게 출석번호가 44번이에요. (안내문을 보여 준다.)"
"그거 일련번호야. 출석번호는 따로 나올 거야."

은비가 손 소독제를 들고 왔다. 엄마가 친구들과 나눠 쓰라고 했단다. 식용유 옆에 놔두니 한 녀석이 묻는다.
"식용유도 소독되는 거예요?"
웃고 말았지만. 소독제를 바르더니.
"왜 콩기름 알콜 냄새가 나죠?"

중입배정통지서 잃어버린 녀석! 분명히 책상에 놓고 갔다는데… 하필 아침에 폐휴지를 다 버렸다. 하지만 폐휴지 버리는 곳에서 결국 찾아온다.

"쌤. 아빠가 절대 마스크 벗지 말라고 하는데 이게 답답해서 죽을 것 같아요."
"그럼 잠깐 벗어."
"네. 마스크가 너무 꽉 조여서 숨을 못 쉴 것 같아요."
오늘도 체온 재는 것으로 하루를 시작한다.

우리 반 앞 비상구 표시등이 대롱대롱 매달려 있다. 누가 점프해서 치고 간 모양이다. 학년말 비극을 알리는 서곡인지….

오늘은 아침부터 히터가 고장 났나 보다. 기판 교체를 해야 한다는데. 오후는 되어야 AS가 올 것 같다. 3교시에 체육을 하러 나간다. 아이들은 햇살 덕분에 교실보다 바깥이 더 따뜻하다고 한다.
"오늘은 버뮤다 삼각지 패스하자. 알았지? (과연 그들의 호흡이 잘 맞을지!)"
'알라딘의 요술 램프' 초능력 사용하는 서준. '죽은 자의 세상을 드나드는 자' 초능력을 사용하는 상진. '마법 해제'를 사용하는 륜경.
한 녀석이 말한다.
"스치긴 했는데 안 맞았어요."
"그게… 안 맞은 거지?"
또 다른 녀석은 얼굴을 맞고는 말한다.
"안 울면 아웃 아니죠?"

따뜻한 햇살을 쪼이며 팔 다친 주희는 앉아서 휴식을 취하고 있다. 아이들이 벗어 놓은 패딩을 이불 삼아 몸을 데운다.
"이렇게 따뜻한 건 처음이야. 경란이 패딩이 최고야."

초능력피구는 팀 밸런스가 좀 맞지 않다. 일명 왕피구로 종목 변경. 왕과 여왕 1명씩 정하고 그 2명이 아웃되면 팀이 지는 단순한 규칙의 피구 경기! 단 여왕은 남자가, 왕은 여자가….
아이들이 예비청소년팀 이름을 예비군으로 바꿔 부른다. 이게 더 찰지다는데.
"예비군 모여라~"
역시 규칙을 바꾸니 예비청소년팀이 예비중학생팀을 1차전을 이긴다. 2차전 시작이다. 예비청소년팀 왕(규현), 여왕(현민) 대 예비중학생팀 왕(백하), 여왕(연수). 양 팀 왕이 아웃된 상황에서 남은 숫자도 얼추 비슷하다. 하지만 경기는 축구를 사랑하는 연수의 환상적인 헤더로 끝난다. 여왕 연수가 상대팀 패스를 점프 헤딩하며 그대로 경기 끝! 공이 헤딩하기 좋게 오자 순간 몸이 반응했나 보다.

팔을 다친 주희를 위해 마지막 10분은 게임 변경. 5, 3, 1미터 거리에서 공을 차 철봉 맞히기! 역시 발로 하는지라 생각보다 잘 안 맞는다. 1미터 거리도 빗나가기 일쑤다. 오늘의 하이라이트는 한 녀석이 3미터 앞에서 강슛! 교문을 훌쩍 넘겨 정문 앞 문방구 앞까지 날아간다. 분명 철봉이 맞을 것이라는 확신에 강슛을 날렸다는데….

아이들과 나만의 별자리 만들기를 했다. 기존 별자리를 활용해도 된다고 했더니 따라 하는 건 싫다는데.
"오징어 자리 있어요?"
"김치전 자리 어때요?"
"코로나 자리는요?"

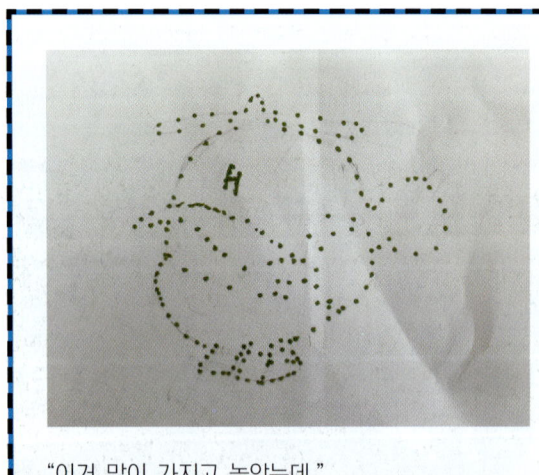
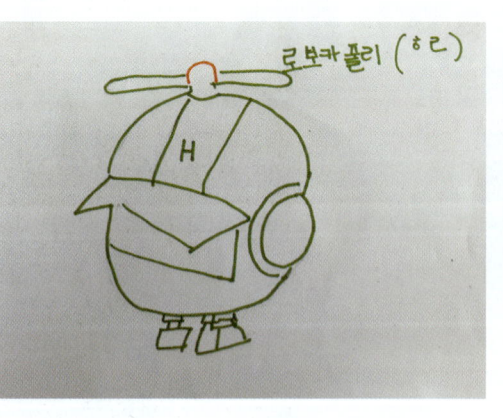

"이거 많이 가지고 놀았는데."

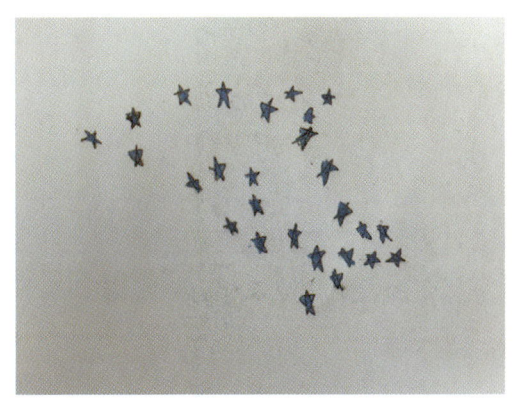

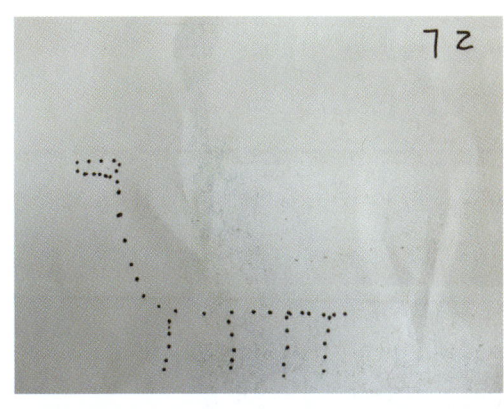 

알파카? 라마? 낙타? 티라노?

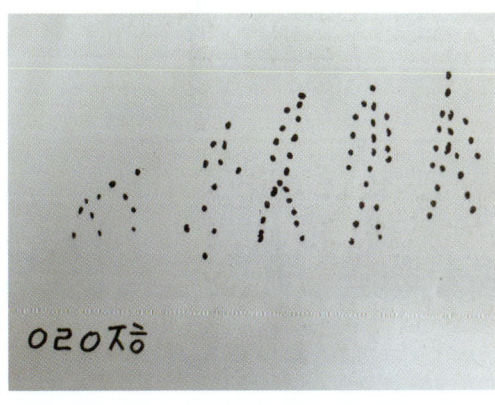 

인류의 진화 별자리

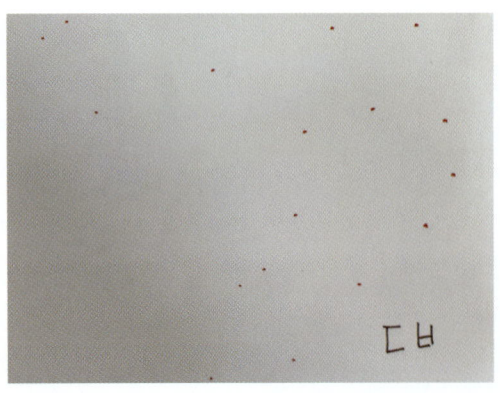
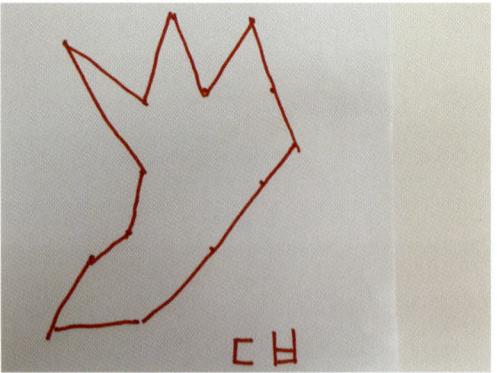

디보? 디바? 두부? 도비? 이 별자리는 맞히기 힘들었다.
"닭발 맛있게 생겼어요."
"오리발 같아요."
"고질라 같아요."

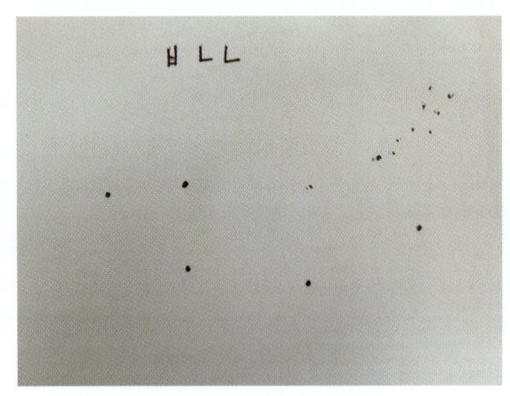
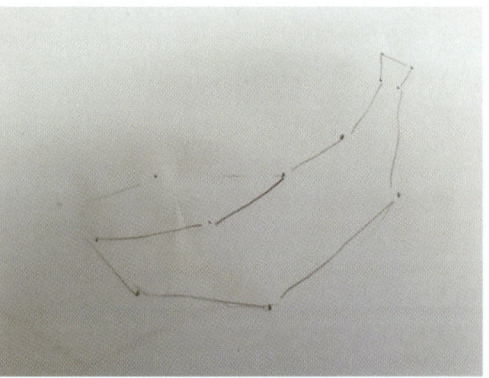

"바나나똥 같아."

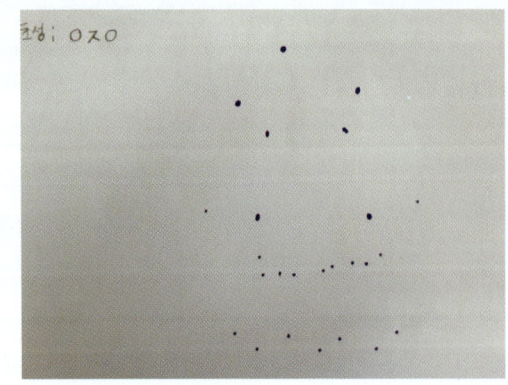
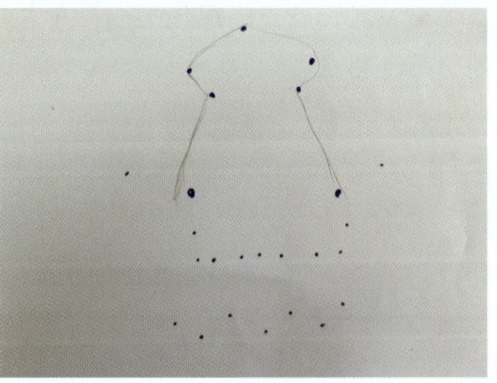

"미완성 작품이 더 느낌 있어요."

M자 양연수

"이상하게 요강 필이 난다."

"옷걸이보다는 숫자 같은데."

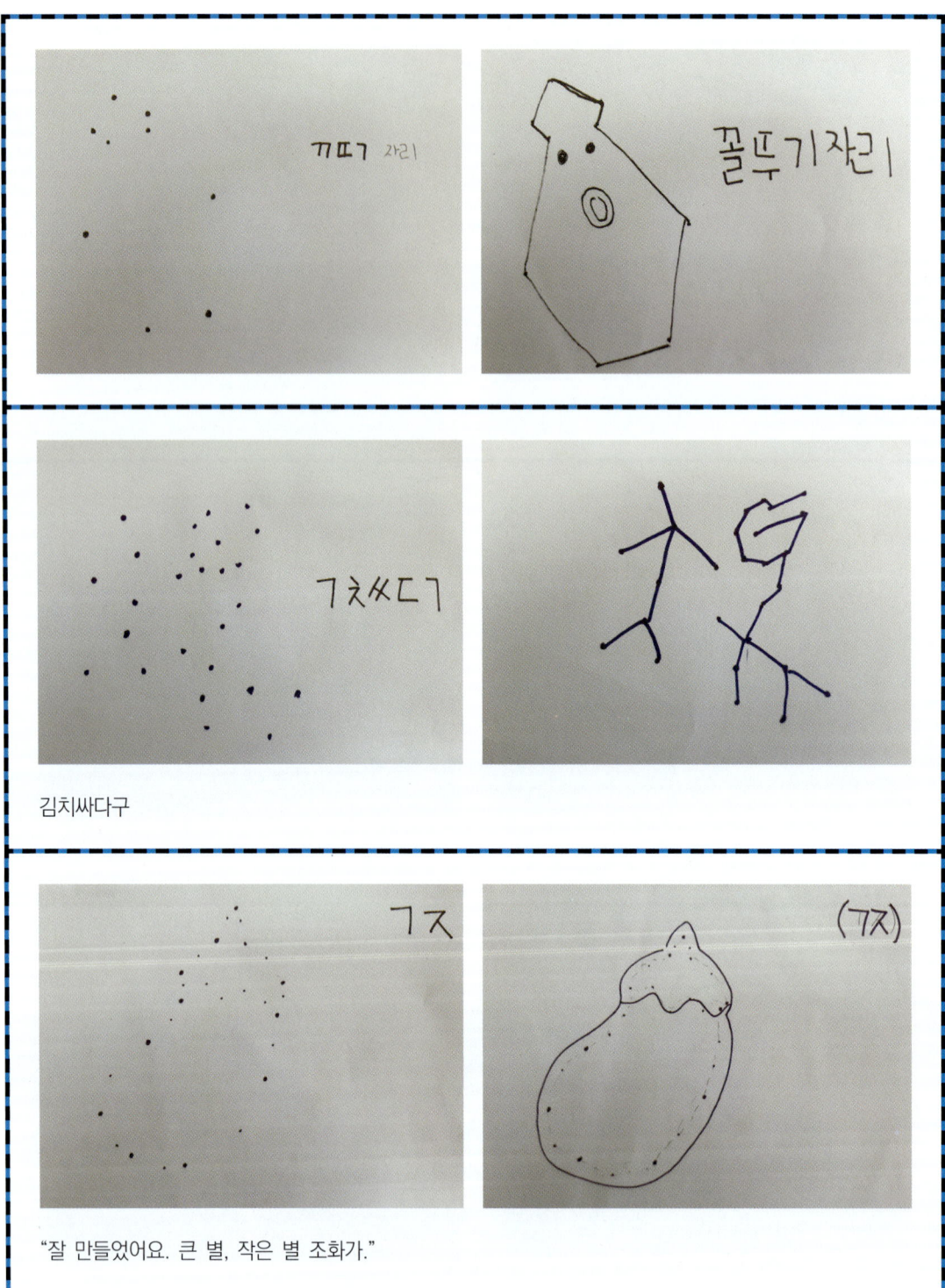

김치싸다구

"잘 만들었어요. 큰 별, 작은 별 조화가."

 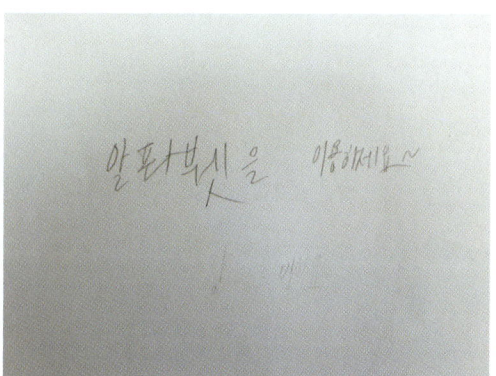

우리 깁스한 주희의 작품.
오우~ 억양이라는데. 오우~

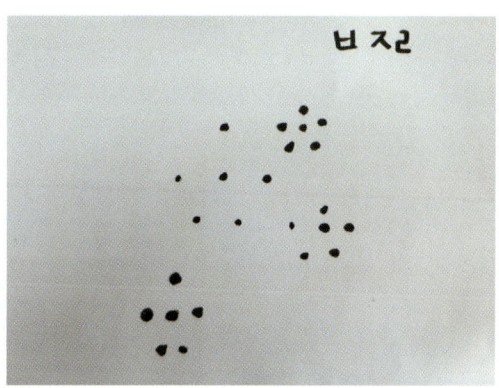 

별자리

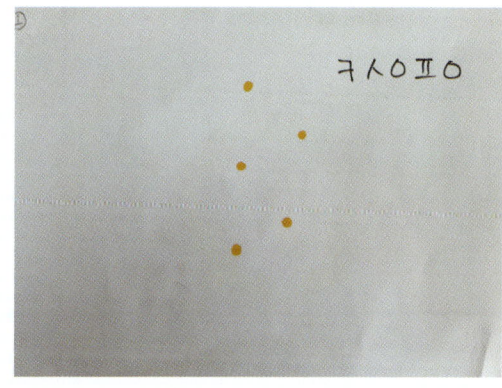 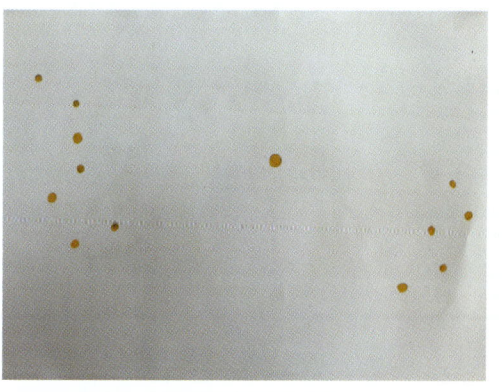

카시오페아

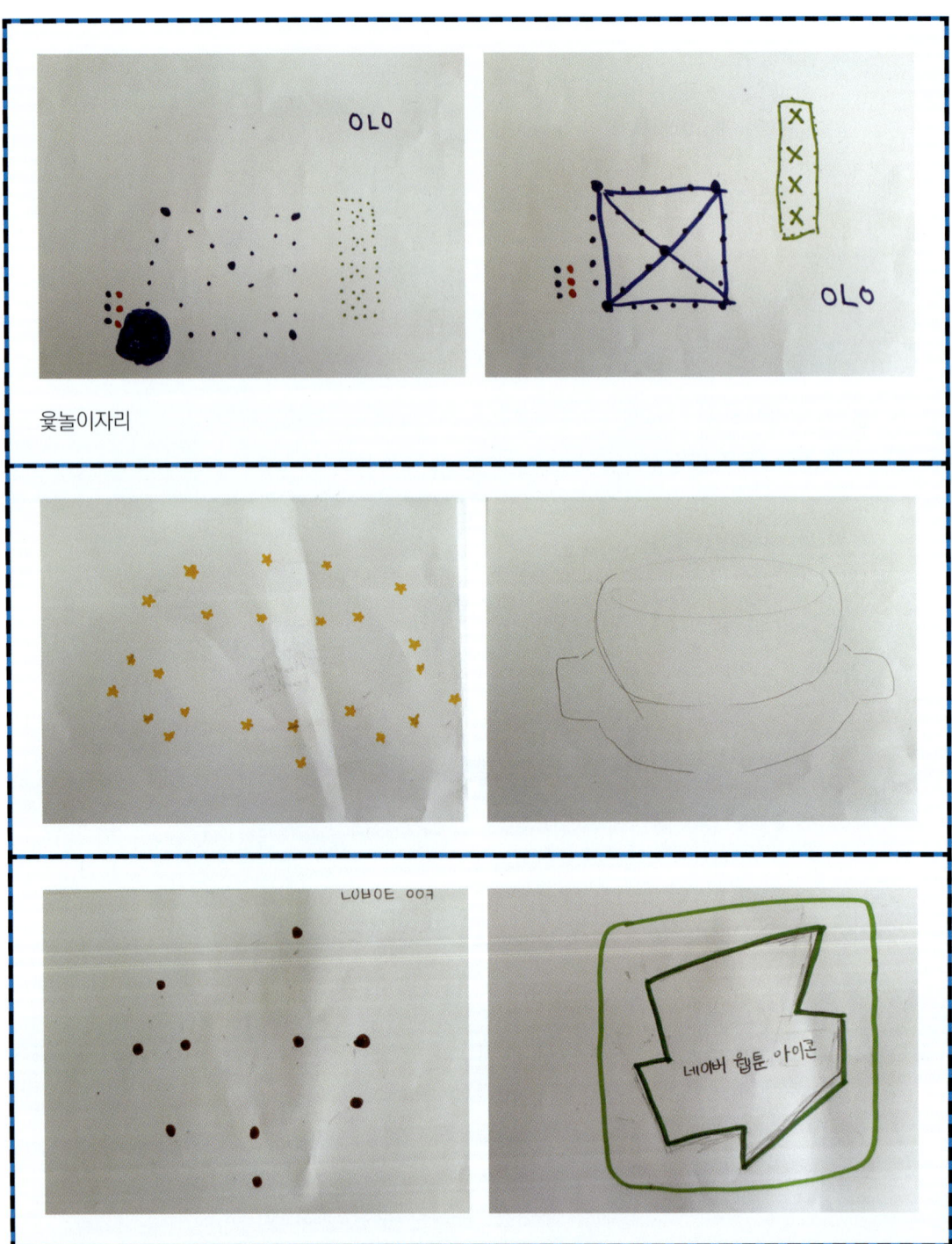

윷놀이자리

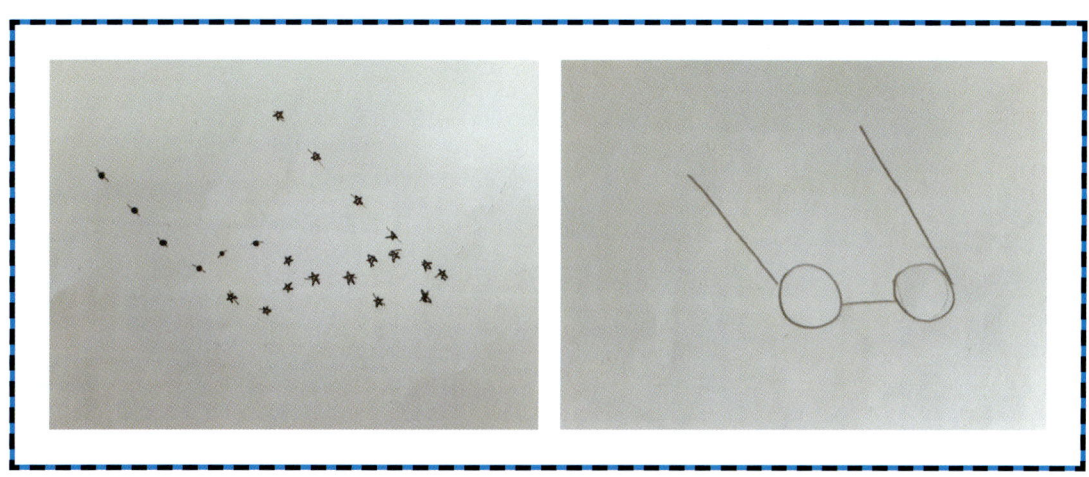

아이들이 수업시간에 활동한 자기주도학습장을 제본해 주었다. 1년간 공부한 내용을 부모님께도 보여 드리라고 했더니, 보여 드리기는 좀 그렇다는데. 별자리 다 만든 사람은 자기주도학습장 표지를 간단하게 꾸미라고 했더니 몇몇은 그래도 열심히 해 준다.

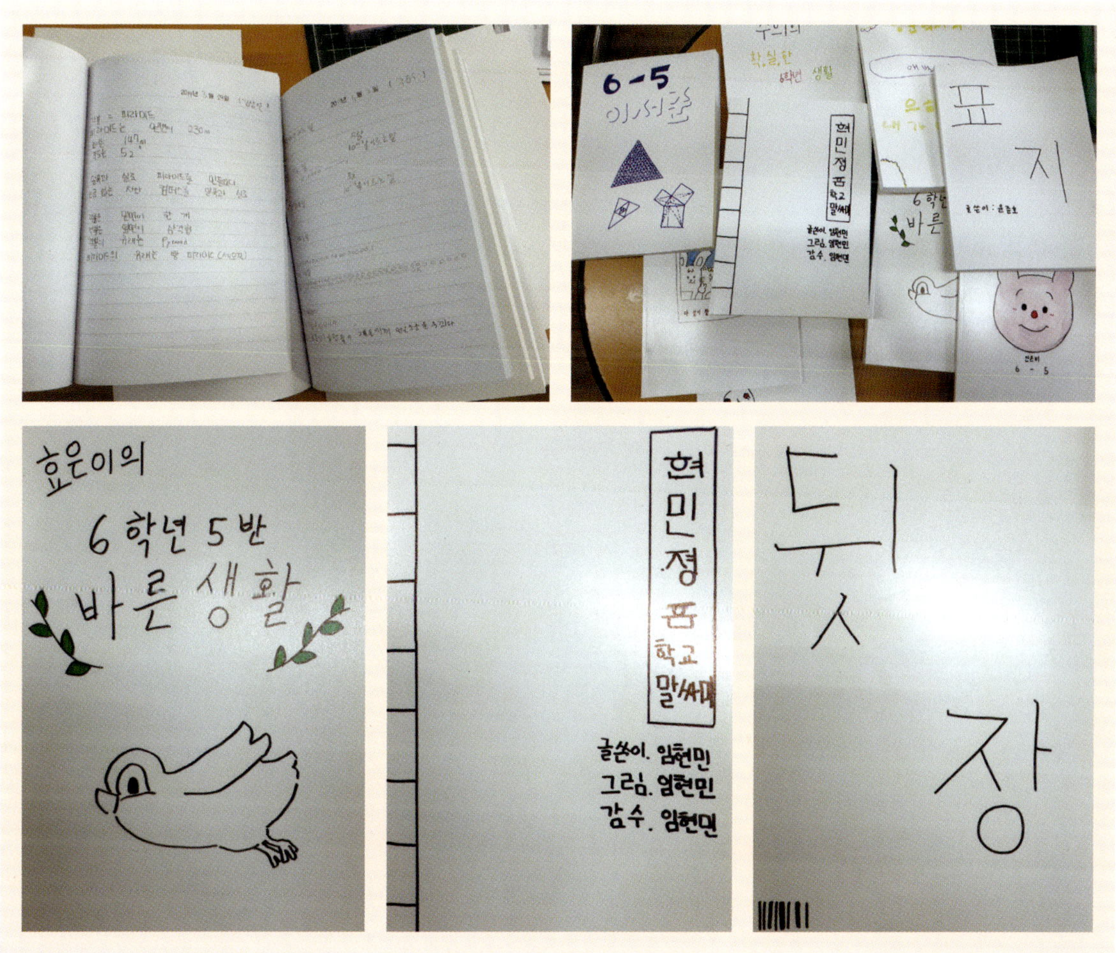

5~6교시는 달고나 만들기를 했다. 버너를 사용하는지라 안전교육 먼저 하고 시작한다. 허팝 달고나 만들기 동영상도 보고 시행착오도 예방하려고 한다. 유튜버 허팝 동영상에 나온 것처럼 달고나가 많이 달라붙을 것 같아 기름을 좀 많이 사용하라고 했다.

"우리 엄청 많이 만들어서 나눠 먹자."
설탕, 소다, 기름, 판, 나무젓가락, 숟가락 나눠 줄 것도 많다. 나누어 주는 데만 10분이 훌쩍이다.
"불났어!"
"나무젓가락에."
달고나 만들다 보면 나무젓가락이 살짝 탈 수 있지만 불이라는 말에 순간 아수라장이 된다. 사실 살짝 그을렸을 뿐인데. 아이들이 동요해 불을 끄고 활동을 잠시 멈춘다.

"식소다 먹어도 돼?"
"설탕 그냥 먹을래?"
"우리 잘 만들죠?"
"왜 파는 것처럼 안 나와요?"
"눌어붙었어요."
"실타래 같아요."
"꿀타래가 아니라?"
"설탕 더 주세요."
"깨지면 죽는다! 살살 떼!"

만든 달고나에 저장이란 없다. 만들어지면 그냥 입으로 고고.
"과자처럼 생겼어요. (이건 무슨 말인지.)"

"이러다 당뇨병 걸릴 것 같아요."

"이거 엿 같아요."

"소다 너무 짜다."

"하트 모양 좀 빌려줘. 이걸로 찍어 봐야지."

"선생님. 저희 것 사진 좀 찍어 주세요."

 머리에 달고나 묻었다는 지윤이. 급히 화장실에 다녀온다. 살짝 걱정도 된다. 역시 버너를 사용하는 활동은 쉽지 않다. 작은 일들이 밀려온다. 정리도 쉽지 않다. 즐겁기도 했지만 뭔가 마음이 편치만은 않은 시간이었다.

 컴퓨터에 저장된 졸업앨범 확정 파일을 본다. 조만간 앨범도 오겠지! 이젠 정말 며칠 남지 않았다.

코로나시대에 다시 만나고 싶은 교실이야기

1월 31일 금요일

어제 환기를 충분히 시키고 갔지만 아직 교실에는 달고나 향이 가득하다. 달콤한 그 특유의 탄 맛!

"선생님. 베트남도 뚫렸대요."
"의사선생님이 우리나라는 사스도 이겨 낸 나라라는 인터뷰도 봤어요."
"근데 코로나는 치사율 낮대."
"근데 중국 인구 좀 줄겠네요."
이 말은 좀 섬뜩했다.
"중국에서 지금 10분에 한 명 감염된대."

"전 어제 가방을 학교에 놔두고 집에 갔어요. 롱패딩을 입다가 가방 놓고 갔어요. 그래서 엄마한테 혼났어요."
"뭐 그럴 수도 있지."
"이상하게 가방 무게도 느껴졌는데."
"코로나 걸린 사람이 명동이랑 한강도 갔대."
"그래서 동대문도 못 간대."
"지하철 못 타."
"조심하지만 너무 불안해하지 말자."
"차라리 모르는 게 나은데. 그죠? 너무 애들이 말을 많이 해요."

아침에 체온을 잰다. 대부분 열은 없어 보이나 한 녀석이 37.5도가 나온다. 여러 번 재어 보아도 딱 거기인데. 혹시나 해서 몇 번 계속 재어 보았다. 그 녀석도 열 재는 게 귀찮은지.
"어제 싸돌아 다녀서 그래요. 그래서 오늘 좀 컨디션이…."

아직도 중입배정 이야기가 한창이다. 이젠 누가 어느 학교 가는지 아이들이 대략 안다. 하지만 몇 반이지 궁금한가 보다. 억양이 실린 대유행어.
"너 몇 반이야? 몇 반이냐고? 말하라고!"

몇 가지를 안내한다. 국어, 수학책 빼고 본인 짐 정리. 가져갈 짐과 버릴 짐 분류. 다음 주 수요일 3반과 피구 대전. 피구하는 날 funny potato 유니폼 가져오거나 입고 오기.

"쌤. 집 빼라고 하니 정말 헤어지는 것 같아요."
"안 가져가고 놔두면 졸업식 끝나고 다 버리나요? 선생님이 알아서요?"

현민이가 나에게 조언을 해 준다.
"선생님도 아들들이랑 달리기해요?"
"그럼."
"근데 선생님도 아들들이랑 달릴 때 쓰레빠 신고 하지 마세요."
"왜? 쓰레빠는 왜?"
"우리 아빠가 달릴 때요. 쓰레빠 꽉 끼어 신다가. 발가락에 힘주다가 넘어졌어요."

마스크가 50개 왔다. 필요한 사람은 가져가라고 했다.
"마스크 잘 팔린다!"
"근데 이거 물티슈 같아요."
"너무 싼 거 아니에요?"

"쌤. 저희 2학기에는 안 싸웠으니까 선물 주시기로 하셨잖아요."
"저희 물질 만능주의인거 아시죠?"
"맞아요. 내 마음 줄게. 이런 거 하시면 안 돼요."
"그래. 그럼 어묵 주면 되는 거야?"

1교시는 연 만들기하고 날리기까지 하러 가기로 했다. 연 색칠은 하지 않고 조립만 하고 나간다.
"생각보다 연 만들기가 길어질 것 같은데요. 이게 설명서가 없어서."
설명서가 들어 있지 않아 만든 모양도 제각각이다. 배수지공원에 가서 날려 보고 결정하기로 한다. 그 와중에도 불량품을 받은 효은이. 딱 20개만 주문한 대가를 치른다. 어떻게 하지…. 연을 찢어 대수술 끝에 살을 고정시키고 줄을 묶는다.

금호여중과 무학중으로 배정받은 두 녀석의 대화이다.
"우리 연을 끊자."
"너네 인연을 끊는다고?"
"아니요. 연줄을 끊는다고요. 연 싸움요."
"님. 연줄 제대로 좀 묶어요."
"우리 다시 인연 이어지는 거야."

다 만들고 배수지공원으로 가기 전 각자 만든 연과 공 4개를 챙기라고 했더니.
"선생님의 계획은 참신해요."
"플랜 B가 있어서 좋아요."

"연 엄청 잘 날아요."
"근데 바람이 너무 없다. 아쉽네요."
"줄 엄청 짧게 하고 달려. 그러면 위로 떠."
"전 안 날아요. 왜죠?"
"처음부터 그렇게 길게 하면 안 돼."
"전 연을 3년 날렸는데 매년 잘 안 돼요. 작년에는 연이 좋은 거였는데. 올해 거는 좀 싼 거 같아요. (1,300원짜리임을 고백한다.)"

연줄 끊기 대결도 펼쳐지고 우주 최초로 앉아서 연날리기를 시연하는 녀석들도 보인다. 10여 분 달리며 연을 날리더니 힘들다며 쉬러 온다.

"쌤 저희 그냥 공 차면 안 돼요?"
"연날리기 너무 힘들어요. 이젠 나이가…."
"쌤. 근데 중학교 가면 애들이랑 어떻게 친해져요?"
"착한 말. 고운 말. 많이 도와주면 되지."
"그런 너무 평범한 말 말고요."
"착한 말 써도 근데 좀 지나면 원래 성격 다 드러나요."
"중학교 가면 친구 다시 사귀기가 어렵대요. 사실 걱정도 되고요."

남자아이들은 어느새 공을 챙겨 헤딩 연습을 하고 있다. 몇몇은 벽 세워 놓고 감아차기 훈련도 하고. 벽은 뒤로 돌아 있고 그걸 넘겨서 맞히려는 경기 같다. 연 날리고 교실로 돌아와 라면 하나 부숴 먹는다. 일제히 손 씻고 온다. 오늘은 찍먹이다.

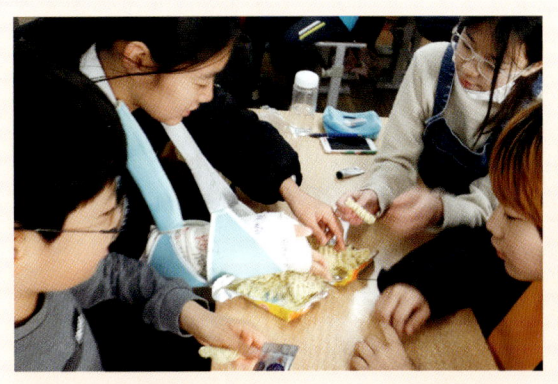

상진이가 모자를 10개 넘게 들고 왔다. 아이들이랑 나눠 쓰기도 하고. 남자아이들에게 이별의 선물을 주려는지. 딱 개수가 우리 반 남자아이들 숫자다.

"모자 그렇게 쓰니까 키 180 넘어 보여."

"쟤 가오 잡는 거예요."

"근데 준우는 10개 써도 저보다 작아요."

"키는 어떻게 될지 몰라. 아무도 몰라."

우리 반에 영어 선생님으로 잠시 오셨던 두 분이 서울과 인천교육청 임용시험에 합격했다는 소식을 전했다. 너희들 좋은 기를 받아서 합격하셨다고 연락 왔다고 했더니.

"죽하드리지만요. 초등학교 가면 엄청난 고생을 하실 거예요."

"체육만 많이 시켜 주세요."

수학시간이다. 한 시간 정도만 하면 교과서도 끝날 것 같다.

〈원기둥 - 원뿔 - 구〉〈각기둥 - 각뿔 - ?〉

"물음표에 들어갈 게 뭘까요?"

"김구."

"축구."

"원뿔을 위에서 보면 꼭짓점이 보여요?"
보인다에 10명. 안 보인다에 10명이다. 팽팽하다. 토론을 할까 하다 아이들이 그냥 빨리 교과서를 끝내 달라고 한다. 그래!
"원뿔의 꼭짓점이라고 약속을 했으니 보일 것 같아요."
"보이면 이상하지. 그게 점인데 실제로는 안 보일 것 같아요."

"원뿔의 모선의 길이가 중요해요?"
"당연하지. 모선이 20cm 높이가 5cm 콘 먹을래? 모선이 15cm 높이가 10cm 콘 먹을래?"
"모선이 긴 콘이 더 많이 먹을 수 있을 것 같은데."
"아니야. 일단 깊이가 깊어야 콘에 많이 들어가지."
이것도 비등하다. 칠판에 그려 보아도 비슷해 보인다.

교과서 문제가 나온다.
〈구 모형을 만지고 돌리면서 찾을 수 있는 특징을 설명해 보세요.〉
"구가 아니라 공 만질 때 느낌 써도 돼요?"
"구를 공이라 해도 돼요?"
"공 지금 만지면서 특징 써도 돼요?"
"특징은 둥글다."
"축구 하고 싶다."

15분 정도 마무리 문제 풀자고 했더니.
〈구하려는 것은 무엇인가요? 주어진 조건은 무엇인가요?〉
학년말이라 그런지 글씨 쓰기도 귀찮은가 보다. 화살표로 문제에 나와 있는 문장을 찾아 답 쓰는 곳에 날린다. 화살 발사! 이제 정말 귀차니즘의 극치이다. 수학시간에 날 이모라고 부르는 녀석이 잇다. 헉! 수학 과외 선생님께 이모라고 불러 잠시 착각했다는데.

5교시에 캘리그라피를 한다. 미술 마지막 수행평가다. 붓펜도 나눠 주고. 연습을 여러 번 한다.
"소주 이름 뭐가 있어요? (또 시작이다.)"

"탄산 있고 그 알콜 맛 나는 거 뭐예요?"
"붓펜으로 하니 느낌 살아 있다."
"어느 글씨가 제일 나아요?"
"오징어 써도 돼요?"
"조선시대 벽보 글씨체로 써야겠어요."
"그냥 연필로 쓰듯이 쓰는 게 훨씬 잘 써져요."
"전화번호 캘리그라피 해도 돼요?"
"메르스 + 코로나 = 메로나 바이러스 써도 돼요?"
"물 한번 부어 봐야지. 이거 자체가 예술이에요. (진짜 물을 붓는 행위 예술을….)"
"이거 붓펜 같지가 않아요. 컴싸 느낌이에요. 겨울이라 굳었어요?"

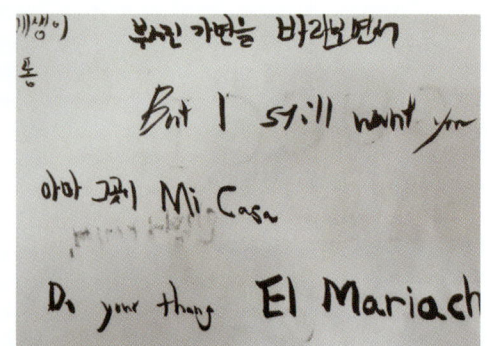 제가 좋아하는 방탄 노래 가사.	연습하다가 제일 잘 된 작품.
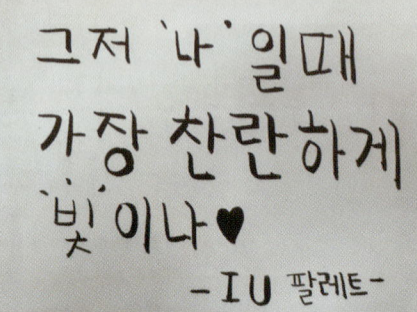 아이유 노래 좋아해서.	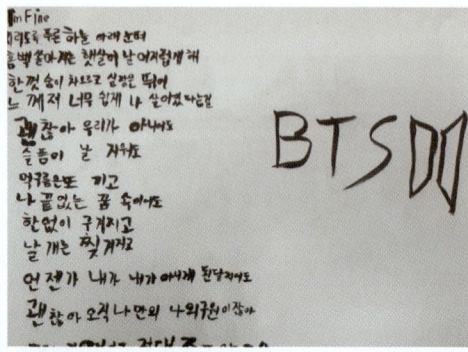 다른 거 하려고 했는데 아이들이 그때 부른 노래.
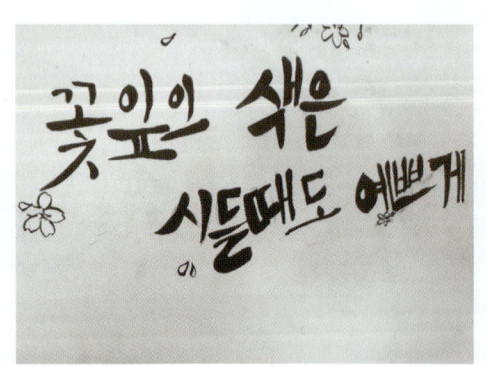 쓸 게 없어서 네이버 돌아다니다가 아무거나.	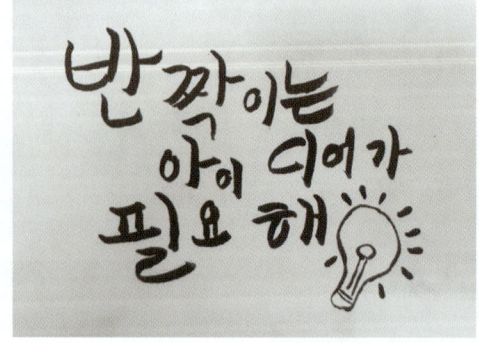 나도 네이버에서 찾음.

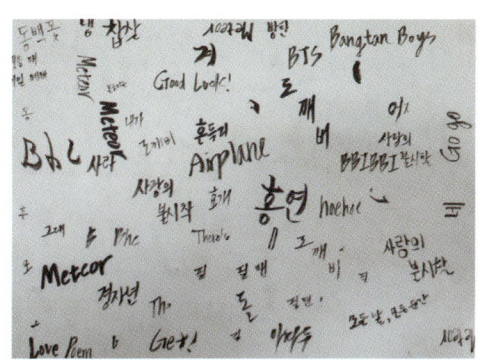

낙서. 이게 제일 잘 쓴 거예요.

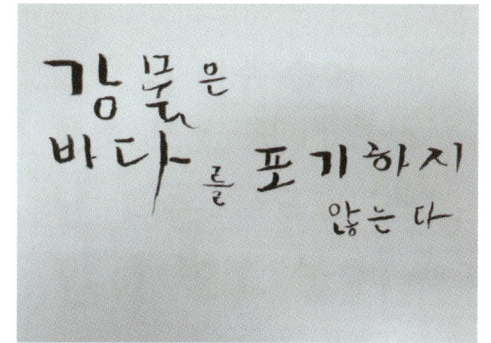

우리 강아지 바다가 생각나서.

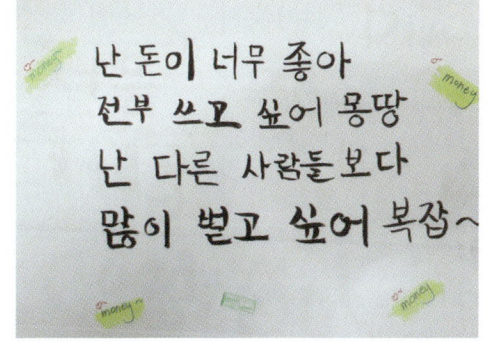

돈이 좋아요.

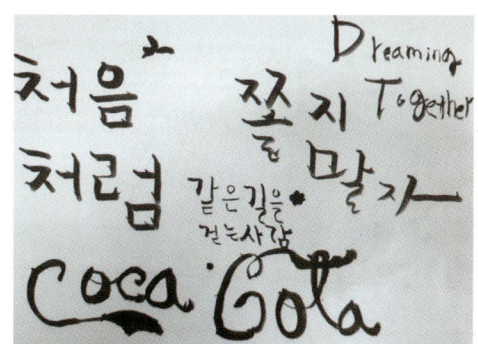

처음처럼은 쓰기 쉬워서 했고. 쫄지 말자는 말 자체가 멋있어서.

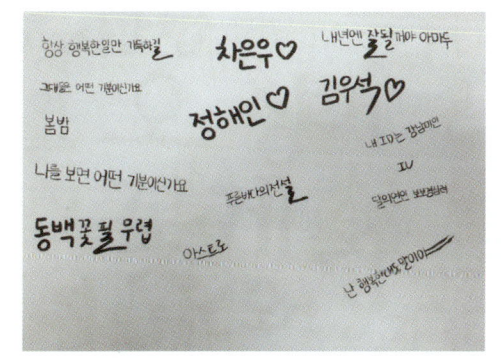

노래가사 몇 개랑 핸드폰에 있는 글귀. 최근에 봤던 드라마.

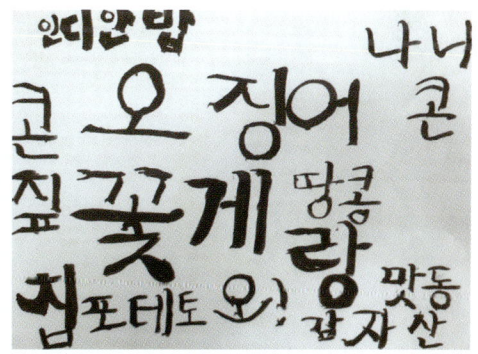

뒤에서 윤준호가 코카콜라 한 거 보고 과자가 생각이 나서.

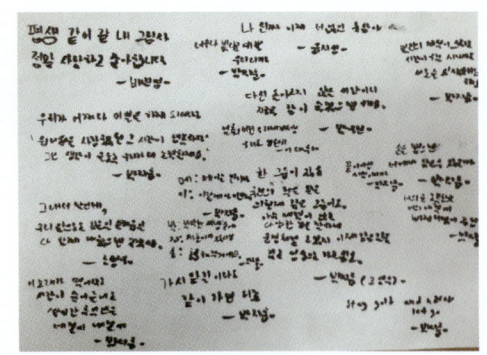

제가 좋아하는 우리 오빠들의 명언.

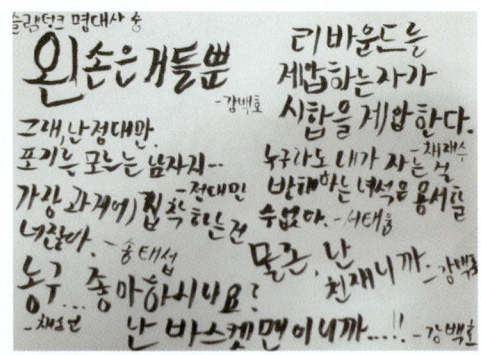

슬램덩크 명대사.

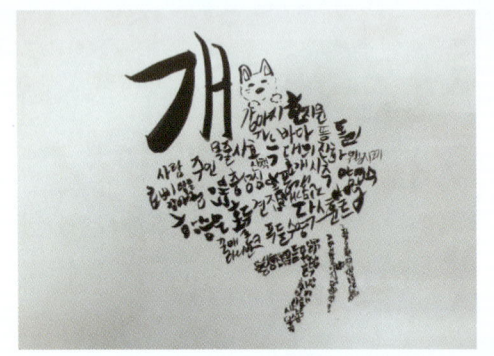

내 별명 개.

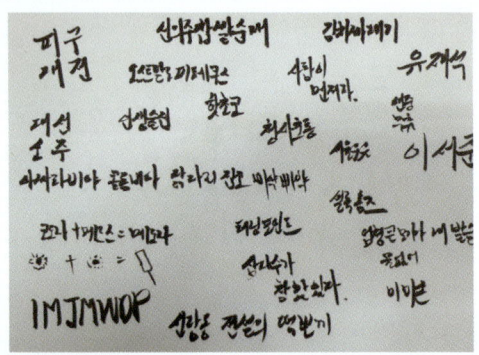

의식의 흐름.

이 말은 거짓말이지만 믿어야지.

축구는 한 방이 아님.

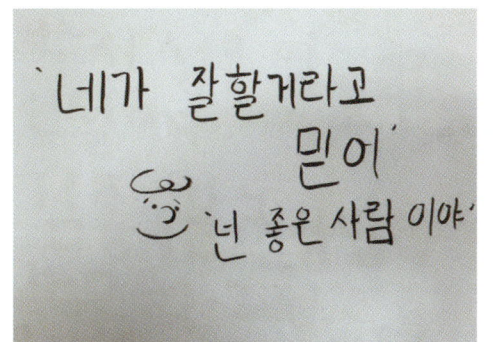 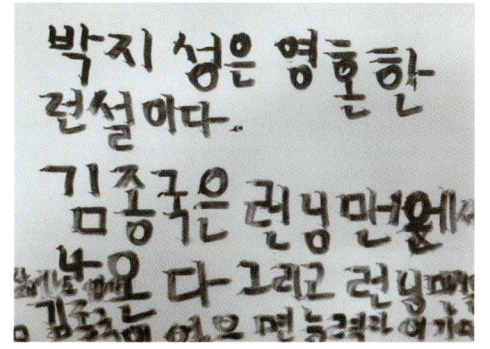

스누피의 명언.   박지성은 영혼(?)한 전설이다.

2월 3일 월요일

아침에 열을 잰다. 아이들도 이젠 일상처럼 받아들인다. 하지만 37.1~2도만 되어도 불안한가 보다. 그 정도면 정상 범주라고 말해도 여러 번 다시 측정하러 나온다.

"선생님. 무학중 간 애들 반별로 명단 정리해서 표로 다 적었대요. 우리 학교 애들 이름 전부 들어가 있어요."
"동마중도 정리했대."
배정받은 학교의 임시반 배정표가 아이들 카톡에 돌고 있단다. 무서운 세상이 아니지 않을 수 없다. 내가 가지고 있는 전산상의 통계표와 완벽하게 일치한다.
"금호여중 교복 맞추고 왔는데. 우리 교복 시금치색이에요. 정말 별로예요."
"근데 애들아. 무학중 파마해도 된대."
"아. 진짜 부럽다. 난 이제 파마 끝이네. 정말."

아침에 개인 짐 천천히 정리하라고 아이들에게 알려주었다.
"책들 다 버려도 돼요?"

"끝난 책만 버려야지."
"근데 우리 엄마는 버리지 말래. 동생이 숙제하려고 내 거 책 놓아두래."
"따로 필요한 거 없겠죠? 그냥 버려도 돼죠?"
"혹시 모르니까 이거 버리지 말아야겠다. 중학교 가면 반배치고사 본대. 국수사과는 챙겨 놔야겠다."
"그래? 깜짝이야. 수학책도 버릴 뻔 했네."
"난 고생해도 다음 주에 한꺼번에 버릴래. 뭔가 지금 버리기엔 타이밍이 안 좋아."
"그지? 교과서 한꺼번에 버리면 기분 좋을 것 같아."
"리코더도 버릴까? 잃어버렸다고 하고 새로 살까?"

원래 교육활동 발표회에 사용하려고 했던 풍선들. 그리고 더 중요한 헬륨가스. 오늘은 헬륨풍선으로 연날리기를 하기로 한다. 풍선에 헬륨가스를 채운다. 의리남 현민이가 나와서 도와준다. 아직 서툰 나의 빈틈을 정확히 메워 준다. 20개 풍선에 헬륨가스를 채우자니 이것도 만만치 않다. 지난주에 날렸던 연줄을 끊어 오라고 했다. 하지만 풍선을 줄에 묶지 못하는 녀석도 있다. 십자수할 때 매듭지어 주던 트라우마가…. 그래도 20개의 헬륨풍선이 만들어지자 아이들도 기분이 좋은가 보다.
"아빠랑 놀이공원 온 거 같아."
"그냥 놓으면 안 되겠지?"
"이거 놓으면 진짜 올라가냐?"
"근데 내 연줄 어디 갔지? 아무리 찾아도 없네. 누가 뽀려 갔나?"
"저거 좀 내려 주세요. (천장에 달라붙은 헬륨풍선을 내려달란다.)"
"풍선 위로 날아간다. 잘 잡아라."
"롯데월드 천장에서 봤는데 풍선이 있는 거야. 그거랑 비슷하네."
이렇게 신나 하다니. 하긴 교실 풍경이 풍선으로 예뻐지긴 했다. 나름 수업인데 헬륨에 대해 공부 좀 하고 밖에 나가려고 했더니 아이들 마음이 급하다.
"헬륨 알아요. 목소리 바꿔 주는 거. 빨리 날리고 싶어요."
그 급한 마음에 운동장 나가는 길에 풍선 몇 개가 터진다. 다행히 2개 여유가 있어 헬륨가스를 넣어 준다.

"근데 헬륨가스 계속 마시면 질식해요?"
"이게 연날리기보다 재밌어요."
"생각보다 높이 올라가요."
"엄마. (요즘 날 부르는 아이들 소리) 상진이 풍선이 가출했어요. (정말 교문 밖 허공에 떠 있다.)"
"이거 이상하게 재밌어요. 처음에는 별로였는데."
"이 연줄 어떻게 감지…. (연줄을 다 푼 녀석도 있다.)"
높게 날린 아이들의 풍선이 나무에 자주 걸린다. 바람 방향이 큰 나무가 많은 쪽이다. 한 녀석이 제갈공명이라며 말을 하는데.
"바뀌어라! 동남풍!"
역시 아무런 변화가 없다.

하지만 나무에 걸려도 풍선이 잘 터지지는 않는다. 생각보다 튼튼하다. 바람이 세게 부니 일제히 풍선들이 눕는다. 각을 딱 잡고 일제히 눕는 풍선들. 또 어느새 일어나고. 20여 분 날리고 왕피구를 하려고 한다. 남자는 여왕. 여자는 왕. 풍선 줄 끝까지 감아서 내려놓으라 하니 윗옷을 벗어 풍선을 감싼다. 행여 날아갈까 걱정된단다. 개중에는 축구 골대 그물에 얼레를 걸어 고정시킨 아이들도 있다. 얼추 정리

되는 와중에 나무에 걸린 풍선과 사투 중인 상진이. 힘으로 빼면 터질 것 같다며 낚시하듯이 풀었다 놓았다를 반복하고 있다. 그냥 연줄 끊고 포기하자는 나의 말에도 흰 풍선 구하기 작전은 계속된다. 결국 흰 풍선을 구해 내는 상진이.

 그나저나 오늘 날씨가 너무나 춥다. 영하로 내려간다더니 피구하면서 처음으로 발이 시린 것 같다. 피구하는 아이들은 땀이 나는지 괜찮다는데, 나는 얼른 종 치기를 기다린다. 바람이 세게 분다. 아슬아슬하게 축구 골대에 매달려 있는 풍선들! 결국 풍선 하나가 저 멀리 날아가 버렸다.

중학교 생활에 대해 아이들과 잠깐 이야기를 나누었다. 지레 겁먹은 아이들이 의외로 많다.

"중학교 가서 어떻게 하면 잘 살아요?"

"우리 아빠가 공부는 못해도 예의는 바르래요."

"그 말이 정답이네. 예의가 기본이지. 그리고 일단 3월에 보이는 이미지도 중요해."

"요즘 그렇게 보이면 애들이 다 알아요. 그냥 본 모습을 보여 주는 게."

"선생님. 근데 제 미모가 물올랐죠? 이제 저 중학생이랍니다."

"선생님 애 잡아왔어요. 가지세요. 근데 몸에서 라면 스프 냄새 나는 애예요."

10년 후, 20년 후, 30년 후의 우리의 모습에 대해 이야기 나누기로 했다. 남자 여자 두 팀으로 나누어 활동하려고 했으나 아이들은 그렇게 하면 실제로 말할 시간이 없다며 팀을 더 쪼개 달란다. 바로 뽑기 프로그램을 돌려 4개 팀으로 나눈다.

A: 준혁, 영민, 민준, 상진, 준호
B: 인해, 현민, 서준, 연수, 준우
C: 승은, 지윤, 경란, 주희, 은비
D: 백하, 태윤, 륜경, 규현, 효은

"(15분이나 남기고) 저희 다했는데 40년, 50년 뒤도 해도 돼요?"
"70년 후 해도 돼요? 그때면 선생님은 110세가 넘네요."
"근데 결혼식 주례 44세에도 할 수 있어요? 저 44세에 주례 서려고요."
남자아이들은 개그 모드로 가기로 작정한 모양이다. 작성하며 마구 웃는다. 훗날 맞춰 봐야겠다.

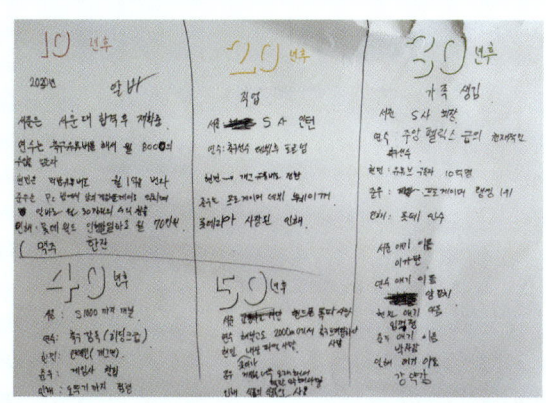

10년 후	서준은 서운대 합격 후 재학 중. 연수는 축구 유튜버를 해서 월 8000만 원의 수입을 얻는다. 현민은 먹방 유튜버로 월 1억을 번다. 준우는 PC방에서 남의 게임 플레이를 익히며 알바로 월 30만 원의 수익 창출. 인해는 롯데월드 인형탈 알바로 월 70만 원. (모두 만나 맥주 한잔)
20년 후	〈직업〉 서준(S사 인턴) 연수(축구선수 데뷔 후 토트넘) 현민(개그 유튜버로 전환) 준우(프로게이머 데뷔) 인해(롯데리아 사장)
30년 후	〈가족 생김〉 서준(S사 회장) 연수(주앙 펠리스급의 천재적인 축구선수) 현민(유튜브 구독자 10억 명) 준우(프로게이머 랭킹 1위) 인해(롯데 인수) 〈애기 이름〉 이서준 애기(이가탄) 양연수 애기(양꼬치) 임현민 애기(임꺽정) 박준우 애기(박자감) 강인해 애기(강약강)
40년 후	서준(S1000까지 개발) 연수(히딩크급 축구감독) 현민(연예인, 개그맨) 준우(게임사 창립) 인해(오뚜기까지 점령)

10년 후	준호(복근 있는 팬티 모델) 준혁(비밀 조직 똘마니) 상진(나무 역 뮤지컬 배우) 민준(광어 상인) 영민(군대 中)
20년 후	준호(살찐 팬티 모델) 준혁(마약반 똘마니) 상진(자작나무와 결혼) 민준(고래 상인) 영민(군대장)
30년 후	준호(팬티) 준혁(똘마니) 상진(나무) 민준(고래밥) 영민(대장균)
40년 후	준호(기저귀 모델) 준혁(40년째 똘마니)(고급) 상진(오줌 먹고 자란 나무) 민준(고래똥) 영민(박테리아?)
50년 후	준호(기술 발전으로 투명 팬티 모델) 준혁(투명 팬티 모델 매니저) 상진(오줌에 찌든 나무) 민준(고래 똥꼬털) 영민(탈모균?)
60년 후	준호(고릴라 멀티짐의 고릴라 헬스 모델) 준혁(투명 팬티 모델 준호한테 물려받음) 상진(소변기) 민준(김민준 코털) 영민(김민준 바퀴~)

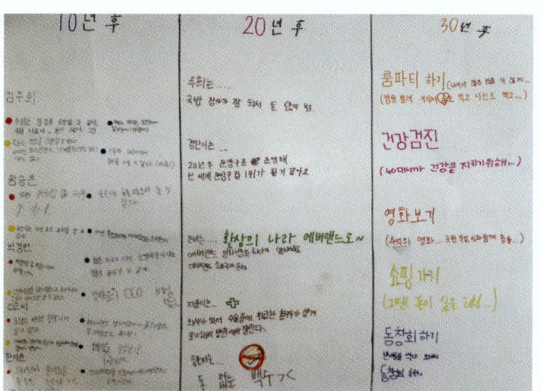

10년 후	〈김주희〉 - 주희는 점집을 운영할 것 같다. 아님 타로나… 뭔가 그렇다. 그냥 - 주희는 맹구 같은 돌 전문가가 될 것 같아. (맹구 같아) - 주희는 식당을 운영할 것 같다. 아니면 요리 전문가? (백종원 선생님 같은) - 시골에 내려가서 농사를 지을 거 같다. (자취) 〈황승은〉 - 승은이는 콩나물국밥집을 운영할 것 같다. - 승은이는 동물보호소에 살 것 같다. - 승은이는 10년 후에도 호두랑 살 것 같다. - 49번 취업 실패 후 마라탕집을 운영한다. 〈박경란〉 - 인생마감하려 했으나 무서워서 안 하고 다시 그냥 살 것 같다. - 웹툰작가가 되어 인생마감이라는 작품을 출품할 것 같다. - 깡패들의 CEO. 회장님. 행님. 〈신은비〉 - 돈 많은 백수로 행복하게 살 것 같다. - 에버랜드나 롯데월드 알바생으로 취직! - 에버랜드 알바생이 됐다가 물건을 훔쳐서 짤린다. - 보쌈집(+시래깃국)을 운영한다. 〈한지윤〉 - 의사가 되어 환자들을 수두룩 죽인다(살린다).?? - 액괴대학교를 만들어서 액괴대학교의 교장이 된다. - 의사가 되어 군대에 가서 군병 치료할 것 같다. - 북한에 건너가 대통령이 된다.

20년 후	주희… 국밥 장사가 잘 되어 돈 많이 범. 경란이는… 20년 후 문방구를 운영해 전 세계 문방구집 1위가 될 거 같아요. 은비는… 환상의 나라 에버랜드로~ 에버랜드 알바생을 하다가 알바비로 에버랜드 소유주가 된다. 지윤이는… 의사가 되어 수술 중에 위급한 환자가 생겨 포기해서 병원에서 짤린다. 승은이는… 돈 없는 백수.
30년 후	룸 파티 하기(나이가 많은 만큼 더 많게…)(방을 빌려 거기서 술도 먹고 사진도 찍고…) 건강검진(40대니까 건강을 지키기 위해…) 영화 보기(추억의 영화… 극한 직업, 신과 함께 등등…) 쇼핑 가기(그땐 폰이 있을 테다…) 동창회 하기(반 애들 싹 다 모여서 동창회를 한다.)

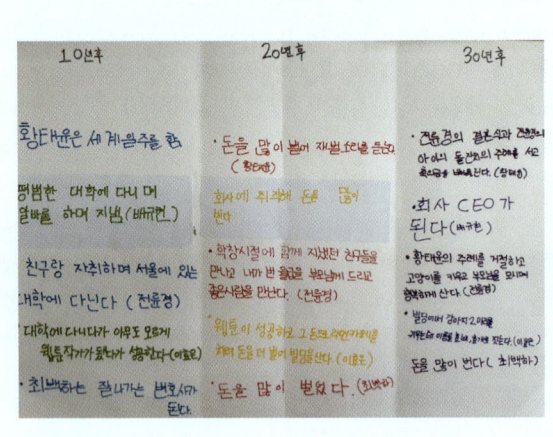

10년 후	황태윤은 세계 일주를 함. 평범한 대학에 다니며 알바를 하며 지냄(배규현). 친구랑 자취하며 서울에 있는 대학에 다닌다(전륜경). 대학에 다니다가 아무도 모르게 웹툰 작가가 됐다가 성공한다(이효은). 최백하는 잘 나가는 변호사가 된다.
20년 후	돈을 많이 벌어 재벌 소리를 듣는다(황태윤). 회사에 취직해 돈을 많이 번다(배규현). 학창시절에 함께 지냈던 친구들을 만나고 내가 번 월급을 부모님께 드리고 좋은 사람을 만난다(전륜경). 웹툰이 성공하고 그 돈으로 라면카페를 차려 돈을 더 벌어 빌딩을 산다(이효은). 돈을 많이 벌었다(최백하).
30년 후	전륜경의 결혼식과 전륜경의 아이의 돌잔치의 주례를 서고 축의금을 빼돌린다(황태윤). 회사 CEO가 된다(배규현). 황태윤의 주례를 거절하고 고양이를 키우고 부모님을 모시며 행복하게 산다(전륜경). 빌딩에서 강아지 2마리를 키우는데 이름을 효삐, 효개로 짓는다(이효은). 돈을 많이 번다(최백하).

4교시에 도서관에 갔다. 아프다는 다른 아이들까지 5명이나 보건실에 간다. 삼사오오 모여, 아니 누워서 편하게 책 보며 이야기하는 모습. 한 녀석은 책 찾아오다가 내 앞에서 철퍼덕! 책이 정면으로 바닥에 찍히는 소리다. 웃으면 안 되는데 너무 크게 웃어 버렸다. 20여 분 지나자 너무나 소란스럽다. 조용히 하라는 말에도 그저 잠시 멈출 뿐이다. 갑자기 은비, 백하가 손에 멍이 들었단다. 무슨 상황인지 대략 그려지지만 일단 보건실 다녀오라고 했다.

5교시에는 올해 마지막 학급 회의를 했다. 다음 주 있을 졸업식 전날인 12일 수요일에 할 일을 정하는 시간이다. 아이들은 예상하고 있었고 결론은 생각보다는 싱겁게 난다.

"모두 체육 해요. 축구 해요."
"4시간 동안 나가서 체육 해요."
"그냥 하고 싶은 거 해요. 뛰어다닐 사람 뛰고. 밥 먹을 사람 밥 먹고."
"인터넷 사용은 안 되죠?"
"교실에서 게임해요. 핸드폰 게임도 좋아요."
"데이터는 어떻게 해요?"
"저는 어제 데이터 빵빵 들어왔어요."
"데이터 없는 사람은요?"
"선생님께 핫스팟 틀어 달라고 말하면 돼요."
"근데 핸드폰 없는 사람은요?"
"엄마 핸드폰요. 아니다. 대신 너는 아이패드 있잖아?"
"근데 우리 교실에서 어떤 와이파이 잡혀요. 비밀번호 없이 쓸 수 있는 거예요."
"우리 반 모두 학교에 출근했다가 집에 갔다가 4교시 끝날 때쯤 와요."
"텐트 같은 거 치고 애들이랑 잤으면 좋겠어요."
"책상을 밀고 공간을 만든 다음 하고 싶은 대로 해요."

"20명이서 윷놀이해요. 인간 윷놀이 게임."
"근데 윷놀이하면 절 누가 던져요? 던질 수 있을까요?"
"진짜 아무것도 신경 안 쓰고 아무거나 해요. 단 남에게 민폐 되는 행동 하지 않고."
"신서유기 게임해요. 쥐를 잡자 같은 거요. 인물 맞히기 같은 거요."
"고요 속의 외침해요."
"고요 속의 외침 그걸 4시간 하자는 거예요?"
"책상 밀고 골드버그 장치 만들어요? 재밌을 것 같아요."
"근데 12일날 우리 풋살장 예약되어 있나요?"
"쌤이 응봉공원 풋살장 예약해 놨어."
"뭔가를 먹기도 해야 해요. 치킨, 피자, 짜장면 다 먹어요."
"퍼니 포테이토 유니폼 입어요?"
"그럼 한 팀은 유니폼 똑바로 입고 한 팀은 거꾸로 뒤집어 입어요. 마지막 추억으로."
"아저씨들 축구할 때 한 팀은 옷 입고 한 팀은 윗옷 벗고 하던데요."
"얘기 여기까지 하죠. 어차피 노는 거니까요?"

"여자님들도 축구 하고 싶어 하는데. 예비군 대 중학생팀 축구 하면 에바인데. 팀 바꿔요."
"1, 2교시 밖에서 놀고 3, 4교시는 안에서 뭐 먹어요. 우리 점심은 안 먹어도 되는 거야?"
"집에서 도시락 싸 온 거 먹어도 맛있겠다. 3단 도시락. (우아.)"
"여자들은 피구가 축구보다 낫죠. 따로 할까요? 같이 할까요?"
"여자끼리 피구 하면 재미없어요."
"그럼 여자끼리 세탁타크로 하는 건 어때요?"
"1교시 피구. 2교시 축구해요. 같이 해요."
"배수지 풋살장은 좁아서 어차피 팀을 나눠서 해야 해요."
"우리 마지막인데 혼성팀으로 짜서 같이 해요. 남자 3명 여자 2명, 남자 2명 여자 3명."
"그냥 1~2교시는 알아서 놀아요. 자유. 짜지 마요."
"우리 3~4교시는 뭐해요?"
"3~4교시는 게임 같은 거 해요."
"저는 뭘 먹으면서 영화 봤으면 좋겠어요."
"우리 PPT 같은 데 게임 만들어 와서 하면 안 돼요?"
"근데 우리 장기자랑은 안 해?"

"그럼 3교시에 먹고 4교시에 랜덤 게임하는 거 찬성이에요?"
"3교시에 라면 미식회."
"3교시에 라끼남."

아이들이 회의할 동안 냉동고에 남아 있던 만두, 어묵을 다 꺼내 탕을 끓인다. 가스 불로 끓이기엔 시간이 많이 걸린다. 회의가 끝날 무렵 얼추 익는다. 아이들마다 종이컵 2개 정도 양을 먹는다. 단 국물은 마음껏. 하지만 국물도 마지막에는 모자란다. 국물 대전!
"국물 진짜 뜨겁다. 아리수 부어 먹어야지."
"종이컵 하나 더 주세요. 이거 너무 뜨거워요."
"국물 뜨다 저 데었어요."
"야! 너무 많이 뜨지 마. 뒤에 사람 있어. 양심적으로."
"저 머리 빠졌어요. 국물에요."
아….

마지막 20분은 남녀 혼성팀 편성을 하기로 했다. 체육 에이스 영민이가 중재를 하겠다고 한다. 역시 실력 앞에는 아이들이 수긍하는 눈치다. 일단 축구 잘하는 연수, 준호, 영민, 준혁이가 팀장을 맡고 한 명씩 뽑나 보다. 그리고 토너먼트 대진표까지 짠다. 아이들에게 우승팀 가능성을 물었더니 연수팀 2표, 준호팀 9표, 영민이팀 5표, 준혁이팀 0표다.

"우리가 우승할 것 같아. 밸런스 잘 맞아. 우리 팀 애들은 골키퍼, 공격수, 전봇대도 있어요."

"득점 안 나면 승부차기 가나요?"

"죽기 아니면 까무러치기 작전입니다. (준혁팀 팀장 준혁이.)"

 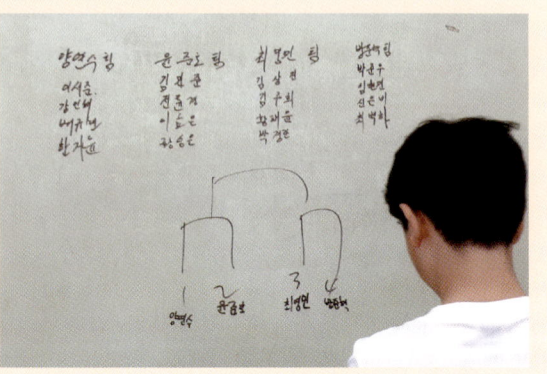

오후에 지윤이에게서 카톡이 왔다.

승은이랑 풍선 날렸는데 제껀 엄청 날아갔고 승은이거는 못 날았어요. 제 풍선이 너무 멀리 날아가서 카메라에도 안 찍힐 정도로 날아갔는데 축구 하는 남자애들이 "와!! 낮에도 별이 떴어!!"라고 했어요. ㅋㅋ 책에 써주셔야 해욥 〉〈

생활기록부에 있는 1학년 사진을 지우고 6학년 사진으로 바꾼다. 6년의 시간이 이렇게 지났나 보다. 계속 사진을 보고 있으니 1학년 얼굴이 그대로 남아 있다. 참 멋있게 예쁘게 잘 컸다.

"1학년 사진 찍을 때 생각나냐?"

"네. 저 선생님이 막 칠판 앞에 서라고 했는데. 갑자기 찍었어요."

"도서대출증에 있는데 이렇게 보니 더 잘생긴 것 같아요."

"중3, 고3 졸업 사진 찍어서 옆에 놓고 보면 웃길 것 같아요."

"선생님 사진도 좀 보여 주세요."

초등학교 1학년 사진은 없고 고등학생 때 찍은 사진을 보여 주었다.

카야악~~

 **2월 4일 화요일**

"3반 애들이 내일 피구대전 저부터 맞힌대요."
"우리 1학기 패배를 복수해야지요. 3반 누구부터 죽일 거야?"
"3반 에이스 김, 노, 이~"

"○○이 □□ 좋아한대?"
"야. 그거 선생님 들리게 말하면 어떻게 해."
"선생님도 아셔? 그죠?"
"응. 아니…."
"선생님. 얘네랑 3반 ○○이랑 관련 있는 사람이 우리 반에도 있다고 어제부터 말해요."
"관련 있다는 게 옛날에 같은 반일 수도 있고 같은 아파트도 있고 다른 것도 많은데. 괜히 오바예요."
"나도 옛날에 걔랑 4학년 때 같은 반이었는데."

"헬륨이 다 빠졌나 봐요. 헬륨풍선이 죽었어요."
"그래도 보통 풍선보다는 잘 안 떨어져요."
 채 하루를 못 버티는 헬륨풍선. 히터를 틀자 가운데 부분은 상승기류로 풍선이 딸려 올라간다. 그것도 나름 실험의 대상이 된다.
"여기서 공기 빨아들여 옆으로 토해 내."
"보통 풍선보다는 헬륨풍선이 더 잘 올라가요."

"얘네가 네일아트 해 줬어요."
 현민이가 내게 손을 보여 준다. 이거 완전 낙서 수준이구만.
"얼른 지워라."

　졸업을 앞두고 도서관에서 연락이 왔다. 7권의 책이 미반납 상태라고. 160일 전에 빌린 책인지라 미반납한 아이들도 빌린 책 이름이 맞는지 가물가물해한다.

　초등학교 마지막 일기를 내라고 했더니.
　"중학교 가면 일기 안 내죠?"
　"본인이 기록하면 일기지. 한 달에 몇 번 써라."
　"정말 안 내는 거 맞죠?"
　"검사 안 하는 거 맞죠?"

　1교시는 수학이다. 면역력이 떨어졌다며 수학을 거부하지만. 그게 무슨 인과관계인지. 오늘 1시간만 하면 수학도 끝난다.
　〈원뿔의 높이는 모선의 길이보다 짧습니다.(O, X)〉
　'X'라고 답한 아이들이 몇몇 있다.
　"차원이 달라지면 모선이 높이보다 짧을 수 있죠? 그죠?"
　"맞아요! 골키퍼가 축구 골 들어가려 할 때 시간을 잘라서 노골 시키는 거 우리 했잖아요!"

"4차원 아이가 오면 X라고 답하는 게 맞을 거예요. 모선이 높이보다 짧을 수 있어요."

차원에 대해 공부해 두길 잘했다. 뭐 정확히 맞지는 않지만 상황에 어울리게 들어온다. 하지만 우리는 3차원에 살며 수학문제 푸는 사람들인지라 이건 'O'. 수학이 끝나자마자 하는 말.

"이제 정말 다 버려도 되는 거예요?"

메신저가 온다.

> 지금 지하 강당 쪽에서 누수가 되어 물이 흘러내리고, 한파에 얼어서 굉장히 미끄럽습니다. 이번 주말에야 보수 공사가 가능하다고 합니다. 오늘부터 이번 주까지 지하 강당 입구를 폐쇄하고 사용을 금지하오니, 협조해 주시기 바랍니다.^^

"거기서 미끌놀이 하면 재미있을 것 같은데요?"
"그런 말도 마라. 거기 문 안 열어 놓을 거야. 가 봤자 못 해."
"이제 강당 못 쓰네요. 다음 주면 우리 졸업인데."
"강당. 안녕!!!"

3~4교시는 6반과 축구 대결을 하기로 했다. 전반(남자 10분, 여자 10분), 후반(남자 10분, 여자10분) 경기다. 양 팀 모두 팀 조끼를 입는 게 불편할 것 같아 여자는 우리 반이, 남자는 6반이 입고 경기를 하기로 한다.

남자아이들 경기가 먼저 시작된다. 6반 아이들은 전교 최강이라는 클래스를 자랑하지만 1년간 체육으로 단련된 우리 반도 이제 만만치는 않다. 여자아이들의 응원전이 시작된다. 시키지 않았는데 알아서 잘한다.
"5반 잘해라. (남자 아이들: 너무 시끄러워 집중이 안 돼.)"
"태양의 머리~ 박준우~"
"바다의 왕자~ 양연수~"

우리 반 아이들이 상대방 진영으로 하프라인만 넘어가면 '와~~' 소리를 낸다. 정말 축구장에 온 것 같다. 이런 경기는 역시 선제골! 준호가 골을 넣는다. 온몸에서 짜릿함이 올라온다. 세리머니를 한참 한다. 하지만 기쁨도 오래가지 않는다. 6반 에이스, 아니 우리 학교 최강인 아이가 동점골! 그렇게 전반전 10분은 흘러간다.

여자 전반전이 시작된다. 며칠 전에 여자애들이 걱정되어 영민, 준호한테 포메이션을 짜 주라고 했었다. 서 있는 자세는 3-2-3-1 같아 보이는데. 제발 몰려만 다니지 마라! 경란이와 백하가 센터백을 보는데 정말 잘 걷어 낸다. 뻥! 박경란 응원가가 울려 퍼진다. "박~ 경란 박~ 경란 안타 박경란!!!" 축구에서도 응원가는 안타로 그대로 부른다.

오늘은 풋살 룰이 아니라 축구 룰로 하는지라 사이드 아웃 시 드로잉을 해야 하는데 여자아이들이 묻는다.

"한 손으로 던져도 되죠?"

남자아이들이 어떻게 던져야 하는지 옆에서 동작을 보여 준다. 그 여자아이도 너무 많은 아이들이 몰려들어서 긴장이 되었던지 바닥으로 내팽개치듯이 공을 던지고는 운동장으로 들이긴다.

우리 반에게 추가골의 찬스가 온다. 하지만 옆 그물! 옆 그물을 때린 후 머리 감싸 쥐는 여자아이들! 그 아픔이 내게도 전해진다. 남자아이들도 경기가 답답한지 "그냥 때려!"를 소리친다. 정말 그냥 막 때린다. 여자아이들 열 받았다. 제대로.

    남자아이들은 후반에 그냥 축구공으로 하자고 해서 공을 바꾼다. 뜨로인과 쓰로잉 발음 논란으로 잠시 경기가 중단된 것 빼고는 시종 치고받는 경기였다. 깊은 태클에 발목을 부여잡는 위험한 장면도 몇 차례 보인다.

    "역시 축구공으로 차야 제맛이죠."

    후반전은 우리 반이 압도한다. 뭔가 6반의 밸런스가 무너진 것 같다. 팀워크가 안 맞다. 상진이의 결승골! 연수의 추가골! 연수의 골은 멀리서 봐도 발등에 제대로 실린 골이었다.

    여자아이들 후반전도 시작된다. 페널티킥까지 얻는다. 누가 찰지 아이들이 결정을 내리지 못해 가까이에 가서 페널티킥 에이스 지윤이에게 차라고 했다. 지윤이의 깊은 한숨 소리가 들렸다. 긴장이 되었는지 공이 빗나갔지만 좋은 경험이 되었으리라. 게다가 경기는 이미 3 대 1로 기운지라 괜찮다고 격려해 줬다. "우리가 봐주는 거지!" 그렇게 끝날 것 같던 경기가… 팔 깁스 중인 주희가 마무리골을 넣는다. 깁스한 팔로 골 세리머니를 하니 그것 또한 추억으로 남으리라. 경기는 그렇게 4 대 1로 끝난다.

경기가 끝난 후 6반 남자아이들이 아쉬운가 보다. 조금만 더 하자고 한다. 남자 경기 추가 10분 제안이다. 여자아이들은 축구는 괜찮다며 6반과 대장공놀이를 한다며 피구장 쪽으로 이동한다. 이 경기도 실로 어이없게 경기가 흘러가는데. 상대방 골키퍼가 차려고 찍은 공을 안 차고 있었나 보다. 이 기회를 놓치지 않고 서준이가 선제골. 몇 분 뒤 서준이가 추가골. 오늘 수비형 미드필더로 열심히 뛴 영민이가 경기 끝나기 전 쐐기골! 영민이의 발리슛은 가까이서 봤는데 역시나 유연하고 아크로바틱했다. 3 대 0 완승이다. 여자아이들이 온다. 대장공놀이도 완승이란다. 10 대 2쯤으로 이겼단다. 1학기 소체육대회 꼴찌에서 몇 달 만에 달라졌다. 아이들은 감독인 내게 고맙다고 한다. 이 묘한 기분이란! 아무튼 몸은 피곤하지만 승리의 열매는 달기만 하다.

"삭신이 쑤셔요. 엄지발가락에서 새끼까지 다 아파요."
"목에서 피가 나올 것 같아요."
"마지막에 태클 걸려 너무 아팠어요. 화내려다 참았어요."
"근데 축구를 잘 몰라도 잘한 것 같았고, 6반이랑 같이 있으니까 우리 반 애들이 호리호리해 보이는 거예요. 너무 말라 보였는데 잘 차더라고요."
"6반 너무 더티 플레이해요. 정강이 차요. (이건 자는 관용을~)"
"그냥 차려다 허벅지 갈겨 맞았어요."
"중간에 몇 번 항의했는데 계속 차서 싸우려다 선생님 눈 보고 참았어요."
"수비하다가 심장 터질 뻔했어요."
"몸싸움을 하는데 제가 밀려서 답답했어요."
"골 넣었을 때 쾌감이 느껴졌어요."
"내일 피구. 3반도 이길 것 같아요."
"페널티킥 할 때 생각했던 대로 공이 안 갔어요. 긴장해서."
"수비의 히어로 박경란, 최백하, 태윤이가 전봇대처럼 확실히 높이가 있어요."
"뛰고 있는데 공을 쫓아가기가 힘들었어요. 그리고 추웠어요."
"맨 처음 준호가 골을 넣었을 때 이겼다 싶었는데. 한 골 먹고 긴장이 많이 되었어요."
"우리 반 남자애들 너무너무 호리호리해서 호리병 같아요."
"연수 축구 하다 넘어지는데 다이빙 진짜 멋있었어."
"제가 축구 하다가 깁스한 팔로 6반 애 쳤는데. 엄청 아파하던데요. (당연한 거 아니야?)"
오늘 골 넣은 아이들 이름도 한 번씩 불러 본다.
준호! 상진! 연수! 주희! 서준! 영민!

　자외선펜으로 아이들이 글자를 쓰고 있다. 친구들 이름도 별명도 적고. 저희들끼리 키득 웃고 있는데 내가 다가가면 정색하고 낙서로 만들어 지워 버린다.

"괜찮아. 무슨 글자냐?"

"아니에요. 욕은 절대로 아니니까 걱정하지 마세요."

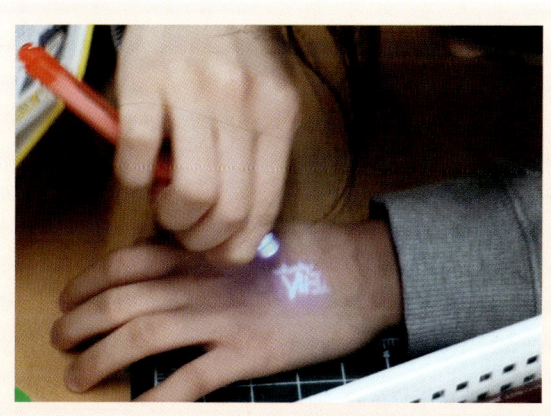
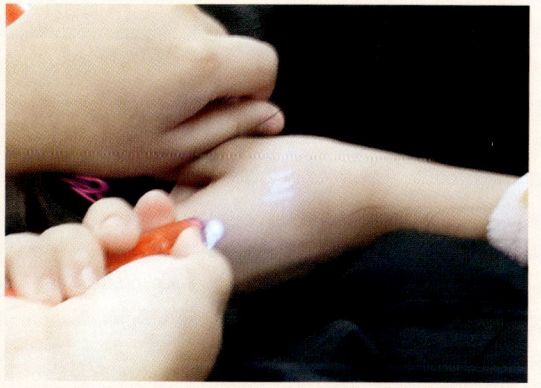

방학 과제로 내 준 책 읽고 토론거리 준비해 오기! 아이들이 적은 글로 이야기를 나눠 보기로 한다. 상진이의 글이다. 찬성과 반대로 정확히 나눠지는 내용인지라 책을 안 읽은 아이들도 쉽게 참여할 수 있을 것 같다.

《샤워하는 올빼미》 - 진 크레이그헤드 조지

줄거리: 주인공 보든의 아빠는 벌목꾼인데 숲에 사는 멸종 위기 동물 점박이 올빼미 때문에 더 이상 벌목을 못하게 된다. 그래서 벌목꾼들은 벌목 금지에 대해 강하게 반대한다. 하지만 자연보호를 위해 노력하는 사람들은 벌목 금지에 대해 찬성한다. 이에 보든은 아빠의 직업을 잃어버리게 한 점박이 올빼미를 사냥하러 간다. 보든은 바닥에 떨어져 있는 점박이 올빼미를 발견한다. 하지만 보든은 그 올빼미를 줄무늬 올빼미와 헷갈려 한다. 보든은 불쌍한 그 올빼미를 집에 데려온다. 가족도 줄무늬 올빼미인 줄 알고 키운다. 그리고 가족들은 올빼미를 아끼게 된다. 특히 아빠가. 그리고 아빠는 다른 직업을 얻고 올빼미를 위해 환경을 양보한다.

토론 거리: 아빠는 올빼미를 위해 자신의 직업을 양보해야 할까? 아니면 계속 자신의 직업을 지키기 위해 노력해야 할까?

내 의견: 내 생각엔 멸종 위기 동물을 지키는 게 더 중요한 것 같다. 왜냐하면 개체수가 많은 동물도 아니고 멸종 위기 동물인데 보호를 해 줘야 하기 때문이다. 그리고 사람들의 직업은 다른 것으로 구할 수 있기 때문이다.

추가 내용: 내가 만약 정부였다면 이 갈등을 해결하려고 했을 것이다. 어떻게 해결하냐면 각 측에 상대편의 주장과 상황을 말하고 멸종위기동물을 보호해야한다는 생각을 가지고 있는 나는 벌목꾼들에게 미안하지만 올빼미들을 위해 직업을 포기해 달라고 할 것이다. 이 말만 하면 벌목꾼들이 큰 손해를 보기 때문에 일정 기간 동안에는 직업을 제공해 준다던가 생활비를 마련해 준다던가 할 것이다.

"그냥 올빼미가 안 사는 곳에서 벌목합시다."

"올빼미들을 단체로 잡아서 다른 곳에 보냅시다."

"올빼미들 집이 거긴데 다른 곳에 보내면 올빼미들이 모르는 환경에 살면 죽을 수도 있어요. 오히려 올빼미에게 악이 되어요."

"환경을 옮기면 죽을 수도 있지만 오히려 선이 될 수도 있어요. 기회가 되기도 하고."

"비둘기도 다른 데 보내도 자기 집 찾아간다는데. 올빼미도 찾아갈 것 같고요. 님도 다른 집에 보내져도 알아서 잘 찾아가잖아요."

"동물들도 다 기후가 있고 맞는 환경이 있는데 와꾸가 맞아야 하는데요. (와꾸라… 앞 뒤!) 그거(올빼미)를 다른 데로 데려다 놓으면 스트레스 받아서 안 돼요."

"사람도 이사를 하잖아요. 올빼미가 되어서 생각하면 물론 원하는 이사는 아니지만 강제 이사도 나쁘지 않아요. 한곳에 계속 살면 사는 곳에 질릴 수 있어요."

"올빼미가 질리면 알아서 가겠죠. 그렇다고 우리가 옮겨 줄 필요 없어요. 사람은 자연에 개입하면 안 된다고 했어요."

"그리고 강제 이사 자체가 동물 학대예요. 올빼미들도 말할 수 있다면 반대할 거예요."

"과대한 비유일 수 있는데. 벌목꾼들은 직업을 잃으면 생을 잃어버리잖아요. 시골에 호랑이들이 살면 어쩔 수 없이 호랑이들을 옮겨야 할 것 같은데요. 올빼미도 다른 곳에 옮겨서 살게 하면 돼요."

"올빼미도 이산가족이 생길 수 있겠죠?"

"올빼미 이사는 문제가 많아요. 사람이 이사 가는 건 성공할 수도 있는데 올빼미는 힘들 것 같아요."

"어차피 모든 올빼미를 이사 못 시키잖아요. 남아 있는 애들이 번식하면 또 그 상황이 반복됩니다. 호주 토끼처럼요."

"올빼미 잡으려면 너무 힘들고 오랜 시간이랑 돈이 들어요."

"근데 점박이 올빼미라고 했는데 점박이는 공룡 아니야?"

"직업을 잃으면 돈 못 벌죠? 이사하면 돈이 남을까요? 벌목도 못 하고 거지가 되겠죠. 세금도 못 내고."

"사람들이 불쌍하지만 이런 건 정부가 관련된 문제를 해결해야 해요. 돈이나 집이나 줘야 해결이 돼요."

"굳이 올빼미를 지키기 위해 올빼미들 때문에 사람이 피해를 받아야 하는지. 벌목도 전문직인데."

"지구는 인간과 동물이 공존하는 거예요. 인간은 이미 환경오염 등 많은 피해를 입혔으니 올빼미 건은 인간이 양보해야 해요. 벌목공에게는 미안하지만 양보해야 해요. 일반 회사에서 사장이 해고하면 다른 직업 얻어야 해요. 다른 직업 얻어야."

"님. 마음대로 해고 못 해요."

"이 벌목공은 비정규직이겠죠."

아이들이 벌목공이 뭐하는 사람인지 궁금하단다. 극한직업에 나오는 러시아 벌목공 이야기를 본다. 영하 21도! 시동 안 걸리는 트랙터. 엔진이 얼어 버렸다. 엔진 주위에 불을 붙인다. 아이들은 이 장면을 보고 '분노의 역류'라고 하는데. 드디어 얼어붙은 엔진에 시동이 걸린다.

"하루 정도 체험하면 재밌을 것 같아요."

"나무 한 그루가 1톤이라니. 저 차가 끌 수 있을까요?"

"벌목공 돈 많이 줘야겠어요. 극한직업 맞아요."

"나무꾼에 대한 로망이 있었는데 이번 영상보고 다 깨졌네요."

"운반비가 많이 들어 가구가 비싼 거예요?"

"저 끄는 트랙터 뒤에서 밀어 줘야 하는 거 아니야? (저러다 큰일 나겠다!)"

"나무가 생각보다 많이 썩어 있네요. (썩은 나무는 장작으로 쓴대!)"

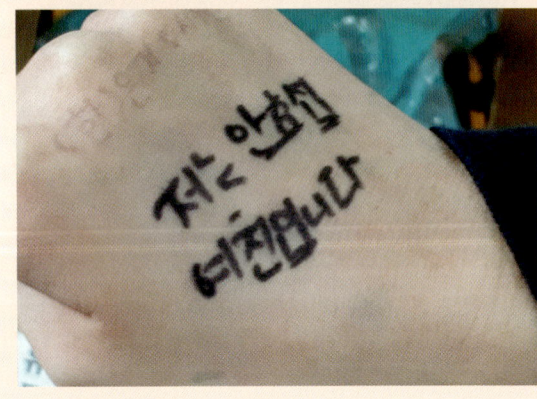

6교시는 열정과 끈기를 주제로 앞으로 살아갈 날들에 이야기를 했다. 예전에 본 절름발이 경주마 루나 영상을 같이 본다. 인생은 추입이다! 선두를 바라보며 참고 따라가다 마지막에 역전하는 경주가 추입인가 보다.

"열정의 반대말은 뭐지?"

"정열요."

"냉정이죠?"

이해가 잘 안 된다길래 비유로.

"목욕탕에 있는 열탕, 냉탕 알죠?"
"네. 온탕도 알아요."
"전국 각지에서 온정이 도달하고 있습니다. 이 말 알죠?"
"아뇨! (온정이라는 말을 설명하는데 시간이 많이 걸린다.)"

영화 〈챔프〉의 주인공 루나! 경기가 시작된다. 출발과 동시에 후미로 처진다. 끝까지 포기하지 않고 4코너에서 따라잡는다. 추입한다! 몇 미터를 남기고 기어이 우승!
"우아. 저게 역전이 돼요?"
"영화 보고 싶다."
어떤 분야에서든 선두와 격차가 너무 벌어지면 추입할 기회를 잃는다! 난 이 말의 느낌을 잘 알게 되었지만 아이들은 그저 루나가 신기한가 보다. 아이들은 '달님'이 더 어울리고 이쁘다며 이름도 바꿔 부른다.

아이들 일기

오늘은 6반이랑 반대항 축구를 했다. 나도 반대항 축구를 제대로 한번 하고 싶었는데 기대가 됐다. 그 전 과학시간에 선생님께서 나랑 영민이랑 전술을 짜라고 하셔서 뭔가 우리가 제대로 축구를 하는구나 생각이 들었다. 여자애들 전술을 짰는데 톱은 신은비 이효은, 수비는 박경란 최백하 황태윤을 놓고 나머지는 미드필더로 넣었다.
그리고 전술은 뻥축구다. 여자애들 전술을 짜는 김에 남자애들 전술도 같이 짰는데 잘할 것 같아서 대충했다. 여자애들 축구 경기를 봤는데 생각보다 전술이 잘 먹혀서 좋았다. 남자들의 전반전은 비등비등하다가 내가 막판에 한 골을 어거지로 넣는데 바로 먹혀서 허탈했다. 전반전은 딱히 잘하진 않은 것 같다. 후반전에도 잘하진 않았는데 연수랑 상진이가 골을 넣어서 기분이 좋았다. 특히 연수 골은 진짜 멋있었다. 휴식시간에 영민이가 나보고 패스 좀 하라 그래서 세 번째 경기에는 영민이한테 패스를 줬더니 영민이가 골을 넣어서 좋았다. 서준이의 첫 번째 골은 어이가 없었고 두 번째 골은 멋있었다. 다음 주 수요일 날에 우리 반끼리 축구 토너먼트를 하는데 진짜 재밌을 것 같다.

 **2월 5일 수요일**

어제 살짝 내린 눈이 얼어붙었다. 학교 등굣길이 언덕이라 학교 보안관님이 이미 염화칼슘을 뿌려 놓았다. 정말 고마우시다.

그나저나 오늘은 정말 춥다.

"3반 피구 할 수 있겠냐? 이렇게 추운데. 체감은 영하 10도 넘어간다는데."

"겨우 영하 10도 정도는요. 그냥 해요. 하기로 했으면요."

"어제 열정을 가지고 끈기 있게 하라고 하셨잖아요."

"아무리 추워도 우리는 열정이 있어요. 열정의 반대말은 냉정. 우리 지금 냉정하게 판단해 봐요. 우리가 선수인데 선수가 안 춥다는데 괜찮잖아요."

"우리에게 온정을 베풀어 주세요."

참 배운 대로 현실에 적용하는 엄청난 능력을 보여 준다.

"우리 반 유니폼 입고 왔는데요. 퍼니 포테이토!"

한 녀석은 반팔 유니폼을 입고 돌아다닌다.

"반바지도 갈아입고 올게요. 하는 거죠?"

기온을 확인해 보니 영하 9도다. 아무래도 안 될 듯하다.

"애들이 저 37.4도라고 구박해요."

"애들아. 열 가지고 장난치지 마라."

"그냥 37.4도는 괜찮다고 말한 거뿐인데."

오늘 3반과 예정되었던 피구는 취소된다. 강당이 혹시 괜찮으려나 봤더니 배수로에서 흘러내린 물과 어제 내린 눈이 범벅이 되어 접근조차 쉽지 않다.

"강당 계단이 얼었어요? 계단만 얼었어요? 강당은 안 얼었죠?"

"계단은 조심히 내려가면 되잖아요? 그러면 될 것 같은데요."

"그래도 이번엔 안 될 것 같아."

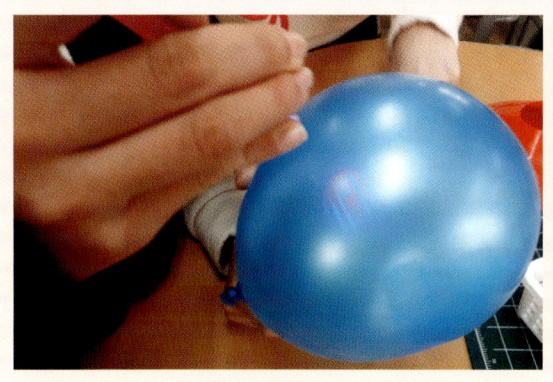 

"참새가 들어왔어요."

4층 복도로 우리 반 아이들이 나간다. 복도 계단 천장 위 보드 깨진 틈 사이를 집으로 여기나 보다. 추운지 들어가 나오지 않는다.

"우리가 좀 도와줄까요? 먹이도 주고요."

"인쇄실 가서 사다리 빌려올까요?"

방학 과제 책 읽기 토론을 한다. 오늘은 《나는 나로 살기로 했다》라는 책이다.

내게 친절하지 않은 사람에게 친절하지 않을 것. 회사 상사에게 갑질 당한 사건에 화가 난다. 갑질 때문에 화가 났을 때에도 얼굴 한번 구기지 않은 자신 때문에 일제강점기에 고문 받은 사람들에게 가장 치욕스러웠던 것도 고문이 아닌 고문관에게 잘 보이려 했던 자신의 비굴함.

갑질은 갑과 무력한 을의 합작품. 갑질을 피하고 싶다면 을도 최소한의 저항이 필요하다. 무력해서 을이라고 부르는 것이고 무력해서 할 수 있는 게 없다. 을이 할 수 없는 게 없는 이유는 우리의 사회시스템의 문제라고도 생각한다. 나보다 위 계급의 사람들 기준에 맞추지 아니하면 무리에서 떨어져나가고 그러면 우리는 불안해진다. 왜냐하면 그건 우리 원시시대의 DNA 때문이다. 우리 DNA도 시대에 따라 업데이트가 되어야 한다.

비참해지려 애쓰지 않을 것. 남의 인스타에서 본 것과 자신의 인생을 비교함. 초라해짐. 자신을 비참하게 만들기 가장 쉬운 방법은 남의 인생과 비교하는 비참해지려고 노력하지 말자. 우리는 호기심이라는 매우 요상한 감정이 있다. 그것은 하지 말라고 하면 더 하고 싶은 것과 같다. 그래서 우린 남의 삶을 호기심에 보게 된다. 견물생심. 남이 가진걸 보면 나도 갖고 싶은 게 사람의 감정이다. 그래서 부러워지고 결국 부러움 때문에 비참해진다. 만약 부러움이란 감정이 손을 쥐었다 폈다 하듯이 간단했다면 우린 남의 인생을 보고도 비참해지지 않았으리라. 따라서 우리가 비참해지는 이유는 우리의 감정 때문이다

인생에서 숫자를 지울 것. 나라별 중산층의 기준. 여러 가지 기준들이 있다. 영국, 프랑스, 한국 다른 두 나라에 말고 우리나라의 기준에만 있는 숫자. 아이큐가 지혜를 측정 못하고 친구의 숫자가 관계 측정 불가. 집의 평수가 화목함을 증명 못한다. 연봉이 인격대변 못함. 진정한 가치는 숫자로 환산이 안 된다.

> 물론 진정한 가치는 숫자로 환산이 안되는 게 당연하다. 하지만 우린 숫자로 환산된 가치를 갖고 평가되는 세상에 살고 있다. 숫자가 자신을 나타내기 가장 편리하기 때문에 사람들은 숫자로 자격을 판단한다. 만약 그 숫자에 맞지 않을 경우 우리는 그 무리로부터 떨어져 나오게 된다. 원시시대 때부터 유지해 온 우리의 DNA는 무리로부터 떨어져 나온다는 것은 곧 죽음을 의미했다. 그러니 우린 무리에서 떨어지지 않기 위해서 노력한다. 그래서 그 기준을 세운 게 바로 숫자라고 생각한다.

"저는 숫자로 표현하는 게 좋다고 생각해요. 숫자가 보기 편하고 정확성이 있어서요."

"근데 이 세상에는 숫자로 표현할 수 없는 것도 많잖아요. 만약에 친구와의 관계를 50%로 나타내요. 다른 친구와는 55.5%라면, 55.5%가 더 친하다고 말할 수 있어요? 숫자는 정확하게 나타낼 수 없어요."

"졌잘싸. 패배해도 잘 싸웠으면 잘 싸웠다는 말 있잖아요. 결과가 안 좋아도 좋은 뜻으로 쓰일 수 있어요."

"복싱경기에서 봤는데 명예로운 패배. 실력이 쨉도 안 되는데 끝까지 한 대라도 치고 지면 점수가 아니라도 명예가 있어요."

"아이큐 측정할 때 숫자로 나타내지만, 저희가 머리에 담겨 있는 생활의 지혜는 아이큐로 몰라요. 옷걸이로 다른 것 만드는 이런 거 할 때요."

"현민님 의견 반박하는데. 50%, 55.5% 이런 게 정확하지는 않아도 대부분 아이들이 해 보면 비슷해요. 그리고 숫자로 비교하면 편해요. 님들은 뭐가 더 편해요? 숫자 말고 대안이 있어요?"

"딱히 숫자를 쓰지 말자 이런 건 아니고. 숫자로 나타내면 편하지만 전부 다 알 수 어렵다는 말이에요."

"숫자가 편하고 안 편하고는 의미 없어요. 모든 게 숫자가 편하지만 문제가 있다! 숫자로 나타낼 수 있는 기준이 없어서 그래요."

"안 친한 친구. 패배 같은 승리. 이런 말도 숫자로는 못 나타내지만 의미가 있어요."

"어제 축구할 때 제가 페널티킥 놓쳤을 때 좀 많이 힘들었어요. 100%요. 이런 건 숫자로 나타내면 좋을 거 같은데요."

"저는 페널티킥 많이 날려봐서 지윤님 마음 알아요. 많이 날려 보니 괜찮아요. 하지만 페널티킥 찰 때 그 긴장은 숫자로 못 나타내는 감정이에요."

〈부러움이란 감정이 손을 쥐었다 폈다 하듯이 간단했다면 우린 남의 인생을 보고도 비참해지지 않았으리라.〉

"저는 눈을 많이 보는데. 둥근 눈 아니고 가로로 긴 눈을 좋아해요. 그리고 지윤이는 얼굴이 작아서 부러워요."

"준호의 잘생긴 얼굴이 부러워요. 부러우면 비참해진다는 게 맞아요. (왜 또 나야?)"

"집의 크기가 화목함을 못 나타내죠? 작아도 도란도란 이야기하면 화목할 수 있고 큰데 가족끼리 사이가 안 좋으면 그래요."

"연봉이 인격을 대변한다? 인격은 버는 돈으로 나타낼 수 없어요. 성격 이상한 애가 돈 많이 번다고 인격이 다시 좋아지지는 않아요."

"저는 0점 같은 100점보다 100점 같은 0점이 더 좋은데. 아니다. 그래도 100점이 더 좋네요."

우리 반 10대 뉴스를 정하는 시간을 가졌다. 다사다난했던 올 한 해. 아이들은 어떻게 기억하고 있을까? 60여 개에 달하는 뉴스를 되돌려 본다. 아이들의 과반 지지를 받은 뉴스 15개를 선정했다.

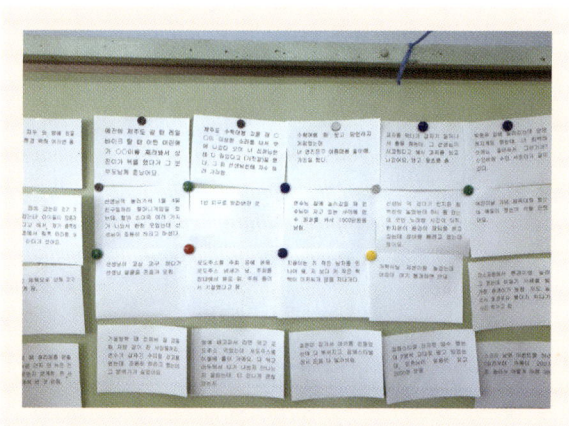

우리 반 2019 대략 뉴스

- 예전에 제주도 갈 때 레일바이크 탈 때 어떤 꼬마 어린애가 상진이를 째려봐서 상진이가 살짝 욕을 했다가 그 꼬마 부모님이 와서 혼냈다.
- 1반 피구로 발라 버린 것. 3 대 0 완승. 사실 우리 반이 질 줄 알았는데.
- 연수님 집에 놀러갔을 때 연수님이 자고 있는 사이에 연수 피파를 켜서 1,000만 원을 날렸다.
- 교실 피구 하다가 선생님 얼굴을 준호가 맞혔다.
- "지윤이는 키 작은 남자를 만나야 해"라고 말 했는데. 그때 지윤이보다 키 작은 빡빡이 아저씨가 옆을 지나가다!
- 현민이 집에서 슬라임 만들고 있었는데. 현민이 아빠가 슬라임을 뭉쳐 현민이 엄마를 공격하셨어요. 사건명 아버님~
- 이효은이 사탕을 담배 잡는 포즈로 먹었다. 충격이었다.
- 최영민이 북 치다 쉬는 시간에 슬라이딩 하다가 다리가 부러졌다. 아니 금 갔다.
- 최영민이 쪽팔려 게임 벌칙으로 경복궁에서 미친 닭처럼 끼욜욕요 이러고 다녔다.
- 영어시간에 벌칙 당첨되어 개츠비 춤을 췄다.
- 현민이의 sweet word "너밖에 없잖아."
- 준우 수학 단원평가 95점!

탈락된 뉴스들

- 포도주스를 주희 몸에 쏟았는데 포도주스 냄새가 심하게 나서 주희를 침대에서 발로 밀었다. 주희는 침대 밑에서도 졸려 그대로 잠이 들었다.
- 개학식날 지윤이랑 놀았는데. 어떤 아줌마가 "여기 통과하면 안 돼."라고 말했다.
- 미소공원에서 륜경이랑 놀려고 했는데 비둘기 사체를 발견. 륜경랑 저도 놀라서 초코우유 빨대가 튀었는데. 이 모습들을 사진 찍어 반톡에 올렸다.
- 겨울방학 때 선생님 집 갔을 때 저랑 같이 잔 사람들끼리. 연수가 갑자기 수미칩 광고를 봤는데. 그 이상한 분위기가 싫었다.
- 쌤 집 갔을 때 밤에 배고파서 라면 먹고 포도주스 먹었는데 포도주스를 이불에 흘렸다. 다 닦고 어두워서 티가 나는지 안 나는지 확인 못했는데 그 다음날 보니 티가 났다.
- 효은이 집 가서 마카롱 만들었는데 다 부셔지고. 그래도 마카롱 팔아서 잡페스티벌에서 돈을 많이 벌었는데 다 잃어버렸다.
- 올해 스승의 날에 이벤트를 하려고 2일 전부터 카톡이 200개씩 왔다. 아니다. 300+라고 떠있었다.
- 잡페스티벌에서 진지한 빙수 했는데 2명씩 교대로 팔고 있었다. 민준님이 실수로 얼음만 갈고 다른 걸 안 넣고 팔아 2000원 받았다. 그래서 다른 아이들이 진지한 빙수집 가지 말라고 소문을 냈다.
- 선생님 집에 갔는데 감기 기운이 있는데. 제가 콜록하는데 옆에서 켈록 따라하고. 왜 그러지 하다가 잤다.
- 올해 오랜 시간 체육으로 인해 피구를 잘하게 되었다.
- 잡페스티벌 때 슬라임을 만들었는데. 녹은 건지 안 녹은 건지 절대 못 만져 보게해서 한 사람에게 다섯개씩 판 것 같다.
- 와카와카 고난도기술 연속 성공.
- 우리반 최초의 빨간색 사인볼 탄생.
- 이중모션, 돼지발톱 게임 대 유행.
- 킹시국 열풍.
- 축구 7대 1 승리(제물 6반)
- 주희 석고붕대에 좋은 낙서(?)를 해 줬다.
- 형님, 아우라는 말 유행.
- 연극시간에 찰지게 물싸대기 때린 장면.
- 연수가 반건조 오징어를 먹다가 맛있어서 침대에서 날뛰다가 배를 영민이에게 후려 맞았다.
- 우리반 이어달리기 뒤에서 2등.
- 3반과 피구 경기가 날씨로 인해 취소.
- 급식에서 벌레나 머리카락 나옴.
- 코로나 짜식.
- 유니폼 이도건 이사장님이 배부.
- 이효은 이도건 이사장님께 반항. 왜요?
- 점심시간마다 랩 틈.
- 길 가다가 이쁜 여자를 봐 이쁘다고 했는데 ○○가 바로 고백하라 함.(나보다 큰 여잔 싫어!)
- 김주희 포도인간 썰.

우리 반 뉴스를 선정하고 나니 아이들이 쪽팔려 게임을 한다고 한다. 남자, 여자로 나뉘어. 올해 최고의 유행어. "안녕 자기~ 안녕 오빠들~"

4교시는 룰렛 게임을 하기로 했다. 원래 어제 하기로 약속했는데 6반과의 축구 경기가 길어져 오늘 한다. 룰렛에 있는 숫자(0~25)와 주사위와 Yes or No로 경기한다. 더하기 판 할 때는 팀 점수를 더하고 빼기 판에서는 팀 점수를 뺀다. 곱하기와 나누기는 주사위(1~6)에서 고른다. Yes or No는 마지막 대역전 게임으로. 팀별로 한 명씩 나와 다트를 던져 확률형 도박으로. 상진이랑 은비가 게임 보조로 진행을 도와준다.

"줄 똑바로 서요."

"앗! 망했다. (보지도 않고.)"

"낙이요. (아이들이 떨어지면 낙이라는데.)"

"인해야. 6만 나오면 돼!"

	더하기	빼기	더하기	빼기	1차전 합계
1모둠	22	11	0	25	−14
2모둠	18	25	14	8	−1
3모둠	1	9	8	14	−14
4모둠	24	11	13	4	22
5모둠	12	12	6	2	4

	1차전 합계	더하기	더하기	더하기	더하기	2차전 합계
1모둠	−14	13	14	0	13	26
2모둠	−1	9	10	5	16	39
3모둠	−14	0	0	18	8	12
4모둠	22	21	2	17	2	64
5모둠	4	19	2	1	14	40

	2차전 합계	곱하기	곱하기	나누기	곱하기	3차 합계
1모둠	26	2	2	2	6	312
2모둠	39	3	1	4	4	117
3모둠	12	2.5	3	3	1	30
4모둠	64	1	6	4	3	288
5모둠	40	3	2.5	2	2	300

한 사람당 3번 다트를 던지고 난 점수로 마지막 역전 게임! 점수를 걸고 Yes가 나오면 건 점수만큼 얻는 경기다. 당연히 No가 나오면 잃는다. 남자아이들의 승부 근성이 올랐다.

"인생은 한 방이야!"

"일말의 희망."

결론은 도박은 절대 안 된다는 결론. 차근차근 기회가 왔을 때 더하고 곱하고, 위기가 왔을 때 조금씩 빼고 나누어 주는 지혜!

	3차 합계	도전!	2차 점수	도전!	3차 점수	도전!	최종 점수
1모둠	312	312	624	3	621	621	1242
2모둠	117	116	1	1	0	.	.
3모둠	30	30	0	0	0	.	.
4모둠	288	286	574	51	523	99	632
5모둠	300	210	90	45	135	134	1

3차 합계에서 1, 5 모둠 점수 차이가 겨우 12점이었는데 최종 점수는 1,241점 차이. 아이들도 과도한 도박의 결과를 느꼈는지 그냥 3차 합계 점수를 그대로 남겨 뒀으면 하고 후회하는 모습이다.

주희가 열이 나서 조퇴한다. 37.7도. 혹시나 하는 예방 차원에서 어머님께 전화를 드렸다. 아이들은 주희 조퇴한다고 하니 주희 전학 가는 것 같다며 집에 보내는 찐한 의식을 치른다. 다행히 오후에 주희에게서 문자가 온다. 어제 축구에서 무리를 해서 그런 것 같다는데.

5교시는 교실에서 피구와 배구를 하기로 한다. 교실 피구는 점심 먹고 시작해(점심을 10분이면 다 먹는지라) 5교시 시작할 무렵에는 이미 40분 경기를 뛰었다. 아이들 몸이 제대로 풀려 있다. 서서 공 받으면 잘 안 잡힌다며 앉아서 받는 아이들이 많다. 역시나 공을 받으면 아웃된 우리 팀원 한 명이 부활한다.

경기 시작 전 느낌이 안 좋았는지 지윤이가 안경을 내 책상 위에 올려놓는다. 시작 후 채 1분도 안 되어 지윤이 얼굴에 강속구가 날아온다. 스펀지 공이지만 충격이 엄청난가 보다. 하긴 나도 맞아 봐서 그 느낌은 알 듯하다. 눈물 흘리는 모습이 안타까웠지만 안경을 안전하게 대피시켰다는 안도감도 밀려온다. 그 장면을 본 다른 아이들도 안경을 벗어 놓으러 오는데….

배구 경기는 풍선으로 하려고 했지만 헬륨풍선 만드느라 풍선을 다 써 버려 제대로 된 풍선이 없다. 그래서 그냥 폼볼로 시작한다. 리시프나 토스는 공을 잡아서 던져 주면 되고 스파이크만 하기로 한다. 나름 이것도 교실에서 안전하게 돌아간다. 28 대 21로 예비중학생팀 승리! 경기 결과보다는 룬경이가 공 잡을 때마다 내는 "어~" 소리가 인상 깊었다. 본인도 그게 반사적으로 나온다는데.

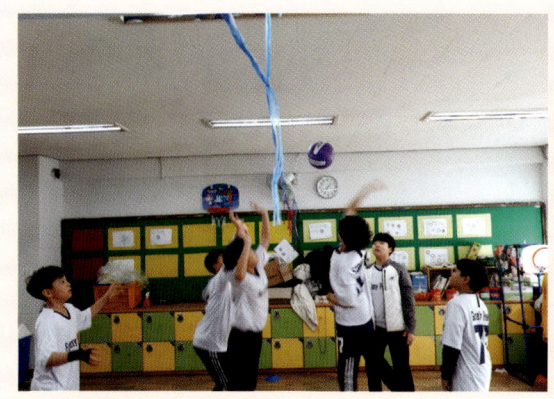

 **2월 6일 목요일**

 오늘은 도시어부 605를 하기로 한 날이다. 지난번에 과학실에서 버리려던 자석을 한 뭉치 주워 왔었다. 이 자석을 이용해 아이들과 마음이 넉넉한 어부가 되어 보기로 한다. 아침에 오자마자 준비물 목록을 적었다.
 〈종이컵 1묶음, 글루건 3개, 글루건 심 10개, 물감 몇 개, 팔레트 5개, 붓 20개, 작은 북 스틱 20개, 털실 묶음 2개〉

민준이와 현민이가 준비물실 다녀오겠다고 한다. 둘이서 다 챙길 수 있냐고 했더니 이제 저희 중학생이라며 휘리릭 다녀오겠단다. 오히려 붓 20개는 적을 것 같다며 더 챙겨 왔다는 센스까지. 아이들이 하나둘 등교한다.

"저 속쌍꺼풀 생겼어요. 보세요."
"없는데? 안 보이는데."
"근데 ○○이 속쌍꺼풀 생기니 목욕탕에서 열쇠 나눠 주는 아줌마 같지 않아요?"
말이 너무 웃겼지만 차마 웃을 수는 없었다. 속쌍꺼풀 녀석은 이 말을 제대로 듣지 못했는지 큰 반응이 없다.
"나 12시에 자서 8시 5분에 일어났는데도 졸려."

요즘 아이들이 교실에 들어오며 날 부르는 호칭이 다양해진다. 엄마! 아빠! 이모! 고모! 삼촌! 외삼촌!
"그거 다 마음에 안 들어. 다 하지 마."
"그럼 형부! 형부할게요."
빵 터진다.
"근데 형부가 누군지는 알고 하는 말이야?"
"아니요. 다른 사람들이 많이 쓰던데요."

"선생님 오늘 밑에서 2학년 애들 만났는데 너무 귀여웠어요."
"왜? 무슨 일 있었나?"
"언니 안경에 김 스렸어요라고 말했는데. 너무 귀여웠어요."
"언니라 그래서?"
"말투가 초등학생의 느낌이어서요."

도시어부 605를 시작한다. 준비물을 나눠 주고 자리도 마음껏 바꿀 수 있도록 했다.
"너 아귀 그려? 아귀 그림 있어?"
"뭐라고 아기 있냐고?"
"아니 아귀! 아구! 아구찜에 들어가는 아귀."
"넌 에밀레종이냐. 아기찜이라고 말하는 거 보니. 그냥 종 만들어라."
둘의 아귀와 아기 논쟁! 재미있다.

"자석 7개만 가져갈게요."
"1인당 10개는 가져가도 되겠어. 마음대로 가져가."

"내 물고기는 왜 쿨피스 같지?"

"선생님. 물감이 입에 묻었어요. 씻고 와도 돼요?"

"수룡 그려도 돼요?"

"이 세상에 없는 거 그려도 돼요?"

"인어공주는요?"

"스펀지밥은요? 잡아서 매운탕 끓여 먹어요."

"머리카락에 물감 묻었어요. 다녀올게요."

"이미 튄 거 머리카락으로 색칠해."

줄돔, 돌돔을 그리는 녀석. 돌돔에 줄을 그리면 줄돔이 된다는데.

"합기도 오랜만에 갔더니 왜 이렇게 수염 많이 났네라는데."

"그거 자르면 안 돼! 한번 자르면 아빠 수염처럼 굵어진대."

"나 어제 뽀루지 뗐어."

"그래서 뽀로로 됐냐?"

다 만들고 낚싯대도 만든다. 자석과 북채와 털실을 이용한 낚싯대!

코로나시대에 다시 만나고 싶은 교실이야기

 1차전은 많은 물고기 잡기 경기다. 모둠별로 좌대를 차지한다. 가운데 섬 자리는 인기가 많아 모둠별로 돌아가며 앉는다.
 "왜 이리 안 잡히지?"
 "너 같은 극끼리 밀잖아."

	1차전
1모둠	10마리
2모둠	11마리
3모둠	9마리
4모둠	5마리
5모둠	7마리

"내 자석이 너무 약해. 잘 안 잡혀."

아이들이 몰려 있는지라 낚싯줄이 엉킨다. 1분 남짓 제한된 시간이라 엉킨 줄을 풀기엔 시간이 부족하다. 과감히 가위로 커팅!

	1차전	2차전
1모둠	10마리	9마리
2모둠	11마리	5마리
3모둠	9마리	10마리
4모둠	5마리	12마리
5모둠	7마리	8마리

아이들이 너무 잘 잡는다. 2턴 만에 잡은 물고기 방생. 역시나 가운데 섬이 최고 인기다. 하지만 의자 기둥이 철이라 계속해 낚싯줄이 의자에 붙으며 서로 엉킨다.

	1차전	2차전	3차전
1모둠	10마리	9마리	12마리
2모둠	11마리	5마리	10마리
3모둠	9마리	10마리	8마리
4모둠	5마리	12마리	7마리
5모둠	7마리	8마리	8마리

1모둠(31마리) 2모둠(26마리) 3모둠(27마리) 4모둠(24마리) 5모둠(25마리) 실력은 비등하다. 다음 경

기는 잡은 물고기의 총 길이 합계 높은 팀이 이긴다. 이건 뭐 수산시장 분위기이다. 30cm 자를 주었지만 본인이 물고기 옆에 누워 키로 길이를 잰다. 물고기를 많이 잡은 모둠은 두 녀석이 누워 길이를 어림한다. 눕는다. 둘이 합치더니 290cm!

	1차전
1모둠	80cm
2모둠	190cm
3모둠	152cm
4모둠	95cm
5모둠	290cm

"얘들아. 이건 큰 거 잡다가 싸우지 말고 생각보다 많이 잡는 게 중요해."

"여긴 고기가 없어. (이 말을 하며 물 위를 걸어 낚시를 한다. 아이들이 반칙이라며 강력하게 항의! 여긴 수심 100미터라는데.)"

첫 경기는 5명씩 하다가 이번 경기는 10명이 한꺼번에 하니 낚싯줄이 심하게 엉킨다. 자석끼리 달라붙어 3명이 그걸 떼어 내느라 바쁘다.

	1차전	2차전
1모둠	80cm	185cm
2모둠	190cm	168cm
3모둠	152cm	90cm
4모둠	95cm	190cm
5모둠	290cm	180cm

5모둠의 압승이다. 큰 물고기를 잡으려 서로 다투는 모습을 보고 작은 물고기 여러 마리를 잡는 작전을 썼다는데. 빈틈을 잘 노렸다.

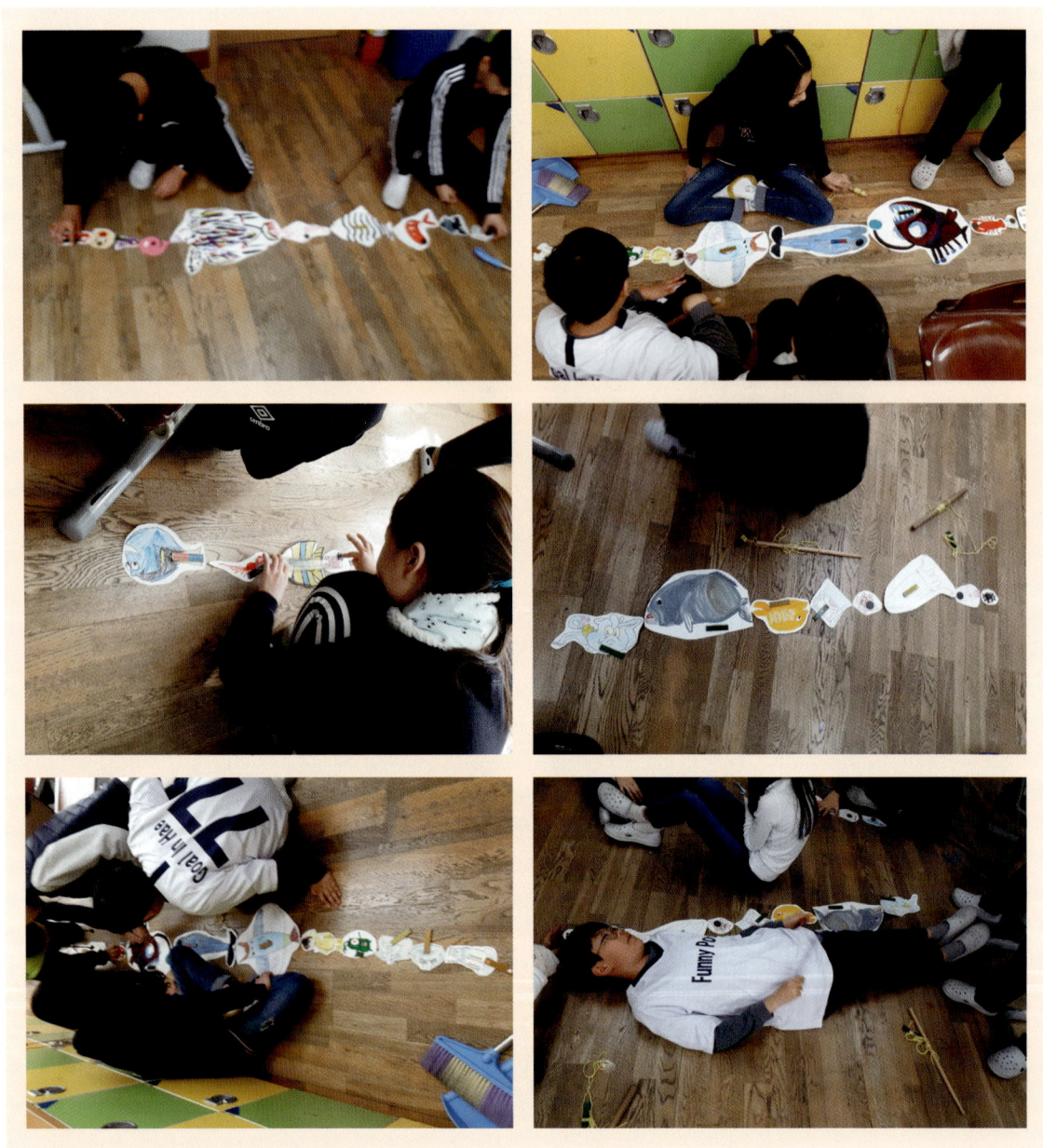

장래희망에 대해 조사한 방학 과제를 같이 보고 아이들과 의견을 나누었다.

나의 장래희망과 관련된 직업 영상 보고 적기

(배그 프로게이머 왓구홍길동의 하루 일과)

1. 11시 기상: 생각보다 많이 늦게 일어나는 것 같았다. 낮부터 일을 시작하나? 잠을 많이 자니 좋을 것 같기도 했다.
2. ~11시 반 출근 준비: 늦게 일어나도 바로 출근하니 좀 힘들 것 같기도 했다.
3. ~12시 출근: 출근을 어디로 하나 봤더니 도보 15분 거리의 PC방에서 연습을 하는 것 같았다. 일어나자마자 PC방을 가니까 정신이 없을 것 같다.
4. ~13시 점심: 자신이 PC방에서 메뉴를 선택해 먹는데 PC방에서만 시켜 먹어야 하니 제한이 많을 것 같았지만 그래도 요즘 PC방은 메뉴가 다양해서 먹을 만해 보였다.
5. ~13시 50분 훈련장 연습: 경기 전에 훈련장에 가서 손을 푼다. 영상을 보니 팀원들도 같은 PC방에 와서 연습을 하는 것 같았다.
6. ~17시: 경기를 진행한다. E스포츠 모드를 이용해서 선수들과 경기를 치르는 것 같았다. 이렇게 오래 하면 질리거나 힘들지 않을까 생각이 든다. 그리고 14시부터 15시까지는 필수로 5라운드를 진행해야 하고 11시까지는 원하는 팀만 4라운드를 진행한다. 이렇게 오래 PC방에서 앉아 있으면 참 힘들 것 같다. 그리고 경기가 끝나면 코치, 감독에게 피드백을 받는다. 나는 코치나 감독이 없을 줄 알았는데… 어떤 팀은 살벌하게 한다고 한다.
7. ~18시 저녁: 저녁을 먹으러 간다. 그런데 팀 예산이 정해져 있는 것 같았다. 먹을 수 있는 것도 제한적이고….
8. ~22시 재경기(연습): 저녁을 먹고 3시간 동안 다시 경기를 진행한다(5라운드). 6번과 8번에서의 경기는 진짜 경기가 아닌 연습 경기를 의미한다. 이렇게 하면 진짜 너무 힘들 것 같았다.
9. ~00시 반 복기 및 경기 점검: 경기가 끝나고 다른 팀들의 성향을 파악한다. 그래야 대회 때 겹치지 않을 수 있다. 이렇게 오래까지 일하면 안 힘드나? 역시 어떤 일이든 하려면 노력이 필요한 것 같다.
10. ~1시 퇴근: 집으로 간다. 보통 2시, 3시쯤에 가지만 내일이 대회여서 컨디션 조절을 위해 1시에 퇴근한다. 이렇게 늦게 퇴근하면 진짜로 힘들 것 같았다. 그리고 몇몇 프로게이머들은 유튜버로도 활동하기 때문에 연습을 안 할 때는 유튜브도 올려야 한다. 생각만 해도 ㄷㄷ.
11. ~3시 취침: 이렇게 늦게 자면 어떻게 일어나지? 다행히 다음 날은 늦게 일어나도 된다. 왜냐면 연습이 있을 때도 11시, 연습이 없으면 그 뒤 스케줄이 없기 때문이다. 이렇게 프로게이머들의 생활을 보니 너무 힘들어 보였다. 프로게이머뿐만 아니라 유튜버까지 하니 더 힘들어 보였다. 역시 프로게이머는 아무나 되는 게 아닌 것 같다.

"복기가 뭐예요?"

"한 일을 다시 한번 돌이켜 보는 거. 바둑 두고 나서 다시 두는 건데."

"전 멍 때릴 때 한 번씩 하루를 복기해 봐요."

"프로게이머가 3시에 자는 것도 빠른 것 같아요. 11시 기상이면."

"저는 이 게이머처럼 이렇게 방학 때 살았는데요? 엄마한테 혼났어요."

"게이머 하면 돈 얼마나 벌어요?"

"제가 게임하면 코치나 감독한테 엄청 혼날 것 같아요."

게임을 좋아하는 한 녀석에게 일일일시(一日一時)라는 사자성어를 지어 주었다. 평소 매일 4시간씩 게임한다길래 하루에 한 시간만 하는 걸로 줄이라며! 프린터로 출력해서 선물로 주었더니 쓴웃음을 지으며 받는다.

5교시가 되자 영하 3도까지 온도가 오른다. 아이들과 운동장에 나간다. 요즘 가장 핫한 축구 한 게임!
"저는 발이 세모인가 봐요. 왜 이렇게 안 맞죠?"
"여기는 동물의 왕국이에요."
"우리 반의 살라! 노랑머리 살라!"
운동장 가운데에 모여 인사를 하니 1학년처럼 말하는 녀석이 있다. 인사!
"친구를 사랑합시다!"
오늘은 남녀 구분 없는 노 핸디캡 매치! 남자아이들이 여자아이들을 전봇대로 세운다고 한다. 전봇대 1번, 2번, 3번, 4번, 5번. 오늘 류경이와 태윤이가 빠져 나도 선수로 뛴다. 추워서 가만히 있기도 그래서 뛴다고 하자 할 만한 상대라서 끼워 준단다. 상대팀 에이스 영민이와의 일대일 대결. 하지만 영민이가 쉽게 날 제친다. 영민이의 활약에 박수를 보내는 아이들.

상대팀 주희가 핸드볼 파울을 해서 우리 팀이 페널티킥을 얻는다. 어제 실축의 아픔을 가진 지윤이가 찬다. 오늘은 제발 넣어라! 어제의 아픔을 이겨 내라. 하지만… 공은 붕 떠서 날아간다. 그래도 어제보다는 표정이 좋다. 하지만 한동안 페널티킥을 못 찰 것 같다는데.

상대팀 영민이가 5명을 제치고 어시스트. 서준이가 간단히 골! 서준이의 골결이 너무 좋아졌다는데. 우리 팀이 지고 있다. 이젠 정말 열심히 뛰어야지.
"나 신발끈 묶는다!"
"선생님 그 말하는 게 주희랑 똑같아요."
"하나도 안 무섭네요."
1 대 0! 질 것 같은 불안. 그렇게 10여 분 공방을 주고받다 드디어 준호의 만회골!

여자아이들은 수비할 때 손 뒷짐 지는 걸 배웠나 보다. 페널티킥 예방법! 문제는 공이 상대편 진영 저 멀리 있어도 항상 뒷짐을 지고 있다는 점. 마지막 5분은 많이 뛰지 못한 여자아이들만의 경기다. 남자아이들이 양보하기로 한다. 여자 2명이 부족한 팀에 민준이가 골키퍼만 해 주러 들어간다. 아이들이 의사소통은 하는데 말이 전부 짧다.
"그냥 까!"
"앞으로!"
남자아이들이 이 경기를 전봇대 대전이라고 이름을 붙여 준다. 오늘 최고의 명장면. 코너킥 차는 곳에 공을 놓고 다시 잡아 드로잉 하는 여자아이! 하지만 경기는 그렇게 진행되고 아무도 이의를 제기하지 않는다.

6교시에 교실에 들어오니 아이들이 지쳐 보인다. 방학과제로 이야기를 나누려고 했으나 엎드려 있는 아이들이 많다. 난 영화 보여 주는 걸 별로 좋아하지 않지만 오늘은 나도 힘들다. 〈겨울왕국 2〉를 본다.

북풍이 바다와 만나는 곳~ 노래가 나오자 따라 부른다. 좀 소름이. 그 순간 아이들이 합창을 할 줄은 몰랐다. 거의 모두가 〈겨울왕국 2〉를 본 줄은 알았지만.

"겨울왕국 보고 화장실 갔는데 아아아아아~ 하는 소리가 들렸어요."

미지의 세계로~ 할 때 다시 한번 손동작에 합창!

"이거 보여 주는 거 불법 아니에요?"

"수업용으로 잠시 쓰는 건 괜찮아. 우리 음악시간이잖아. 잠깐 활용하는 건데 뭐."

"야. 넌 왜 그런 말 해? 그냥 봐. 진짜 음악책 꺼내라고 하면 어쩌냐?"

"다 버렸잖아."

 ## 2월 7일 금요일

"효은이가 삼각김밥 사 오라고 했는데. 삼각김밥 사려고 아침부터 편의점 다 돌아다녔어요. 근데 없어요."
"그걸로 왜?"
"삼각김밥으로 볶음밥 해 먹으려고요."
"괜찮아. 안 먹어도 돼. 라면만 먹어도 배부를 거야."
"근데 다행히 장조림 김밥은 있었어요. 이걸로 볶아 먹을 거예요."

어제 우리 반 단톡방이 뜨거웠단다. 카톡으로 2반과의 축구 시합 얘기를 무지하게 했다는데. 사실 날씨 때문에 취소될 것으로 예상해 알리지 않았는데 2반 선생님이 일단 예고를 했나 보다. 오늘 아침 날씨를 보니 가능할 것 같아 대화방에서 아이들이 짜 온 포메이션을 칠판에 적어 본다.

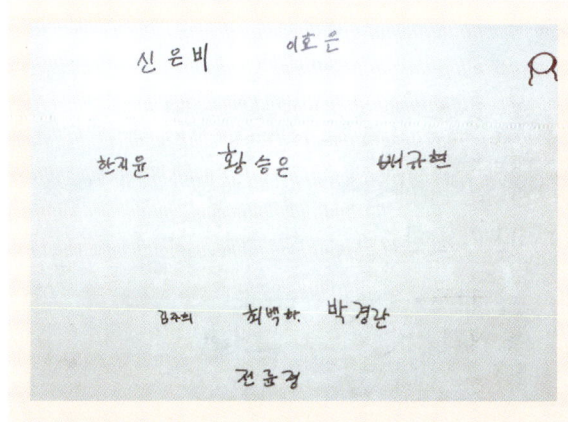
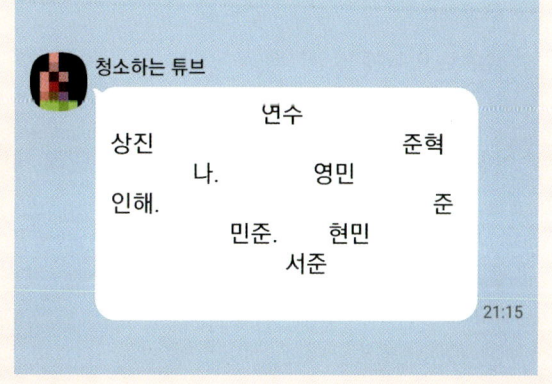

"전 어제 경기 뛰고 무르팍이 끊어질 것 같아요."
"오늘 축구 쉬어라."
"아니에요. 이게 다 키 크려고 하나 봐요."
"6학년은 진짜 빠른 거 같아요. 화살 쏜 것같이 나이가 든 것 같아요."
"그래? 세월이 빠르단 말인가?"
"벌써 중학생이라는 게. 초등학교 몇 년은 더 다녀야 할 것 같은데요."
"2반은 파워는 센데 기술적으로는 약해."
"근데 2반 애들 8시 모여 연습한대. 연습해도 우리한테 안 되겠지만."

"2반 여자애들은 태클도 건대. 태클 들어오면 우리 같이 밀어 버리자."
"아니 같이 태클 걸어야지 왜 밀어? 걸고 경고 받으면 되지."
"안 돼. 골키퍼한테 태클하면 퇴장이야. 그죠 선생님?"
"태클 당할 때 기술이 필요해. 걸고 같이 넘어져야 해."
"우리 페널티 키커는 누구로 하냐?"
"지윤이~"
"(지윤) 저 트라우마 있어요. 오늘은 안 찰래요."
"어제 카톡 300개는 넘게 의논했어요. 오늘 5 대 0 예상합니다."
여자아이들 경기에는 300을 사용한다. 하지만 백하와 주희의 위치로 논란이 많다. 한참 논의하더니 결국 둘의 위치를 바꾼다.

"쌤. 냉동실에 뭐 넣어 놔도 돼요?"
"그럼."
"교실에 빨대 있어요?"
"이거 마실 때 빨대 있어야 하는데. (바나나맛 우유를 들고 있다.)"
"그냥 마셔~"
"빨대로 먹어야 맛있는데."

아침에 공룡 메카드 팽이를 나눠 주었다. 원래 제법 비싼 건데 6개 9,000원 정도 하길래 졸업 선물 겸 사 줬다. 이런 거 유치하다며 그냥 동생 가져다주겠다더니 막상 열고 노는 모습이 1학년이 따로 없다. 물론 중학교 1학년이 아니라 초등학교 1학년.
"쓰리 투 원 고~ 배틀이다."
"팽이가 발레리나 같아요."
"너 엑셀 밟았냐? 왜 이렇게 빨라?"
"우리 집에 베이블레이드랑 탑블레이드 엄청 많아요. 가져와서 해도 돼요?"
"우리 월요일에 팽이판 가져와서 오랜만에 한번 붙을래?"
"이 공룡팽이는 전에 놀던 팽이랑 느낌이 좀 다르네요. 묵직해요."
"이거 오랜만에 하니까 재미있다. 이 공룡팽이 20살 돼서 만날 때 가지고 올게요. 애들아. 잘 보관해."
"얘는 왜 이리 목이 길어?"
"얘는 뚝배기 사우루스 같아."

코로나시대에 다시 만나고 싶은 교실이야기

　　2반과 축구 대결이다. 몸 푸는 동작부터 여유 가득이다. 두 골 먼저 주고 시작할까라는 말에 2반 아이 한 명이 발끈한다. 자칫 싸움이 일어날 뻔한 상황이다. 얼른 사과하라고 시켰다.

　　남자 8분 / 여자 8분 / 남자 8분 / 여자 8분/ 경기 시작이다.

　　경기 초반에는 아직 경기력이 올라오지 않는다. 게다가 상대는 완전 텐백으로 좁게 서 있다. 달랑 공격수 1명이 계속 중거리 숏만 때린다. 잘 차기는 하는데 유효 슈팅은 없다. 우리 반은 조직력으로 맞선다. 하지만 아무리 조직력이 좋아도 골대 앞에 5명, 그 앞에 5명이 자리 잡은 2반의 골문은 열리지 않는다. 우리 반도 유효 슈팅이 없다. 그렇게 남자 전반전은 끝난다. 여자아이들에게 1분 전이니 몸 풀라고 하니 노래 부르고 춤추고 있다. 이게 준비운동이라며. 여자아이들 경기도 우리 반이 일방적으로 밀어붙였으나 골이 들어가지 않는다. 후반전 시작.

　　2반 아이들이 침대축구 하고 버티다 승부차기에서 이기자는 작전으로 바꾸었다고 한다. 우리 반 아이들 마음이 급하다. 중거리 숏 난사가 이어진다. 그러다 영민이의 코너킥 한 공이 상대 골키퍼 손에 맞고 그대로 들어온다. 영민이랑 남자아이들이 내게 달려온다. 이건 경기 전에 약속했었다. 내게 달려와 안기기로…. 축구 감독의 마음이 그대로 전해진다. 아이들이 모두가 웃으며 달려와 점프해서 내 위를 덮친다. 땀이 묻어도 괜찮다. 기분 좋다. 몇 분 뒤에 원탑 공격수 상진이가 추가골! 오늘도 승리에는 이상이 없다. 별다른 위기조차 없는 완승이다.

오늘 5~6교시에 버너 사용이 가능한지 알아봤더니 선약한 반이 있다. 어쩔 수 없이 3~4교시에 진행한다. 라면 파티!

"오! 양푼냄비!"

"아니 그게 아니고, 양은냄비."

양은은 구리, 니켈, 아연 첨가한 구리 합금. 양푼은 운두가 얕고 바닥이 편평한 놋그릇. 놋그릇은 구리와 주석 합금. 깨알같이 찾아 알려 주었더니 이렇게 꼭 확인해야겠냐는 핀잔이. 하여간 오늘 대유행어는 "오! 양푼냄비!"

"그래도 둘 다 구리 들어가잖아요. 그냥 대충해요."

"그래도 다르지."

"뚜껑은 안 씻어도 돼. 그냥 대충 닦고 끓이자."
"바나나 우유는 빨대가 없으면 맛없어요. 빨대 준비물실에 가서 가져오면 안 돼요?"
"축구 하고 먹는 라면이 꿀맛이에요. 이기고 먹으니. 축구 선수들도 경기 끝나고 라면 끓여 먹는대요."
"이거 좀 봐요. 레알 미역국 같아요. (물이 안 끓는다며 너구리 스프만 넣은 아이들이 미역국이라며 떠먹고 있다.)"
"이 베이컨 굽지 말고 수육해 먹을래?"
"우리 모둠은 비주얼 죽인다. (달랑 스프만 넣고 하는 말.)"
"야! 우리 두 개씩 끓여 먹자! 한꺼번에 먹는 거보다 이게 더 맛있어."
반면에 한꺼번에 라면 5개를 넣은 모둠은 뚜껑이 안 닫힌다며 국자로 면을 촉촉이 적시고 있다.

"(한 녀석이 많이 푸자) 아! 양심. 우리 같이 살자."
"아. 역시 노린자 맛있다."
"노른자지. 노란잔가."
"그냥 노린자 하자. 우리. 애 입장 봐서."
"우리 밥 만다. 한꺼번에 다 말아도 되지? 너네가 싫어해도 말 거야."
"싫어. 그러다 너 밥으로 맞고 싶냐?"
"나 지금 냉탕 들어가고 싶어. 아! 더워."
"우리 사진 찍어도 돼요? 라면 사진 말고 우리 사진요?"
"여러분. 우리 모둠 만두 드실 분? 서비스 드립니다."
"야! 이번은 나부터 먹는다."
"오. 인성 보소."

"너희 라면 색깔이 왜 이래?"
"계란이랑 치즈 때문이에요."
"야. 넌 일도 안 하고 먹기만 하냐."
"야. 난 노는 게 아니라 정리하고 있잖아. 너희는 그게 끓이는 게 뭐가 있어. 한두 번 끓여 보냐. 초등학생처럼 왜 그래."
"애네 범죄자예요. 우리 셀카 찍을 때 라면 다 가져갔어요."
"왜 기름에서 짜파게티맛 나지?"

3모둠은 마지막에 라죽을 만들어 먹는다.

"나 원래 죽은 잘 끓이잖아. 근데 이 비주얼 어떻게 해."

"야. 이거 우리 할머니 댁 개가 먹는 거랑 비슷한데."

옆에 있던 효은이는 본인 별명이 개라며 "나는 이거 먹을 수 있겠다"란다.

"여기 오바이트에서 맛있는 냄새 나!"

"이건 비둘기 밥이야."

"그냥 계속 물 졸여서 우리 볶음밥으로 하자."

"근데 꿀꿀이죽 레알 맛있어."

"이거 전통 있는 방법으로 끓인 꿀꿀이죽이야."

"아니야. 방금 내가 만들어 낸 요리야."

"꿀꿀이죽에 치즈 넣어 먹으니까 훨씬 맛있다."

매년 라면 파티를 하면 왜 초등학생들은 꿀꿀이죽을 끓일까…. 그냥 이름 때문일까. 만드는 걸로 장난치는 걸까. 막상 비주얼을 보면 비명을 지르며 싫다고 하지만. 또 정작 왜 그걸 다 먹을까.

　숟가락이 없는 모둠은 종이컵에 밥 먼저 넣고 국자로 국물 넣어 그냥 후루룩 마신다. 이것도 별미라는데. 오늘 급식 먹을 사람이 없을 듯하다.

　"정리는 가위바위보해서 진 사람이 그냥 몰아서 하는 거 할래?"
　"그러자. 그냥 무조건 한 명이다."

　"여러분. 라면이 좀 많이 남았다. 로켓배송합니다. 드시고 싶은 분 손 들어 주세요."
　마지막에는 정말 많이 남았다.
　"얘들아. 난 남자친구가 없어. 그래서 개똥벌레야. 아무리 우겨 봐도~"
　정리를 끝낸 모둠은 팽이 놀이를 한다. 책상 위가 공룡들이 싸우는 놀이터가 된다. 마지막엔 냄비, 냄비 뚜껑, 물통 위에서 공룡 배틀을 펼친다. 아이들은 참!

정리가 끝난다. 3~4교시에 맛있게 먹었지만 역시 급식은 먹기 힘들 것 같다. 먹을 사람은 같이 가서 먹자고 했지만 아무도 손을 들지는 않는다.
"급식 먹고 5~6교시에 라면 먹으면 이 맛이 안 나. 먼저 먹길 잘했어."
"너 사진 찍어도 돼?"
"어 대신. 보정 앱 써서 찍어."

아이들에게 주말에 사람이 많이 모이는 곳에 가지 않도록 안내했다. 보건 선생님이 보낸 메시지를 보여 주었더니 아이들이 웃고 있다. 상황이 심각한데 왜 웃냐며 화를 내었지만 그만한 사정이 있었다.
'신종 코로나바이러스 감염증 확신을 방지하기 위해~'
"확신이 아니라 확산 아니에요?"
"아. 확산~"

5교시에는 나의 최애 음식이라는 주제로 아이들과 퀴즈 형식으로 수업을 진행했다. 좋아하는 음식을 화면에 보여 주고 누구의 최애 음식인지 맞히는 방식이다. 1년여 함께한 아이들이라 좋아하는 음식 정도는 쉽게 맞힌다.

규현: 초코, 라면, 치킨, 소고기, 돼지고기, JJB, 아이스크림, 빵, 음료수, 과자, 엽떡, 우동, 치즈
"규현이가 웃고 있었어요. 얼굴 보고 알아맞혔어요."
"난 엽떡에서 알았는데."

은비: 복숭아버블티, 조각케이크, 광어회
"버블티 보자마자 은비."

연수: 비빔면, 족발, 삼겹살, 치킨, 피자
"팔도비빔면은 연수예요. 최고 좋아해요."
"피시방 가서 같이 먹었는데 진짜 잘 먹더라고요."

준호: 불닭볶음면, 포테이토 피자, 삼겹살, 치킨, 떡볶이
"이거 좀 어려운데. 불닭은 다 좋아해서."

서준: 짜장면, 치킨, 바나나우유, 파워에이드, 포카리스웨트, 젤리, 진미채
"진미채? 진짜 좋아해?"

승은: 코코아, 빙수, 만두, 참외, 수박
"빙수가 카카오 프사지. 그래서 알았어요."

지윤: 설빙(설빙 꺼는 아무거나 잘 쳐묵는다), 천도복숭아, 오레오, 바나나우유, 핫도그
"말투가 딱 지윤이다!"

인해: 고기, 파스타, 라면, 불고기 햄버거, 피자, 치킨, 짜장면, 짬뽕, 탕수육, 포도, 사과, 딸기
"난 그냥 인해로 찍었어."

민준: 라면, 아이스크림, 파스타, 캥거루 고기, 치킨, 돼지고기
"오… 캥거루 고기!?"

상진: 짬뽕, 피자, 치킨, 라면, 파스타
"이거 싫어하는 사람도 있나? 딱 국민 5대 메뉴네."

주희: 떡볶이, 라면, 계란말이, 김치찌개, 만두, 김말이, 장조림, 모과차, 우동, 갈비찜, 비빔냉면, 마카롱케이크굴새우소고기
'마카롱케이크굴새우소고기'는 띄어쓰기를 안 해서 정말 괴상한 음식이 되어 버린다. 아이들과 12글자 음식 외우기 게임도 했다.

준혁: 스파게티, 감자탕, 피자, 치킨, 고기
"감자탕 하면 준혁이!"

경란: 딸끼우유, 바나나우유, 초코우유, 소고기, 초콜릿, 딸기마카롱, 초코 버블티, 돼지고기, 족발, 닭발, 엽떡, 토마토 스파게티
"경란이요. 딸끼우유라고 쓰는 거 보니 경란이요."

준우: 치킨, 햄버거, 돼지고기, 지구젤리, 눈알젤리, 짜장면, 삼각김밥
"눈알젤리에서 바로 알았어요."

효은: 라면, 초코소라빵, 초콜릿, JJB, 김치찌개, 된장찌개, 삼겹살, 소고기, 치킨 피자, 추어탕, 돈까스, 새우튀김, 우동, 김치
"이거 저예요! (퀴즈 형식인데 다 끝난 줄 알고 효삐가 고백을 한다.)"

현민: 짜장면, 소고기, 삼겹살, 라면, 치킨, 엽떡,

륜경: 삼겹살, 라면, 떡볶이, 복숭아 밥
"근데 복숭아 밥은 뭐야?"

백하: 짜장면, 피자, 딸기우유, 젤리

영민: 소고기 국밥, 소고기, 햄버거, 핫도그, 쌀밥
"국밥은 영민!"

    6교시는 '나의 초등학교 6년 대나무숲! 이제는 말할 수 있다'를 하였다. 하고 싶은 말 자유롭게. 단 익명으로 써서 내가 읽었다. 나도 누가 쓴지 정말 모르겠다. 아니 절대로 비밀을 지켜야 하는 대나무숲 역할을 내가 했기에. 절대 뒤끝 없고 모든 사연과 기억은 초등학교에 남겨 두는 것으로 하고 시작~

"아까 라면 먹을 때 ○○가 냄비 안에 국자를 놓았는데 내가 그걸 쳐서 넣었는데 □□이 했다 했어요."
"○○아. 사실 내가 너 맞춘 거야. 공으로 맞추고 은근 슬쩍 도망갔어. 미안! 그리고 맞고 떨어진 돈도 1,500원 내가 가져갔어. 나중에 갚을게."
"○○아! 사실 니가 톡하면서 귀신 사진 보냈을 때 엄청 놀라서 처음으로 니가 원망스러웠어. ㅋㅋㅋㅋㅋ 근데 이제 ㄱㅊ함."
"1학년 때 누군가 양치실에서 오줌 지린 썰! 더는 말 못 함!"
"동생아. 미안하다. 책상 위에 있는 너의 일기장 한 번 봤어. 근데 쓸데없는 이야기로만 일기를 쓰는구나. 너무 재미없었어."
"○○아 체육 끝나고 너 물이 조금 줄었었지? 내가 좀 먹었어. 자주."
"너가 산 젤리 계속 먹어서 미안…."
"○○아! 사실 너랑 톡하면서 너가 〉〈 를 많이 써서 얘가 미쳤나 생각했어…. 안 썼으면 좋겠어."
"학교 청소 당번인데 선생님께서 어디 가셔서 우리끼리 공놀이하며 놀다가 집에 갔어요."
"○○야! 예전에 우리 여름방학 하기 전에 내가 니 폰으로 게임했을 때 일부러 트롤해서 트로피 100점 정도 떨어뜨렸다. 미안하다."
"○○아! 내가 솔직히 너한테 잘못한 거 많다…. 용서해 주세요. 너가 없을 때 많이 뭘 훔쳐 먹었어. 말하면 알 거 같아서 안 적는다."
"○○아! 저번에 너랑 나랑 보이스톡 할 때 마이크 꺼놓고 안 껐다고 말했는데 안 들린 거라고 한 적 있어."
"○○아. 미안! 저번에 □□이랑 라면을 먹었을 때 너 150원 가져갔어. 미안!"
"전에 파쿠르에 빠져서 빌라 옥상 위를 뛰어다니면서 놀다가 실수로 남에 집까지 갔는데. 그곳에서 아저씨가 욕하면서 쫓아와서 ○○이와 함께 막 2층에서 뛰어내리고 넘어지고 무릎 까진 것도 모르고 그냥 도망쳤어요."
"1학년 때 친구들아! 교실에서 찌린내 나던 거 그거 범인 사실 나야. 수업시간에 참다가 그렇게 됐지 뭐니. 옷 갈아입고 오니까 검정고무신 보면서 실실 웃고 있는 너희들! 모르는 것 같더라. 얘들아 미안해."
"오빠놈아 미안해. 너 간식 다 쳐먹은 거 나야. 엄마한테 덮어씌운 거야. 너가 멍청한 게 잘못이라고 생각해."
"아빠 미안해. 아빠 비밀 엄마한테 다 까발렸어. 나도 돈을 얻으려면 어쩔 수 없었어. 엄마, 아빠를 번갈아 가며 박쥐처럼 붙는 게 내 일이야. 생존하려면 어쩔 수 없었어."

한 녀석이 집에 가기 전에 말한다.
"다음 주가 6학년 마지막 주네요."
"아쉽냐?"
"네. 그냥 한 달만 초등학교 더 다니고 싶어요."
그렇게 한참 교실을 서성이다 집에 간다.

2월 10일 월요일

아침에 남자 화장실 쪽 보드가 떨어져 대롱대롱 매달려 있다는 신고가 들어왔다. 일단 상황을 보러, 아니 고치러 출동한다. 덜렁덜렁! 떨어질 듯 아슬아슬 위험해 보여 일단 화장실에 있는 아이들을 내보냈다. 옆에 있던 한 녀석이 탁 쳐서 넣으면 될 것 같다길래 힘으로 때려 넣었더니 쏙 들어간다. 나름 멋있었단다.

아침에 은비가 들어오며 인사한다.
"이제 우리 아빠를 볼 날도 며칠 안 남았네요."
"형부라며?"
"아빠가 나은 것 같아요."
"근데 선생님도 졸업하세요?"
"30년 전에 했는데 또 하라고? 나 또 졸업시키려고."

연일 계속된 반대항 경기로 아이들이 피곤한가 보다. 현민이가 말한다.
"무르팍이 아파요!"
"오늘은 우리 반 전체가 쉬어야겠네."

"저 무르팍 도사예요. 괜찮아요. 그래도 체육 해야 해요~"
"이번 주가 이별주구만."
"이별주는 황인욱 노래인데요."

지윤이가 말한다. 엄마 몰래 앞머리 쳤다가 엄마랑 미용실 갔는데 망했단다. 이 소식을 꼭 책에 넣어 달란다.
"다시는 앞머리 손 안 댈래요."
"선생님. 저 삔 한 번만 꼽고 다녀오면 안 될까요?"
"그러십시오."
"저 앞머리 언급하는 사람 혼낼 거예요."
본인 카톡 상태메시지를 보라고 하는데. 앞머리 때문에 속상한가 보다.
'앞머리 망했다고 놀리는 사람 있으면 그냥 가차 없이 물어 버린다!'

몸은 피곤하다면서도 피구 하러 나가자고 한다. 차라리 비라도 한번 내렸으면…. 왕, 여왕 피구 하러 나간다.
"이 피구는 생명 경시 풍조예요. 왕만 의미가 있어요."
"맞아. 애들이 왕을 은폐, 엄폐 안 해 줘요."
"(당당한 왕의 외침) 차라리 날 죽여. 어중간한 백성들 괴롭히지 말고."
'아엠퀸'이라 외치며 던지는 녀석은 정말 여왕이었다. 신분 노출로 그대로 집중 공격당해 경기 끝!

오랜만에 대장공놀이도 한다. 몇 달 만인지라 아이들이 규칙을 헷갈려 한다. 특히 남자아이들이….
"애 팔꿈치에 맞았어요."
"살살 좀 던져!"
"대인마크야. 각자 책임지는 거야."
30 대 29. 한 점 차 승부다. 역시 대장공놀이는 자리 잡기 싸움이 중요하다.

1교시 체육이 끝나고 쉬는 시간…. 10분 자유시간을 주었다. 남자아이들은 모두 축구 하러 간다.
"상진킴! 크로스! 헤더! 마르세유턴!"
"연수야! 어깨 짚고 점프해. 레반도프스키!"

2학기 활동 사진을 보고 한 장짜리 추억앨범을 만들기로 했다. 그동안 찍어 놓았던 사진 중 무작위로 골라 컬러 출력해 나누어 주었다.

"이 사진은 영원히 보관용이다."
"이 사진은 혼령 사진 같아요."
"저는 사진이 전부 환자처럼 나왔어요."
"나 얼굴이 너무 통통한 거 아니야?"
"제발 내 사진은 건들지 마! 얘들아."
"선생님 얼굴은 너무 크게 나와서 사용 못 하겠어요."
"이게 나야? 정말 나야?"

"나 공 차는 사진 있는 사람?"
"내 사진 찾은 사람은 무조건 보내 줘."
"박경란 도발하는 사진이다. 이거 느낌 있어."
"야! 이거 너 사진인데 살기가 가득해."
"좀 톡톡 튀는 사진 없냐?"
"이게 언제 적이냐."
"○○ 사진 있으면 저 주세요. 짤 하고 있습니다."
"난 행복을 찾아 떠나갑니다. (뜬금없이!)"

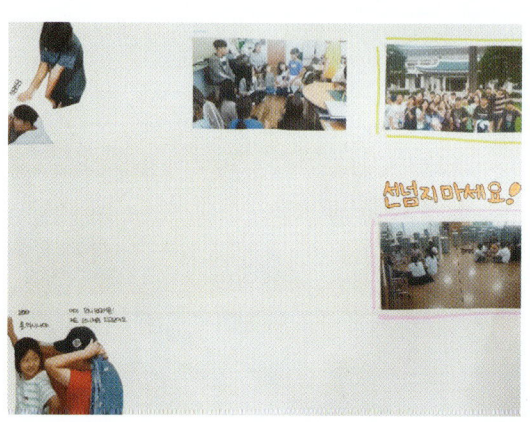

선 넘지 마세요!
쓰담쓰담!
"어머! 언니 멋있어요. 저도 언니처럼 되고 싶어요."
"날 봐. 훗 역시 나야."

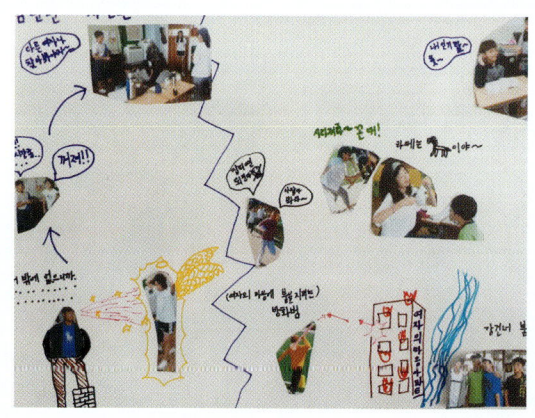

"너밖에 없으니까."
"헤헷! 오늘 시간 좀." "꺼져!"
"다른 여자나 찾아봐야지."

여자의 마음아파트에 불을 지피는 방화범.(강 건너 불구경하는 남자아이들)
"사라져라 꼰대!"

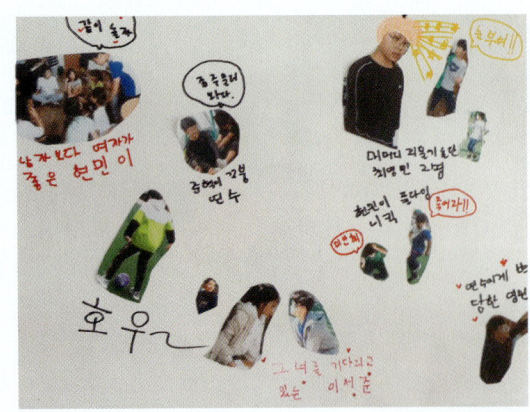

"호우~"
현민이 플라잉 니킥!
그녀를 기다리는 이서준!
대머리 괴물에 놀란 최영민 2명.

예쁜 은비!
"내가 제일 귀여워."

"나 다리 너무 길어. 너무 좋아."
"아니 륜경아! 너의 목이 다리보다 길어!"

세상에 그런 일이. 충격적인 사이비 종교의 모습.
"제가 한번 때려 보겠습니다."
도건 탄생 설화.

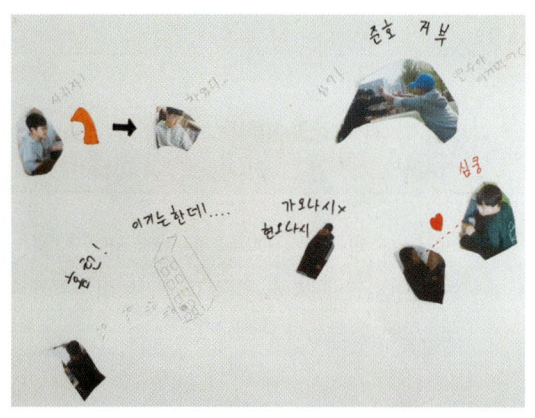

사귀자! → 차였다.
연수야 이거 먹어 ♡ → 싫어!
심쿵!
홈런! 이기는 한데…

개뿔!
흔한 아줌마의 스트레칭.
"아예. 안녕하세요."

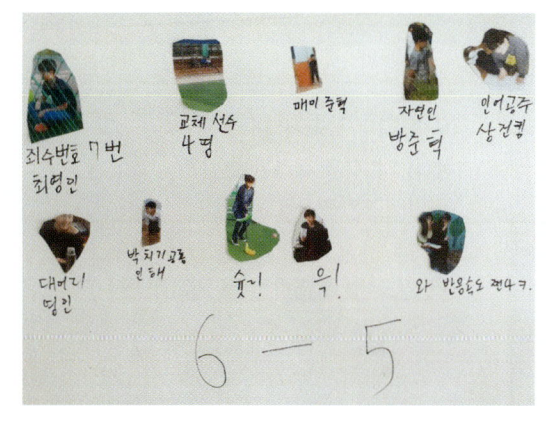

죄수번호 7번 최영민, 교체선수 4명, 매미 준혁, 자연인 방준혁, 인어공주 상진킴, 대머리 영민, 박치기공룡 인해, 슛!, 윽!, 와 반응속도 쩐다.ㅋ

"윤준호 선수 슛!"
"으갸갹갹ㅋ 김돌 막아!"
"이건 꼬치각인데? 이 세상 맛이 아니야!"
"님 레드카드!"
"안녕히 계세요. 여러분! 저는 속박의 굴레를 벗어던지고 행복을 찾아 떠나갑니다. 여러분들 모두 행복하지 마세요~!"

사랑하면 닮는다더니.
좋을 때다.
난 노란색이 더 좋은데.

"자갸. 너무 설레자나."
"아니! 니 지금 뭐라고 했냐?"
"아니!! 그만 깝치라고요!!!"
"미안해."
"아! 필요 없고 빨리 머리 박자."

태양의 머리
"너가 그러고도 내 남친이야?!"
감동의 재회!
코브라 플룻.

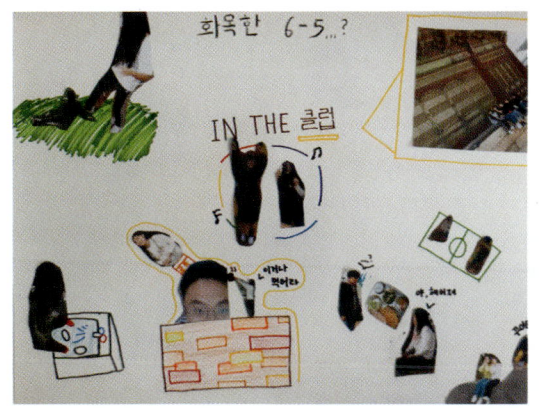

화목한 6-5
IN THE 클럽.
"이거나 먹어라!"
"야! 헤어져!"

"받아라 싸대기!!"
"앗. 배그(규) 사진 넣어야겠다."
서로를 바라보는 눈빛
자연스러운 스킨쉽 back hug!

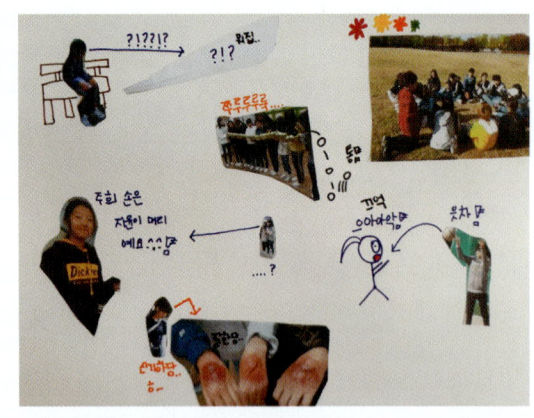

"주희 손은 지윤이 머리예요^^"
쭈루루루룩.
신기하당.

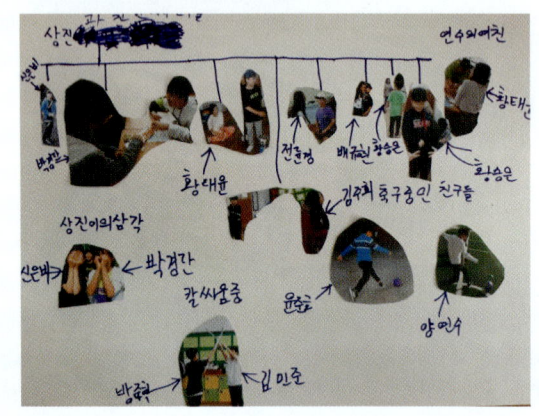

상진이의 인간관계.

코 파는 중…?
잘 보면 M자.
동네 아줌마 김돌.
은비 파우치 짱 멋있어.
뭐 하시는..?
효비 마녀.

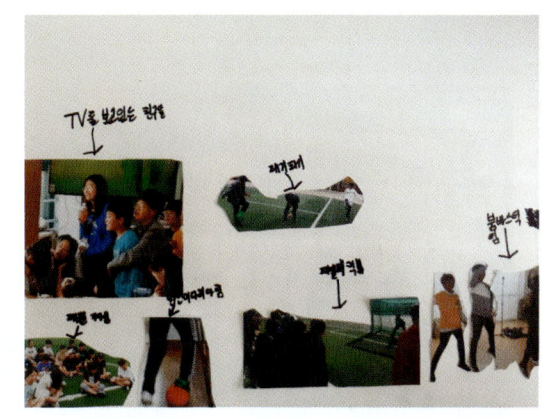

TV를 보고 있는 친구들.
붐바스틱팀.
제기차기.
페널티킥.
영민이 다리.

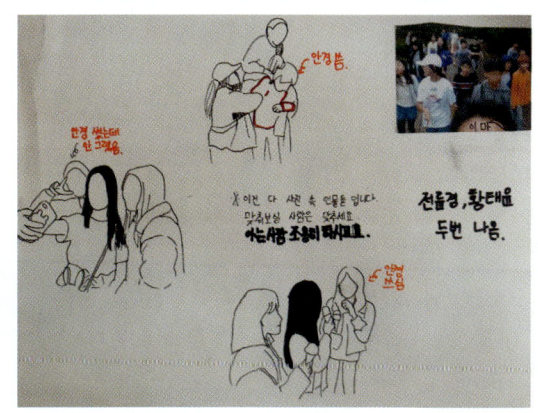

이건 다 사진 속 인물들입니다. 맞춰보실 사람은 맞추세요. 아는 사람 조용히 하시고요.
안경 썼는데 안 그렸음.
안경 씀.
안경 쓰심.

"나 잡아 봐라."
"역시 내 어묵은 맛있어. 으하하하하."
"쟤 왜 이렇게 가오가 심하니?"

"선생님. 우리 지훈이 흑발 하니 얼굴이 너무 뽀얀 거 있죠. 어깨도 넓고!"
"너네 지훈이가 누구냐?"
"이제 아실 만한데."

아이들 만든 작품을 실물화상기로 같이 본다. 각양각색의 반응들!

4교시에 도서관에 갔다. 동화책을 보고 있는 여자아이들. 한 페이지에 겨우 3줄 남짓해 보인다.
"중학생 되는데 이젠 그림 없는 책 좀 보지?"
"이게 저희 수준에 맞는 책이에요."
국어사전을 보고 있던 남자아이들이 깔깔 웃고 있다.
"얘네 이상한 거 찾았대요."
"뭐?"
"아니 이상한 건 아니고 좀 더러운 건데요."
"말하지 마라. 뭔지 알겠다."
그 옆에서는 륜경이가 동그랗게 몸을 말고 있다.
"선생님. 좀만 기다려 주세요."
"륜경이 번데기인데 좀만 있으면 나비 될 거예요."
"그게 뭔데."
나는 나비다!

오늘 점심은 아이들이 좋아하는 딸기 와플. 정말 먹음직스럽다. 한 녀석은 급식 도와주시는 아주머니를 속여 4개나 받았다는데. 그것도 살아가는 방법이겠지.

"긍정에너지님~"
"재치우정님~"
"국밥부 장관님~"

5교시에 졸업식에서 사용할 PPT를 아이들과 함께 만들었다. 짝끼리 서로 문구를 써 준다. 아이들이 적어 준 칭찬의 내용 거의 그대로 옮긴다.

6-5 강인해
◦ 성실우정상
항상 잘 웃고
친구들을 웃겨주는
우리반의
해피바이러스.
항상 빵긋빵긋
웃음.

6-5 김민준
◦ 다재다능상
다재다능하여
하나의 물건을
여러 가지로 바꾸는
신비로운 발상을 함.

6-5 김상진
◦ 재치우정상
진득진득 팥죽처럼
꾸덕꾸덕 수정과처럼.
태생부터
재치있는 얼굴과
재치있는 말솜씨로
많은 이들의 배꼽을
하늘나라로 보내줌.

6-5 김주희
◦ 나눔우정상
활발한 성격으로
건전한 교우관계를
형성하고
나눔이란 접착제로
우정이란 끈을
튼튼하게 지속시킴.

6-5 박경란
◦ 그림재능상
대충 그려도 명작.
발가락으로 그려도
명작.
모든 그림 실력이
완벽하심!

6-5 박준우
◦ 캐릭터그리기상
그림을
잘 그리고
특히 게임 캐릭터를
사실감 있게
그림.

6-5 방준혁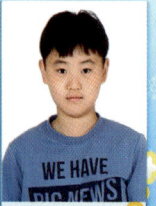
◦ 우정어울림상
친구들과
잘 어울리며
친구들의 어려움을
적극적으로 도움.

6-5 배규현
◦ 친절배려상
친구들에게
밝은 얼굴로
친절을 베풀고
배려를 많이 함.

6-5 신은비
◦ 긍정에너지상
엄청난
긍정 에너지를 뿜으며
우리 반을 즐겁게
만들어 줌.

6-5 양연수
◦ 음악재능상
쉬는 시간마다
피아노를 치는
음악적 감성이
풍부한 친구.
그리고 체육도 잘함.

6-5 윤준호
◦ 건강체력상
6학년 동안
건강하고 안전하게
체력을 길렀고
친구들과 잘 어울림.

6-5 이서준
◦ 과학재능상
1년 동안 과학실험을
정말 잘하셨고
눈썰미가 좋아서
시험을 잘 봄.

6-5 이효은
◦ 글짓기재능상
일기, 글짓기,
미술활동에 천부적인
재능을 보이고
글로 주변 사람에게
선한 영향을 끼침.

6-5 임현민
◦ 다재다능상
많은 것을
잘하는 팔방미인.
노력도 열심히 함.
다리가 길어질
징조가 보임.

6-5 전륜경
◦ 성실우정상
체육할 때
큰 키로 팀에
압도적인
퍼포먼스를 보임.

PPT 작업을 마치자 영민이가 발표자 뽑기로 걸린 사람이 노래 부르기 게임을 하자고 한다. 이럴 때는 한마음이다. "해요!" 뽑기보다는 더 스릴 있는 눈치 게임으로 고고! 눈치 게임에서 걸린 아이들은 교실 앞으로 나온다. 앞에 나오자 마자 시~시~시~작! 막상 앞에 나온 아이들이 엄청 부끄러워한다. 설렁설렁 노래 불렀다가는, 아이들의 격한 반응! 다시! 밀어붙인다.

현민이는 '마하반야 바라밀다'로 통과!
민준이는 '노는 게 제일 좋아' (에이! 다시!) '올챙이 한 마리' (에이! 다시!) '곰 세 마리'에서 동정표를 얻어 간신히 통과
준혁이는 "질문 있는데요. 원숭이 해도 돼요? 아니다. 그냥 노래 부르는 게 낫겠다." (어그로 끌지 마!) (그냥 하라고!) 준혁이는 낙타와 알파카 성대모사를 한다! (너 들어가도 좋아!)
준호는 '봉그레 파스타.' (겁나 웃기다!)
은비는 역시 '올챙이 한 마리~' (에이! 다시!) 민준이는 나는 저 기분 알 것 같다는 말로 공감을!
승은이는 개 소리 해도 돼요? 왈왈왈! (통과!)
지윤이는 탈모 빔! (M자!)
연수는 자라나라 머리! 머리! (마스크 벗고 노래해!)
마지막에 걸린 영민이는 나를 주제로 한 창작곡을. 가사가 너무 웃기다.

오후에 학교에서 다른 학교로 가시는 선생님들 전별식을 했다. 이별의 의식에는 역시 눈물이 빠질 수 없다.

"40대에 와서 60이 되어 다른 학교로 갑니다."

"개인적으로 만난 분들과 사모임을 하고 싶어요."

"저는 이 학교에 12년째인데…."

2월 11일 화요일

내일 비 예보가 되어 있어 모둠 대항 풋살 경기를 오늘 하기로 했다. 다행히 서울시 공공서비스예약 사이트에 들어가 보니 풋살장 예약이 비어 있다.

현민이가 들어오며 집에서 있었던 일을 말한다.

"아빠 핸드폰 바꿨는데. 자료가 전전 계정으로 옮겨져서 아빠가 엄청 화났어요."

"다시 옮기면 안 되나?"

"모르겠어요. 오늘은 엄마 거 사러 가요. 근데 그 아저씨한테 또 가야 해요. 이미 서류를 작성해서요."

"아놔. 나 과자 안 가지고 왔는데."

"난 닭다리지롱."

"저 정말 바보인가 봐요. 과자 생각하고 있었는데 우산을 챙겨 왔어요."

"선생님. 이 백사초롱 버려도 돼요?"

"청사초롱이지. 백사가 아니라."

"농담했는데 그걸… 진짜로 받으면 어떻게 해요."

아이들이 모두 등교한 후 배수지공원으로 이동한다. 풋살 하기 딱 좋은 날씨다. 남녀가 함께 뛰는 풋살인지라 공을 잘 차는 아이들에게 몇 가지 핸디캡을 걸었다. 팀장은 전반전에 골 못 넣음. 후반은 가능. 팀장은 골키퍼 못함.

4강 1경기 전반.

"몸빵 하면 서준, 준호, 현민이잖아요. 이번 경기는 좀 다칠 것 같아요."

"선생님. 파란색이 우리 반 공인구예요. 이걸로 차요. 파란색이 제일 잘 나가요."

준호팀과 연수팀의 대결.
"일어나 어서. 정신력!"
서준이의 감아차기 골! 정말 판타스틱한 궤적. 몇 분 뒤 서준이가 추가골.
"우리 그냥 이제 잠그자!"
그 말을 하자마자 민준이의 만회골! 2 대 1로 전반전이 끝난다.

4강 2경기 전반.
"이쪽이 안 좋은데요. 햇빛 때문에. 후반전에 당연히 바꾸는 거죠?"
"대인마크 붙어! 최대한 붙어서 막아."
"우리는 전봇대 작전이다."
하지만 전봇대 작전을 뚫고 준우의 선제골. 약간 빗맞아 보였는데 방향이 좋았다. 하지만 곧바로 영민이 어시스트를 받은 상진이의 만회골. 1 대 1로 전반 종료.

4강 1경기 후반.
"저희 후반은 준호 혼자 공격수예요. 에이스의 힘을 보여 줄게요!"
"얘들아. 우리 저기로 차는 거야! 코트 체인지야. (여자아이들이 방향을 거꾸로 잡고 있다.)"
준호 팀은 5명에서 나란히 선다. 1-1-1-1-1. 준호의 결정력을 믿는 뻥축구라는데.
"끝까지 달라붙어."
"내 발구락. 왜 아프지."
"저 심장이 아플 것 같아요. 숨 막혀요."
연수팀 에이스 연수가 골을 넣으며 3 대 1. 경기 막판 준호가 페널티골로 3 대 2로 따라잡는다.
"그래도 우리 졌다."
"맞아."
그때 준호의 극적 동점골. 3 대 3이다. 곧바로 승부차기로 이어진다. 승부차기 끝에 준호팀이 4 대 3으로 결승에 올라간다. 역시 축구는 드라마인가 보다.

4강 2경기 후반.
"야야야야 얍. 기 모아. (헛발이다.)"
준혁이가 혼자 드리블하다 타이밍을 놓친다. 하지만 역시 왼발잡이는 치는 방향이 달라 슛 찬스가 생기고 이를 놓치지 않고 역전골. 2 대 1. 준혁이가 넣자마자 영민이가 화가 났다. 화난 영민이가 모든 걸 4강전에 쏟아 붓는단다. 역시 속도가 다르다. 2골을 넣으며 역전. 3 대 2로 영민팀이 결승전에 올라간다.

은비 이펙트라며. 은비는 "얍~"을 외치고 있다.
"너 효과음 좀 줄여!"

3·4위전 전후반 없이 10분 경기.
갈비뼈 부상 중인 연수가 2골을 연속으로 넣는다. 4강전에서 2골 앞서다 막판 역전한 것에 아쉬움이 남는지 표정은 그다지 좋지 않다.
"아! 힘들어."
말은 이렇게 하지만 골 세리머니는 멋있다. 아이들이 칭찬해 준다.
"레반도프스키! 연수!"
결국 연수가 해트트릭을 기록한다. 준혁팀은 4강 2경기에서 너무 힘을 뺐나 보다. 3골 차로 벌어지자 서로 소리 지르고 있다.
"뛰라고 좀!"
연수팀은 시간이 갈수록 공을 잡고 넘어지며 지능적으로 시간도 끌어 준다. 준혁팀은 공격 의지도 보이지 않고 슈팅조차 없다. 그대로 경기 끝!

결승전.
상진 슈팅을 사전 태클로 막는 민준이. 아 이건 정말 들어오는 타이밍을 정확히 계산한 것 같다. 민준이는 이 태클로 바지에 구멍이 생겼다는 후일담. 준호 슈팅을 주희가 얼굴로 막는다. 그래도 바로 경기는 진행. 영민이가 이를 받아 중거리 슛! 들어간다. 그나저나 주희 얼굴은 괜찮은지.
"애들아. 이제 잠그자! 수비하고 역습이다."

얼마 뒤 영민이가 페널티킥을 얻는다. 차는 것을 골키퍼 주희에게 양보한다. 하지만 실축. 그래도 상진이가 중거리 두 골을 넣으며 경기는 3 대 0. 4강전에서 힘을 너무 많이 뺐단다. 영민이가 경기 막판 추가골을 넣는다. 4 대 0.
"영민님. 저 팬이에요. (상대팀이.)"
"너네 좀 살살해라."
"좀 막으라고!"
"막고 있다고!"
팀 내분 사태다. 경기 막판 지고 있던 팀 아이가 유니폼을 내팽개친다. 또 분이 안 풀렸는지 상대팀 아이의 정강이를 걷어차기도 한다. 엄지척, 검지척, 중지척까지 삼단 콤보를 날리자 경기를 중단한다. 일단 불러 세웠다. 우는 것 같다. 순간 화가 나서 그랬다며 잘못했단다. 다시는 안 그러겠다는 녀석에게 중학교 가서 그러면 큰일 난다며 잔소리를….

4교시에 3반과 마지막 피구 대결이 있다. 강당이 비어 있길래 시작하려고 준비운동하다 원래 사용하기로 했던 5학년 아이들이 몰려온다. 얼른 운동장으로. 운동화 갈아 신으면 시간이 부족할 것 같아 그대로 나가자고 했더니 역시 선생님 클래스란다. 3반과 대결. 1학기 때 압도적으로 우리가 졌던 3반. 하지만 이젠 우리 반에게 이기지 못한다. 실력 차이가 너무 많이 난다.

"우리 반은 머리 맞아도 아웃 아니에요."
"이 공은 맞아도 괜찮아. 그리고 너네 반이 자꾸 일부러 머리를 갖다 대서 안 되겠어."
"판정이 이상하지만 따를게요."
"저도 이젠 늙었나 봐요."
"공 굴러가유."
14명 남기고 1차전 승리.
"선생님. 5반이 넘지 말아야 선을 넘고 있습니다. 편파 판정은 안 돼요."
라인을 밟고 공을 던진 것에 대한 항의다. 그냥 하자고 해도 3반 아이들의 반발이 심해진다. 점점 마음도 상해 가는 찰나 아웃된 3반 여자애들이 내 뒤에서 수군덕대는 소리가 들린다.
"심판이…."
들리게는 말하지 말지….

우리 반 아이들의 활약상! 경란이는 날아오는 공을 피한다. 공이 목을 예리하게 스친다. 순간 놀라 보니 빨갛게 뭔가가 올라온다. 우리 반 피하기의 신은 역시 예리하다. 영민이는 노룩 샷으로 3반 아이들을 연방 아웃시킨다. 안경 맞고도 안 깨졌다며 계속하라는 녀석도 있었다! 2차전도 8명 남기고 승리. 싱겁게 2 대 0으로 끝난다.
"저 끝나고 울 뻔했어요."
"쌤은 이길 거 예상했는데."

오늘까지 개인 짐을 정리하기로 했었다. 짐 정리하는 김에 교실 청소도 마무리! 몇몇 아이들이 버릴 것과 가져갈 것으로 나눈다.

"선생님. 쓰레기장에 갔는데 너무 재미있었어요."

"맞아요. 저희 놀다 왔어요. 인생샷도 찍고요."

"근데 졸업식 때 저희 울면 같이 울 거죠?"

 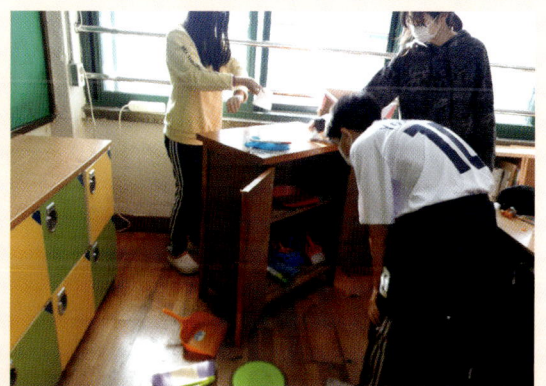

오늘 풋살 하다 지윤이가 엉덩방아를 찧었다. 꼬리뼈가 아프다며 허리를 못 숙이겠단다. 보건실에 다녀오더니 좀 괜찮아진 듯 보였지만 다시 아픈지 허리를 뒤로 못 젖힌다.
"오늘 엄마랑 병원 가 봐! 집에 가서 말하고. 알았지?"
"내일이면 괜찮아지겠죠."
"허리 쪽이라 많이 아프면 꼭 병원 가야 해. 안 그러면 허리가…."
"무섭게 말하지 마세요. 지금 안 아픈데."
"선생님. 근데 우리 졸업식 때 몰카 하면 안 돼요?"
"근데 애들이 속겠냐?"
"그죠? 너무 많이 해서."

짐 싸려고 이삿짐 박스를 조립해서 칠판 앞에 놓았더니.
"이거 압수수색 하는 검찰이 가져오는 거죠?"
이삿짐 박스에 들어가서 이삿짐 놀이하는 모습! 매년 큰 박스만 보면 아이들이 하는 놀이지만….
"선생님. 저희 둘. 금호여중으로 택배 보내 주세요. 이대로 싸서요."
"박스로 집 지으면 재미있을 것 같은데요. 여기 짐 넣지 마세요. 네?"
"내 짐은 어떻게 하고?"

5교시에는 과자 파티다.

"초등학교 정말 마지막 과자 파티예요. 이번엔 그냥 우리 맘대로 하면 안 돼요?"

"매번 마음대로 하잖아."

"아니에요. 선생님이 가끔 노려보는 거 알아요."

"알았어. 어떤 말을 해도 안 볼게."

"어제… 우리…."

오후에 부탄가스 구멍 뚫어서 버리려 분리수거장으로 내려간다. 많이도 요리했네. 옆에는 교과서를 버리러 오는 아이들이 계속이다. 신기한 듯 못으로 구멍 뚫는 날 바라본다.

2월 12일 수요일

아침에 현민이가 선물을 준다. 편지와 함께 스티커기에서 어제 만들었다는 문구들. 'GUN A MOOL' 'JJB' 'Funny Potato' 'Thank You'

"올해 스친 일들을 스티커로 만들었어요."

"고마운데. 안 힘들었냐?"

"O를 새기는데 안 돼서 엄청 혼났어요. 엄마가 결국 도와줬어요."

"선생님. 편의점 아저씨가 학교 가면 방송 좀 해 달래요~ 금북초 애가 핸드폰 놔두고 갔대요."

"편의점에는 왜 갔냐?"

"편의점 아저씨한테 저는 건강하게 환타 먹겠다고 했더니 웃던데요."

어제 엉덩방아를 찧은 지윤이가 온다.

"인생 살면서 이렇게 큰 멍은 처음 봤어요. 이렇게 중요한 부위에."

"선생님. 엄마한테 왜 전화했어요?"

"네가 다쳤다고 엄마한테 말 안 할 것 같아서."

"알고 보니 멍 들었어요. 꼬리뼈 다친 게 아니라."

"다행이다. 졸업식 때 또 목발 짚고 올까 봐…."

두 녀석이 가볍게 대화를 한다.

"낭만닥터 봤어?"

"그거 졸라 재미없어."

"니 얼굴보다 재미있는 사람이 나와."
"애들아. 그만해라. 내일이 지나면 평생 못 볼 인연지도 몰라."
"One Day More의 마음을 알 것 같아요. 졸업 전날! 누구랑은 싸우고 누구랑은 이별편지 쓰고."

두 녀석은 며칠 전에 음료 사 먹으러 간 얘기를 해 준다.
"주희랑 음료 주문했는데요. 드시고 가겠습니까 물어보더라고요."
"응."
"주희가 네 드시고 가겠습니다 말했어요. 보통 먹고 가겠습니다 하는데."

남자 화장실 대변보는 곳을 누군가가 잠가 놓았다. 두 칸인데 둘 다 잠가 버렸다. 일단 행정실에 열어 달라는 부탁 메시지 드리고 대청소를 마무리 짓는다. 큰 일 볼 사람은 3층 화장실 이용하라는 말도 알리고. 사물함 아래, 책상 위, 구석구석 물티슈로 마무리한다. 이젠 정말 청소 다 했나 보다. 다음 학급에 넘겨줘도 괜찮을 듯. 오늘 컵라면 먹기로 했다. 일단 물을 끓인다. 저희들끼리 내 자리에서 젓가락도 알아서 찾아가고 물도 알아서 받아 간다. 자리도 자기들끼리 바꾸고. 뭐 따로 말을 안 해도 잘 돌아간다. 이쁘다.
"라면 국물은 웬만하면 다 마셔 줘."
"그럼요. 환경보호 하면 우리잖아요."
처음 컵라면에 물을 받은 준호랑 영민이가 깨끗이 비우고 컵을 낸다.
"저희 다 먹었습니다."
다음에도 이렇게 깨끗이 비우고 내 자리에는 컵이 차곡차곡 쌓인다. 국물을 다 못 마시고 눈치 보는 녀석들. 컵을 만지작거리고 있다.

나의 애장품 기증식 시간이다. 소시지 장난감, 젖소 장난감, 달력, 경복궁 자석, 너프건, 달력, 확대경, 활… 뭐 쌓아 보니 많기도 하다. 발표자 뽑기로 순서도 정한다.
"이 컵 쓰던 거예요?"

"주희 핸드폰도 애장품 맞죠? 가져가도 돼요?"
"나! 너프건 잘 고른 것 같아."
연수는 활을 고르고 아주 좋아한다. 활을 개봉해 메고 다닌다.

스펀지 공도 나눠 준다. 발표자 뽑기로.
"난 찰진 농구공이야."
"난 그래도 축구공 할래."
"하지만 메이드 인 차이나! 코로나!"
"집에 있으면 이런 찰진 공 하나만 있으면 좋은데. 감사합니다."

졸업 선물도 나눠 준다. USB! 내일 줄까 했더니 그냥 지금 달란다.

"딱 50회 졸업이네요."

"50회는 의미가 있지? 100회 졸업식 때 다시 와~"

"살아 있을까요?"

"겨우 환갑 지났는데 뭔 말이래?"

"아뇨. 쌤이요."

"나? 90은 넘었네. 그러게."

"이 유에스비 엄청 예뻐요."

"이게 교통카드였으면."

"여기 돈 많이 들어 있으면 좋겠어요."

"이거 몇 기가예요? (16기가~)"

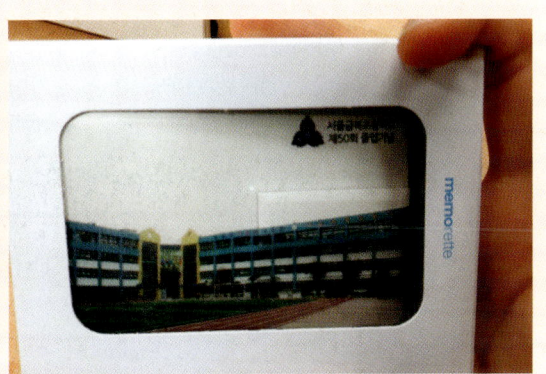

생활통지표도 오늘 나눠 준다.

"이젠 별로 걱정 안 돼. 5학년 때까지는 반이 나와 있어서."

"다음 학년 반이 없으니 이상하다."

"선생님. 이거 너무 보여 주기 멘트 아니에요?"

"맞어. 잘 썼냐?"

"너무 저 아니게 써서 이건 좀."

"저는 개근 나와 있네요. 오랜만에요."

"난 보통이 2개 있어. 나머지는 잘함."

"난 보통이 4개야."

"통지표 표지 색이 너무 눈 아파요."

"저의 수줍은 모습이 그렇게 예쁘셨나 봐요. 수줍다는 말을 쓰셨네요."
"저는 감성적이라고 하셨는데. 이건 아닌 거 같은데요."
"감성적이란 말을 다른 말로 하면 성격이…."
"아. 네…."

"통지표는 보여 주는 말. 일기장에 본마음을 적었으니 나중에 읽어 봐."
일기장 답글을 정말 열심히 읽는다.

일기장 답글

(강인해) 이제 이번 주가 지나면 헤어지는데 인해에게 더 잘해 줄걸 하는 아쉬움이 가득한 날이네. 이 글을 쓰는 건 2월 9일 일요일이야. 시간이 빠르다. 근데 쌤이 최근 10년간 선생님 하면서 가장 행복했던 게 언제인가 돌이켜 보면 올해가 그중 최고가 아닐까 해. 그 이유는 뭘까? 바로 인해 때문이 아닐까 해. 인해라는 아이가 이렇게 멋진 모습으로 성장하는 과정을 보면서 말이야. 그리고 인해가 우리 반에서 본인의 일을 완벽하게 해내 주어서 더욱더 행복하게 보낼 수 있었던 것 같아. 인해는 웃는 모습이 정말 이쁜 것 알지? 특히 피구할 때 공 잡는 모습이랑 학년말에 앞쪽에 앉아 아이들이랑 노는 모습이 오래 동안 기억날 듯. 중학생이 되어서도 아니 더 시간이 지나도 올해처럼 자신에게 정성을 다하고 다른 사람과 배려하는 인해가 되길 바란다. 쌤 마음 잘 알지? 훗날 타임캡슐 여는 날~~ 우리 오늘을 다시 추억하자! 사랑해~ 인해야.

(김민준) 민준아. 길다면 길고 짧다면 짧은 게 시간이라지만 막상 끝난다고 하니 뭔가가 허전하고 아쉬운 2월이야. 민준이랑 헤어져야 하기 때문이겠지? 민준이도 쌤과 같은 마음이겠지. 민준이를 돌이켜 보면 왜 이리 재미있고 행복한 스토리가 머릿속에 스칠까. 피구, 축구 하던 모습이 너무나 강렬했다우. 지금 답글을 쓰는데 민준이의 표정이 오버랩되며 더 웃음 짓게 만드는 초능력을 가진 녀석. 1년여 시간을 보내고 나니 민준이의 깊은 마음을 알게 되었어. (아니 정확히 말하면 쌤이 민준이를 많이 좋아하게 되고 민준이도 쌤을 이해하면서 우리가 깊어진 것이겠지만)

그래서 더 아쉬운 마음인지 모르겠다. 내년에 중학생이 되더라도 가끔 놀러 오고 하시오. 알았지? 우리 평생 이어 갈 인연 맞지? 훗날 민준이랑 맛있는 음식 시켜 놓고 맥주(이건 20세가 넘어서)도 한잔 곁들이며 우리의 오늘 일들을 추억하자고. 수없이 많은 순간들을 기록해 놓은 사진과 그리고 우리의 타임캡슐. 그리고 6월쯤 출판될 책까지. 민준아. 많이 아쉽다. 정말이지 헤어진다는 생각하니 가슴 한구석이 먹먹해져. 평생 함께할 인연이지만 말이야. 중학교에 가서도 항상 건강하고 행복해. 알았지?

(김상진) 상진이를 떠올리면 오랫동안 기억에 남을 멘트가 많아. 아주 생생하게 기억이 나네. 특히 학년 말 엄청난 상진이의 골 폭풍이 최고. 상진이를 생각하면 왜 이리 웃긴 일들밖에 기억이 안 나지. 여자애들과 싸울 때는 그렇게 무섭게 변하던 상진이인데…. 상진이는 체육 할 때와 과제 발표할 때가 제일 멋진 것 같아. 그 다음은 웃길 때. 하하. 상진아~ 처음 그대를 봤을 때는 엄청 덤벙댈 것 같더니 이제는 쌤을 보는 눈빛이 천사가 사랑에 빠진 느낌^^ 그래서 그런지 더 이뻐 보이긴 해. 다사다난했던 한 해가 지나고 상진이는 한 살을 더 먹고 이제 중학생이네. 쌤은 상진이랑은 헤어지겠지만 그래도 금북에 계속 남아 있으니 자주 볼 것 같아. ㅋㅋ 근처에 사니 자주 보게 될 것도 같고. 쌤 보고 싶으면 언제든 전화해. 달려 나갈게. 상진아. 올해 상진이라는 아이를 만나 얼마나 쌤이 행복했는지 모를 거야. 허투루 하는 말이 아님을 맹세하며! 상진아~ 중학생이 되어서도 행복하고 건강하렴. 쌤의 생이 다하는 날까지 상진이를 기억하며 상진이의 삶에 행운과 행복이 깃들길 기도할게. 지금 글을 쓰면서도 웃음이 멈추질 않네.^^ 고마웠고 사랑해~

(김주희) 주희는 워낙 똑똑하고 상황 판단이 빨라서 쌤 마음을 잘 알아주는 말과 행동이 많았던 것 같아. 위기에 빠진 쌤에게 힘이 되어 주었지. 그리고 그런 주희를 보면서 쌤은 새로운 마음가짐을 가지곤 했어. 이상하게 주희가 옆에 있는 날은 뭔가 일이 쉽게 풀리고 그리고 힘들어도 기분이 좋아지더라고. 이건 진심임. 주희가 있었기에 더 열심히 수업도 준비했고 주희에게 받은 긍정의 힘이 우리 반 다른 아이들에게 전해진 것 같아. 최고의 유행어. 눈썰미가 좋으시네요! 훗날 우리의 오늘을 돌이켜 보면 어떻게 기억될까? 헤어져야 하는 지금은 아쉬움 마음이 가득하겠지만 시간이 흘러 중학교, 고등학교 생활에 접어들면 서서히 잊혀지지 않을까 해. 쌤은 주희랑 평생 우정을 나누고 싶어. 스승과 제자라기보다 인간으로서의 편안한 정 같은 거 말이야. 그러려면 자주 연락해야 되는 거 알지? 매년 한 번은 꼭 쌤 집에 초대할 테니 그때는 빠지지 말고 와 줘. 정말 이렇게 졸업시킨다는 게 아쉽기 그지없다. 주희야. 사랑하는 쌤 마음 알지? 정말 좋아했고, 주희를 생각하면 아름다웠던 2019학년도가 떠오를 거야. 항상 건강하고 행복해~~ 사랑해.

(박경란) 경란. 쌤 딸로 삼고 싶을 만큼 그대에 대한 정이 가득한 것 아니? 이렇게 말하면 엄청 싫어하려나. 암튼 경란이는 귀여운 매력덩어리야. 인품도 좋고(지금은 약간 사춘기 끼가 보이기도 하지만) 모든 일에 열심히 하려는 의지도 보이고. 경란아. 근데 자신감이 가끔 없어 보여. 지금은 아니지만 학기 초에 경란이 일기 보면 마음이 아팠거든. 경란이는 세상에서 가장 이쁘고 마음씨 착한 공주님인 거 알지? 자신감 가지고 뭐든 당당하게 도전해 봐. 알았지? 아침에 일어나면 '내가 최고다'라고 10번 외치고 학교에 다녀 봐. ㅋㅋ 이렇게 막상 졸업시키려니 아쉽다. 더 잘해 줬어야 하는데라는 부질없는 후회도 들고. 그래도 쌤은 최선을 다한 거 알지? 올해 여자아

이들은 참 특별하고 신기한 녀석들 같아. 매년 여자애들 몇 명 때문에 학교 다니기 싫었던 경우가 많았는데 올해는 한 번도 그런 적이 없으니 말이야. 졸업식 때 쌤이 울면 어쩌냐? 몇 번 안 울었는데 올해는 감정이 좀 다른 것 같다우. 경란아. 항상 건강하고 행복한 시간 보내길 기도할게. 그리고 힘든 일 좋은 일 모두 쌤과 나누는 것도 잊지 말고. 언제 어디에 있든 우리 경란이를 그리워하며 또 응원할게. 중학교 가서도 잘 지내는 거야. 파이팅. 사랑해~~

(박준우) 쌤 아들로 삼고 싶을 만큼 매력적인 그대. 준우야. 그대는 매력덩어리야. 사람들이 다 좋아하게 만드는 신기한 매력을 가지고 있거든. 우리 반에서 인성과 품격이 최고인 녀석은 바로 우리 준우지. 품격은 자부심을 가져도 좋을 만큼이라는 사실은 꼭 기억해 줘. 준우에게 쌤은 최선을 다했는데 혹시 마음의 상처 같은 건 없겠지? 훗날 다시 만나는 날 날 혼내면 어쩌지? ㅋㅋ 그래도 괜찮으니 우리 인연을 소중히 이어가자고~ 인연이 계속 이어지려면 준우랑 쌤이 연락을 하는 방법밖에 없는 거 알지? 가끔 카톡으로 소식 전해 주면 좋겠어. 그나저나 올 한 해가 왜 이리 아쉬운지 모르겠어. 준우야. 사실 이렇게 정을 듬뿍 담아서 아이들과 함께한 한 해는 없었던 것 같아. 그게 우리 준우 때문이 아닐까. 준우는 정말이지 사람을 웃게 만드는 멋진 마법의 표정이 있어. 하하. 그대는 모르지? 노란 태양을 볼 때마다 우리 준우를 떠올릴 것이고. 준우와의 만남을 기약하고 쌤도 열심히 또 다른 아이들과 지낼게. 준우야. 훗날 꼭 다시 만나는 거야~ 알지? 사랑해~~

(방준혁) 우리 반 깜찍이 준혁이. 이렇게 한 해가 지나 버렸수. 왜 이렇게 아쉽고 허전하지? 아이들을 중학교로 무사히 올려 보내는 뿌듯함도 있지만 헤어져야 하는 건 너무나 아쉽고 어쩌면 마음이 찢어지는 고통일지도 몰라. 쌤 자식처럼 그대들과 함께 지낸 1년을 돌이켜 보면 벌써 추억으로 다가오는 걸 보니 행복했던 시간임은 분명한 듯. 그만큼 좋았던 일들이 많았음이라 생각되네. 준혁아. 넌 웃는 모습이 최고야. 화나고 슬퍼도 겉으로는 냉정하게 마음은 웃으며 느릿하고 맑고 밝게~ 알지? 준혁아. 정말로 아쉽지만 이 글을 쓰면서 쌤이 많이 웃는 걸 보면 준혁이를 많이 좋아하는 것 같네~~ 황금 완발! 부러웠다. 일 년간 준혁이를 보면서 쌤 애기들이 준혁이처럼 컸으면 하는 생각을 많이 했던 것 같아. 쌤 집 아들들이 주지 못하는 그 밝고 희망찬 말들이 준혁이에게서 느껴졌어. 근데 말이야… 왜 이리 아쉽지? ㅎㅎ 이 아쉬움은 훗날 중고등학생 그리고 성인이 되어 만나 다시 채우자고. 우리 평생 인연이야. 알지? 준혁아. 사랑해.

(배규현) 뭔가 어색한 듯한 표정으로 우리가 처음 만났지. 처음에는 정말로 궁금했는데. 규현이라는 아이. 은수 동생이라 기대도 컸고. 은수 언니 학교생활 너무 잘해서 말이야. 장난이 많은 듯하면서도 쌤에게는 잘 다가오지 않는 아이였던 것 같아. 하지만 학년말이 되자 이제는 표정도 풍부해지고 말도 자연스럽고 아주 좋아. 쌤은 6학년이 끝나 가는 지금 규현이에 대한 정이 가득하다우. 규현아. 올해 정말 고마웠어. 규현이가 가진 긍정과 희생의 에너지가 우리 반에 넘쳐흐르는 거 알지? 규현이의 열정은 최고였고 그리고 최선을 다한 규현이에게 고마움을 표하옵니다. 특히 지난번에 2주 안 나온다고 했을 때 진짜예요? 나오면 안 돼요? 하는 말 들었을 때 뭉클해져 눈물이 날 뻔했다. 규현이가 쌤을 그래도 좋아했구나 하는 생각도 들고 말이야. 그나저나 우리 인연은 계속 될 테지만… 여자애들 중에서 연락이 나중에 뚝 하고 끊기는 경우가 많더라고. 규현이는 아니겠지? 자주 연락하고 지내자고. 규현이는 나에게는 최고의 제자였음을 잊지 말아 주셔. 항상 건강하고 행복해~ 사랑해요~

(신은비) 이제 이번 주가 지나면 헤어지는데 은비에게 더 잘해 줄걸 하는 아쉬움이 가득한 날이네. 은비는 참 쌤에게는 특별한 아이야. 활발해 보이지만 내면은 너무나 여린 아이. 쌤은 학기말에는 딸 같은 느낌이 들었던 순간이 몇 번 있었어. 하지만 난 은비에게 형부로 기억에 남겠지? 반대로 정말 혼내고 싶을 때도 있었지만 말이야. ㅋㅋㅋ 많이 아쉬워 은비야. 말로 표현하기 어려운 묘한 깊은 감정들이 스치네. 중학교에 못 가게 붙잡고도 싶지만 먼 훗날을 기약하며 은비의 아름다운 길을 축복하며 보내 줘야지. 쌤이 선생님 하면서 가장 행복했던 게 언제인가 돌이켜 보면 올해가 그중 하나야. 그 이유는 알아? 바로 우아하고 엘레강스한 은비 때문이 아닐까 해. 은비의 활동성으로 에너제틱한 우리 반을 만들어 주었고 또 우리 반 전체에 행복바이러스를 퍼트려 주었지…. 은비야. 그대는 웃는 모습이 정말 이쁜 것 알지? 학원 숙제 등으로 힘든 표정 지을 때는 넘넘 슬퍼 보여. 시간이 지나 힘들 때 언제든 쌤에게 연락하면 맛있는 거 사줄게. 약속! 중학생이 되어서도 아니 더 나아가서도 올해처럼 자신에게 정성을 다하고 다른 사람에게 배려하는 은비가 되길 바란다. 그나저나 쌤 마음 잘 알지? 훗날 타임캡슐 여는 날~~ (이날 너무 기대된다.) 우리 오늘을 다시 추억하자고. 사랑해~ 은비야. 자주 연락합시다.

(양연수) 우리 귀요미 연수. 학년말 반대항 축구에서 엄청난 활약을 하는 모습을 보고 실력이 정말로 늘긴 늘었나 보다라는 생각을 많이 했어. 연수를 체육시간에 처음 봤을 때 약해 보이고 승부욕은 없고 그랬는데 요즘은 승부사 기질도 보여. 그리고 피구 할 때 수줍은 듯 큰 소리로 당당히 아이템을 쓸 때 아주 짱이야~~ 얼굴에 미소를 품고 초능력아이템을 외치던 연수의 모습이 오랫동안 기억날 것 같아. 그리고 쌤한테 혼도 많이 났지? 어른들이 흔하게 하는 말이지만 싫어한 건 절대로 아니니 그것만 믿어 주셔. 연수야. 이제 헤어지면 연수는 중학생이 될 테고 쌤은 여전히 초등학교 선생님이겠지만, 우리의 인연은 계속 되는 거야~ 알았지? 연수야~~ 사랑해^^ 그리고 연수이의 센스와 축구와 음악에 대한 열정은 세계에서 5번째 안에 들어갈 정도야. 알았지? 꾸준히 연수이의 마음을 담아 관련 분야에 연구하고 탐구해 봐. 근데 정말 아쉽다. 하하. 훗날 시원하게 맥주(이건 20세가 넘어야겠지만) 한잔하며 오늘을 추억합시다. 자주 연락하고 건강하고 행복해서~

(윤준호) 준호야. 길다면 길고 짧다면 짧은 한 해지만 뭔가 허전하고 아쉬운 2월이야. 준호랑 헤어져야 하기 때문이겠지? 준호도 쌤과 같은 마음일까? 아닐까? 준호를 돌이켜 보면 내성적인 아이인 줄 알았는데 그게 아니더라고. 게임(특히 축구)할 때 승부욕도 엄청나고 배려심도 있고 100점 만점에 150점 주고 싶을 정도의 멋진 사나이. 준호 아빠는 정말로 좋겠어. (한번 뵈었지만) 준호를 볼 때마다 웃을 수 있으니 말이야. 준호야~~ 지금도 잘하고 있지만 친구들과 더 깊은 마음 나눌 수 있는 중학교 생활이 되길 바란다. 알았지? 그리고 요즘 준호가 눈빛을 보면 음 나의 어린 시절? ㅋㅋ 물론 훗날은 쌤보다 100배는 더 훌륭하게 성장할 테지만. 내년에 중학교에 가더라도 가끔 놀러 오고 하셔. 알았지? 글고 우리 평생 이어갈 인연 맞지? 쌤 마음속에 준호는 초울트라슈퍼파워캡숑 멋진 제자로 남을 거야. 준호가 쌤 잊으면 꿈에 찾아가야지~~ ㅋㅋ 항상 건강하고 행복해^^ 사랑해.

(이서준) 이미 다 큰 어른 같은 어린이 서준이. 참 어른스러운 녀석이라는 느낌이 남네. 서준이는 워낙 똑똑하고 상황 판단이 빨라서 쌤 마음을 잘 알아주는 말과 행동이 많았던 것 같아. 정말 힘들 때 쌤에게 힘이 되고 말없이 본인의 일에 최선을 다하는 서준이를 보면서 쌤도 마음가짐을 새

롭게 하곤 했지. 수업시간에 쌤을 바라보는 눈빛. 그리고 그걸 기억하고 적용하는 모습에 쌤은 더 열심히 했던 것 같아. 서준아 많이 아쉬워~ 더 잘해 줬어야 하는데 하는 마음이 가득해. 서준이와 더 많은 것을 나누고 싶은데… 훗날 오늘을 무엇이라 추억할까? 수많은 사람들 중의 하나로서의 인연이 아니라 인생에서 가장 특별하고 소중했던 2019~2020년으로 남겠지? 서준아. 멋진 어른 되어 꼭 다시 만나는 거야~ 그 전에도 자주 연락하고. 쌤 마음 알지? 사랑해~ 그리고 아무리 생각해도 서준이는 물리학이 제일 어울려~ 요건 쌤 생각^^

(이효은) 우리 반 깜찍이 효은이. 한 해가 이렇게 지나 버렸수. 아이들을 중학교로 올려 보내는 뿌듯함도 있지만 헤어져야 하는 건 너무나도 아쉽고 어쩌면 마음이 찢어지는 고통(맴찢)일지도 몰라. 어른스러운 듯 아이 같은 효은이를 떠올리며 올 한 해를 돌이켜 본다. 효은이 일기를 읽으며 공감도 많이 하고 효은이의 삶에 쏙 들어가 생각도 해 보곤 했지. 하하. 아직 그대를 완전히 이해할 수는 없지만 재미있고 특별한 녀석임은 분명해. 효은아. 넌 글 쓰고 그림 그릴 때 모습이 최고야. 책이 나오면 알게 되겠지만 효은이 작품은 정말 감탄에 감동^^ 최고야! 알지? 효은아. 정말로 이별이 아쉽지만 이 글을 쓰면서 많이 웃는 걸 보면 그대를 많이 좋아하는 것 같네~~ 이게 진심일 거 같아. 겨울방학 때 쌤 집에 놀러 온 효은이에게 더 맛있는 것을 해 줬어야 했는데 나의 실력을 발휘하지 못함이 아쉽다. 이 아쉬움을 평생 담아 두고 훗날 보답할게. 쌤이 제법 요리하는데 그날은 모든 에너지를 써 버려 미안하다우. 효은아. 중학생이 되어도 지금 이 느낌 그대로 가는 거야. 가끔 연락하고 그리고 특히 어려운 일이 있을 때는 꼭~~~ 쌤과 나눕시다. 효은아. 사랑해. 건강하고 행복하렴~

(임현민) 현민아. 150일 이상은 현민이를 아침에 1등으로 본 듯해. 현민이 덕분에 아침 대화 시간이 잘 풀린 것 같아. 이게 현민이의 인간적인 매력이지. 아마 쌤 책에 가장 많이 등장하는 몇 사람 중에 한 명일 거야. ㅋㅋ 6월쯤 예상하는데 나오면 꼭 사 봐~ 정말 방대한 양이라 지금 좀 두렵다. 너무 두꺼워져서. 현민아. 한 해 재미있었지? 고생도 많았고. 쌤한테 혼도 많이 났지? 후회해도 부질없지만 과하게 혼낸 순간들을 용서하소서~ 올해 내내 현민이 덕분에 많이 웃고 즐거웠어. 의외로 현민이가 소곤소곤 이야기도 잘하더라고~ 학년말에 쌤이 현민이에게 장난을 많이 쳐서 기분이 나빴을지도 모르겠지만 이제 다 잊고 멋진 중학생이 되셔. 정말 아쉽다. 더 잘해 줄걸 하는 마음이 가득가득. 그래도 후회는 없어. 쌤은 상황에서 최선을 다했다고 자부하거든. ㅎㅎ 훗날 우리 오늘을 추억하며 한잔하자고. 20살 되면 재미있겠지? 엠티도 가고 말이야. 가끔이라도 좋으니 연락 줘. 카톡도 좋고. 현민이의 삶에 행운과 행복이 가득하시길. 사랑해.

(전륜경) 체육할 때의 그 승부에 대한 의지!!! 륜경이 하면 오랫동안 생각날 말들이지. 1학기 초에 5학년 시절을 그리워하다 5월이 지나고 륜경이의 진면목을 알게 된 후 륜경이가 정말 달리 보이더라고. 그 어른스러운 이미지가 오랫동안 기억될 것 같아. 일 년을 돌이켜 보면 륜경이는 급하지 않고 천천히 상대방을 배려하며 함께 하는 모습이 제일 인상적이야. 그래도 혼 많이 났지? 미안해. 륜경이에게 쌤은 최선을 다한다고 했는데. 하하. 훗날 다시 만나는 날 날 혼내면 어쩌지? ㅋㅋ 그래도 괜찮으니 우리 인연을 소중히 이어가자고~ 인연이 계속 이어지려면 륜경이랑 쌤이 연락을 하는 방법밖에 없는 거 알지? 자주 연락하고 지내다 보면 또 다른 정이 들고 그게 이어지면 인연이 되겠지. 강동 송파 쪽으로 가니 얼굴 보기는 더 힘들 것 같아. 가끔 톡하고 그래~ 그리고 항상 건강하고 행복해. 어디에 있든 그대를 위해 기도하마~ 사랑해.

(최영민) 영민아. 참 재미있는 녀석이지. 아마 책에 영민이의 말이 제일 많이 등장할걸~ 그래도 영민이를 보면 수줍은 듯해 보이고 그랬어. 하지만 쌤은 그대의 엄청난 포스를 알고 있단다. 하하. 그래서 쌤 마음에 쏙 드는 녀석이지. 그리고 쌤에게 뭔가 말하고 싶은데 다른 친구들을 통해서 물어보곤 하더라고. 그런 영민이를 보면서 내가 뭘 잘못했나 싶기도 하고 쌤이 워낙 잘생겨서 부끄러워서 그럴 수도 있겠다는 생각이 들기도 해. 영민이를 생각하면 좋은 기억이 정말로 많네. 이 글을 쓰면서도 웃음을 주는 영민이. 배드민턴 칠 때의 영민이의 모습이 가장 인상 깊네. 아니다. 골 장면을 못 봤지만 코너킥 골 넣고 내게 달려올 때 모습이 더 인상 깊음. 하하. 이제 중학생이 되고 쌤과는 이별을 해야 하지만 우리 자주 보는 거야~ 알았지? 우리는 평생 이어갈 소중한 인연이기에. 훗날 타임캡슐과 함께 우리 오늘을 꼭 돌이켜 보며 맥주(20세 이상) 한잔합시다~ 그 전에도 물론 자주 보겠지만…. 동마중 가더라도 친구들과 함께 잘 지내. 알았지? 영민아. 항상 건강하고 행운이 가득하길 빌게. 사랑해.

(한지윤) 우리 귀엽고 깜찍한 지윤이. 오늘 축구 할 때 보니 제법 실력이 늘었더군. 물론 페널티킥이 좀 아쉬웠지? 그래도 올해 쌤을 만나 체육만큼은 확실히 실력이 는 것 같아. 학기 초에 본 지윤이는 쌤을 어려워하고 피하려는 모습이었는데 요즘은 아주 편안하게 대해 줘서 기분이 좋아. 게다가 올해처럼 여학생 전체와 관계가 좋았던 적은 없는 것 같아. 지윤아. 얼굴에 수줍은 미소를 품고 초능력 아이템을 외치던 지윤의 모습이 오랫동안 기억날 것 같아. 그나저나 쌤한테 혼도 많이 났지? 어른들이 흔하게 하는 말이지만 지윤이를 사랑하기에 그런 것이니 다 잊어버리셔. 이제 졸업을 하게 되고 지윤이랑 헤어지지만 우리는 절~~~대로 잊혀지지 않는 인연이 되어야 해. 알았지? 너 연락안하면 아주아주 미워하고 저주할지도. 또 꿈에 찾아가 엄청 괴롭혀야지 ㅋㅋ 좋은 일, 나쁜 일 모두 좋으니 쌤에게 편하게 말했으면 좋겠다. 쌤은 당분간 이 동네를 떠날 일은 없을 거야. 20년 정도는 여기서 살거니 우리 집에 자주 놀러도 오고 그래. 이건 진심이야. 쌤이 정말 맛있게 요리해 줄게. 알았지? 지윤아. 그대가 어디에 있든(3년은 금호여중에 있겠지만) 그대를 응원할게. 항상 행복하고 건강해. 사랑한다. 지윤아~

(황승은) 승은아. 항상 그대를 보면 쌤에게 뭔가 말하고 싶은데 다른 친구들을 통해서 물어보곤 하더라고. 그래도 2학기에는 성향이 많이 달라진 것 같아. 표정은 아주 편해 보이는데 아직까지도 별다른 말이 없더구만. 다행히 승은이랑 좋지 않은 사연이 없는 것 같아. 맞지? 아닌가. 맞지? 앞으로 우리는 50년 우정(승은이 그때면 63, 쌤은 91 엄청 웃기다)을 나누면 더 말을 많이 하겠지? 쌤의 너무나 완벽한 얼굴 때문에 정면으로 보지도 못하는 우리 승은. 하지만 친구들과 농담을 툭툭 던지는 요즘의 승은 모습. 둘 다 오랫동안 기억될 것 같아. 승은이를 생각하면 좋은 기억이 정말로 많네. 이 글을 쓰면서도 웃음을 주는 승은. 이제 중학생이 되고 쌤과는 이별을 해야 하지만 우리 사수 보는 거야~ 알았지? 우리는 평생 이어갈 소중한 인연이기에. 지윤이랑 금호여중 가서 한 번씩 연락하고 그래! 알았지. 사랑해.~ 승은아. 항상 건강하고 행운이 가득하길 빌게.

(황태윤) 태윤아. 학기 초에는 안 그랬는데 요즘 태윤아를 보면 왜 이리 장난이 치고 싶냐? 딸 같은 느낌도 있고 말이야. 쌤만큼 큰 태윤이지만 아직은 초등학생인지라 여전히 어려 보이기만 하고 그래. 길다면 길고 짧다면 짧은 한 해가 지났는데 뭔가 허전하고 아쉬운 2월이야. 태윤이랑 헤어져야 하기 때문이겠지? 태윤이도 쌤과 같은 마음일까? 아닐까? 태윤을 생각하면 지훈님인가

하는 연예인이 떠올라. 나 많이 닮은 분 ㅎㅎ 올해는 여자아이들이 참 신기했어. 처음에 좀 싸우기도 했지만 6월 이후는 너무나 평온했던 한 해였던 것 같아. 그래서 올해 쌤 컨디션이 많이 좋았던 것 같기도 해. 태윤아. 우리 헤어져도 자주 연락하고 지내는 거야. 막상 중학생이 되면 또 다른 어려움이 생길 테고 또 색다른 즐거움도 맛볼 거야. 그 모든 것을 쌤과 함께 나누자고. 태윤이가 어디에 있든 그대가 하는 일에 축복이^^ 올 한 해 태윤이에게 고마웠던 일이 매우 많았네. 정말 고맙고 사랑해. 지금 좀 눈물이 나려고 하는 마음…. 감수성 풍부한 쌤을 오랫동안 기억해 주길 바라고, 평생 우리 우정 나눕시다. 사랑하고~

(최백하) 백하가 전학 오고 우리 반이 엄청 분위기가 좋아진 거 알고 있니? 백하는 아이인 듯 어른인 듯 그런 느낌. 어떤 때는 무지하게 어른스럽다가도 어떤 때는 귀요미가 되는 그대. 백하는 좋은 인품을 가지고 있기에 한국에서의 앞날이 창창할 것 같아. 절대 기죽지 말고 하고 싶은 말 자신 있게 하는 것^^ 미래의 일은 모르겠지만 오랫동안 기억에 남을 제자가 될 것 같아. 백하야. 시간이 너무나 빠른 것 같아. 2020년도 벌써 2월이 다 간 듯해. 근데 아쉬움이 가득 남는 건 왜일까? 더 잘해 줄걸 하는 후회도 되기도 들고 그래. 시간을 돌이킬 수만 있다면 더 재미있는 활동도 해 줄 수 있는데. 백하가 어떻게 생각할지 모르겠지만 그래도 쌤은 최선을 다했어. 요것만 알아주셔. 백하야. 중학생이 되어서도 아니 더 먼 시간이 지나서도 우리 오랫동안 좋은 인연을 이어 가자고. 사는 게 바빠지면 마음이 멀어지더라고. 우리 마음의 거리는 지금처럼 가까운 거야~ 알았지? 올 한 해 수고했고, 정말로 고마워. 사랑해.

"이게 본마음이에요? 이건 닭살인데."
"고마워요. 쌤. 근데 핫윌은 언제 주세요?"

맞다! 오늘 준비한 선물이 정말 많다. 핫휠은 고르는 데 시간이 엄청 걸린다.

"이거 레전드 선물인데."

효은이는 6학년 들어 한 번도 처음으로 못 뽑았는데 오늘 발표자 뽑기는 효은이를 1번으로 고른다. 정말 좋아하는 모습! 하지만 역시 자동차는 남자아이들의 반응이 뜨겁다.

"외계인차 전륜경이 가져갔다. 아! 가져가지 마."

"이거 바퀴로 경락 마사지해도 될 것 같아요."

"난 수륙양용차야. 난 이거 2인용이야."

점심시간이다.

"근네 내일 가빙 인 가지고 외요?"

"가지고 오고 싶으면 가지고 와도 되는데 그냥 집에 두고 와."

"가방 안 가지고 학교 오는 게 오랜만이네요."

"오늘 카레랑 튀김 나왔는데."

"오늘 맛있는 거네."

"근데 카레에 양파 있어요. (헉!)"

"그리고 내일 짜장면이에요. 졸업식 날에 짜장면. 우린 못 먹네요."

"와서 먹고 가라~ 그럼."
"아니에요. 늦잠 잘래요."

청소를 다 한 줄 알았더니 한 군데를 안 했다. 사물함 아래! 아이들이 끝까지 도와주러 나온다. 근데 왜 이렇게 쓰레기가 많다냐….

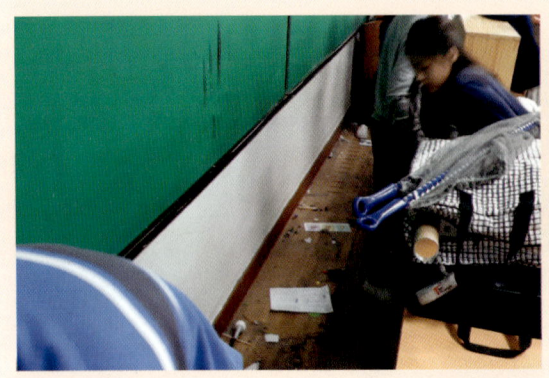 

점심 먹고 풍선 달고 칠판 꾸미고 졸업식 준비를 마친다. 올해는 코로나바이러스 여파로 교실에서 부모님 없이 간단히 진행된다. 부모님이 안 오시니 행사의 느낌은 없으나 아이의 졸업식을 못 보는 부모님 입장에서는 너무나 아쉬울 것 같기도 하다.

"졸업하는 거 같지가 않아."
"다음 주 월요일에 등교해야 할 것 같아."
"제기 위에 붙여 놓았어요. 멋있죠?"
여자아이들이 전면 리모델링을 한다.
"색깔도 맞췄어요."

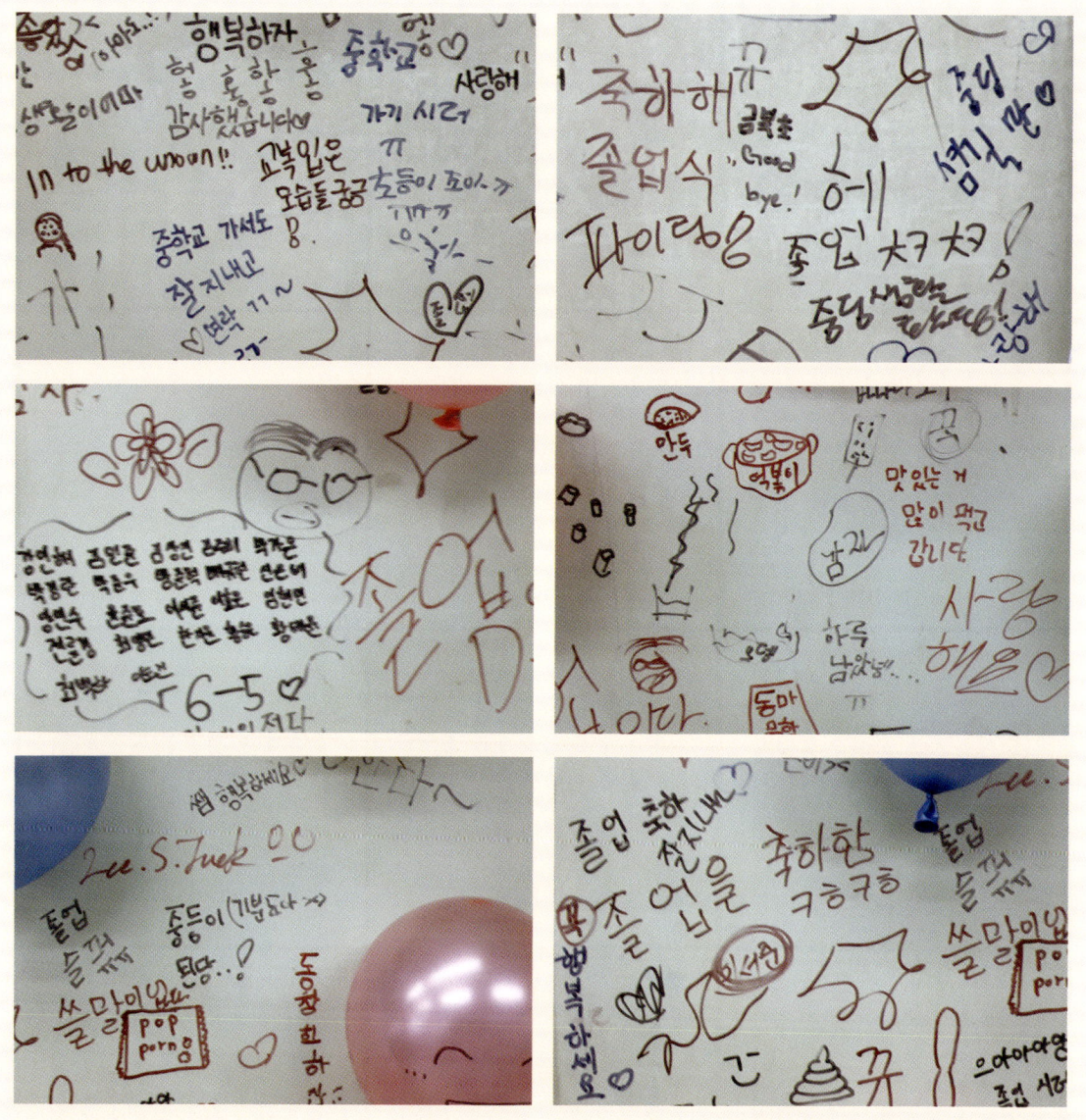

　오후에는 타임캡슐에 들어갈 편지도 쓰고 개인 사인으로 서명도 하고 한 해를 마무리 짓는다. 사인은 참 멋들어지게 한다.

"근데 저 내일 울 거 같은데요."

"10년 후에 열어 볼 건데 선생님 혼자 미리 열어 보면 안 돼요. 알았죠?"

"저 타임머신. 아니 캡슐에 솔직히 적었어요."

"저. 김 사장님. 서명이 멋지시네요."

"이 사장님도요. 사인 멋져요."

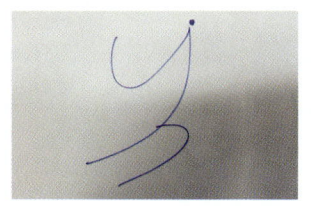
〈윤준호〉

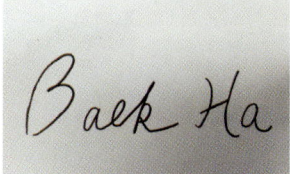
〈최백하〉

〈박경란〉

〈임현민〉

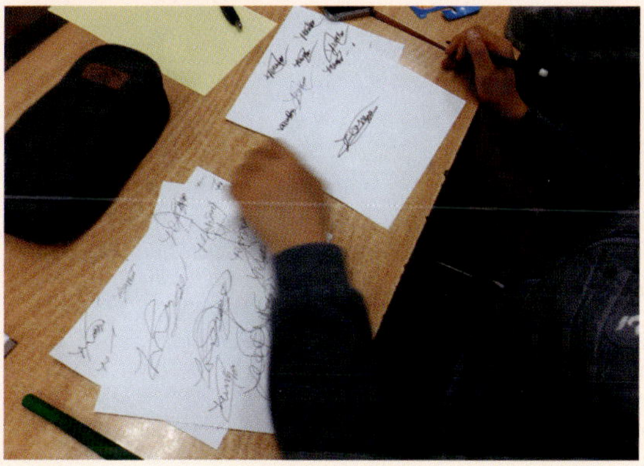

시간이 좀 남아 말도 안 되는 쿵쿵따 한 게임을 한다. 남녀 대항! 어떻게든 스토리를 만들어 내려는 모습이지만, 큰 점수를 줄 수는 없다.

옐럽깨 - 옐이라는 사람이 깨라는 사람을 러브했어요.
깨깍꾹 - 깨라는 사람이 깍꾹이라는 사람을 놀리캤어요.
꾹찝말 - 국찝이라는 말이 달려요.
말칵키 - 말의 주인이 키를 들고 있는데 칵했는데 키를 잃어버렸어요?!
길량똥 - 길을 가다가 량이 사람이 똥을 쌌어요. 량은 중국인.
똥오득 - 똥을 오득오득 씹어 먹었어요.
득업회 - 득이라는 사람이 업무를 보러 갔는데 배고파서 회를 먹었어요.

마지막 5분은 한 사람씩 무조건 칭찬하기! 시간이 없어 영민이와 경란이만 하고 마친다. 두 녀석 모두 칭찬에 고개를 끄덕이며 인정하는 분위기!

> **영민:** 잘생겼어요. 정말 키가 커요. 피구를 잘해요. 똥을 빨리 싸요. 어깨가 60cm. 뒷골이 찰지게 생겼어요. 달리기를 잘해요. 머리가 풍성해요. 패션센스가 뛰어나요.
> **경란:** 사람 얼굴 그림을 잘 그려요. 도망가는 걸 잘해요. 캘리그라피를 잘해요. 이뻐요. 애교가 많아요. 친구를 잘 다독여 줘요. 멀리뛰기를 잘해요. 눈코입이 선명하게 잘 보여요. 머리 묶은 게 참 잘 어울려요.

백하가 어제 카톡으로 긴 메시지를 보냈다. 아직 문법과 문맥에 맞지 않은 말들은 많으나 그 마음을 어찌 모르리. 졸업식도 하기 전에 백하 때문에 울었다. 3월 첫날 구글 번역기로 서로 말하던 시절이 생각난다. 한 해 만에 정말 많이 성장했다!

> 이도건선생님께 선생님, 아시겠어요? 지난 1년간 많은 것을 배웠습니다. 저는 정말 감사합니다. 선생님 있을 때는 정말 무섭지만 저희를 위해 좋은걸 알아요. 우리가 처음 만났던 거 기억나? 저는 선생님을 처음 봐서 선생님의 성격이 특히 좋은 것 같아요. 아니나 다를까, 짐작은 맞았지만, 접촉한 지 오래되셨고, 선생님 성깔이 있으시고, 그 전에는 참아내셨고, 저희가 선생님의 밑줄을 건드리지 않았기 때문에 선생님 같은 분이 그 선을 건드리면, 그 결과는 상상도 못할 것입니다.(저는 이미 한번 해봤기 때문입니다.)

 **2월 13일 목요일**

졸업식 날이다. 다행히 비는 내리지 않는다. 춥지 않고 좋은 날씨다. 아침에 아이들이 파티를 준비했다. 스승의 날에는 사실 기대가 되었지만 이번은 예상 못 했다. 들어오는 타이밍에 초에 불을 붙여 불라고 한다. 감사하다는 말이 묵직하게 들린다. 케이크는 너희들 먹으라고 했더니 역시 사양은 하지 않는다. 나무젓가락 달라고 하는 녀석들.

"아침에 전 담임선생님께 인사드리러 가도 돼요?"
"그냥 인사드리러 가도 돼요? 꽃다발 없이요?"
"그럼. 9시 전에 다녀와."
아이들이 졸업 가운을 입고 학사모를 쓴 채 다녀오겠단다. 교실에는 몇 명만 남아 있다.
"저는 5학년 때까지 선생님들 모두 다른 학교 가셨어요. 그냥 교실에서 놀게요."
"난 그 선생님께 가기 싫어. 마음만 함께한다고 전해 줘."

"얘들아. 우리 그냥 단톡방 만들자!"
"단톡방에 엄마들 초대할까?"

"넌 왜 그러냐? 그게 좋냐? 큰일 나."
"너무 졸려요. 아침에 파티 준비하느라."
"파노라마 사진으로 찍어도 되죠?"
"난 오늘 끝나자마자 영어 학원 보충 가야 하는데."
"학사모 좀 안 쓰면 안 될까요? 이게 너무 고정 안 돼요."
"난 6학년이 계속 지속되었으면 좋겠다."
"사진 찍자. 5반 여자! 우리 거울 사진 한번 찍자."
"야! 우리는 이상하게 학교폭력 사진 같아. 좀 웃자."

졸업식 전에 아이들과 사진을 찍었다. 개인 사진, 모둠 사진, 남녀별 사진, 전체 사진을 찍고 나니 30분이 훌쩍 지나 버린다.
"야! 키 큰 애들. 선생님 생각해서 매너 다리!"
어머님들이 작은 꽃다발을 보내셨다. 코로나로 인해 외부인들은 운동장에서 대기한다. 그래도 꽃이 분위기를 살리긴 한다.

코로나시대에 다시 만나고 싶은 교실이야기

졸업식은 간단히 진행된다. 아이들이 재미있게 봤던 것은 1~5학년 아이들이 찍은 동영상.

"축하합니다. 축하합니다. 선배님들의 졸업을 축하합니다."

"1학년 너무 귀여워. 진짜 귀여워."

4학년 아이들이 오랫동안 사귀었던 정든 내 친구여. 나는 아이들이 부르는 노래에 감정이 출렁이는데. 우리 반 아이들은 장난이다.

"쟤네 왜 벌서는 것 같죠? 축하해 주는 게 아니라…."

"선배님들과 함께한 시간이 너무 빨리 지나간 것 같아요."

"난 너희 모르는데."

"선배님들 보고 많이 배울게요."

"그래. 우리처럼 훌륭해야지!"

마치고 운동장에 많은 학부모님들이 와 계신다. 정말 어마어마하다. 30여 분 같이 사진도 찍고 헤어진다. 종합격투기를 한다는 몇 년 전 제자도 만나고, 벌써 고2가 된다는 제자도 만났

다. 그 녀석이 시간이 너무 빠르다며 내가 해야 할 말을 가로챈다.

사진 찍고 교실로 올라오다 한 녀석을 만났다.
"아빠. 자주 놀러 올게요. 돈 많이 버세요."
2019학년도가 이렇게 끝난다.

 **2020년 5월 15일 금요일**

   3시쯤 은비에게 전화가 온다. 잠깐만 보면 안 되냐고 하는데. 아!!! 지금 코로나 때문에 안 될 것 같다고 여러 번 얘기했지만 5분 정도만 교문으로 나와 달라고 한다. 아이고. 그래. 막상 빈손으로 얼굴 보기가 그래 다른 선생님이 주신 마카롱 챙겨 내려간다. 악수도 못 하고 주먹으로 가볍게 하이파이브! 얼굴 봤으니 다음에 코로나 끝나고 시절이 좋아지면 보자고 안녕 하려는 찰나. 교문 아래에서 몇몇 아이들이 뛰어올라 오고 있다. 주희, 효은, 규현, 민준, 지윤이가 보인다.

   교문에서 아이들이 '스승의 은혜'를 불러 준다. 비 오는 날 목청도 좋다. 기분도 좋다. 교문에서 부르는 게 본인들도 민망한지 "아아~ 고마워라"에서 멈춘다. 나더러 살 빠져서 얼굴 각이 나온다며 칭찬도 해 주고. 중학교 온라인 수업 들으면서 웹툰 본다며 자랑까지. 스승의 날이라며 선물도 준다. 언제 모여서 썼는지 롤링페이퍼도 있다. 비싼 거 사면 선생님이 부담스러워 하실까 봐 7,900원짜리 케이크도 한 조각 샀단다.

"저희 여름방학이 없을지 몰라요."

"케이크 바로 세워서 잡아 줘야죠. 쏟아지잖아요."

역시 잔소리하는 녀석들!

"와 줘서 고마워~"

시절이 엄중한지라 여름방학 때 보기로 하고 얼른 돌아가라고 했더니 안 그래도 가려고 했단다.

비밀 번호 605012(6학년 5반 영원히)

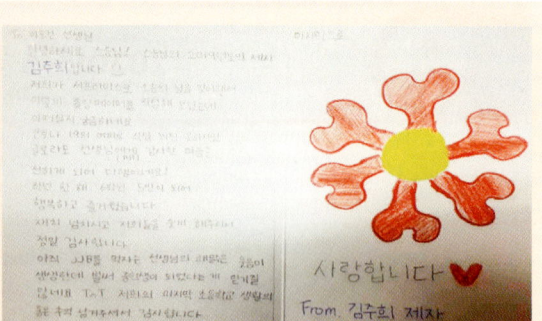

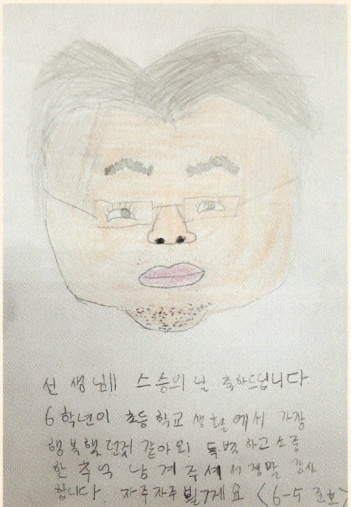
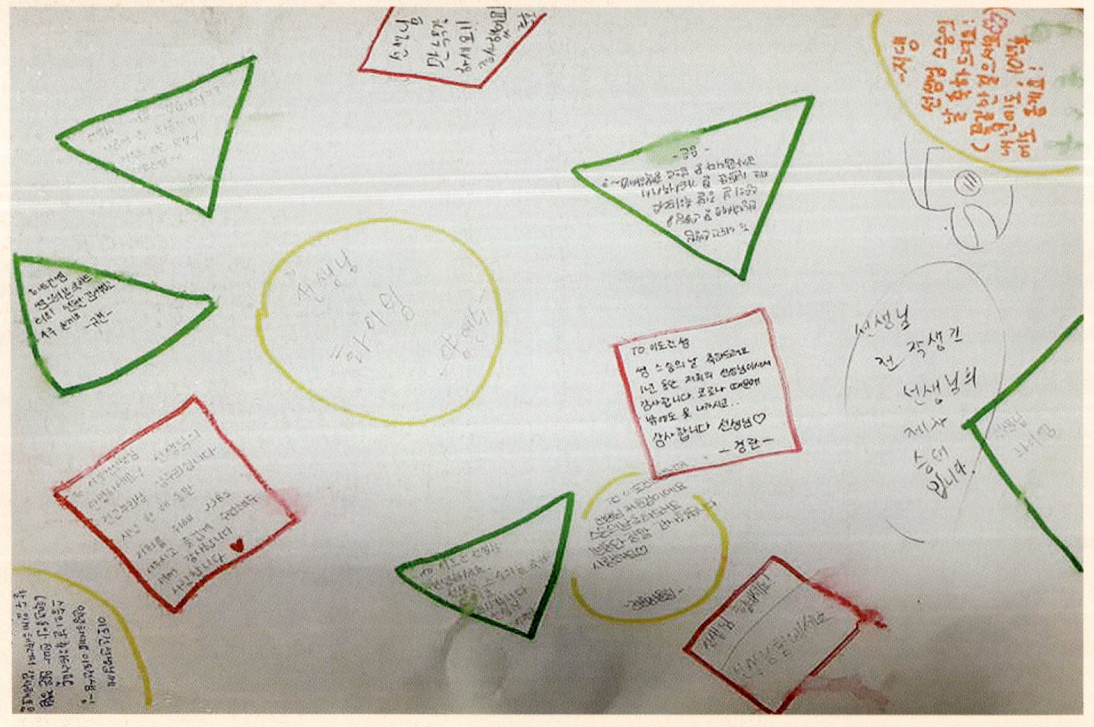